U0105238

国殇

GUOSHANG

第九部

抗战时期的
外交风云

方明 著

团结出版社

图书在版编目（CIP）数据

国殇：抗战时期的外交风云　第九部/ 方明著. --
北京 : 团结出版社，2014.1（2022.3 重印）
　　ISBN 978-7-5126-2258-6

　　Ⅰ．①国… Ⅱ．①方… Ⅲ．①抗日战争—外交史—中
国 Ⅳ．①E296.93②D829

中国版本图书馆 CIP 数据核字(2013)第 296058 号

出　版：团结出版社
　　　　（北京市东城区东皇城根南街84号　邮编：100006）
电　话：(010) 65228880　65244790　（出版社）
　　　　(010) 65238766　85113874　65133603（发行部）
　　　　(010) 65133603（邮购）
网　址：http://www.tjpress.com
E-mail：65244790@163.com（出版社）
　　　　tjcbsfxb@163.com（发行部邮购）
经　销：全国新华书店
印　装：三河市东方印刷有限公司

开　本：170mmX240mm　　　16 开
印　张：28.75
字　数：439 千字
版　次：2014 年 1 月　　第 1 版
印　次：2022 年 3 月　　第 6 次印刷

书　号：978-7-5126-2258-6
定　价：79.00 元

序　言

　　20 世纪 30 年代的时候，我们生活的这个星球是什么样的？都发生了些什么事？

　　刚从大萧条的惊恐和沮丧中走出来的世界很迷茫，也很困惑。对自己将会往何处去，似乎都有些不知所措。

　　明治维新以后，具有"岛民心态"的日本人，正想极力改变自己。他们想让世界明白，大和民族是不可被忽视的。但受到经济危机极大冲击的日本，"醒悟"到如要崛起，必须成为一个军事强国，必须拓展自己的疆域，必须让自己有更广阔的生存空间。这个仅相当于中国两个湖北省大、一亿多人口的国家，在不长的时间里，逐渐变成了一个野心膨胀的亚洲经济和军事强国。

　　什么是岛民心态？是猥琐？是狭隘？是用表面上的傲慢掩饰强烈的自卑？实在难以定义。但这个民族的优长是认真。认真学习西方的政治制度，认真搞自己的经济改革，认真地觊觎亚洲其他国家的领土和资源，认真地弘扬武士道，认真地、凶残地杀人，认真地为军国主义而疯狂。后来又认真地修改教科书。

　　毫无疑问，占领中国很久以来就是他们垂涎的梦想，认为中国是日本将要崛起的最主要的踏板。

　　但觊觎中国，对日本来说显然是大错特错了。中国这个贫穷、落后却又有着丰富资源的邻国，对他们来说实在是太庞大了！当时的中国又是一个农业国家，人口、资源绝大多数都分散在广大的农村。即使占领了几座大城市，还是远远不能让她屈服的。

　　再来看看德国。

　　20 世纪 30 年代的时候，德国很郁闷。他们永远记得第一次世界大战

结束时，在法国康边森林那节火车厢中签订投降协定时的羞耻。他们作为战败国很屈辱。大多数德国人都觉得，诞生了众多哲学家、科学家、音乐家、文学家、诗人的这个曾经是那么辉煌、那么厚重的国家，这一个跟头摔得可能再也爬不起来了。

但这时却有一个疯子站出来大声说："不！"

这个疯子的名字叫做阿道夫·希特勒。他说，雅利安人是世界上最优秀的种族，他们将要统治世界！德国人被他煽动得振奋了。他们觉得自己的确就是最优秀的人种。在这股疯狂的驱使下，纳粹德国很快就扫平了欧洲的众多国家。而且，在收拾了法国之后，希特勒偏偏就选择了在康边受降。还是那片森林，还是那节特意复制的车厢。一向不苟言笑的希特勒接受了法国人在投降书上签字后，竟然忘乎所以地跳了几步华尔兹！

但这并没有使第三帝国几年后避免覆灭的命运。假如他只是满足于征服法国和北欧等国家，而不是利令智昏地去招惹庞大的、领土一望无际的苏联，那第三帝国可能不会在短短几年后就分崩离析，成了一片瓦砾。

在人类历史上，邪恶对正义的征服从来就没有长久过。而且，当他们开始自己的征服时，就已经注定了他们失败的结果。

克劳塞维茨说过："一个出色的战略家在发动一场战争之前，首先应该考虑的是怎么结束这场战争。"显然，日本和德国是缺乏这样的战略家的。他们太狂妄自大，太丧失理智了！

"要想使其灭亡，必先使其疯狂。"

美国那个时候在干什么呢？他们在罗斯福那句"除了恐惧本身，没有什么可恐惧的"话的激励下，已经从萧条中走了出来，而且发展得非常之快。虽然他们也预感到，在欧洲，在亚洲，这几年一定会出大事，但这和美国有什么关系？他们在隔岸观火。自从他们的先辈两百多年前坐着"五月花号"踏上那片陌生的土地后，已经建立起了他们自认为是这个星球上最合理、最先进、最人性化的社会制度；还有最先进的工业和农业体系，最高的产值，最欢快的人民和最和谐的国土。谁能把美国奈何？

还有苏联。这个历史悠久，虽然在18世纪曾短时间称霸过欧洲的庞大国家，20世纪30年代的时候仍不被看好。尽管实现了工业化和农业集体化，但基础依然薄弱，尤其是经历了那场令人惊悚的"大肃反"之后，军队的战斗力被严重削弱。他们千方百计地在避免战争，尤其是避免两面受敌的战争。

再来看看咱们的中国。几千年的封建或者应该称之为君主专制的枷锁，并没有因为那场不彻底的辛亥革命而烟消云散。在当时，西方先进的东西对中国来说，仅仅是可供把玩和欣赏的一个器物，而绝不是可以拿来实践的模式。

中国的近现代史上，曾经有过两次崛起的良机。一次是19世纪末由李鸿章、张之洞等人发起的"洋务运动"；一次是20世纪30年代末到抗战爆发前。当时中国GDP的年增长率高达两位数。但令人扼腕的是，这两次机会从某种意义上说都被日本人给毁了。

许多中国的精英都很清楚，与中国隔海相望的那个被称为"小"日本的国家，心却一点也不小，中国吃他的亏吃大了。

但面对这种已经越来越紧迫的威胁，中国又能有何作为呢？经济落后，工业孱弱，社会制度千疮百孔，军事上被动。总而言之，当时中国的处境非常艰难。但是在国家民族到了最危险的时候，全体中国人还是奋起一搏，用血肉筑成了新的长城。尽管这场血战是那样的严酷和惨烈。

如此贫弱的一个国家，要把这场大战一直坚持到胜利，除了用自己的血肉作为屏障抵挡凶残的外敌外，唯一的办法就是求援。但向那些一贯自视强大、公正的西方列强们求得道义和物资上的援助，就那么轻而易举吗？

什么是外交？外交就是国与国之间为维护本国的主权和利益所展开的对外交往。而这种交往，一定是要以国家的实力作为基础和后盾的。

当时的中国有这些实力吗？说话的腰杆子硬朗吗？中国人的话有人认真倾听吗？有哪个国家真心实意地愿意帮助中国吗？

抗战时期的中国外交所面对的国际环境就是如此，尽管让人伤心，尽管让人屈辱，但这是不争的事实。

就让我们把已经泛黄的历史一页页翻开，去重温那足以使我们警醒的过去吧！

目　录

CONTENTS

第一章　山雨欲来——密布的烟云

宿仇

日本垂涎神州

要叙述抗日战争期间中国的对外交往，就不能不从中日两国的宿仇说起。

而提到中日两国宿仇的渊源，又不能不从甲午战前的日本间谍入手。这虽然扯远了一点，但却是追根溯源。否则讲述抗日战争期间的对外交往，便是无源之水，无本之木。

上溯到三百多年前的 1644 年。大明王朝亡于"流寇"李自成，被视为外族的满清八旗随即趁隙入关，问鼎中原。不几年，便成为了大中华的主人。

当时，日本和朝鲜的舆论界有一种共识，他们普遍认为，中华大地已经沦陷于夷狄外族之手，陷入了万劫不复之地。发展、成熟了几千年的大中华，连同她的理念、文化恐怕统统要被草原的游牧民族给湮灭了。

时间又过了两百多年。19 世纪 60 年代，日本幕府第一次派代表团到中国来考察，其中有个成员叫高杉晋作，此人是个中国通，中国话说得很地道。

一天，他到上海街上的书店去买书，问有没有魏源的《海国图志》。这本书是中国第一部放眼世界的著作，在日本的影响也非常大，几年内被再版了 20 多次，成为明治维新后日本人了解世界的一个重要途径。

而这位书店老板却反问道："那是一本什么书？魏源是哪一位？"高

杉晋作大吃一惊！魏源的《海国图志》在日本那么畅销，而在中国，怎么连卖书的老板都不知道有这本书呢？

这个老板一定不知道他是个日本人。接着，便主动拿出了一堆怎么应对科举考试的书推荐给他。高杉晋作见状，哭笑不得。又提出要买抗英名将陈化成、林则徐的书，老板一脸的疑惑，摇头道："那些书……有人看吗？"

高杉晋作后来在日记中感慨道："眼下中国人的思想和中华文化的正道相差太远，中国知识分子怎么能陶醉于空言，不尚实学呢？难怪满清会轻而易举入主中原，难怪中国人血性如此之差，让外族轻易得手。"

当时，中国周边的大中华文化圈普遍认为，外族不管对中国做了什么，都要入主中原才算功德圆满。所以说，"中华意识"之外，另外一种心理，就叫做"中原意识"。

而日本人认为，满人是夷狄，日本文化虽然源自中国，但中国的文化早就已经衰落了，现在的日本不仅比中国先进得多，更比那些只知道放羊的满族文化更接近"中华"！满族人占得中原，我们这些和中国人是"近亲"的日本人又为何占不得？

日本人很早就把中国当作是自己的地盘了。在他们的心里，同源同种而又落后的中国难道不需要日本去拯救，去发展吗？所以，在甲午战争时期很多日本人的家书里，比如父亲给在前线当兵的儿子写信时，往往都写着"我"神州、"我"中华，给后代灌输了中国本来就应该是我们日本人的观念。

这些家长想让后代觉得，你们去中国打仗，是保卫"自己的"中华、保卫"自己的"神州。

为了入主中原，当上中原的真正主人，日本人可以说是煞费心机，很早就已经开始暗中准备了。1870年前后，日本就以清帝国为假想敌了。

被誉为日本明治维新"名臣"的西乡隆盛，上台执政后便主张全面侵华。

要想发动战争，首先要做的准备便是探知对方底细，以做到知己知彼。

药店里的间谍

说到这儿，还牵扯一个美国人。

美国著名女影星凯瑟琳·赫本的爷爷曾在日本传教，也是一个著名的医生。他发明了一种眼药水，疗效不错。后来这位大大咧咧、不懂生财之道的美国佬将这个配方无偿地赠给了一位日本朋友岸田吟香。

岸田吟香早年是日本的著名记者，拿到配方后，大喜过望。他靠着这个绝妙的眼药配方，到中国的上海和汉口开设了"乐善堂"。它既是药房，也是出版社。中国最早有关西方的政治、哲学、伦理等方面的书籍，几乎都是由"乐善堂"翻译印刷成中文的。

当时的中国人卫生习惯非常差，得眼病的人很多。"乐善堂"便在中国以极便宜的价格售卖眼药水，还给它起了一个正式的名字"精锜眼药水"。不仅牌子响，而且价格低廉，普通人都能消费得起。眼药水后来愈加有名，市场拓展得越发广阔。后来，这个记者成了巨富，而出售"精锜眼药水"的汉口"乐善堂"，其实却是一家打着卖药和出版幌子的间谍机构。

第一个主持汉口"乐善堂"的间谍头子就是岸田吟香本人。岸田生于1833年，自幼学习汉学，以能诗善文著称。他学习过中医，医术尚可。1872年，岸田担任《东京日日新闻》记者时，就与陆军情报部接上了关系。

1881年，日本陆军特务机关"玄洋社"在福冈成立，岸田吟香主动报名参加，成为该社的首批骨干成员。"玄洋社"派他到中国的汉口、上海两地开设"乐善堂"，并指示他长驻汉口，潜伏下来见机行事。

平心而论，"精锜眼药水"对于治疗沙眼等眼疾的确有一定疗效，名气日隆，销路日广。岸田按上司指令，在郑州、天津、杭州、成都等地又办起了"乐善堂"分店，以此为掩护，大肆从事谍报活动。

岸田很清楚，中国是个宗法社会，说白了，是个熟人社会、关系社会，没有朋友什么事也别想办成。所以，他在汉口广交官绅，在商界也结交了不少"哥们儿"。他圆滑狡黠，又大方爽快，许多人不清楚他的真面目。甚至湖广总督张之洞和他的一些幕僚都找他治过病。

到 19 世纪 90 年代初的时候，汉口"乐善堂"里已经集中了几十名日本的一流间谍。清朝时，中国人的辫子要留很多年才比较像样儿。但这些日本人也有办法，干脆把头发剃光，说自己是和尚；中国话说不利落，就说自己是福建人，说不好官话。这也的确是很能蒙人。

这批间谍中最出名的当数荒尾精。这个自诩"中国通"的日本人，1859 年出生于中国大连，汉文化素养甚深，还特为自己取了个雅号，叫"东方斋"。他毕业于日本帝国陆军大学，得过明治天皇御赐的宝刀。1886 年，他被派遣来华从事谍报活动，任岸田的副手。

日本人的确是认真、敬业的，什么苦都能吃。荒尾精曾率领 20 余名党羽，化装成中国平民，有时是挑担卖货的，有时是宰羊劁猪的，有的时候甚至化装成要饭的，沿途乞讨。这样一是节省经费，二是可以近距离观察民情。在侦查的过程中，这些日本间谍不仅能吃苦，也敢于冒险，很多人因而九死一生。

他们深入中国内地调查关塞要冲、风土气候、人情乡俗、农工商物资、交通运输等情况。这个日本间谍群，平均年龄只有 19 岁，甲午战争前平均在中国都待了 3 年左右。他们的足迹几乎遍及全中国，四川、云南、西藏这些边远的地方他们也没有放过。

他们的工作做得非常详尽细致。比如从辽宁一直到山东的渤海海岸线上，他们划着小渔船，打扮成中国渔民，硬是用铅垂线把海水的深度测量了个遍，画了非常专业的海图。他们的情报，详细到了每个村庄有多少人、几口水井。后来日本军队打进来时，参谋人员手上都拿着间谍们提供的精确情报。

当然，卖"精锜眼药水"则是他们最常采用的活动手段。所到之处与乡民绅商拉关系，施些小恩小惠，套取情报。

在岸田与荒尾的领导下，几年里，这伙无孔不入的家伙在几乎不设防的北京、长沙、重庆、九江、开封、济南、杭州等 10 余个城市里都设有了分部。除了向日本间谍本部提供大量重要情报外，荒尾精还编写了一部很详细的《清国通商要览》，成为以后半个世纪里日本侵华分子必读的参考资料。

荒尾精行事诡诈，他像岸田一样把自己伪装得很好，不外出时便是一身长袍马褂，看上去甚是儒雅斯文。对于求诊的穷苦百姓，他不仅不收诊费，还施赠些便宜的药。厚道老实的中国老百姓谁也不曾想到，这个满口诗书礼义的"东方斋"竟是个特务头子！

清光绪二十年（1894年），中日甲午战争爆发前半年左右，另一个日本陆军间谍头目根津一奉调汉口"乐善堂"，进一步加强了汉口日本谍报人员的力量。

根津一上过军校，对汉文化很是倾倒，研读过许多中国史籍，会说一口流利的北京官话。但他对中国抱有很强的敌意，他自命为虔诚的佛教徒。在日本时，常不定期地去东京都郊外的林丘寺"栖隐"，燃香诵经拜佛。他的化装术在日本众多间谍中首屈一指，而且他有着剑道和柔道的高级段位，相当自命不凡。

根津一31岁那年曾两次化装成商人潜入中国东北地区搜集情报，颇有成效。他向上司表示，自己最感兴趣的便是到中国从事谍报活动。到汉口两个多月后，他便奉命调到上海的谍报机关主持工作了。

他的间谍工作搞得风生水起，但也有河沟里翻船的时候。

1894年5月，根津一在上海密派当时在汉口的楠内友次郎中尉和福厚林平中尉赴东北侦察，以配合日本即将发动的战争。因为这两个家伙都会说些湖北官话，便化装成了汉口的药材商，准备搭乘法国邮轮经上海去东北营口。

法轮因故两次推迟了开航日期，楠内与福厚便在紧靠外滩的金神父路上一家中档旅社住下了。

一天，旅馆里的服务生送点心和咖啡进房间的时候，发现他们俩的辫子是假的，还看到了枕头下面藏着的短毛瑟枪。清朝的时候，谁如果没有辫子，那就等于不想要脑袋。所以服务生这一惊非同小可，便马上报告给了老板。老板也吓得不轻，随即领来了多名法国巡捕，把两人抓了起来。

接着，旅店老板又急忙赶往道台衙门陈述情况。新任道台立即与法国巡捕房交涉，将两人引渡过来。经审讯，楠内与福厚都交代了自己的间谍身份，道台立即请示北京总理事务大臣如何处置这两个鬼子。

两天后京城回电：将日本奸细斩首示众，并通报各地严加防范。于是，两个日本间谍被押赴刑场，即刻身首异处。

出了这事之后，上海、杭州、南京、芜湖、安庆等地官府纷纷出动，搜捕日谍。汉口的"乐善堂"被抄并查封，岸田吟香被拘押。荒尾精和根津一机灵些，闻讯便化装开溜了。

甲午战争结束后，岸田吟香在汉口获释，但仍留在中国，继续以出售"精锜眼药水"和人丹等为掩护，搞间谍活动。当时的日本政府还比较穷，没钱为间谍们提供任何经费，所有的经费全靠岸田吟香卖眼药水的收入。

1905年，岸田病死在杭州。他编纂的《清国地志》一书，因为资料极为翔实，便成为了日后日本侵华的重要参考资料。

根津一在甲午战争后升为陆军情报部中佐，担任过日本驻北京公使馆的武官，一直从事窃取中国情报的活动。后因病回日本，病死于1930年。他的同伴荒尾精一生从事对华间谍活动。1927年9月，在台湾染上鼠疫不治身亡。

日本如果没有间谍，甲午战争可能不会成功。有3名间谍还受到过明治天皇的亲自接见，这在世界间谍史上都很罕见。此前世界上从未有公开表彰间谍的政府行为，日本开创了先例。

甲午战争爆发后，中国官方将这个日本间谍网全部破获，绝大多数间谍都被砍了脑袋。

被煽动的"民心所向"

在日本间谍群中，有一个人非常著名，叫宗方小太郎，他是一个学者型的间谍，创办于汉口的《汉报》就是他主持的，他也是第一个把汉口称为"东方芝加哥"的人。

宗方小太郎给日本人规划的整个甲午战争时期的宣传基调是："驱除鞑虏，恢复中华。"

看了这句话，我相信很多人都会吃惊。怎么回事？不对吧？这不是孙中山先生在辛亥革命之前提出的非常著名的革命口号吗？怎么会是出自日本人之口呢？

但是，很遗憾，历史事实就是如此。这个口号最早的确是由宗方小太郎提出来的，非常具有欺骗性和诱惑力。意思就是："俺们日本人是来帮你们中国赶走满清那些外族家伙的，帮你们恢复中国文化来的啊！"

这和抗战时期鬼子说要帮中国建设"王道乐土"和"大东亚共荣圈"有着异曲同工之"妙"！

孙中山先生后来只不过是借用了它的内涵，拿来为己所用而已。

日本在大连登陆后，到处张贴宗方小太郎起草的告示，题目就是《开诚忠告十八省豪杰》，其中说道："循天下之大势，唱义中原。"大意就是中国沦陷很久了，我们来解放你们；满清政权这么腐败，大家起来和他们玩儿命吧！

"唱义中原"，是中国非常传统的套路，这种宣传非常有效。1894年10月，日军进入东北的九连城。他们的战地记者后来写道：当地居民"箪食壶浆以迎王师"。而在日本接收台湾的时候，随军入台的宗方小太郎在日记里记载，当地渔翁岛的百姓也前来请求保护，居然称日本人为"大明国大元帅"的军队！

由此看来，中国在操纵媒体方面和日本的差距相当大。

甲午战争发动之前，日本媒体的开放已经达到了较高的程度。在对外关系上，媒体甚至比政府更极端、更激进，认为政府应该对中国和朝鲜动武。政府犹豫不决时，媒体就不断地抨击政府，甚至鼓动弹劾内阁。

当时日本有一家报纸叫《国民新闻》，就很尖锐地提出，如果政府屈服于中国的话，则国民将趋于"反动"，乃至大大的"反动"。意思就是说，老百姓要造政府的反！

在日本发动的历次战争中，所谓"日本人民被裹胁"的说法，是不完全符合历史事实的。实际上，日本侵略中国是当时日本大部分邪恶的民心所向。当然，这也与当时日本的经济不景气，一些被军国主义冲昏头脑的老百姓想改善现状，渴望有更大的生存空间等因素有关。

我们从很多历史纪录片的镜头中都可以清楚地看到，抗战期间，日军每占领中国的一个城市，其日本国内便举行庆祝游行。这些大规模游行的队伍中，不说男性成年人，即使是妇女和孩子，流露出来的表情也是极其兴奋和欢快的。

尤其是日军占领南京后，日本国内在疯狂的军国主义鼓动下几乎可以说是一片欢腾！人们对"皇军"的崇拜已经到了疯狂的程度。

私情还是公谊外交

日本驻国外的所有外交官，都精通当地语言。他们虽口语不行，但他们的写作能力大多好到可以在当地报刊上发表文章的程度。

而大清国派驻海外的外交官们，绝大多数不认识 ABC，与驻在国的沟通非常困难。在外交手段方面，中国的表现方式也相当老旧。

比如，当时日本驻美公使栗野慎一郎是哈佛毕业生，精通英文。美国的国务卿叫葛礼山，这个人其实对中国还不错。中日当时都对美国进行公关，中国公使杨儒选择接近葛礼山的方式是，和他的老婆孩子套近乎，估计无非也就是送点茶叶、丝绸等礼品什么的。

但栗野慎一郎却天天去葛礼山的办公室拜访，跟人家聊国际大事，聊日本对美国有多么重要。国务卿虽然烦他，但去的次数多了，印象也就慢慢改变了。觉得这个日本人还不错，还有点思想，有点头脑和品位。

日本从"公谊"下功夫，咱们中国人则是从"私情"入手。两相比较，这能在一个档次上吗？

日本前外相青木周藏，当时被"下放"到英国和德国担任公使，他承担的一个艰巨而重要的任务，就是在欧洲把舆论控制住。青木周藏是著名的外交家，极富经验和全局眼光。在当时很多西方媒体向中日两国提交随军采访申请时，两国政府和军方都不批准。但在栗野、青木两位公使的推动下，日本军方最终同意了西方媒体随军。以致后来西方在日军中的随军记者多达 114 名，其中还包括 11 名现场素描记者、4 名摄影记者。

日本人做了很多新闻策划，比如让西方媒体看日军怎么优待俘虏，如何照顾战地的老百姓等，日军是多么"善良"的王者之师，进而把这些通过欧美记者传播到全世界。

再来看中国。不仅不允许随军采访，还有两个西方记者因为错走到中方阵线，而被砍了头，搞出了一场风波。这样一来，甲午战争中的第三方报道，便完全朝着不利于中国的一方倾斜了。

当时中国自己的媒体表现也很差劲，最主要的是大量地伪造新闻。

这根本就不是政府命令的，而是媒体自发的。因为当时的中国人大都仅仅把媒体当成政治工具来用，而不是一个独立的、给公众提供准确信息的渠道。

比如当时中国的不少报刊上说"牙山大胜"，中国军队在朝鲜牙山取得了重大胜利，这其实是一条假新闻。对这一条新闻，英国的路透社没有经过核实，直接就转发了。结果成为英国媒体行内的一大丑闻，路透社的公众信用也受到了极大的挫伤。

假新闻多了，对中国的外在形象造成了极大的伤害。所以后来当日军在"旅顺大屠杀"的报道出来时，很多外国人根本就不相信，因为他们认为中国人假话太多了。

甲午战后李鸿章访问欧美，接受《纽约时报》采访，自豪地说，我们中国也办有报纸。但遗憾的是，中国的编辑们在讲真话时十分吝啬，只讲部分真事。

在甲午战争的过程中，很多日本外交官纷纷写文章在报刊上发表。比如驻美国公使栗野慎一郎，专门组织在美国的日本外交人员和学者写稿，解释日本为什么要这么干；日本代表了文明进步；中国太落后，需要帮助；中国有潜在的威胁等等，这些文章影响了美国舆论，效果很明显。

但在甲午战争期间，西方的《纽约时报》、《泰晤士报》等大报，却没有一篇中国官方或者个人主动提供给美国公众阅读的资料。

甲午战争期间出现了两次大的公关事件，一次是"高升号事件"，一次是"旅顺大屠杀"，日本都成功进行了危机公关，扭转了局势。

高升号是战前中国政府往朝鲜增兵时，从英国怡和洋行租借的一艘商船。1894年7月25日，毫无武装的高升号在朝鲜丰岛附近海面遭遇日本联合舰队，高升号上的中国陆军拒绝投降。

东乡平八郎指挥的吉野舰，先是犹豫要不要打，毕竟高升号是英国船，还飘着英国国旗，不少船员也是英国人。最后，东乡还是下令击毁高升号，导致当时中国最精锐的一支陆军部队在海上全军覆没。

这个事件发生后，李鸿章认为日本就此得罪了英国，中国将获得一个非常大的同盟者。英国当时确实和中国有频繁的往来，又是中国最大的贸易伙伴，中英贸易额占到中国进出口额的 70% 以上。

"高升号事件"后，英国舆论确实一片哗然，军方也要求政府对日本进行军事报复。日本政府非常恐慌，首相伊藤博文得到消息后，把海军部的人叫来痛骂了一顿，但他们也马上启动了紧急公关。

日本外相陆奥宗光下令外交部的法制局做好应对，这个法制局是专门研究国际法的，当时中国政府的机构序列里却没有这样的设置。在随后英国政府的两次海事听证会上，日本法制局灵活运用国际法，结果占尽了上风。

同时，日本政府命令驻英德公使青木周藏做好公关应对。一是装傻，绝不公布这条船是英国船；二是明确向英国表态，如果查清楚责任在日本海军，日本绝对承担所有的责任，态度看上去非常诚恳。

让人难以想象的是，堂堂的日本内阁竟然开会讨论如何行贿。日本外交部指示驻英公使青木，向路透社等英国媒体前后行贿了 1600 英镑左右，根据当时的物价指数，这相当于现在的 32 万元人民币。

日本经过大量公关，还搞定了英国多名国际法专家，让他们在《泰晤士报》上刊文，为日本辩护。可以说在英国做出最后结论前，日本的媒体攻势已全面展开，在舆论上已经取胜了。

1894 年 9 月，中日海军发生"大东沟海战"，邓世昌就在这场战役中牺牲，这是人类历史上第一次铁甲舰队的大决战。当年 11 月，英国法院最后裁定，"高升号事件"中日本没有过错，反而要中国政府赔偿英国怡和洋行和英国人民所有的损失。

这个扭曲事实的"高升号事件"判决，也是司法界的一大丑闻，至今还是西方国际法的经典反面案例。

第二次危机是"旅顺大屠杀"。日军于 1894 年攻陷旅顺，在城内进行了 4 天 3 夜的抢劫、屠杀和强奸，死难者多达 2 万人，只有掩埋尸体的 36 个中国人幸免于难。这个消息被一个美国记者克里曼在《纽约世界报》上报道了出来。现在我们能看到的很多细节都是他当年记录下来的。

日本政府紧急采取对策。首先指责记者的报道是失实的，其次请美国驻日本的公使到中国去现场调查。日本的媒体也开始动员一批西方传媒的从业者，说这个屠杀即便真的发生了，也是对中国军队残害日本战俘的一种报复。

当时日本的传媒也大力将自己描绘成仁义之师，同时宣传清军如何残暴，日军所处决的不是俘虏或平民，而是罪犯。最后美国公使在提交给美国国务院的报告中，认为记者的报道虽然真实，但是"态度过于极端"。

为了挽回公众形象，日本还演了两出"样板戏"：一是在占领威海卫后，给中国的战俘们提供医疗服务，然后释放了他们，全程都在所有随军记者的见证之下；二是把自杀身亡的北洋舰队司令官丁汝昌的灵柩礼送回中国。

这两件事都做得非常漂亮，甚至被英国国际法专家认为是日本走入"文明国家"的标志之一。

甲午战争日本胜利，中国失败，但中日两国并没有马上进入仇恨的状态，这是一个非常怪异，也非常令人心痛的现象。

在日本的主动引导下，中日两国甚至进入了一个长达10年的"蜜月期"。

开端是1897年11月，日本参谋次长邀请中国政府派遣军事代表团去观摩日军的演习。到1899年，慈禧太后又派刘学洵携带密电码访问日本，要与日本皇室建立热线联系，探讨中日结盟的可能性。

甲午战后，全球有一个舆论趋势：以德国皇帝和俄国沙皇为代表的欧洲国家提出了"黄祸论"。他们认为，一个已经西化的日本，率领正在崛起的中国，将会产生比成吉思汗更为可怕的影响。德国皇帝还请人作画《黄祸图》，题写了标语："欧洲各民族联合起来，保卫你们的信仰和家园。"

1900年中国爆发了义和团运动，西方列强商量出兵镇压。这时候主要的列强除了俄国之外，都没有足够的军队在中国。英国人便提出请日本派兵，日本则回应不出兵。理由是他们意识到不能继续刺激西方的"黄祸论"，于是便选择了韬光养晦。

在德国、俄国多次相邀之后，日本才派出了原来驻扎在广岛的、最精锐的主力师团。进入北京城后，很多史料都记载，八国军队当中，日本军队的军纪相对而言是最为严明的。

日本军队进入北京后，还准备了一件最好的"武器"：几万面写着"大日本国顺民"的日本旗，发给家家户户。北京城，包括别的国家的占领区，一夜之间都挂满了小太阳旗！日本人又做了一次成功的公关。

日俄战争临战前，日本得到情报，俄国的媒体策略就是鼓吹欧洲的"黄祸论"，于是，日本就派人到欧洲建立了"媒体战"进攻基地。派去的人叫末松谦澄，他就是"高升号事件"时日本外交部法制局的局长，精通英语和德语。

日本政府派他到欧洲作为媒体战的总指挥，并表态将倾全国之力支持他。当时的内阁会议上具体到讨论什么媒体喜欢什么东西，某个编辑有什么爱好，要给他们送多少钱等。

末松谦澄的任务，一是确保盟友英国完全明白日本的战略意图。英俄不是死敌吗？那好，我们就投其所好，说我们日本在阻挡俄国南下，是为了你们在做事。二是要阻止"黄祸论"再次发生。三是保持中国的中立，不能因为中国的亲日而刺激西方国家的"黄祸论"。四是在西方宣传日本对中国改革的介入及参与，有利于远东的和平与发展。

这当然是不着边际的胡扯。但他们对西方喜欢听什么话，喜欢什么东西，已经做到了心中有数。经过这样的精心准备，日俄战争中，俄国果然没有得到期待中的欧洲"白种兄弟"的支持。在日本人的成功引导下，舆论走向了对他们有利的一面。

甲午战争中日本人为什么能够打败中国？除去战场上的争夺外，日本在很大程度上得益于外交战、宣传战、媒体战，在国家战略上把外交和媒体宣传当作投枪匕首来用。

相比之下，当时清政府则太过保守落后，不仅输在了枪杆子上，也输在了笔杆子上，输在了不了解世界上，输在了完全没有现代外交理念上。

1905 年在中国领土上爆发的日俄战争，日本同样在舆论处于劣势的情况下，成功地操控了欧洲媒体，进而赢得了胜利。

重新审视甲午战争前后这段谍战和外交的历史，对我们难道不是一个难得的启示吗？

惨案在济南

可杀不可辱的外交官

中日之间这种既相互仇视又似乎相互依存的怪异关系发展到了 20 世纪 20 年代，有了一个突变。

1928 年的"济南惨案"，可以被看作是现代中国和日本展开外交战的开端。尽管这个开端是那么让人扼腕痛惜。

1926 年蒋介石率军北伐，先击败了吴佩孚的军队，又开始进击江浙的孙传芳军队。孙传芳军队败走逃离后，1927 年 3 月 24 日北伐军何应钦的第一军进入了南京。部分北伐军进城后，出于对帝国主义的痛恨，对外国领事馆和外国人的住宅、教会进行了烧杀和抢劫，杀死英、美、法、意等国 6 人。日本领事馆的官员也遭中国军人殴打，此后英、美派出军舰对南京进行了炮击，炸死约 2000 南京居民。

这就是所谓的"南京事件"。

蒋介石 1928 年 1 月复任国民革命军总司令之后，频频向美国"暗送秋波"，对美、英炮轰南京炸死 2000 多人的"南京事件"说成是共产党煽动而发生的，理解美、英两国为保护本国侨民，"是不得已开炮轰击"。

这样，蒋介石扫除了他对英、美的外交障碍，"南京事件"的解决，标志着蒋介石政府和美、英的结合。在美国的支持下，1928 年 4 月，国民党开始第二次"北伐"。蒋介石所率的北伐军节节胜利，很快就攻入了山东省。

4 月 19 日，日本的田中内阁派遣第 6 师团 5000 人在青岛登陆，经青岛和胶济铁路沿线要地，"保护帝国臣民"。

当时，奉系军阀张宗昌盘踞着济南。张宗昌见蒋介石率北伐军来攻山东，便派参谋长金寿良到青岛请日本快发救兵。日本第 6 师团长福田彦助中将进占青岛后，正愁没有进兵济南的借口，现在见张宗昌前来搬兵，正所谓"瞌睡时来了枕头"，便一口答应驱赶北伐军，但要求将青

岛、济南、龙口、烟台等地都交日军负责"防守"。

张宗昌眼看地盘不保，便全部答应日军的要求。此时，福田彦助又得到日本首相田中义一要他抢占济南的训令，于是便于4月25日派先头部队向济南进发。

日军迅速占领了济南医院、济南报社等地，并用沙袋筑起堡垒，设置活动电网，不许华人接近。

人称"狗肉将军"的张宗昌哪里知道日本侵略者的狼子野心？反而觉得日本人"够朋友"，傻乎乎地将福田彦助及手下将领请到家中赴宴，珍馐罗列，推杯换盏，还把他的几房妖艳的姨太太全都叫来侍候作陪。

正喝得酒酣耳热，参谋长金寿良忽然来报，说北伐军已占领济南门户万德，胶济铁路也被截断。

张宗昌闻讯，顿时被吓得魂不附体，忙向福田彦助求援。岂料福田彦助将金鱼眼一翻冷笑道："大日本皇军只管驻地防守，不干涉中国内政！"这家伙不但不帮张宗昌的忙，反而对他的四姨太动手动脚，肆意调笑。张宗昌气得直想骂娘，但又惹不起日本人。一时间手足无措，浑身冷汗。

参谋长金寿良见状哭笑不得，但形势迫在眉睫，不容再加延宕，便上前小声劝道："大帅，北伐军已攻进济南，我看还是归隐扶桑吧！"张宗昌见大事不妙，赶忙结束筵席，命令家眷尽快收拾金银细软，带着姨太太们，坐上挂着日本国旗的小轿车，连夜逃离济南跑到烟台，后乘船经大连亡命日本去了。

张宗昌退走逃亡，北伐军于5月1日占领济南，任命战地政务委员会外交处主任蔡公时兼任山东特派交涉员，负责与日本驻济南领事署联系交涉。

国民党当局接管济南后，多次声明保护外侨，要求日本政府从济南撤军。随后，蒋介石率众视察济南军情，发现日本军队在许多路口修了防御工事，摆出一副荷枪实弹的临战架势，又见遍地都是日本散发的传单，落款是"日侨义勇团"。

传单中写道：

"济南一处，中外杂居，战线缩小，有所扰乱，良民恐慌。日军临此，固期保护日侨，而日侨混在华境，日军保护之法，不得不选择中外侨期一并而护，实为常法。本日纬十一路日侨万屋商店、大马路日侨山东仓库会社、二马路航空处，纬十一路总监部制造处等，流氓便袭掠一空。日军治扰，流氓误损其命，诚可悯也。由来日军不放空弹，不用空喝，无论中外不逞，若有接近日军所守地域，非有预先派人表示诚意，不然枪杀不论。特此布告。"

陪同蒋介石视察的蔡公时气愤地说："济南商埠本是中国领土，日本竟敢公然出面声称保护，其狼子野心昭然若揭！"

蒋介石见日本人骑在头上拉屎，也非常生气，便问道："传单中说'流氓误损其命'，是指什么事情？"

蔡公时说："今天早晨，有个叫宋占光的饥民，到纬十一路中国人开设的一家食品厂内拿了点吃的，被日本兵看见给打死了！"

蒋介石听了气不打一处来，当即便对蔡公时说："请日本驻济南领事来司令部见我。"

第二天，即5月2日，日本驻济南领事西田畊一偕日军参谋应邀而来，蒋介石正面提出要求说：

"贵国士兵在济南市区筑防御工事，实是引起我国人民之恶感，易招纠纷。为防止意外冲突，请贵军先行撤除一切防御工事。"

西田畊一当即回答道："总司令言之有理，我军马上照办。"当天晚上，日军在济南马路上建的防御工事就被拆除，日军撤回了原驻地点，济南城内顿时不见了日军巡逻车的踪影。

蒋介石喜不自禁，以为日本人给了他好大面子，岂知日本早已视满洲为日本第二故乡，视山东为第二满洲。为实现日本内阁决定的第二次出兵山东的计划，日军第6师团司令福田与第11旅团司令斋藤多次密谋，故意装出接受蒋介石要求之态，麻痹对方，进而导致了"五·三济南浩劫"的发生。

1928年5月3日清晨，济南城内各处商店相继开门，市面熙熙攘攘，一片太平景象。不料在上午9时许，北伐军一名徒手士兵经过日军警戒区时，突然被打死。随后，北伐军的一支小部队前往基督教医院的时候，日军又突然开枪，与此同时，日军又向北伐军第40军第3师第7团的两个营发起攻击，北伐军损失惨重。

随即，北伐军的第92师、第93师奋起还击，立即制止住了日军的气焰。日军指挥官福田彦助见势不好，急派佐佐木去会见蒋介石，并威胁说："如不停火，中日将全面开战。"

蒋介石也不想把事情闹大，便派出10个参谋组成的传令班，分头到各部队传令，对日军停止还击。

随后，蒋介石派外交部长黄郛到侵华日军司令部交涉。

谁知道黄郛到了设在正金银行的日军司令部，福田彦助却避而不见，只派他的参谋长黑田出面。黑田蛮横地提出，北伐军必须立即停火，退出日军警戒区。

黄郛回来后便向蒋介石汇报，蒋介石摇头叹气。自身不硬，哪敢打铁？为顾全大局，只得严令北伐军不许还击。

但是日军却得寸进尺。一面以武力将商埠区的北伐军全部缴械，一面派部队占领设在济南铁路局的外交部长办公处。

堂堂外交部长，号称"隐身仙人"的黄郛及其卫士都被缴械，乖乖退出了办公处，迁往北伐军总部办公。

事情也是凑巧，正当中国派人与日本人交涉时，恰有两个日本兵被流弹打死。这下，日军可算是找到了挑衅借口，随即大举向中国军队驻地进攻。不论官兵，见人就杀。

一时间，整个济南尸横遍野，血流成河，哀声动地！中国军队有多达7000余官兵被迫缴械。

但蒋介石仍下令不准抵抗，只命战地政务委员会外交处主任蔡公时前去交涉，要求日军迅速撤退。

此时正在交涉署里的蔡公时，正欲出门与日本方面交涉，却发现交涉署已被日军团团包围。蔡公时只得拿起电话，要通日本驻济南领事西田畊一，询问因何发生冲突。西田畊一狡黠地回答："不知何故互起误会，双方现在的确应该立即停战啊。"

蔡公时再派人出去，但全被日本兵开枪打回来了。全署人员被围困一天，又饿又乏。到晚上9点左右，传令兵跑来报告说："外面日本兵在撞门呢！来势凶猛，怎么办？"

蔡公时略一沉吟，随即决定："开门，让他们进来！"但还没等传令兵转身，交涉署大门已被日军撞开，20多个日本兵闯了进来，不容分说，就剪断电灯和电话线，交涉署顿时陷入黑暗之中。

日本兵用手电筒照着直入寝室，说是要搜查枪械。一个穿西服的日本人首先说："我们是为搜查械弹而来。白天被打死的两个日本皇军，肯定是你们交涉署里的人干的，你们的主管是哪位？"

蔡公时出来说道："上午被打死的两个日本兵，确系为流弹所击，彼此不要误会。我们是外交人员，请尊重我们的身份。我们也从来不带枪支，不必搜查！"

谁知那个日本军官却一声令下，除蔡公时外，把其他工作人员全部绑了起来。日本兵翻箱倒柜，抢了五大包文件，扬长而去。

不一会儿，又来了一个日本军官厉声高叫："我们已经查明，大日本皇军确系署中人员所枪杀，你们不交出枪弹不能了结！"

蔡公时见状万分气愤，责令日本兵释放被绑人员。日本军官恼羞成怒，命令日本兵也将蔡公时绑缚起来。蔡公时更是忍无可忍，便用日语叱责道：

"你们不懂外交礼仪，一味无理蛮干！此次贵国出兵济南，说是保护侨民，为何借隙寻衅，肆行狂妄，实非文明国家所为。至于已死日本兵，若果系敝署所为，亦应由贵国领事提出质问，则中国自有答复，何用你们如此之野蛮举止？若你们果系奉日本领事之命令而来，则由单人到领事馆交涉！"

一个日本军官冷笑道：

"你们的蒋总司令都不敢骂大日本皇军半句，都想找我们谈判，可我们没有兴趣。你的官儿有多大，再大也大不过蒋先生吧？"

说着，这个日本军官一拳便打在蔡公时的脸上。顿时蔡公时被打得鲜血直流。日本军官接着骂道：

"你竟敢辱骂皇军？！把你送到蒋总司令手里，他也得杀了你，再向大日本皇军道歉！"

蔡公时仍然是忍痛破口骂道：

"你们这些禽兽！我早就看透你们。现在我以一个中国人的身份痛斥你们这帮强盗。"

日本军官冷笑着让日本兵将他绑在柱子上，不仅拳打脚踢，竟然还把他的耳朵和鼻子给割了下来。蔡公时的脸顿时血肉模糊，惨不忍睹。

那个日本军官原以为蔡公时会求饶，却见蔡公时虎目圆睁，大声怒骂：

"禽兽不如！此种国耻，何时能雪！中国人可杀不可辱！"

见状，交涉署的庶务张麟书、参议张鸿渐、书记王炳潭等争相痛骂。日军又先将张麟书的耳朵和鼻子割下来，再砍断他的大腿和胳膊，一时间张麟书就被残害得不成人形了。

随后，日军将蔡公时等人三人一组，拽出屋外，把他们排在墙根下竟然一一枪决了。

只有勤务兵张汉儒乘枪声一响，应声倒地，后找机会死里逃生。他作为现场见证人，写下了《蔡公时殉难始末记》。

在国家第二历史档案馆里，存有"济南惨案"烈士遗属上报国民政府外交部、内政部死亡烈士的抚恤花名清册。上面记载着：

蔡公时48岁，战地政务委员兼外交处主任，山东公署交涉员，江西九江人。

张鸿渐，参议科长。原籍江宁，曾获英国牛津大学硕士和法国里昂大学博士学位，遇害时年仅32岁。

此外，还有姚成义、姚成仁、谭显章、傅宝山、黄继曾、张德福、陈端成、张麟书、刘文鼎、姚志怀、熊道存、韩树椿、王德禄、王立泰、周惠和等共17人在此次惨案中遇难。

1931年6月18日的《中央日报》上，有关于蔡公时夫人郭景鸾携烈士遗骨抵达南京的消息。根据传言，这些外交人员的尸骨早已被日本兵浇上汽油焚烧了。而幸存者张汉儒趁乱逃脱之后，也不知遇难者遗体究竟下落何处。那么，郭景鸾是如何寻找到蔡公时等人的遗骸的呢？

惨案发生后，郭景鸾了解到，济南曾有警察亲眼看到有20多个日本兵在交涉员公署楼南坑内挖出10余具遗体，然后用草帘卷着欲运往他处，被当地商会制止后，又将这些遗体共埋在一个大坑里。

郭景鸾于是决定赶赴济南寻找丈夫遗骸。在相关人员的陪同下，她来到原山东交涉员公署，在院子里大面积挖掘，最终发现了部分尸体的残骸。有未烧化的头骨、残肢、烧成焦炭状的人肉等。可以认定，这些就是惨案中遇难的外交人员的尸体，但却无法一一对应。她随即找来一只大皮箱将尸骨全部装在一起，外面用木板固定。随后将这只皮箱于 6 月 28 日运抵南京，准备安葬。

悲哀的弱国外交

日本人杀了蔡公时和交涉署人员后，听说北伐军蒋总司令仍在济南城内，于是又派兵包围了北伐军总部办公楼。

日军情报非常准确，此时蒋介石正和"隐身仙人"黄郛密商逃脱之计，听见外面枪声渐紧，急忙吩咐黄郛与日军交涉。黄郛要求日军停止射击，日寇哪里肯听，还公然侮辱黄郛，把南京国民政府的堂堂外交部长扣押了一整天。

此时蒋介石已经知道，日本人压根就没有给他面子。为了委曲求全，蒋介石气急败坏地吩咐说："停止向日军还击。不要慌，务必采取镇定、和平的态度，要顾全大局。"说罢，又派熊式辉深夜赶往日军司令部交涉，但又被日军轰了回来。

5 月 4 日，蒋介石命外交部长黄郛致电日本首相兼外务大臣田中义一，指出："似此暴行，不特蹂躏中国主权殆尽，且为人道所不容。今特再向贵政府提出严重抗议，请立即电令在济日兵，先行停止枪炮射击之暴行，立即撤退蹂躏公法、破坏条约之驻兵，一切问题当由正当手续解决。"

可是日本政府根本不把这个抗议照会放在眼里，反而扩大济南事态，更疯狂地向中国公民开炮射击。

蒋介石又接连派出罗家伦、赵世暄、崔士杰、王正廷与日本谈判，都被日本轰了回来。于是，蒋介石又急电在东京的张群直接找日本当局谈判。

张群奉蒋介石之命，与日本外务省亚洲局长有田八郎和日本参谋本部第二部部长松井石根联系，求见日本外务省次官出渊胜次和军部首脑伊藤安之助少将。但日本军方气焰嚣张，叫嚷"中国北伐军必须投降"，要谈的话，"蒋介石自己来日本交涉"等。

张群跟日本军政官员无法会谈，又通过老关系见到日本首相田中义一。

张群说："中、日两国必须友好，而要达到全面亲善之目的，必须让国民革命军完成北伐，统一中国。因此，国民政府希望日本政府不仅不要对北伐横加阻挠，更应站在正义的立场上，同情并帮助中国革命。对于济南事件，不要任凭当地双方军队直接冲突，应该通过外交交涉予以解决。"

而这个臭名昭著的《田中奏折》的滥觞者田中义一极其奸猾，他对张群的话根本听不进去，但为掩盖日本政府业已通过的增兵山东的决议，便假意说，日本将派参谋本部第二部部长松井石根作为日本的全权代表，赴山东处理济南事件，希望中方与松井进行谈判。

张群于5月8日离开日本，13日到达上海。张群到沪后，接到国民政府主席谭延闿的一封信，希望他担任与日本代表松井石根谈判的任务。

张群正要赴徐州向蒋介石汇报东京之行的情况，忽然接到蒋介石派赴济南的谈判代表何成浚的报告，说尽管中方完全答应日方提出的最后通牒条件，但日方福田彦助师团长仍坚持要中方接受其无理要求：在侵华日军撤退前，中国必须将抵抗日军侵略的方振武、贺耀祖、陈调元的3个团，当着日军的面解除武装，将抗日军官处以严刑，如不照日方条件处理，日方即不再接见中方代表。

见日方如此蛮横，就连张群也觉得实在是欺人太甚！于是他又根据蒋介石的指令，一面催促国民政府向国际联盟秘书长德兰孟、美国总统柯立芝，要求根据国际联盟盟约第十一条第二项的规定立即召集理事会，要求日军停止暴行并立即撤军；一面于5月14日致电日本首相田中义一斡旋：

"查福田师团长此等态度，与首相及诸公对张群之表示，大相径庭，不知何故！且当日张群与首相面谈后，复承佐藤先生赴参陆各部传述首相意旨，想福田师团长必已接洽，何尚坚决若是？（张）群意拟请松井先生遵照首相意旨，克日首途，一面电达福田师团长，静候和平解决，两国幸甚！迫切陈词，伫候电音。"

气人的是，日本政府对张群的交涉电根本不加理睬，反而于 5 月 18 日送来日本政府第三次出兵山东的声明书，声称"济南事件"是"日本为保护山东日本侨民及确保胶济路之交通而为之"。

6 月 8 日，国民革命军进入北京，6 月 15 日宣告北伐成功并发表对外宣言。对外宣言明确提出，要求同各国"遵正当之手续，实行重订新约"。

此时，美国等西方诸国出于自己在中国的利益，抓住日本 5 月出兵山东制造"济南惨案"的问题不放，一再向日本施加压力。这样一来，日本政府在国际上的处境越来越孤立了。

到 1928 年底，田中内阁已经感到内外交困。在这种形势下，日本政府才被迫同中国由军事交涉转入外交谈判。

在中日谈判处理"济南惨案"的过程中，田中内阁提出了三项无理要求：其一，日方不派全权代表，只派日本驻沪商务领事矢田七太郎为代表；其二，谈判地点在济南；其三，谈判的前提是先向日本道歉、赔偿损失、惩罚凶手、保障侨民安全。不答应这三条，不进行谈判。

在全国舆论的压力下，国民党当局拒绝了日本的无理要求。日本代表矢田又三次赴南京联系，均未谈成。

1929 年 1 月 23 日，田中义一亲自向日驻华公使芳泽谦吉面授机宜，命他作为日本的全权谈判代表与外交部长王正廷开始外交谈判。

在开始阶段，王正廷坚持主张，日军如不从山东撤军，"济南惨案"就不能解决，并郑重提出解决"济南惨案"的四项条件：

1. 日本政府郑重道歉；

2. 赔偿中国财产损失；

3. 严惩主凶；

4. 日本保证此后不发生此类不幸事件。

对此，芳泽谦吉提出了所谓的"对等要求"，即中国政府向日本政府赔礼道歉，赔偿损失，惩办肇事人。

王正廷严词驳斥说："'济南惨案'的发生出自日本兵枪杀中国百姓，向日本道歉、赔偿，这完全是颠倒是非，混淆黑白！"

在 11 月 29 日的谈判中，开始时芳泽还接受了撤兵条件，但又借口请

示，从南京跑回上海。他刚回到上海，便接到日本政府指示，令其"相机行事"，蒋介石也命谈判代表王正廷、崔士杰"因事赴沪"。

这样，双方代表继续在上海谈判。中日双方达成三项决定：

1. 日本无条件从山东撤军；

2. "济南惨案"责任及赔偿问题，由双方组织调查委员会，赴济南调查后再定处理办法；

3. 蔡公时等被害之事，日方另行向中国道歉。

谁知到1930年2月8日，芳泽谦吉又奉命推翻了上述三项决定，别有用心地耍赖道：

"日本政府对三项协定提出了异议，日本方面不准备索取赔款，也反对对方要求赔款。"

在可查的历史上一贯耍赖、狡诈、没有诚信的日本人，这次为何在赔款问题上又出尔反尔呢？当时的日本驻上海总领事、后任此次谈判的日本代表重光葵在后来的《外交回忆录》中说得很清楚：

"日本生怕中国方面提出诸如要求日本修复济南战争中被破坏的城墙，要求日本支付巨额赔款，赔偿在战争中丧生的中国居民的生命财产。据报道，当时中国方面遭受的损失达数亿元。"

2月18日，日本外务省召开会议研究对策，外务次官给重光葵下达训令说：

"企图圆满地解决'济南事件'是一个根本性错误。正因为芳泽公使（当时他已任命为驻华公使）已经与中国达成了协议，所以才会发生今天这样的障碍……我提请你注意，脑子里必须经常记住一点：必须破坏这次谈判！"

日本首相兼外务大臣田中义一更是老谋深算，他指示重光葵在谈判中要压中方做出更大的让步，从而打开中日关系的僵局，为全面推行"积极政策"，即侵占中国、灭亡华夏做好准备。

这时，日本驻华公使芳泽和驻上海总领事重光葵派出特务四下活动，蒋介石身边的日本间谍佐佐木更是把国民党内部各派系的底细摸得清清楚楚。他们分析认为：

"蒋中正为了与当时还残存在北方的军阀，尤其是与冯玉祥、阎锡山的势力相对抗，完成中国的统一，在解决‘济南事件’时，必将会符合日本方面希望的意向，采取全面退让态度。”

重光葵一回到上海，蒋介石就派外交部亚洲司司长周龙光到租界的三井别墅拜访了重光葵。

周龙光小心翼翼地道：

“听说总领事阁下负有日本政府赋予的重大使命，对于解决‘济南惨案’定有高明打算，请给予关心，设法加以解决。”

重光葵老谋深算，见这个外交官素质如此之低，态度又这样卑下，就先行压价道：

“我是大日本帝国驻上海总领事，与日中谈判无关。但依我看来，今天的（日中关系）状况真是太糟糕，太愚蠢了！”

“本人奉命要找到一条打开僵局的道路，请阁下运用您的影响大力帮助。”

见周龙光如此低声下气，重光葵便得寸进尺道：

“如果中方向日本索取赔款，那么，日中关系只会恶化。”

闻听此言，周龙光忙不迭地交底说：“中方无意要求日本赔款！”

听了这话，重光葵大感意外，如获至宝，马上紧紧抓住不放，迫不及待地追问道：“这是真的吗？”

周龙光说：“当然是真的，我以外交官身份担保！”

“你说不打算要求赔款，这是贵国外交部长王正廷的意思吗？中国方面是否真有此想法，请你回去商量商量，再把正式结果告诉我。”

重光葵打发走周龙光，忙把这个“喜讯”告知日本驻华公使芳泽谦吉。芳泽也没有想到中国政府是这么个让人意外的态度。两人马上决定相机行事，压蒋介石再作让步。

不久，重光葵从南京回到上海法租界的三井别墅，屁股还没坐稳，周龙光就气喘吁吁地跑了进来，并开门见山地说：

“总领事，我可以告诉你一个好消息，王外长也打算按这种办法谈判。”

“好，那可请王外长立即与我方取得联系，重开谈判！”

“好的，但必须进行秘密谈判。”

"这又为何?"

"南京老百姓听说王部长要对日本人让步,就会群起攻之,甚至会捣毁他的住宅。因此,这个谈判只能秘密进行。要让老百姓知道了谈判内情,肯定是会弄砸的。"

"地点选在何处呢?"

"在我亲戚家可否?"

就这样,涉及中日两国重大主权利益,涉及"济南惨案"中几千条人命,涉及国家尊严的一场外交谈判,就在一个中国外交官亲戚家一间小屋里的烟榻上开始了。这在外交史上恐怕也是绝无仅有的!

重光葵和王正廷在鸦片床上对坐着,手里摆弄着吸大烟的各种工具,稍事寒暄,便开始谈判。

王正廷一改对上海新闻界发表慷慨激昂讲话时的冠冕堂皇状,不再摇晃革命旗帜了,奴气十足地向日本人表态说:

"周龙光是我的部下,他所说的一切都是本外交部长的意见。"

重光葵再次摆出驻华公使芳泽谦吉提出的条件:

"我认为日华双方所受损失相差无几,相信完全可以相互抵消。"

王正廷不顾日寇在"济南惨案"中惨杀 6123 人的血的事实,顺水推舟说:

"由于'济南惨案'之发生,中方已蒙受损失,而芳泽公使亦屡陈日方也有损失。由于以上皆属事实,凡属中方义务者,国民政府自当履行。"

就这样,在这间小屋的烟榻上,王正廷与重光葵、芳泽谦吉初步达成了有利于日本政府的解决方案。

对中日初步达成的这个屈辱的方案,蒋介石的南京政府内部存在强烈的意见分歧。为此,芳泽谦吉、重光葵一面对王正廷软硬兼施,施加压力,一面又会晤宋子文,要蒋介石亲自出面"抑制不同意见",最后,终于在南京政府内部消除了异议。

3 月 28 日,王正廷和芳泽谦吉在国民政府外交部,签署了解决"济南惨案"的文件《济南惨案协定》。协定规定:

1. 撤兵之实行与正式会议同时开始,至多两个月内将山东现有日本军队撤去，接受办法由双方各派委员就地协商办理；

2. 此后国民政府对于日侨之保护，视为当然之事；

3. 共同组织调查委员会；

4. 双方损害赔偿问题，俟调查委员会共同负责清查后，互以名义上声明，采取宽大主义办理之。双方视此不快之感情，悉成过去，以期两国邦交益臻敦厚。

这个协定是蒋介石的国民政府首次向日本政府屈服的一个协定，遭到国人的愤怒谴责。

蒋介石却说："图报国仇，谋雪国耻，要使中国不受帝国主义的欺侮，真正达到独立自由的目的，今日只有忍辱负重，卧薪尝胆，十年生聚，十年教训，效法往哲先贤的志节，深信失土必能收回，国耻必可洗雪！"

悲哉！哀哉！

日本人在济南的暴行应该说是自甲午战争后的首次，本来应该会在国内引起轩然大波，掀起一股反日浪潮。但奇怪的是，由于当时的国民政府的软弱，竟然大事化小，小事化了了。

但"济南惨案"毕竟在中国人的心中深深埋下了仇恨，也为日后抗日战争作了重要的铺垫。

沦丧九一八

柳条湖的枪声

1905 年的日俄战争是在中国的领土东北进行的，日本在战争中获胜，通过日俄讲和条约，将中国旅顺、大连等地的租借权和长春至旅顺的铁路及附属设施的财产据为己有。此后，日本创立"南满铁道株式会社"，并由关东军负责铁路沿线的警戒。

东北地区尽管冬季严寒，但矿藏极为丰富，土地极其肥沃，是块风水宝地。日本人早就对它垂涎三尺了。九一八事变后，日本就把它当做

自己的国土，成立了所谓的"开拓团"，往这块他们自认为是海外飞地的沃土上移民了数十万。

1921年华盛顿会议后，日本开始大规模裁军。1921年日本的军费为7.3亿日元，1930年则裁减到5亿日元以下，裁减额达40%。

大规模的裁军引起了日本军人们的强烈不满。自从明治维新以来，日本一直奉行军事优先的原则，培养了大批职业军人。对于职业军人来说，除了军事以外他们没有其他特长，裁军等于砸他们的饭碗。

此外，裁军以前，职业军人是社会上最受尊敬的人，当兵在日本是最光荣的职业。但裁军开始后，职业军人一下变成社会上多余的人，最好的学生不再报考军事院校，一些饭店甚至拒绝穿军服者进入。裁军给职业军人们带来的失落感和焦躁感是可想而知的。

不满的军人开始秘密集会，"天剑党"、"樱会"、"一夕会"等军人秘密组织纷纷成立，后来广为中国人所熟悉的东条英机、冈村宁次等人，都是"一夕会"的成员。不过当时最有名的还是石原莞尔，是他提出了"满蒙生命线"的理论。石原也是后来九一八事变的主谋。

1926年12月25日，大正天皇去世，裕仁继位，改帝号为昭和天皇，这个名字取自中国《书经·尧典》——"百姓昭明，协和万邦"。

1927年3月，昭和天皇继位才3个多月，日本就爆发了"昭和金融危机"。从3月15日开始，储户挤兑、银行倒闭的浪潮迅速席卷全国，各地歇业银行多达30家，金融混乱达到了极致。经济的混乱导致了与之有关的地方工业出现了生产上的停滞以及企业的大量倒闭。

政友会总裁田中义一在金融危机的高峰时期，接替了若礼次郎组阁。田中义一内阁在1927年4月20日上台之后，首先就采取了抑制通货膨胀的措施，把负担转嫁到了人民的身上。

政府给日本的银行下拨了5亿日元的补助，加速了银行资本的集中，帮助垄断资产阶级顺利度过了危机。之后田中召开了"东方会议"，制定了侵华战略方针，对中国推行"积极干预政策"，试图把东北和内蒙古从中国分离出去，由日本帝国占领。为此，他加快了侵华的行动，宣布把华北驻屯军扩大一倍。

两年后，世界资本主义经济危机波及日本。到1931年，日本已经陷入了极端困难的境地。日本政府急于发动一场对中国东北的战争，借以转移国内人民的视线，缓和阶级矛盾，医治经济危机造成的创伤。

同年7月，内阁首相田中义一向天皇奏呈《帝国对满蒙之积极根本政策》，即臭名昭著的"田中奏折"。

奏折公然宣称："欲征服中国，必先征服满蒙；欲征服世界，必先征服中国。"

从而确立了以"满蒙"为侵略目标的战略。这份奏折被曝光后，当时的南京国民政府以及1949年后的新中国政府均认为，这就是日本奉行侵略中国政策的铁证。

从1929年起，日本陆军参谋本部和关东军在中国东北三省先后秘密组织了四次"参谋旅行"。日本很多行为的说法都含义模糊，需要费精神去解读。这个所谓的参谋旅行，说白了，就是考察，或者干脆就是侦查，借此了解东三省政治、经济、自然、人文等全面的情况。"旅行团"回国后，便详细制订了侵略中国东北的作战方案。

1931年6月，日本陆军参谋本部和陆军省制定了"满蒙问题解决方案大纲"，确定了以武力侵占中国东北的具体步骤。

7月，陆军参谋本部把攻城重炮秘密调运至沈阳，对准东北军驻地北大营。

8月，日本陆军大臣南次郎在日本全国师团长会议上说道，满蒙问题只有用武力解决。随后进一步做好了发动此次战争的各种准备。

1931年9月18日晚10时许，日本关东军岛本大队河本末守中尉率部下数人，在沈阳北大营南约800米的柳条湖附近，将南满铁路一段路轨炸毁，称是中国军队破坏铁路。

日军独立守备队第二大队即向中国东北军驻地北大营发动进攻。次日晨4时许，日军独立守备队第五大队从铁岭到达北大营加入战斗。5时半，东

柳条湖事件现场

北军第 7 旅退到沈阳东山嘴子，日军占领北大营。战斗中东北军伤亡 300 余人，日军伤亡 24 人。

由于东北军执行"不抵抗政策"，当晚日军便攻占北大营，9 月 19 日上午 8 时，日军几乎未受到抵抗便将沈阳全城占领。东北军撤向锦州。日军继续向辽宁、吉林和黑龙江的广大地区进攻。

短短 4 个多月内，128 万平方公里、相当于日本国土面积 3.5 倍的中国东北全部沦陷，3000 多万父老成了亡国奴。

事变发生前，蒋介石于 8 月 16 日致电张学良："无论日本军队此后如何在东北寻衅，我方应予不抵抗，力避冲突。"

当时，日本关东军不到两万人，东北军驻在东北的就有 16.5 万人，在关内还有近 10 万人。东北军部队多次接受不准抵抗的训令，在日军突然袭击面前，除小部分违反蒋介石的命令英勇抵抗外，其余均不战而退。

张作霖　　　　　　　张学良　　　　　"伪满洲国"皇帝溥仪

因为在九一八事变前，蒋介石的主要精力不在抗击日本军队上。因此，为了不至于和日本人闹僵，使自己手忙脚乱、分身乏术，才出此下策。

九一八事变激起了全国人民的抗日怒潮。各地人民纷纷要求抗日，反对国民党政府的不抵抗主义。

中国人民长达 14 年的艰苦卓绝的抗日战争，就此拉开了沉重的大幕！

《大刀向鬼子的头上砍去》

《大刀向鬼子的头上砍去》这首歌是整个抗日战争期间风靡全国的一首励志歌曲。其实，这首歌是国民革命军第 29 军的军歌。

日本侵占东北三省后，为割断东北抗日部队与关内的联系，扩大并巩固伪满洲国的疆界，进而蚕食华北，1933 年初，决定由关东军司令官武藤信义指挥第 6、第 8 师团，混成第 14、第 33 旅团，骑兵第 4 旅团和航空兵、海军各一部共 4 万余人及伪军 3 万多人，企图攻占热河、古北口以东的长城一线，伺机进占冀东，借以扩大侵占东北后的战果。

国民政府军事委员会北平分会代理委员长张学良（1933 年 3 月 12 日起由何应钦接替），先后调集 14 个军 20 余万人，保卫热河并依托长城阻止日军进关。

长城抗战往往被后人遗忘或淡化，因为其后在全国展开的全面的抗战似乎掩盖了这次规模不大的战役。其实，这次历时仅仅 5 个月的抗御外侮的战斗极其惨烈。在热河、冷口、栾东、古北口、喜峰口、罗文峪等处的战斗中，中国军队以热血对抗钢铁，谱写了极为悲壮的一页。

如在 3 月 9 日，日军混成第 14 旅一部攻占喜峰口口门，当天刚接防的第 29 军第 37 师第 109 旅第 217 团，在王长海团长率领下实施反击，500 精兵组成了大刀队与日军血肉相搏，砍杀大量日寇，血溅雄关！第 217 团的官兵大部殉国，生还者仅 23 人。此役毙伤日军百余人，夺回了该口门。

又如在冷口，中国军队两次夜袭敌营，杀敌数千，捣毁辎重车辆、装甲车、大炮无数，令敌闻风丧胆。黄光华师与日军浴血搏杀，使阵地失而复得，3000 将士为国捐躯。

在古北口，关麟徵部第 25 师和东北军王以哲部与日寇血战 3 昼夜，4000 多将士伤亡。

在这些战斗中，宋哲元的第 29 军名声大振，尤其是这个军的大刀队，其作战方式和铁血精神，让全国的老百姓兴奋不已。

第29军原属西北军，当年冯玉祥创建西北军的时候，因为部队扩充快，枪支弹药不足，就为部队士兵配发了大刀。西北军用的大刀，都是长柄、宽刃、刀尖倾斜的传统中国刀，十分利于劈杀。冯玉祥还聘请了一批武术高手，设计了一套适合对付敌人刺刀的刀术，让部队勤加练习。

第29军军长宋哲元

结果，当初这些为了应急用的大刀，反而成了西北军的重要武器之一。

战前在第29军高级将领会议上，军长、师长们认真研究了如何训练部队、弥补装备不足的问题，提出了建立大刀队的想法。他们认为，西北军素质好，体力强，不少官兵还会拳术、刀术，可以召集他们研究自造大刀，在日军装备精良的情况下，可利用近战、夜战的战术，发挥大刀威力，克敌制胜。

为了提高官兵使用大刀的技能，副军长佟麟阁将军亲赴北平聘请李尧臣来军担任武术教官，李尧臣深为第29军抗日救国的精神所感动，慨然允诺前往相助。

李尧臣是河北省冀县李家庄人，自幼随庄里拳师学太祖拳，功夫过硬，在社会上颇有名声。李尧臣来到第29军后，根据大刀的特点，结合中国传统的六合刀法，创编了一套"无极刀法"。这种刀法，既可以当刀劈，又可以作剑刺，简单易学，实用性强。

第29军军部先由各部队抽选骨干，组成大刀队，以简元杰为队长，由李尧臣直接传授刀法，再由他们传给全军官兵。

几个月后，大刀队就开始将练熟的无极刀法教给全体官兵。佟麟阁将军还同李尧臣轮流到各部队视察、示范，大大增强了将士们的白刃战本领。

近代中国军队使用的大刀型制，主要有砍刀型和马刀型两类。其中，砍刀型是以清代的"短柄刀"为基础演变而来的。刀身长短不一，护手和刀柄形式各异。

抗战初期中国军队使用的大刀即是典型的砍刀型，特别是七七事变前后第 29 军所用的大刀，很大一部分都是在北平的工厂中加工的，相对比较统一和规范，质量较好，也最具代表性。

3 月 9 日傍晚，日军抢占了喜峰口关口。次日晨，第 29 军所属第 37 师主力赶到，日军主力也到达了战场。双方围绕喜峰口外的几个高地展开了激烈的争夺战。连日的激战，使第 29 军伤亡很大。于是，大家都把注意力放到了第 29 军最常使用的特殊装备——大刀上。

喜峰口形势危急，第 29 军的大刀队自然也就被寄予厚望。

第 29 军派第 109 旅旅长赵登禹指挥这场奇袭。考虑到赵登禹部在此前的战斗中损失较大，只有王长海团编制较完整，于是将第 38 师的董升堂团也交由他指挥。王长海和董升堂接到命令后，立刻在各自的团里挑出 500 名擅长刀术和近身肉搏的士兵组成大刀队，只带大刀和手榴弹，其余士兵进行火力掩护。

3 月 12 日，董升堂团首先来到了位于长城外小喜峰口的三家子村和前仗子村附近。当天晚上，皓月当空，正是夜战的良机。这里有一支日军的骑兵部队在宿营，满街都是日军的战马，日军正在酣睡之中。

大刀队迅速解决了日军哨兵，挥舞着大刀，冲入日军营房。先扔了一阵手榴弹，紧接着趁日军混乱之机用大刀劈杀，日军被打得措手不及，很多人稀里糊涂地就做了刀下之鬼。大刀队又趁乱放火，日军其他部队见到火光，纷纷赶来增援。然而在夜间，日军的飞机大炮都发挥不了作用。

尽管日军士兵也都是从入伍起就接受了严格的刺杀训练，但在西北军英勇的大刀队面前，却根本就没有还手的机会。

两支部队的袭击，让日军十分吃惊，他们迅速调集大批部队进行反扑，但在人数上处于劣势的大刀队并不畏惧，依然与日军继续肉搏。随后，大刀队烧毁了日军的辎重粮草，炸毁了缴获的火炮和装甲车，在后续部队的掩护下撤出了战场，喜峰口战斗大获全胜。

日军自侵占东北以后，所遇抵抗轻微，夜间都是脱衣而睡，警备松懈，嚣张狂妄至极。经此次打击之后，日军人人都和衣持枪睡觉，甚至还有人晚上都戴着钢盔以防被砍头。鬼子管第 29 军的大刀叫"青龙刀"，在缴获的日军遗物中，常可见到日军举着他们捡到的中国军队的大刀照

相，可见日军很在意这家伙。

此后中国军队还惊奇地发现，所有的日军全部戴上了铁围脖。不过，厚重的铁围脖大大削弱了鬼子的战斗灵活性，伤亡更加惨重。连日本报刊都不得不承认喜峰口之战是"皇军的奇耻大辱"。

这次战斗开创了大刀队夜袭日军的先例，全国人民的抗日热情为之高涨！

1937年著名作曲家麦新在创作抗日歌曲时，首先就想到了这场战斗。于是一首鼓舞全国人民士气的经典歌曲《大刀进行曲》就此诞生了。

"大刀向鬼子们的头上砍去！全国武装的弟兄们，抗战的一天来到了，抗战的一天来到了！……"

这首歌不仅国民党的部队唱，八路军和新四军的部队也非常喜爱这首豪气冲天的歌曲。八路军的队伍在操练间隙相互拉歌的时候，往往就会喊道："三连的，来一个'大刀向'！"

随着抗日战争的全面展开，《大刀进行曲》中"29军的弟兄们"改成了"全国武装的弟兄们"。

"大刀向鬼子们的头上砍去"成了一个民族在危亡中发出的最强呐喊。

蒋介石在长城抗战后为第29军题词："正义之血，主义之花。"

"中华民族到了最危险的时候"

而已经成为中华人民共和国国歌的《义勇军进行曲》的歌词中，也包括了华北危机和长城抗战的悲壮历史。

《义勇军进行曲》原名叫《反满抗日义勇军进行曲》，由田汉作词，聂耳谱曲。

1934年春，上海影坛新成立了一家电通影片公司，这是一个由中国共产党直接领导的左翼电影公司。秋末，田汉决定为电通公司创作一部反映长城抗战的影片。这年冬天，电通公司向田汉征稿。他就先写了个简单的名叫《凤凰的再生》文学剧本，交给电通公司的孙师毅，主题歌为《反满抗日义勇军进行曲》，写在稿本的最后一页。可是1935年2月，田汉就被国民党逮捕入狱了。

电通公司为了尽快开拍，将影片改名为《风云儿女》。主题歌《反满抗日义勇军进行曲》改名为《义勇军进行曲》。

这首主题歌来自田汉的文学剧本之中。当时按照田汉文学剧本的设计，是主人公辛白桦写的《万里长城》诗的最后一段："起来，不愿做奴隶的人们，把我们的血肉筑成我们新的长城……"

本来他想写得长一点，因为被捕，没有继续写下去。孙题毅在改编电影时就把它用来作了主题歌。在处理主题歌歌词时，孙师毅仅仅修改了几个字，这就是原词第六句："冒着敌人的飞机大炮前进！"改成了"冒着敌人的炮火前进！"

当时，聂耳正准备去日本，得知影片《风云儿女》有首主题曲，便主动向孙师毅、许辛之（《风云儿女》的导演）要求，为田汉写就的主题歌《义勇军进行曲》谱曲，并表示到日本以后，曲稿尽快寄回，绝不会耽误影片的制作。

聂耳到日本后，开始谱曲工作。据聂耳后来的回忆：当他读到歌词"起来！不愿做奴隶的人们！把我们的血肉筑成我们新的长城！中华民族到了最危险的时候，每个人被迫着发出最后的吼声……"时，一股强烈的爱国激情在胸中奔涌、澎湃！雄壮、激昂的旋律从心中油然而生。

在谱曲时，为了使词曲配合得更加顺畅有力，聂耳大胆地对歌词作了许多处理。他把原词末尾的"我们万众一心，冒着敌人的炮火，前进！"增加了叠句，改成"冒着敌人的炮火，前进，前进，前进，进！"以铿锵有力的休止符来煞尾，把中国人民向前挺进时的坚决、果敢、义无反顾的精神表现得更加强烈。

两个月后，1935 年 4 月，身在日本的聂耳将《义勇军进行曲》曲谱寄回上海，之后由贺绿汀请当时在上海百代唱片公司担任乐团指挥的苏联作曲家阿龙·阿甫夏洛莫夫配器。

1935 年 5 月 9 日，坐落在徐汇区的百代唱片公司为电通公司灌制了首版《义勇军进行曲》唱片。5 月 16 日《电通画报》第一期刊登了《义勇军进行曲》曲谱，同时在影片《风云儿女》中作为主题曲使用。

1935 年 5 月 24 日，影片《风云儿女》在黄浦区的金城大戏院首映。

《义勇军进行曲》诞生后，很快就唱遍大江南北、长城内外。中国远征军第200师师长戴安澜将军还将其定为该师的军歌，高唱着这首歌曲入缅抗击日寇。

这首革命歌曲甚至享誉海外，在全世界传播。

1940年美国黑人歌王保罗·罗伯逊在纽约演唱了这首歌，接着又灌制了名为《起来》的中国革命歌曲唱片。宋庆龄亲自为这套唱片撰写了序言。

第二次世界大战即将结束之际，《义勇军进行曲》名列《盟军胜利凯旋之歌》的曲目中。

1949年9月27日，中国人民政治协商会议全体代表第一届会议通过，以《义勇军进行曲》为《中华人民共和国代国歌》；1978年，第五届全国人民代表大会第五次会议通过，将《义勇军进行曲》定为《中华人民共和国国歌》，2004年写入宪法。

屈辱的华北自治

长城抗战后，1933年4月25日，军事委员会北平分会代委员长何应钦委派军使至密云向日军求和，双方停止了军事行动。31日，双方代表在塘沽签订了使中国丧权辱国的《塘沽协定》，在事实上承认了日本占领东北三省和热河，并把冀东置于日伪势力范围之内。

这样一来，这场牺牲了上万人，中国军队并未处在下风的浴血战役，终因国民党政府采取妥协退让的方针而导致名义上的失败，令人扼腕痛惜和愤怒。

日军为策动"华北自治"，经常出动军用飞机到北平上空盘旋。1935年5月初，在天津日租界发生了亲日分子《国权报》社长胡某和《振报》社长白某被暗杀的"河北事件"。日本华北驻屯军参谋长酒井隆等密谋挑起事端，声称此案"系中国排外之举动，若中国政府不加以注意改善，则日方将采取自卫行动"。向国民政府提出无理要求，并调兵遣将。驻津日军连日在河北省政府（当时天津是河北省会）门前武装示威，并举行巷战演习。

1935年6月，国民党军委会华北分会代理委员长何应钦与日本华北驻屯军司令官梅津美治郎谈判，达成了所谓的《何梅协定》。按协议规定：中国军队从河北撤退；取消河北省的国民党省党部；禁止河北省内的一切反日活动。

《何梅协定》的签订，使日本取得了对华北的实际控制权。

"河北事件"一波未平，又发生了"张北事件"。

1935 年 5 月 30 日，4 名没有护照的日本特务机关人员潜入察哈尔省境内绘制地图，行至张北县时，被当地驻军扣留，察哈尔省主席宋哲元为避免引起事端，即令释放。

由于日方提出了蛮横要求，6 月 27 日，察哈尔省民政厅厅长秦德纯和日军特务头子土肥原贤二又达成了《秦土协定》。

其主要内容为：

1. 向日军道歉，撤换与该事件有关的军官，担保日本人今后在察哈尔省可以自由行动；

2. 取消在察哈尔省的国民党机构，成立冀东非武装区，第 29 军从该地区全部撤退；

3. 中国方面停止向察哈尔省移民，察哈尔省主席宋哲元撤职。

这样一来，冀察两省大部分的主权丧失。

日本在迫使国民党中央的势力退出华北后，随即积极策动华北五省（河北、山东、山西、察哈尔、绥远）的所谓自治运动，企图使华北五省成为"第二个东北"。10 月 22 日，日本侵略者煽动河北东部香河、昌平、武清等县的"饥民"暴动，攻占香河县城，并由少数汉奸组织了临时维持会。

11 月 25 日，日寇又收买了一批汉奸、流氓向国民党天津当局"请愿"，要求自治。同日，日寇唆使国民党冀东行政督署专员、汉奸殷汝耕在通县组织所谓"冀东防共自治委员会"。与此同时，日本还策动阎锡山、韩复榘搞华北五省自治，企图借"自治"的名义达到吞并华北的目的。

此时的国民政府进退两难。既慑于全国老百姓和舆论的压力，不敢允许华北脱离南京中央政府管辖而宣布"自治"，又慑于日军的威胁。

于是，便想出了一个变通的办法。12 月决定在北平成立冀察政务委员会，由宋哲元任委员长，由日方推荐著名汉奸王揖唐、王克敏等十几人为委员。

冀察政务委员会名义上虽然隶属南京国民政府，但它实际上具有相当大的独立性，日本和汉奸势力对它有很大的影响和控制力，也就是说，这个政务委员会是一个变相的"自治"政府。很明显，它是一个国民政府对日妥协的产物。

冀察政务委员会成立后，"华北自治"的喧嚣便告一段落。日本暂停军事侵略，采取了"不取其名而取其实"的手段，妄图从政治、军事、经济上紧密控制冀察当局。并采用其惯用的阴谋手法，先由交通、经济入手，企图使华北"成为张作霖时代的东北"。

然而，随着全国抗日救亡运动浪潮的不断高涨，宋哲元受到鼓舞，逐步采取了一些抵制日本的措施，使其阴谋不能得逞。

日军在华北所制造的这一系列早有预谋的事件，使华北的局势危如累卵，中国的政治形势马上就要发生重大变化。

果然，一年多以后的七七事变便成为了历史偶然中的必然！

但也可以说，七七事变的爆发，使自 1894 年以来，中日两国不断摩擦纠纷的这个脓包终于破头，将局部的战役、谈判桌上的交锋，变成了刀兵相见的一场全面战争。

这样一来，事情就简单多了。

税警团事件

1936 年的西安事变和平解决后，中国已经在做全面抗战的准备，而日本人正在按照既定方针，首先将目光放到了青岛。

青岛当时归东北海军司令沈鸿烈管辖。说是海军，其实根本就没有作战的舰只，仅有沈鸿烈手下为数不多的海军陆战队和海军水兵，还有少数战斗力孱弱的警察和保安队。

日军在青岛享有特权，长年驻扎海军陆战队，还有数量巨大的在乡军人（即退伍军人）、武装的日本浪人。尤其是日本浪人，他们在青岛横行无忌，贩毒走私，日本军方时常借他们制造事端。

沈鸿烈为了对抗日本人的侵略，在 1937 年初向蒋介石求援，要求派驻一支军队进驻青岛，加强实力。但由于日本和中国有协议，他们在青岛享有特权，青岛不能驻扎中央正规军。

蒋介石便命令黄杰派出一个税警团赴青岛驻扎，名义上是保护当地的盐税收入，这样名正言顺。因为青岛有胶澳、金口两个盐场。于是黄杰就密令丘之纪率部秘密进驻青岛盐场。但日本人很快就发现，新来的税警部队足有2000多人，装备先进，训练有素。

说实在的，当年的中国税警总团也的确堪比正规军。

20世纪30年代宋子文出任财政部长后，为确保盐税收入，建立了直属于财政部的缉私警察部队税警总团。1930年冬，税警总团在海州成立，由温应星任总团长，曾锡圭任参谋长。税警总团的高级军官全部由他亲自网罗，亲手提拔，大都具有外国军校留学的背景。第一任、第四任总团长温应星，第二任总团长王赓，都是美国西点军校毕业生。第三任总团长莫雄，北伐战争时在张发奎第四军中是一员勇将。他还招揽了留美的孙立人、赵君迈担任团长。团副和各特种兵营的营长，均是由宋子文派的美国留学生担任。另外，他还建立了以斯坦因为首的由八名德国军官组成的顾问团。

税警总团是拿每年摊还八国银行团借款的盐税剩余款项作给养的，经费宽裕，服装、粮饷都超过了国民党正规部队的标准。

税警总团武器装备均由财政部自行采购，精良程度非一般部队可比，博采欧美军事强国之长。开始时，主要是采购美国武器，装备了欧立根防空机炮、维克斯两栖战车，步枪主要是德制1924年式标准型系列枪或比利时的FN 1924/30步骑枪。

到后来，国民党政府允许税警总团拥有德国正规军的武器装备。步枪主要是德制1924年式标准型系列枪，轻机枪多是进口的捷克ZB26，重机枪则多为马克沁二四式水冷式，手枪是闻名遐迩的7.63毫米M1932，甚至还配备有"卡罗伊德"超轻型坦克。

税警总团原驻于津浦线，总团部设于蚌埠（后移海州）。再移驻沪杭线，后设于嘉兴。一·二八事变前夕，总团部设于上海徐家汇。此时的税警总团下属4个团，加总团直属部队，相当于6个团。

税警团的编制十分庞大。计每班有士兵14人，每班配备轻机枪一挺，六班为一排，三排为一连，每连士兵共252人，相当于甲级正规军的两个连。营部虽也和正规军一样，直辖 4 个连，但是，每营却配有两门六零炮，每团除统辖 3 个营外，另有特种兵连 7 个，每团战斗士兵达到5000 余人。总团部又直辖工兵营、高射炮营、炮兵营、通信营等 7 个直属营。整个总团共拥有兵员 3 万余人。

九一八事变发生后，宋子文准备将税警总团北调到华北抗战。结果被蒋介石发现了，便勒令税警总团开回原防，并乘机将税警总团吞并，任命黄埔一期生黄杰担任税警总团长。

黄杰接任总团长后，新增加了两个步兵团，即第五、六团；增设了两个副总团长，以及一个教导总队。新增设的两个副总团长，各设副总团长司令部，各指挥两个步兵团。

新增设的这两个副总团长，是由何应钦介绍的其侄子何绍周和由桂永清介绍的中央军校教导总队的王公亮担任。新增编的第五团和第六团的团长丘之纪和钟宝胜，也是桂永清由中央军校教导总队介绍来的。

丘之纪率税警五团的到来，就像给青岛这个水面看似平静而实际水下暗流涌动的池塘，投下了一粒石子，荡起了一波又一波的涟漪。

日本人见状非常紧张，开始多方运动。一方面，日本的外交使节向中国政府提出抗议，向沈鸿烈提出交涉；另一方面，日本特务穿梭于北平、济南、青岛之间，挑拨华北政务委员会主席宋哲元、山东省主席韩复榘与沈鸿烈的关系。他们还组织日本浪人、侨民闹事，想通过各种压力压迫中国政府撤走税警团。

如果税警团不撤走，他们就扩大事态，在青岛点燃战争导火索。

税警团团部所在地摩天岭，成了日本人不断"造访"的地方。丘之纪被日本人搞得焦头烂额，但是他却处理得有理有利有节，兵来将挡水来土掩，总之让日本人没话说。

一方面，他严厉约束部下，无事不得离开营房，有事必须外出时，也必须着便装，尽量避免与日本人的冲突；另一方面，他不断向沈鸿烈、黄杰通报消息，并且请黄杰将情况向外交部和军政部汇报，给中央的决策提供第一手资料。

1937 年 6 月 1 日，日本驻华北的外交官员云集青岛，开会商量税警团事件的对策。这天午后 4 点，日本驻青岛总领事大鹰正次郎、副领事道明辉、济南总领事有野、北平大使馆二秘代办加藤传次郎、天津总领事崛内干城等及随员共 10 人驱车直奔丘之纪的摩天岭团部，与之晤谈，并提出如下质问：

1. 驻胶澳区之兵力若干，是否尚需增加？

2. 是否开入市内？城阳、南泉两地现有驻兵否？

3. 本团是否听命于第二师黄杰将军，抑或财政部？

而丘之纪则答复如下：

1. 本团兵力将近两千，依现状无增兵之必要。

2. 本团奉命看守盐滩，专为缉私，无入市必要，城阳、南泉两地并未驻兵。

3. 本总团属财政部，黄将军现任总团长，即本团之长官。

会晤中，日本人咆哮恫吓，丘将军却以一己之力，单独面对 10 名气焰嚣张的日本人，唇枪舌剑，义正词严，没有让日本人抓住把柄。

日本人之所以如此猖狂，是因为他们依仗继承德国人特权的条约，可以在青岛驻兵，而国民政府则不能驻扎正规军。税警总团事件的核心就是驻兵的问题。日本人提出的质问，重点就在于税警团到底是不是国民党的正规军。颇有政治经验和外交素养的丘之纪一一化解了日本人的挑衅。

日本人只得灰溜溜地走了。

税警总团事件开始迅速降温。加藤回到北平后，还假惺惺地发表了一通"亲善"言论。中国报纸当时报道："（加藤）对中国报界谈税警总团事，语词顿趋和缓，谓各地日领事为某事务上之联络，而在青集会，系因青市较为凉爽之故，非为讨论税警团事也，该税警事虽尚未了结，但在青与丘团长晤谈，极为融洽。"

可以说，丘之纪用他的沉着冷静，为中国多赢得了两个月的备战时间。

淞沪抗战打响后，驻防青岛的税警团秘密进驻青岛市内，秘密修筑工事，防止日本海军陆战队异动。8 月 20 日，阵地修筑完成。国民政府增兵青岛，派遣税警总团第二支队司令王公亮率第六团乘汽车进驻青岛。面对中国当时战力最强的现代化部队，驻青岛的日本海军陆战队见占不到便宜，就于 8 月 28 日撤退回国了。

王公亮、丘之纪完成了护卫青岛的使命，紧急整训部队，时刻准备奔赴淞沪战场。9 月 3 日，他们将青岛防务移交给广东部队，于 25 日回到海州税警总团总部。10 月 1 日、2 日，税警总团全队到达上海。

"八·一三"淞沪抗战期间，税警二团和三团率先参战。二团从南翔最先开上前线，官兵伤亡甚重，第一营的全营官兵几乎全部壮烈牺牲。税警总团还参加了守卫龙华机场等战斗，并一度夺回闸北火车站。9 月 3 日，税警总团在葛隆镇协同友军对日军展开激烈的防守战。官兵们凭借旺盛的士气和平时练就的过硬军事技术，以及精良的武器，给日军重大杀伤，日军攻击税警总团阵地时的伤亡人数超过税警总团的人数。

此后，税警总团同第 25 师合编为第 8 军，由黄杰任军长。从 10 月 1 日起至 12 月 5 日止，税警总团参加了蕴藻浜与苏州河阵地的守备战斗，日军在杭州湾登陆后，又担负掩护大军转移等任务，历时 66 天。

上海作战后，黄杰被第三战区司令长官顾祝同拉拢，将税警总团余部编为第 40 师。孙立人伤未痊愈即赶往武汉，以税警总团 5000 伤兵为基础，于 1938 年 3 月重建税警总团。重建后的税警总团就地参加了武汉会战。

后来它发展成中国远征军主力部队新 38 师，成为国民党军五大王牌主力新 1 军的主力部队，横扫缅甸北部。

在淞沪前线指挥部队作战的丘之纪将军，于 11 月 2 日阵亡。

卢沟桥畔的战端

大忠抑或大奸

抗战爆发以后，以集团军总司令的身份亲临前线，战死沙场，张自忠将军为第一人。

1940 年 8 月 15 日，中共中央在延安举行了隆重的追悼大会，毛泽东亲笔题写了"尽忠报国"的挽词。1982 年 4 月 16 日，中华人民共和国民政部批准张自忠将军为革命烈士。随后，北京、天津、上海、武汉均恢复设立了张自忠路。张自忠将军由此得到国家和民族授予的崇高荣誉。

张自忠将军

但是在七七事变前后，这位有着丰富的外交斡旋经验的爱国将领，却被戴上了一顶"主和派"的帽子，甚至还有人骂他是汉奸！这其中有着难言之隐。

其中缘由还得从头道来。

七七事变后的第三天，也就是 1937 年 7 月 9 日，驻北平的第 110 旅旅长何基沣主动出击，全歼了丰台日军。而天津市长兼第 29 军第 38 师师长张自忠，则给何基沣打来电话，不同意他偷袭日军，并说："现在尚有和平解决的可能，你们要大打，是愚蠢的。"

何基沣断然拒绝了张自忠的要求，说："现在的情况，不是我们要打日本人，而是日本人要打我们。"

由于自己不是何基沣的直接上级，张自忠便通过第 29 军军部给何基沣下达了"只需抵抗，不许出击"的命令。这样一来，便使得卢沟桥的中国守军处于被动之中。该命令使前线部队丧失了一次歼敌良机，引起官兵对张自忠的不满。

那么，张自忠为什么不主张积极进攻日军？七七事变前后的张自忠，又面临着怎样的尴尬处境呢？

张自忠，字荩忱，山东临清人，1891 年生。1912 年，张自忠考入天津法政学堂，1917 年入冯玉祥西北军，历任排长、连长、营长、团长、旅长、师长兼西北军官学校校长等职。1930 年中原大战后，西北军宋哲元部被改编为陆军第 29 军，张自忠任第 29 军第 38 师师长兼张家口警备司令。

张自忠的一生，与日本有着解不开的"恩怨情仇"。既抗日，却也忍辱负重地背负着"汉奸"名声，直到他牺牲。

1933 年 3 月，日军侵占热河后继续向长城各要塞进犯。宋哲元委任张自忠为前线总指挥，率第 29 军与敌在喜峰口到罗文峪一线激战 40 余日，取得一次次胜利，打出了中国军队的威风，鼓舞了全国军民的抗日士气。

1935 年"华北事变"后，中央军撤离平津，蒋介石任命宋哲元为平津卫戍司令。随后又迫于日本实行华北特殊化的要求，同意成立冀察政务委员会，辖冀、察两省和平、津两市，以宋为委员长，萧振瀛、张自忠、秦德纯等为委员。

冀察政务委员会的成立，使宋一跃而成为华北首屈一指的实力人物，第 29 军成为华北最大的地方实力集团，成为保卫华北的主要武装力量。

同时，张自忠被任命为察哈尔省主席，并率第 38 师移驻平津。张的第 38 师辖 5 个旅，每旅辖 2 个团，连同特务团，全师共计 11 个团，兵力近 3 万人。由于高水准的训练和武器装备的改善，第 38 师不仅在第 29 军，甚至在整个华北，都堪称战斗力最强的部队，这一点为后来的抗日实战所证明。

1936 年 6 月，张自忠改任天津市长。上任后，张对天津的吏治、工商财政、文化教育、社会福利和社会治安等进行了大刀阔斧地整顿，收到很大效果。以工商业为例，天津市从 1925 年到 1935 年经历了长达 10 年的萧条，张自忠就任后首次出现了增长。但作为天津市长，张不得不周旋于 19 国驻天津的领事之间，进行外交应酬。

1937 年春，日本从关外大批调运关东军入关，平津间的日军增加到三四万人。从 4 月 25 日起，日本华北驻屯军在平津近郊频繁进行战斗演习。6 月开始进行以攻击卢沟桥、夺取宛平城为目标的昼夜演习。

6 月 21 日，日军华北驻屯军紧急成立临时作战课。一切迹象表明，日本军方正在积极备战。

由于第 29 军在平津和日军胶着对峙已经有两年，其间冲突事件不断，但都得以政治解决，因此从上到下麻痹大意，对日军的频繁活动缺乏重视。另外，宋哲元等人也过高估计了自己的实力，认为平津地区日军以区区 3 万人，断然无法和 10 万之众的第 29 军对抗。干掉这些小日本鬼子，还不是小菜一碟？

由于华北抗日空气日渐浓厚，为控制宋哲元，1937 年 3 月底，日本华北驻屯军司令官田代以天皇生日为由，邀请宋组团访日，费用由日本支付。宋哲元不愿意去，他说：

"我作为一把手，要是去的话，日本人就会和我谈修铁路、要长芦盐场、煤矿什么的，还有各种权益，如航空权益，那就是掠夺华北资源。我不干这个事。"

在第29军将领里面，张自忠比较稳重，沉默寡言，考虑问题比较周到，宋考虑再三，决定派他去。

1937年3月底，张自忠率团访问了日本。访问之初，适逢名古屋展览会开幕，张作为中国官员前往剪彩。

展览会对面有个伪满洲国办事处，建筑物上挂着伪满国旗。张认为这是对中国的侮辱，因此拒绝剪彩并向日本方面提出抗议。后日方取下伪满国旗，张才参加了剪彩仪式。

在日本期间，日方曾提出所谓"中日联合经营华北铁路，联合开采矿山"的要求，企图逼张在中日经济提携条约上签字。张断然拒绝，并决定提前回国。

消息传出，一时成为舆论关注的焦点。南京政府先是缄默，继之大加指斥，《中央日报》更是长篇累牍地抨击责骂。宋哲元处于蒋介石和日本人的双重压力下，精神极度苦闷。他对秦德纯说：

"日本种种无理要求，皆关系我国主权领土之完整，当然不能接受。可日方时常无理取闹，滋扰无休，确实使我痛苦万分。日方系以我为交涉对象，如我暂离平津，由你负责与之周旋，尚有伸缩余地，我相信你有适当的应付办法。因此我想请假数月，暂回山东乐陵老家，为先父修墓。"

5月，经蒋介石批准，宋哲元一家离开北平，返回山东乐陵老家。但对于张自忠，人们纷纷猜疑。尽管张此次访日没有签订任何协议，但是毫无疑问，张在民众的心中，离"汉奸"只有一步之遥。

卢沟桥事变发生后，处于前线的秦德纯、张自忠、冯治安等第29军将领发表声明，指出"彼方要求须我军撤出卢沟桥城外，方免事态扩大，但我方以国家领土主权所关，未便轻易放弃，倘彼一再压迫，为正当防卫计，当不得不与之竭力周旋"。并命令当地守军立即还击，坚守阵地。

卢沟桥事变后，日军并未马上大规模进攻，这给了第29军高层以思考的余地。在事关战与和的原则问题上，张自忠和宋哲元、秦德纯等与冯治安、何基沣等主战将领不同，属于主和派。从个人感情上讲，张自忠何尝不想操枪奋起，杀个痛快。但冀察当局和第 29 军的特殊地位，使他不得不作多方面考虑。

在卢沟桥事变中，张自忠也曾抱着保存第 29 军地盘和实力的初衷，不希望与日军全面开战。因为第 29 军长期没有地盘，尝尽了寄人篱下的滋味。冀察当局则是代表这支非嫡系部队的一个处于日蒋夹缝中的地方政权。为了自己的生存与发展，它需要维持这块地盘和第 29 军的实力，才能在派系林立的中国立足。

在进驻平津后，局面总算暂时安定了下来。在能够取得日军的谅解以保存地盘和实力的情况下，宋和张都不愿意与日军大动干戈。

另外，张自忠对日军发动卢沟桥事变的意图估计不足。第 29 军自进驻平津以来，日军曾多次挑起事端，结果均以中方做出小的让步而告结束。这给了宋、张等人一个错误的判断，使其误以为这次也不过如此。

日军占据北平城

对蒋介石不信任，也是宋哲元、秦德纯、张自忠等人希望与日军妥协的重要原因。历史上，宋、张作为西北军将领多次与蒋介石的中央军交战，冀察政务委员会成立后，又与蒋介石产生了新的矛盾，双方缺乏互信。

自九一八事变以后，蒋介石与日本妥协的事情已不只一次，冀察当局对于蒋介石这次是否真的会发动全国抗战心存疑虑。而蒋介石"应战而不求战"的指示，也让冀察当局在对日策略上采取了保守的避战立场。

在 7 月 8 日的战斗中，第 29 军官兵击退了日军。日军在 7 月 8 日的战斗中没有占到便宜，反而还有腹背受敌的危险。中国守军使日军无法攻破宛平城，而何基沣率领的第 110 旅增援部队，已经赶到了八宝山附近。鉴于后路有被抄袭的危险，日军暂时停止了进攻。

7 月 9 日凌晨 3 时，日军提议谈判，诡称"失踪日兵业已归队，一场误会希望和平解决"。冀察当局也不希望事态扩大，自然求之不得。中方谈判代表是北平市长秦德纯、冀察政委会委员张允荣。日方谈判代表是松井太久郎、和知鹰二、今井武夫和寺平忠辅。同时，华北驻屯军参谋长桥本群和张自忠也在天津交涉谈判。

7月9日晨四时，中日双方代表在北平达成了三条协议：

1. 双方立即停止射击；

2. 日军撤退到丰台，我军撤向卢沟桥以西；

3. 城内防务除宛平原有保安队外，并由冀北保安队（即石友三部）一部协同城防，人数限三百人，定于本日上午九时到达，并由双方派员监督撤兵。

令人不解的是，这个停战协议是以口头协议形式出现的，因为日方不愿在书面协议上签字，这也足以说明日军并不打算认真履行协议。

也就是说，冀察当局和第29军放弃了继续进攻的有利时机，给了日军从容调兵遣将的时间。而此后，中国守军则逐渐处于劣势。秦德纯事后才明白：

"详察日方之要求停战，其目的在向其国内作虚伪宣传，说日本如何受中国军队之迫害残杀，作为调动大军侵略之口实，实为缓兵之计。"

7月10日，增援的日军部队已由天津、通州、古北口、榆关等地，携带火炮、坦克等重武器向卢沟桥方向开来。关外，日军的11列运兵火车正向关内开来，其中两列已抵达天津。下午3时，大批日军占领了小井村、大井村、五里店，截断了北平通向卢沟桥的公路。

形势骤然紧张！

但为了迷惑冀察当局，日本人再次制造了谈判气氛来作烟幕弹。7月9日，日本内阁举行会议，通过了给予卢沟桥事变的五项意见。根据这个指示，日本华北驻屯军于10日向冀察当局提出交涉。冀察当局表示同意，并派张自忠为交涉负责人。日方对张自忠担任交涉负责人非常满意。因为日方认为，第29军高级将领中，张属于"知日人士"，"与冀察军内其他要人不同，总会对日采取合作方式的"。

这就又给张自忠的脸上抹了一道黑色。

10日下午4时，日方代表松井太久郎同张自忠的代表张允荣进行了3个小时的谈判。之后，松井、张允荣又和日本驻北平武官助理今井武夫一起，不顾天黑雨大，满怀希望地来到张自忠住宅，交涉撤兵问题。

今井武夫在回忆录中写道：

"看到张自忠那种容颜憔悴、横卧病榻而进行交谈的样子，甚至对他产生了令人怜惜的悲壮之感，其诚恳的态度更给人一种好感。"

因患痢疾，张自忠卧病在床，听了日方提出的谈判条件后，张的回答大大出乎日本人的意料。张非但不肯答应惩处"肇事"负责人，对于撤退卢沟桥附近军队的问题，也不过主张换换部队而已。

而日本华北驻屯军参谋长桥本群与张自忠的交涉，也因意见相左而没有结果。松井二人无功而返，便将交涉的对象转向秦德纯和其他冀察要员。11日晚8时，日本北平特务机关长松井太久郎与北平市长秦德纯签订了《卢沟桥事件现地协定》。

毫无疑问，日方签订协定不过是为了争取时间，敷衍中方。签字后，松井等人立即致电天津日本华北驻屯军司令部和东京陆军省、参谋本部。日本陆军省于当夜广播说：

"接到在北平签订了停战协议的报告，鉴于冀察政权已往的态度，不相信其出于诚意，恐将仍以废纸而告终。"

中国人却与日军态度相反，没有觉察到日本人的狡诈。冀察当局在协议签订后，以为和平已不成问题，为表示自己的友好和诚意，首先在当天晚上，把几天来俘虏的200多名日军送回丰台。

7月11日晚，宋哲元从山东返抵天津。此时的宋同张一样，认为"目前日本还不至于对中国发动全面战争，只要我们表示一些让步，局部解决仍有可能"。

而实际上，日本政府此时已经作出扩大战争的决策。宋与张等人对此缺乏清醒判断，仍致力于通过交涉解决事变。

时间一天天过去了，但局势仍不明朗。

7月24日晚，张自忠吃过晚饭，独自一人在市府大楼的走廊上来回踱步。他对当前的局势充满了忧虑，对日本人恨之入骨。正在这个时候，天津交通银行行长徐柏园前来看他。当徐柏园问及时局和对策时，张自忠紧握双拳，狠狠地说："混蛋的日本人，当然要杀尽他们才痛快！"

但过了片刻，他又摇摇头，叹息着说："但如若仍有一线的希望，目前总以弭患为是。"其内心之矛盾，溢于言表。

张自忠力求就地解决事变的态度使舆论界对他的误解进一步加深。在一般人看来，他无疑是"主和派"代表人物，离汉奸只有一步之遥。

平津舆论界乃至第29军当中都广泛流传着"第37师打，第38师看"的说法，透出对张自忠的不满。

马革裹尸的民族英雄

7月27日，日本政府决定第二次增兵华北，将日军精锐第5、第6、第10师团由日本本土向中国平津一带输送。当晚，日军向第29军发起全线进攻，南苑、北苑、西苑、通县等地战斗激烈。7月28日，鉴于敌我力量悬殊，再坚持下去已属无益，宋哲元决定率第29军撤退到保定。

局势至此，第29军已别无选择，只有退往保定，再图良策。宋哲元对大家说："为了照顾全局和长远利益，我决定按照蒋委员长的指令离开北平前往保定，再作下一步打算。可是在把实力转移时，在北平必须留个负责人和敌人暂时周旋，把形势缓和一下。这个任务是非常艰巨的，请大家考虑，由谁来挑此重担。"

对此，会上提出了两个方案：一、留下四团人，由秦德纯指挥留守北平；二、留下张自忠与日本人周旋。

宋哲元考虑到，自张自忠主政天津以来，与日本人接触较多，这次留在北平易于为日方所接受，有利于缓和局势，因而倾向于第二方案。

而张自忠却忧心忡忡，本来舆论对自己的误解就很深了，如果再留在北平，势必是跳进黄河难洗清，所以不愿意干，秦德纯对此更表示消极。

看得出来，留在北平是个火坑，谁都不愿意跳。

宋哲元发脾气道："我们第29军是有令必行，你们平日口口声声说服从我，怎么，在此重要关头，想造反啊？"

这番话激发了张自忠内心的豪勇之气。他呼地站起来，说道：

"现在，和与战都成了问题，看情况事情不会一下子得到解决。既然

委员长这样决定，军人以服从为天职，只要于我军及国家民族有利，虽赴汤蹈火，在所不辞！不过委曲求全，关系个人名誉，恐不能为国人所谅解，事后应请委员长代为剖白。"

见张自忠如此忠义，宋哲元很是感动。说道："那是自然，那是自然。"说着，挥笔写下手谕：

1. 冀察政务委员会委员长由张自忠代理；

2. 北平绥靖公署主任由张自忠代理；

3. 北平市长由张自忠代理。

接过手谕，张自忠不禁潸然泪下。说：

"委员长和大家都走了，我的责任太大，一定尽力而为！"

宋哲元也落泪了。说：

"我今晚就走，明天你就和日本人接触，你来维持这个局面，10天左右就成。到时我由保定率队来北平接应你。"

随后，他们研究了应采取的措施和人事安排问题，并决定将独立第27旅石振纲部和独立第39旅阮玄武部留在北平，协助张自忠维持治安，冀察政务委员会政务处长杨兆庚也留下协助张自忠处理有关事务。

当晚9时，宋哲元、秦德纯以及第29军总参议张维藩等人出北平西直门，悄然转赴保定。冯治安则指挥第37师移至永定河南岸布防。临别时，张自忠心情沉重地对秦德纯说：

"你同宋先生成了民族英雄，我怕成了汉奸了。"

秦德纯忙劝慰道：

"这是战争的开端，来日方长，必须盖棺才能论定。只要你誓死救国，必有为全国人民谅解的一日，请你好自为之。"

29日凌晨，第29军主力撤离北平，前往保定。宋哲元离开北平之后，他的心情是十分沉重的，在他看来，好容易搞成的冀察这个局面，才不过一年半多一点的时间，就发生了这么大的变化。他对自己这个"独立王国"，有着无限的留恋。

在代理了冀察政务委员会委员长后，张自忠立即改组了冀察政务委员会，把张允荣、张璧、潘毓桂、江朝宗、冷家骥、陈中孚、杨兆庚等人增加到委员行列，并任命潘毓桂为北平市警察局长负责对日交涉。而这些人，大多是汉奸或亲日派，于是，张自忠的"汉奸"名声，越来越响亮了。

张自忠滞留北平，果然舆论哗然，当时盛传张"逼宫"赶走宋哲元，在沦陷区北平与日本人合作。在不明底细的人们看来，第29军既然已经撤离南下，唯独张自忠留在北平，这不是当汉奸又是什么呢？

在稍后的几天里，全国各大报刊纷纷发表文章，痛斥张自忠的"卖国变节"行为。其中有十分醒目的大字标题，如《自以为忠》、《张邦昌之后》、《张自忠接见松井后，北平城门大开》等。

普通老百姓也对张自忠非议颇多，认为他是"华北特号汉奸"，报纸上一律称他"张逆自忠"。就连南京政府军政部派驻北平的简任参事严宽，在致电军政部长何应钦的电文中也说张自忠是"汉奸"。

多年后，李宗仁在回忆录中写道：

"外界不明真相，均误以张氏为卖国求荣的汉奸。其实，这种谣传从张自忠率考察团从日本返回时就开始了，有人说张在日时与日方订有'密约'，日方赠其巨款，并送了一个日本美人给他……这都是谣传。"

对于这段历史，冯玉祥在张自忠为国捐躯后撰文《痛悼张自忠将军》时也予以澄清，他说：

"民国二十五、六年的时候，华北造成了一个特殊的局面，他在这局面下苦撑，虽然遭到许多人对他误会，甚至许多人对他辱骂，他都心里有底子，本着忍辱负重的精神，以待将来事实的洗白。……在北平苦撑之际，有人以为他真要浑水摸鱼。当时我就说，他从小和我共事，我知道他疾恶如仇，绝不会投降敌人，后来果不出我所料。"

事实上，日军侵占北平后便要求张自忠通电反蒋，遭到张的严辞拒绝。

日本人于是再也不与张对等谈判。尽管北平街头张贴着张自忠签署的安民告示，要大家"各安生业，勿相惊扰"。但此时此刻北平人民已成了亡国奴，如何能"各安生业"呢？

一时间，北平街市上店铺紧闭，行人寥寥，几乎看不到妇女、儿童的身影，昔日的繁华热闹一下子消失了，炎热的夏天却显出深秋般的萧索。

日本军车横冲直撞，轧死人的事不断发生，日军官兵殴打无辜、污辱妇女的事也时有所闻。古老的北平城笼罩在惶恐不安的气氛中。

第29军是一支爱国热情很高的部队。在北平沦陷后，宋哲元撤离北平前夕，给北平留下两支部队，即留在城外北苑的独立第39旅和留在北平城内的独立第27旅。独立第39旅是张自忠第38师的部队，旅长阮玄武在民族危急的关头，却选择了投降当汉奸。

29日黄昏时分，阮背着张自忠想把第39旅拉走，不料被官兵所阻。阮见拉不走这支队伍，转而生出更大的邪念，卖身投靠日本。就这样，拥有6000名士兵、5000支步枪、200挺轻机枪和8门火炮的独立第39旅，在阮与日军的里应外合之下被突然解除武装，改编为伪保安队。

张自忠闻报，极为震怒。阮与张是共事多年的兄弟，如今在危难之际不仅不能共撑危局，反而暗中拆台，倒戈背叛，令张倍感气愤。

在日伪的威逼和舆论的指责之下，张自忠在北平勉强维持到了8月6日。见事已无可为，张秘密住进了东交民巷里的德国医院，同时通过《北平晨报》发表声明，宣布辞去所有代理职务。

8月8日，日军举行了大规模的"入城式"。5000名日军荷枪实弹，耀武扬威地从永定门经前门开进城内。古都北平就这样落入了日军的魔掌。

张自忠见大势已去，便决定设计逃离北平。

9月7日清晨，张自忠坐着一位美国商人的汽车，悄然离开北平，并一路通顺地到达了天津。9日晚8时，张秘密来到英租界66号，与家人告别。往常他回家总要抱抱孙子，有时还给子侄们讲讲笑话，言语虽不多，家中的气氛却十分融洽。但这次大家却相对无言，气氛凝重。

待了一会儿，张自忠叫侄女廉瑜拿来笔墨，给福开森先生写了封感谢信，要其弟张自明转交。10日凌晨，张起身与家人告别。

廉瑜回忆说："临走前，他把家事委托给父亲（即张自明），还给我们这些后辈每人留下了一点钱。当时我不明白伯父为什么要这样做，因为过去他从未给过我们钱。到后来才醒悟，这分明是他抱着必死的决心南下抗战，行前对家庭做最后的安排。

天还没亮，伯父要动身走了，我们怕被人发觉，只送到楼下，没出大门，伯父瘦高的身影很快消失在夜幕里。我们万万没有想到，伯父这一走，同全家竟成永诀！"

9月10日，张搭乘英国轮船到达塘沽，尔后再换乘英国商轮"海口号"离开天津。13日，张由烟台下船，换车转赴济南。

张自忠抵达济南时，韩复榘的态度非常冷淡，没有派人迎接。当张自忠把宋哲元写给他的手谕拿给韩看后，韩才明白了事情真相，说宋哲元不该叫他背这个黑锅。不过韩知道，张的命运不是他这个山东省主席所能决定的。韩复榘于是给南京打电话，向蒋介石请示办法，蒋介石下令将张押解南京。

韩复榘尽管后来被蒋介石以汉奸罪给枪毙了，但此人还算仗义，对张自忠也不错，他说：

"咱们毕竟是西北军的老弟兄，这样吧，你身体不适，先在我这里住下，给老蒋请个假，暂留在济南治病。过几天冯玉祥先生要来济南，见了他再说。"

张表示同意。宋哲元在前线接到张由济南打去的电话，立即派秦德纯赶赴济南迎接，并准备陪张赴南京见蒋。

9月15日，冯玉祥一行抵达济南。张已有4年未与冯玉祥见面，当他见到冯玉祥走下列车，即快步上前握手。一同前去迎接冯玉祥的韩复榘提议说：

"求先生为荩忱写一封信给蒋先生吧。"

冯玉祥痛快地答应了：

"没问题，你们的事要我帮忙，凡我能做的，我都愿意做。"

冯玉祥当天提笔给蒋介石写了封信。大家都知道，冯玉祥是个基督教徒，他写的大意是：要像《圣经》上说的那样，赦免人的罪过，七十个七次。张自忠是为长官担过，还应叫他回去带队伍。他是个有良心、有血性的人，只要叫他带着队伍打日本，他一定能尽本分。

尽管张已离开平津南下，但舆论界对他的攻击指责却有增无减。

上海《大公报》就发表了一篇题为《勉北方军人》的文章说：

"在北方军人的老辈中便有坚贞不移的典型。段祺瑞先生当时不受日阀的劫持，轻车南下……那是北方军人的光辉。最近北平沦陷之后，江朝宗游说吴佩孚先生，谓愿拥戴他做北方的领袖，吴先生予以断然拒绝。这种凛然的节操，才不愧是北方军人的典型。愿北方军人都仰慕段、吴两先生的风范，给国家保持浩然正气，万不要学那寡廉鲜耻的殷汝耕和自作聪明的张自忠！"

张自忠心里十分清楚，在舆论汹汹之下，此去南京非同小可，轻则撤职，重则入狱，甚至可能遭到军法审判。许多朋友都担心他的安全，劝他不要冒险南下。张坦然地表示：

"纵然为了国人的不谅，中枢不能不将我置之典刑，我也是决心要去的。"

10 月 7 日，张自忠在秦德纯和山东省政府委员张钺的陪同下，动身南下。

此时，宋哲元正在泰山休假。张路过泰安时，遵嘱上山与宋哲元晤面。北平一别，恍若隔世，两人相见，欷歔寒暄，不胜感慨。

京沪各报驻济南记者得到消息，在济南发出电讯："张逆自忠今日解京讯办。"连张乘坐的火车班次都被披露了出去。

火车到了徐州，果然出了麻烦。火车刚进站，秦德纯就看见车站上围了许多学生，打着白旗，上面写的好似有张自忠字样，就劝张到厕所躲一躲。

开始时，张自忠自觉问心无愧，不肯躲避。秦德纯苦劝无效，于是把他推进厕所，将门扣住。不久，一群学生冲上车来，声称搜查汉奸张自忠，经秦德纯费了一番唇舌，算是把学生们劝下了车。

就在张赴南京的路上，南京国民政府已经下达了命令，以张自忠"放弃责任，迭失守地"为由，将其撤职查办。

10 月 10 日下午 3 时许，张自忠由秦德纯、张钺陪同，来到南京四方城拜见了蒋介石。蒋介石说：

"你在北方的一切情形，我都知道，我是全国军事委员长委员长，一切统由我负责，你要安心保养身体，避免与外人往来，稍迟再约你详谈。"

秦德纯小心翼翼地问蒋介石对张如何处理，蒋介石沉吟后说：

"现在舆论反应很大，他的身体、精神都不好，先在南京休养一段再说吧！"

这个结局虽不圆满，但显然比预料的要好，张因此对蒋介石充满感激之情。

秦德纯北返后，经与宋哲元商议，立即以宋的名义给蒋介石发了一封电报，请其准予张归队。但时间一天天地过去了，却仍不见回信。

这时，淞沪战场战事正酣，中国数十万大军与日军进行着激烈厮杀。张自忠时刻关注着前线战况，他非常渴望率军杀奔前方，与日军拼个你死我活！然而，此时此刻，他只能形单影只地困处南京，整天无事可做，度日如年。

这与张自忠在平津时的日理万机、昼夜忙碌形成了极大的反差，使他难以适应。失意落寞之感及暗淡的个人前途更时刻困扰着他，令他不知所措，备感空虚。

10月下旬，原天津市政府秘书长马彦得悉张自忠当时的处境，便由西安赶到南京，为张自忠鸣不平。他把张在察哈尔、天津的从政情况写了一个详细的报告，托行政院院长张群转呈蒋介石。蒋介石阅后，在灵园竹林中约见了马彦。马彦说：

"张自忠在察哈尔任主席，在天津任市长，我任秘书长，不要说丧权辱国，即使有贪赃枉法的行为，也请政府先办我。"

蒋介石回答道："我明白，我明白。"

几天后，钱大钧奉命前去南京山西路慰问张自忠，并带来一张蒋介石签署的委任状，任命张为军政部中将部附。钱大钧还对张自忠说：

"委座对你很关心，他让我转告你，可以接见记者，发表南来感怀，借以平息当日的舆论。"

张自忠感动地说："委座这样宽宏大德，我只有战死才能报答。"

第29军南撤后，被扩编为第一集团军，宋哲元任总司令，冯治安副之。关于第59军军长的人选，蒋介石曾考虑秦德纯。

但秦颇有自知之明，深知该军是由张自忠一手训练的，除了张本人外，谁也带不了，所以态度消极。后来，副参谋总长白崇禧给冯玉祥打电话说：

"张自忠留在南京,委员长的意思是放李文田当军长,您意下如何?"

冯玉祥坚决反对,说:"这个队伍他带不了,最好还是荩忱回去当军长。"白崇禧遂将这个意见转告了蒋介石。

1937年11月12日,上海沦陷,国民党军向西撤退,日军跟踪追击,直逼南京。早在淞沪会战后期,蒋介石即感到南京难保,因而决定迁都重庆。李宗仁拜会蒋介石时,也为张自忠剖白。

各方的游说终于打动了蒋介石。几天后,蒋批准张自忠以军政部部附名义暂代第59军军长。

消息传来,张惊喜万分,感激涕零。他语气郑重地说:

"蒙各位成全,恩同再造。我张某有生之日,当以热血生命报答国家,报答长官,报答知遇!"

对于张自忠来说,这是一个至关重要的转折。这个转折的意义并不在于权力与地位的恢复,而是给他带来了洗刷冤屈和报效国家的机会。从此,开始了他一生中非常短暂但辉煌璀璨、壮怀激烈的黄金时代。

1937年12月7日,张自忠回到河南道口的第59军军部。与大家见面时,张自忠只说了一句话:

"今日回军,就是要带着大家去找死路,看将来为国家死在什么地方!"

大家听到这句话,忍不住都哭了。

此后,张自忠抱着必死的决心,率军对日寇作战。由于在台儿庄会战中作战勇敢,战绩卓著,1938年10月,张自忠被升任为第33集团军总司令兼第59军军长。

1940年5月16日,张自忠在枣宜会战的战场上身中机枪子弹,壮烈牺牲,终于洗清了"汉奸"罪名。

5月21日,天空下着小雨,张自忠的遗体从湖北宜城运到宜昌,10万民众自发送殡。当时,敌人的飞机在上空盘旋俯冲,却无一人躲避,无一人逃散。

据说,当时蒋介石抚柩大恸,从此,他的办公桌上总是摆着张自忠的遗像。

第二章　尴尬处境——不得已的斡旋

难以为继的中德交往

"雅利安的史迪威"和专横的"军事孔夫子"

让我们再回过头来，说说中国和德国的关系。

说到抗日战争之前和初期的中国外交，国民政府和纳粹德国之间千丝万缕的联系是一个绕不开的话题。

1937 年，英国驻东京大使曾经说过这样一句话："事实上，是德国人在组织中国的抗日战争。"当然，这话说得过于极端了，但也不无道理。

从 1928 年底开始，直至 1938 年中德关系恶化的 10 年中，蒋介石先后聘请了以马格斯·鲍尔、乔治·佛采尔、汉斯·冯·塞克特和亚历山大·冯·法尔肯豪森为总顾问的四任德国军事顾问团。

这些雅利安的将军们为蒋介石的军队建设的确出了很大的力。

有意思的是，同一时期，在江西那些边远山区的红军作战以及战略转移途中，也有一位德国籍的苏联人在指挥。在一段时间内，他与红军甚至是共产党的命运紧密相连。他的名字叫奥托·布劳恩，中国名字叫李德。

在蒋介石对苏区的几次"围剿"中，国民政府军中都有德国顾问的身影，后来便有人戏谑道："'围剿'和反'围剿'其实是德国人和德国人在斗法。"

当然，解放区的那个"假大空"李德根本就是个滥竽充数的南郭先生。否则，也不会有那场载入史册、艰苦卓绝的超长途战略大转移。

蒋介石之所以想聘请德国顾问，是因为他的心目中，德国军队是当时世界上最完美的军队。无论是官兵素质、武器装备、战略理念，还是训练方法都堪称一流，乃至德军的军装都是最漂亮、最神气的！那身剪裁合体的军装把本来就英武魁伟的日耳曼人打扮得更加英气逼人。

德国顾问们花了10年时间，试图帮助中国建立一支德式军队。这支堪称中国近现代史上最现代化的陆军，加上在长江流域初步整建起来的军事工业，使中国有了抵抗日本侵略的"最低标准"。

职业军人马格斯·鲍尔是蒋介石聘请的第一任德国军事总顾问。他是第一次世界大战期间德军总参谋部的核心成员，曾起草了著名的"兴登堡计划"和总体战的战略构想，因而名噪一时。

1928年11月中旬，鲍尔率领一个包括10位军事训练专家、6位军械后勤专家、4位警政专家和5位经济、铁路管理、医疗、化工专家等共25人的顾问团来到了南京，首创了国民政府外聘军事顾问团的模式。

鲍尔来华后，理所当然地把主要精力放在了全力帮助蒋介石整军、建军，极力加强以蒋为首的中央政府的权威上。

按照鲍尔的建议，南京政府成立了一个教导队，下辖一个步兵队、一个重兵器队、一个工兵队和一个通信队。教导队全部配发德式装备，并由德国军事顾问指导训练。后来，该队被扩建为教导师，几年后又被扩编为3个师，最终在此基础上建立了由杜聿明任军长的第5军，成为蒋介石嫡系部队中的精锐。

第5军在抗日战争中的确不负众望，声名远播。在正面战场规模最大的攻坚战广西"昆仑关大战"中，杜聿明率领郑洞国、邱清泉、戴安澜三员虎将的3个师，歼灭了日军最精锐的第5师团第21旅团。

由日军名将板垣率领的号称"钢军"的第5师团参加过台儿庄会战。旅团长中村正雄少将、联队长三木吉之助大佐都在这次昆仑关战役中阵亡。该旅团排长以上军官死亡达85%以上。在这次战斗中共击毙日军4000多人，击落、炸毁日机26架。

当然，这都是后话了。

德国顾问鲍尔还积极参与了蒋介石为剥夺各地方实力派的力量，而实施的军队编遣计划，建议将当时全国分属各派系的260多万军队缩编到

80万，统归南京中央政府指挥。

不过，这一编遣计划激化了蒋介石与各实力派之间的矛盾。1929年3月，蒋桂战争爆发。4月，鲍尔随蒋介石亲赴武汉协助指挥作战。

6个月后，鲍尔因在前线染上天花病逝。蒋介石十分难过，在为鲍尔举行的空前隆重的葬礼上，蒋介石悲痛得像个"被遗弃的孤儿"。后来，蒋介石还把这位军事总顾问的儿子召到中国，安排在身边做随身顾问，并视其如手足。

第二任德国军事总顾问乔治·佛采尔从1930年5月到1934年4月在中国的四年间，参与指挥了中原大战和淞沪、长城抗战。在中原大战中，蒋介石按照佛采尔的建议，集中兵力对付实力最强的西北军，实行大规模步炮空联合作战，充分显示了德式武器和训练的威力。中原大战最终以蒋系中央军大获全胜告终，蒋介石为此给予佛采尔"功不可没"的四字评价。

但是，佛采尔远不如鲍尔那样人情练达。他常好居高临下，颐指气使，摆总顾问的架子，甚至越权干涉人事。于是逐渐为蒋所不容，最后灰溜溜地离开中国，后来被戏称为"德国的史迪威"。

被誉为德国"国防军之父"的汉斯·冯·塞克特，是蒋介石聘任的德国顾问中资历最老、威望最隆、见识最广的一位。

1933年5月8日，被削去德国陆军总司令一职后沉寂数年的塞克特，以私人名义应邀来到中国。蒋介石派交通部长朱家骅前往上海迎接并全程陪同，还专门从同济大学医学院调来一名教授作为他的保健医生。5月22日，蒋又特派一艘炮艇把他接上庐山见面。

随后，塞克特对华北进行了数周的考察。在7月底回国前，向蒋提交了一份"陆军改革建议书"。这份建议书在军队训练、军官培养、武器装备的购置、军事机关的整顿、特种兵建设等方面，对前面几任顾问的做法进行综合、补充和发挥，对改进中国官员与德国顾问之间的合作关系也提出了一些想法。蒋介石看了建议书后赞不绝口。

由于受到蒋介石的格外推崇，塞克特也有点飘飘然，他在给他妹妹的信中说，在中国，"我被当做军事上的孔夫子——一位充满智慧的导师"。

1934年4月蒋介石授予塞克特总顾问的职位，还准许他以"委员长

的委托人"的名义，在"委员长官邸"内代表委员长进行"与中国各机关之谈话"。蒋介石指示，凡塞克特在委员长官邸召开会议，参谋本部、训练总监部、军政部部长或次长以及军事委员会各厅主任和兵工、军需等各署长均应到会。

顾问团还在南京设立了"总顾问办公厅"，以"委员长代理人——冯·塞克特"的名义发号施令。但由于塞克特的自大狂妄，他在中国也没能滞留太长的时间。一年后的1935年，他便卸任返回了德国。

法尔肯豪森事件

中国抗战初期德国顾问发挥的作用，最为显著的就是德国陆军上将法尔肯豪森，他是蒋介石的第四位德国顾问。

法尔肯豪森1878年生于德国北部鄂尔敦堡一个皇家贵族家庭。中学毕业后报考了军官学校，19岁毕业时，被分到德国第91军团任陆军少尉。

1900年，他曾作为德军中尉参加了八国联军，中国人的英勇气概令法尔肯豪森感到震惊，而中国的文化更让他倾慕之至。从此，他的心里便有了个中国情结。回国后入柏林东方学院学习，并出任德国驻日使馆武官。

第一次世界大战时的法尔肯豪森

他在巴勒斯坦的奥斯曼军队供职期间被授予功勋勋章。1927年开始担任德累斯顿步兵学校校长。1930年，52岁的他退役。

1935年，塞克特返回德国，并推荐法尔肯豪森继任总顾问，对塞克特信任有加的蒋介石当即表示接受。从此，法尔肯豪森积极参与了中国诸多的最高机密筹划与各项战争准备工作，并长达4年之久。

法尔肯豪森接任总顾问时，红军正要抵达陕北。按当时的预测，彻底消灭红军被认为只是时间上的问题，同时中日战争也渐渐演变成为不可避免的局面。

这年的 8 月 20 日，根据其以前多年的驻日经验，以及对日本陆军的研究，法尔肯豪森拟就的《关于应付时局对策之建议书》，对两年后爆发的抗战的大致走向，有着相当准确的判断，并起了很大的指导作用。

此后，他主持了长江江阴要塞的布防以及淞沪线、吴福线、澄阴线工事的构筑，对中德军工间的合作也起了积极的作用。他尽量使买卖双方互惠互利，"极力介绍对中国最有利益，而适合中国实际情况的物品及列定公平的价格，而不顾虑到原产地的情形和商号"。

法尔肯豪森在任前期，中德经济军事合作达到了最高潮，一项以 1 亿马克为基础的物物交换协定于 1936 年 4 月间达成，协定期限为 5 年，中国每年可用两千万马克在德国购买军火，但每年需要以 1 千万马克价值的矿砂及其他原料偿还，偿还期限为 10 年，等于每年德国给中国 1 千万马克的信用贷款。

抗战的头两年，中德进入合作高潮期，德国的武器装备源源不断地运进中国。中央军的武器装备渐趋德式化。

七七事变爆发后，蒋介石知道全面抗战已无法避免，便立即派法尔肯豪森北上赴保定，协助华北军事当局筹划有效的抵抗。但日军在华北已占据有利地形，不久平津陷落，华北战局已经难以有作为，法尔肯豪森很快又返回了南方。

在淞沪抗战中，德式装备样板师第 87、88、36 师，全部投入战斗，有些德籍顾问所指导的国民党军部队，火力之强为国民党军之冠，结果重创了日军。

在"庙行大捷"中，日军的精锐受挫，遗尸三四千具。日本断定他们遇到了德国顾问训练的样板师，甚至有文献竟然称上海保卫战为"德国战争"。

德国人一向以认真甚至是刻板著称，作为军人的法尔肯豪森更是如此。他认为，既然受人之托担任中国如此庞大的军队的总顾问，就一定要恪尽职守。虽然当时希特勒严令禁止德籍顾问参加前线工作，但法尔肯豪森认为责无旁贷，也赴上海协助部属防卫。

淞沪抗战充分证明，德籍顾问团所训练的中央军，可与世界一流的陆军即日本军队作正面的持久战。虽然很多新型武器尚未运到或还没有

使用熟练，但中国军队仍可在敌军具有优势火力、有利地形与海空军掩护下相持3个月之久。

然而，德械师在淞沪抗战后未经休整便参加了南京保卫战，损失惨重，从此难以成建制地作战，尤为可惜。

在徐州会战中也出现过法尔肯豪森的身影。著名的台儿庄大捷后，各国驻华武官纷纷前往战地参观，当时身为美国驻华武官的史迪威会见过法尔肯豪森，并和他讨论该战役的战果。法尔肯豪森激动地说，蒋介石没有按照自己原来的计划乘胜追击，日军定会卷土重来进攻徐州。结果不出所料，徐州不久便陷于敌手。

除了法尔肯豪森外，还有其他德籍军事顾问投身抗战。

如施太秋中将在山东协助韩复榘布防，后来1938年韩复榘一退再退，而被蒋介石枪决，估计也和施太秋的汇报有关。

斯达克少将与史培曼少将在山西协助阎锡山抵御日军，对太原战事有着详细的分析报告。报告认为：

"虽然中国士兵的士气优于日军，然而作战指挥不当，武器装备补给常出问题，造成士兵无谓牺牲。山西作战部队有晋军、中央军、八路军，相互之间缺乏协调，没有统一指挥，无法有效地共同作战。有些杂牌部队军纪败坏，强行征粮、拉夫，甚至抢劫，导致民众对战争漠不关心。"

抗战爆发后，日本因与德国签有盟约，再度要求柏林政府召回中国的德籍顾问，禁止运输军火来华。德国政府起初认为战争仅是地方冲突，不久即会和解，前往中国的德籍顾问纯属私人性质，与政府无关，所以避免作肯定的答复。

德国将军与花园口

1938年6月9日上午8时，随着几声巨响，滚滚黄河水夺堤而出。顿时，上百万人死于洪水，500多万人流亡他乡……

这就是著名的抗战期间的黄河花园口决堤惨案。

花园口大堤被炸后，沿陇海线西进的日军只得转向南京、安庆，沿江而上以攻武汉。而早已布防在长江两岸的中国军队，则逐次进行抵抗。直到1938年10月下旬，日军比原计划推迟了3个多月才攻占了武汉。

据日方的报道："黄河水南流入淮，不仅对于华北战局发生重大影响，将来华中战局，亦将受其影响。"

蒋介石实施以水代兵的计划后，密令程潜对外宣传为"敌机炸毁黄河大堤"。但抗战胜利后不久，蒋介石这一不光彩的"抗敌"手段即大白于天下，以致其至今仍遭到历史的谴责。

其实，建议炸堤使黄河决口的，正是法尔肯豪森。

早在 1935 年 7 月，法尔肯豪森奉命起草绝密的《关于应付时局对策之建议书》中，就为将来的中日战争构思了战略框架。

他认为，一旦发生军事冲突，华北即面临直接的危险。若中方不战而放弃，则纵贯南北的平汉、津浦铁路和与其连接的陇海铁路及沿线的重要城市开封、洛阳皆面临直接危险，黄河防线有被敌人从山东突破，进而席卷而下的可能。

他还认为，在海上，敌人可能进入的路线有三条，即上海、乍浦和镇海，该三处俱在长江流域。敌如沿长江而上，即可迅速占领中国最重要的中心点城市武汉，将中国一分为二，切断国民政府西退重庆之水路，抗战大局将无法收拾。

因此，"东部有两事极其重要，一是封锁长江，一是警卫南京，两者有密切之连带关系。屡闻长江不能守之议，窃未敢赞同。必须在上海、南京等地作坚决抵抗，迟滞敌军沿长江直达武汉。如此，敌军必欲打通平汉线，由郑州直达武汉，故最初抵抗区务必向北推进，沧州、保定之线宜绝对防御。万一敌军打到开封、郑州之时，最后战线则为黄河，宜作有计划之人工泛滥，增厚其防御力。"

蒋介石在建议书的这个段落旁边批示道，"最后抵抗线"。亦即表示赞同法尔肯豪森的建议。

南京失守后，中日战争已经明显演变为国与国之间的生死斗争，德国处境更加尴尬，对华态度日益冷淡。尽管如此，德国政府还是履行了合约。例如，战争开始后美英商船不敢再替中国运送军火，唯有德国轮船将中国已经订购好的武器陆续输送来华，但希特勒也下了命令，以后不允许再接新的订单。

1938 年，亲华的德国国防部长施伦堡因为再婚问题引起风波，被希特勒免职，由希特勒自兼部长。为了向日本表示善意，德国承认了日本在中国的傀儡伪满洲国，并撤回德国对中国的支援。

不久希特勒决定召回在华的所有顾问。驻华大使陶德曼于 5 月 21 日正式通知中国政府，德国政府希望立即解除顾问的合同，并准其全部返国。德国政府将负责顾问回程的旅费和补偿未来的薪水损失。

蒋介石当然不愿德籍顾问此时离去。一方面是由于中国当时正处于最艰难的阶段，此时让德籍顾问团离去，对民心和军队的士气都是一大打击；另一方面，德籍顾问多是蒋介石的亲信与负责机密性工作的军人，一旦返德，恐怕会泄密于日本。

但是德国政府严令顾问团回国。并表示，顾问如果违抗元首命令将被视为叛国，本人将失去公民权，在德的全部财产充公，家人也要受到牵连。

最后，中国不得不允许所有的顾问离华。

7 月 5 日，国民政府准备了一节专车，并派兵护送他们由汉口沿铁路至广州，再取道香港返回德国。

以法尔肯豪森为首的德国顾问团成员，也不愿意在中国需要他们的时候离开中国。法尔肯豪森曾一度打算放弃德国公民权，留在中国。但在国内的压力下，1938 年 7 月 8 日，法尔肯豪森等顾问在广州挥泪登船。

1940 年任德军驻比利时总督时的法尔肯豪森

在与蒋介石告别的家庭晚宴上，法尔肯豪森答应蒋介石，他不会向日本透露任何中国的作战计划。

回国后，法尔肯豪森起初拒绝接受任何工作，免费当起了中国的抗战宣传员，直到希特勒命令德国预备役军人复役为止。

1939 年初，法尔肯豪森被召回现役，在西部战线担任步兵集群指挥官。1940 年 5 月他被任命为比利时军事总督。

法尔肯豪森是卡尔·弗里德里希和陆军元帅埃尔温·冯·维茨莱本两个反希特勒同盟者的亲密朋友，而且很快开始憎恶希特勒与纳粹政权，并开始支持维茨莱本的一个有计划的军事政变。

法尔肯豪森是一名职业军人，他曾拒绝参加纳粹党，并多次与纳粹分子发生矛盾。他虽然应召重新穿上了军装，成为德军的一名将领，后来还担任了德国驻比利时和法国北部的陆军司令。但他仍然对希特勒的统治不满，因而采取了一些宽容的政策来管理德国占领区。

在几次交谈中，法尔肯豪森都曾向他的老朋友、中国的钱秀玲夫人流露出了对战争前景的失望。1944 年 6 月，就在钱秀玲为救人质而赶到法尔肯豪森居住的古堡的那天晚上，德国著名将领隆美尔也来到了这里，并住在了这个古堡中。

战后发现的所有史料中，没有任何有关这两位将领那次夜谈的记录。但历史学家推断，他们肯定谈到了推翻希特勒的计划，至少也是隆美尔把有关计划告诉了法尔肯豪森。

一个多月后，发生了谋杀希特勒的"7·20"事件。隆美尔因涉嫌参与军中反希特勒的活动，在希特勒的逼迫下自杀。不久，法尔肯豪森也被党卫军逮捕，他的副官自杀身亡。

希特勒最后并没有处死法尔肯豪森，而是将他关进了达豪集中营。

法尔肯豪森在 1948 年被押往比利时受审，并在 1951 年 3 月，被控驱逐 25000 名犹太人以及处死比利时俘虏而被判处 12 年苦役。

法尔肯豪森作为德国占领军的首领，对战争负有不可推卸的责任，但是，布鲁塞尔法庭还是考虑到了法尔肯豪森与纳粹的区别，特别是他曾使一些比利时人免遭杀害，所以做了从轻判决。

而且在判决生效三个星期之后，考虑他年事已高，且体弱多病，将他无罪释放了。因为有压倒性的证据证明，法尔肯豪森曾尽力挽救犹太人和比利时人。

法尔肯豪森被提前释放后，就带着夫人赛·希丽文特返回了在德国的老家。他晚年曾出任"中（'中华民国'）德"文化经济协会名誉会长。

1966 年 7 月 31 日，法尔肯豪森在黑森州的一个小镇上，静静地离开了这个世界。

中国的女"辛德勒"

说到这里，我们不能不对曾被称为中国的女"辛德勒"，而且与法尔肯豪森有着密切交往的、经历传奇的钱秀玲女士做一个介绍。

1913 年 3 月 12 日，钱秀玲出生在江苏省宜兴一个开明的乡绅家庭。精明的父母在继承祖辈些许遗产的基础上，在纺织、布匹等轻工行业方面苦心经营，逐渐成为当地小有名气的富豪之家。

钱秀玲从小长相娟秀靓丽，聪慧过人，是当地有名的才女。她好运动，爱打篮球，喜爱化学。学生时代起，她即立志科学报国，最大的理想是去法国居里原子能实验室学习，希望成为像居里夫人那样的科学家。

1929 年夏天，在老师的建议和她本人的要求下，父母同意让刚刚 16 岁的钱秀玲随同哥哥一起到比利时留学。22 岁时，她便获得了比利时鲁汶大学的化学博士学位，成为当时获鲁汶大学博士学位的唯一中国女人。

在校期间，漂亮而又东方风韵十足的钱秀玲，和同校医学系比自己大 4 岁、具有俄罗斯和希腊两种血统的格列高利·德·佩令吉渐渐走到了一起。1935 年，她与佩令吉结为伉俪，相濡以沫地生活了几十年。

佩令吉是个医生，尤以外科见长。婚后，他们到离布鲁塞尔 170 多公里的偏远小镇艾尔德海姆开了一家诊所。

1939 年，"二战"在欧洲爆发。怀抱科学理想的钱秀玲在炮火纷飞的年代来到沦陷的巴黎，找寻约里奥·居里主持的原子能研究所。可惜的是，研究所为逃脱纳粹魔掌，已迁往美国。面对人去楼空的大楼，钱秀玲黯然神伤，不得不返回比利时。

1940 年 5 月，德军占领比利时。在钱秀玲居住的艾尔德海姆镇，一个参加抵抗活动的青年罗杰，冒着生命危险埋下地雷，炸毁了德军军列通过的铁路。事情败露后，罗杰被抓，旋即被判绞刑。

钱秀玲得知这一消息后，和所有比利时人一样，不愿意看到"爆炸英雄"悲惨的结局，但又对拯救罗杰束手无策。偶然之间，她从报纸上看到冯·法尔肯豪森这个名字。她的心中一动："好熟悉的名字！……"

原来，1934 年至 1938 年法尔肯豪森在中国担任军事顾问期间，与钱秀玲的堂兄钱卓伦互相赏识，最终结为莫逆之交。钱秀玲赴比国留学前，钱卓伦曾对堂妹说，要是遇上难事，可以找法尔肯豪森帮忙。钱卓伦多次给钱秀玲写信说，法尔肯豪森将军与其他德国人不同，为人正直，富有正义感，对中国和中国人感情很深。

"但他现在是德军驻比利时的司令，会不会六亲不认，更加大开杀戒呢？"虽然有着种种疑虑，但救人如救火，钱秀玲还是马上字斟句酌地给法尔肯豪森写了一封信，恳求他能从人道主义考虑，设法使罗杰免于绞刑。

于是，钱秀玲带着当地的市长、罗杰的父母以及全镇人的联名求情信，冒着生命危险，赶赴 170 公里以外的布鲁塞尔。

这一天，恰好是钱秀玲 30 岁的生日。第二天上午，她在布鲁塞尔郊区一座原犹太银行家的古堡里，见到了德国驻比利时的军事总督法尔肯豪森将军。钱秀玲开门见山地说明了来意，法尔肯豪森犹豫了一下说："我来想想办法，试一下吧！"

后来，法尔肯豪森将军不但将罗杰的死刑改成了苦役，而且，另一名死刑犯也因此获救。

钱秀玲救人的事迹因此而传开了。比利时人民奔走相告，传颂着一个中国年轻女人神奇而感人的故事。从此，钱秀玲成了比利时人民心中的英雄。全国各地被押人员的家属纷至沓来，向她求助。她也有求必应，废寝忘食，风雨无阻地奔波在艾尔德海姆与布鲁塞尔之间。

1944 年 6 月 8 日，也就是盟军在诺曼底登陆后的第 3 天，在艾尔德海姆镇附近的艾克兴市，反法西斯抵抗组织击毙了 3 名盖世太保军官。半小时后，几百名盖世太保包围了小镇，逮捕了 96 个年轻力壮的男人。盖世太保宣布：36 小时之内，必须交出枪杀盖世太保军官的游击队员，否则，每隔半小时枪毙 15 个人，直到交出袭击者为止。

这回的事情可比拯救炸火车的罗杰大得多了！因为牵扯杀人如麻的盖世太保，而且还是人命案，能不能再次让这 96 个人免于一死，谁也不抱希望了。

人们在绝望中又想到了钱秀玲，他们从地下室的草堆里翻出一台老掉牙的雪铁龙汽车，找来了一点汽油，从艾克兴跑了 160 多公里，深夜12 点才到达钱秀玲的家。

钱秀玲听说这事之后，立即拖着 5 个多月身孕的身体，登上了这辆破旧不堪的雪铁龙汽车，跟着 3 个陌生人连夜赶往布鲁塞尔市。

第二天上午，钱秀玲最后一次见到了法尔肯豪森将军，并说明了来意。法尔肯豪森早已知道此事，也很想救这些年轻人。但他知道，盖世太保是绝难通融的一帮家伙，心狠手辣。要想救这么大一批"反抗运动分子"，比登天还难！他不得不冒着极大的风险紧急与盖世太保的高层联络。

最终，这 96 名人质竟然奇迹般地获救了，他们没有被处死，而是被押解到德国的集中营去干苦力，直到战争结束。可以说，在整个第二次世界大战期间，这是绝无仅有的事。

第二次世界大战结束后，艾尔伯蒙特市政府举行了声势浩大的表彰大会，比利时政府特授予钱秀玲国家英雄勋章，并将该市的一条街道命名为"钱秀玲女士之路"。钱秀玲成了比利时家喻户晓的英雄人物，她不论走到哪里，都会受到友好而热情的接待。

1948 年 2 月，法尔肯豪森以比利时头号战犯的身份被押回布鲁塞尔，接受军事法庭的审判。钱秀玲得知后，立刻到监狱里去探望他。

本着一颗公正而善良的心，她不畏舆论的压力，不惧众人的唾骂，为这名阶下囚四处奔走呼号，向社会大胆陈述了自己的观点：

"我在大战期间为比利时人民做了一点事情，得到了政府授予的国家勋章。如果说，这是我个人努力的结果，那么这个结果恰恰是法尔肯豪森将军给的，是他冒着生命危险，做出极大的努力的结果。如果没有他的努力和帮助，我将一事无成！"

颇有传奇色彩的是，钱秀玲的文章竟打动了一位曾获比利时战争勋章、名叫西西温特的反战女英雄。女英雄爱上了这位具有正义感的纳粹将军。为了能给他一个公正的判决，这位反战女英雄也与钱秀玲一起做了不少工作。

1951 年 3 月，已在监狱中度过了 7 个春秋的法尔肯豪森，终于等来了法庭的审判。在法庭上，钱秀玲以证人的身份，向法官出示了当年被法尔肯豪森赦免死刑者的联名信，并请来了许多被营救过的人出庭作证。

法尔肯豪森最终被判处有期徒刑 12 年，3 周后，被提前释放。

出狱后，在钱秀玲等人的热心撮合下，他与那位苦恋着他的反战女英雄回到了德国，度过了平静而幸福的晚年生活，直到1966年去世，享年88岁。

1951年，应早年导师之邀，钱秀玲进入联合国核能科学研究所工作了5年。60年代，她在布鲁塞尔先后创办了3家中国餐馆。她还捐款创办了比利时第一所中文学校——中山小学，并出任第一任董事长和校长。1990年，她又在比利时华侨华人中发起赞助国王慈善基金的活动，获得了媒体对中国移民的好评。

后来，90岁高龄的她还出任了比利时中华妇女联合会名誉主席。

钱秀玲三次回到家乡，从未在家乡亲人面前透露过自己传奇人生的半个字。人们只知道她是一名定居比利时的退休医生，只知道曾经有过一位从国外回来探亲的老太太。

直到20世纪90年代末，随着媒体的挖掘，钱秀玲的故事才逐渐为世人所知。

2001年，由著名电影演员许晴主演、以钱秀玲为原型的电视剧《盖世太保枪口下的中国女人》开拍。钱家先后给剧组发了30多封信，反复强调不能用钱秀玲的本名。

电视剧播出之时，钱秀玲又致函剧组，要求停止对她个人的宣传。她的孙女达蒂雅娜全程跟踪了剧组在比利时的拍摄过程，并据此制作了一部纪录片，名为《我奶奶是英雄吗?》。

在这部纪录片中，钱秀玲不承认自己是"英雄"，认为自己只是出于良心，做了一个正常人应该做的事。

特使的智慧

在抗战初期，日本军方认为，中国军队之所以能坚持抗战，主要是依靠外国的支援，于是制定了"国际政策"，其核心内容是破坏第三国对中国的支援；使各国外交使团脱离中华民国政府，尤其是要做好美、英、德、意等国的外交工作，使其停止从军火和道义上援华。

在德国希特勒及其伙伴意大利墨索里尼独裁政府的全球战略中，远东是极其重要的战略要地，因此，他们同中国，同时也和日本建立起了比较密切的军事关系。特别是德国，从 1928 年起，大批的军事顾问就一直在蒋介石的军队中供职，在许多部队中，德国的顾问配属到了营一级。德国曾卖给蒋介石数量可观的，包括步兵轻武器和火炮等一系列的军事物资。

日本外相广田为了破坏德、中关系，抓住希特勒与共产主义不共戴天的这一特点，到德国四处游说，说蒋介石政权跟苏俄打得火热，国民党已与共产党搞统一战线，蒋介石的抗战是受了斯大林的唆使等。

经广田外相这一外交游说和挑拨，希特勒和墨索里尼对中国抗战态度有了明显的转变，由最初的同情，逐渐转向怂恿日本侵略中国。

随着德国远东政策的改变，1936 年 11 月 25 日，德日缔结了《反共产国际协定》，标志着德国和日本在政治上已经正式结盟，中德 10 年合作的危机凸显出来了。

蒋介石此时忧心如焚。他明白，一旦德国终止对中国的军事援助，中国军队的现代化装备进程必将终止。在美国、苏联等大国对中国态度尚未明朗的大战前夕，这不啻是个噩耗。

于是，在 1937 年 6 月初，蒋介石派孔祥熙前往德国进行外交斡旋。作为蒋介石的私人特使，孔祥熙此行表面的目的是参加英王乔治六世加冕典礼。然而"应邀"访德，衔命说服德国政府继续与中国合作，才是孔祥熙此行任务的重中之重。

孔祥熙行前，中国政府还接到中国驻德大使程天放的密电，称德日勾结已甚，弃中国取悦日本之心已显端倪，"请中央预筹良好对策"。

12 日晚上，在德国的萨尔茨堡，在贝西特斯加登湖畔可以遥望湖光山色的豪华别墅里，希特勒接见了孔祥熙。但是在会谈中，从希特勒顾左右而言他的话语中，孔祥熙实在是搞不懂他的态度，不知道他到底是否会继续援助中国。

然而，在会见结束后，当汽车发动时，一头雾水、极为郁闷的孔祥熙回首间竟意外地发现，希特勒出现在了别墅二层阳台上，正挥手向他们告别呢！

孔祥熙顿时感到受宠若惊。因为希特勒从来也没有给东方国家的客人以如此之高的礼遇。

然而，没过多久，希特勒这个特殊的礼遇仍然没有真正让孔祥熙轻松下来。因为希特勒的接见并没有能改变德国对中国的态度。

为了摆脱外交困境，争取国际社会对中国抗战的同情与支持，蒋介石于全面抗战开始后的 1937 年 9 月初，决定再派儒将出身的外交家蒋百里出使西欧，同日本展开外交战。

蒋介石赋予蒋百里的使命有三：

1. 争取欧洲各国道义上的同情和物资上的援助；

2. 想尽一切办法破坏德、意、日三个法西斯国家的合作和联盟，至少要说服希特勒和墨索里尼不要与日本搞得那么火热，不要支持日本侵略中国；

3. 不要干涉、妨碍中国政府的自主抗战。

当时蒋百里已经 55 岁，他叫蒋方震，百里是他的字。年轻时毕业于日本士官学校步兵科，因成绩名列榜首，日本天皇曾赐给他指挥刀以示褒奖，后又去德国深造，因其才华横溢，曾受到德军最高统帅兴登堡元帅的器重。

蒋百里不但军事理论造诣很高，还精通德、日、英等国语言。北洋政府期间，担任过保定军校的中将校长。

在中国军界，他一直享有很高的威望。后来的国民党诸多将领，如顾祝同、何应钦、陈诚、张治中、刘峙等都是他的学生。

后来，蒋百里的女儿蒋英还嫁给了中国顶尖的科学家钱学森。

蒋百里首先来到罗马，通过许多关系，才得到意大利独裁领袖墨索里尼的接见。会见一开始蒋百里就单刀直入，把话题扯到最近的日、德、意三国签订的防共协定的问题上。

蒋百里说："最近国际舆论纷纷传言，说贵国参加德、日防共协定，我国人士对此深表忧虑。日本口头上高喊反苏反共，其目的是借德、意反共，而自己从中渔利，实际上日本一直在偷偷摸摸与苏俄拉关系。这一点不知道阁下是否了解。

"这就充分说明日、苏勾结企图瓜分中国土地，苏联策划将外蒙古分裂出中国，而日本欲灭亡中国，不但霸占中国东三省，还一直派兵向南进攻，现已攻取北平等地，它的关东军没有向苏俄开一枪、射一弹，苏

俄对日本侵略中国早已达成默契。"

蒋百里进一步又说："中国是德、意两国在远东的忠实朋友，日本既和苏俄搞在一块，就不可能是你们的朋友，现在日本人进攻中国，破坏了中国的独立和统一。实际上是破坏了德、意两国在远东的利益。"

蒋百里这一番既入情入理，在习惯直线性思维的意大利人听起来又是云遮雾罩的话，把墨索里尼说得心动了。

他说："关于意大利参加防共协定是个无所谓的问题，即使意大利签署这个协定，也绝无伤害中国之意。"

听了意大利领袖这句"绝无伤害中国之意"的话，蒋百里觉得，访问意大利的目的达到了，至少是争取到了这位法西斯领袖同情中国抗战的态度，意大利人应该是不会反对中国抗战的立场了。

事实也的确如此。在整个抗战期间，我们几乎没有发现意大利在实际上支持或援助日本的史料。

通过墨索里尼的引荐，蒋百里又从罗马到了德国柏林，会见了纳粹党法定的接班人、德国空军元帅戈林。

蒋百里像在意大利那样，企图以狠狠地"揭露"日本军国政府亲苏、通共来博得德国纳粹政府支持中国抗战。但戈林比那个脑子多少有点不太好使的墨索里尼要精明得多。他不相信这个中国政府特使的"揭发"。

戈林说："日、苏两国有着很深的历史仇恨，现在它们在亚洲有着不同的利害关系（指都欲称霸亚洲），因此，日本防共绝不是假的。"

蒋百里见他的意大利经验不灵，脑子里突然又冒出一个看似荒唐，却很能忽悠戈林的新点子。德国人和几乎所有的欧洲人一样，对亚洲事务都永远停留在一知半解的程度上，神秘的东方对他们来说永远是一个难解的谜。

蒋百里凭借着自己对国际事务的了解，针对希特勒倡导的"打倒大资产阶级，扶持中产阶级，消灭无产阶级"这一纳粹党的所谓"国家社会主义"路线，接着说：

"日本是东方的工业国，其财富十有八九掌握在私人大企业主手里，而一般老百姓却过着贫困的生活，以马克思的社会主义革命条件而言，日本早就具备了。更何况20年代，马克思的书在日本就非常畅销。

照此分析，日本这个工业发达、无产阶级众多的国家，不但有发生无产阶级革命的潜在危机，并且20多年前在日本就有很多人学习马克思主义理论。这说明日本共产党的势力相当强大，随时有被共产党夺取政权的可能，你们德国发誓要摧毁马克思主义，却又与这样的国家称兄道弟，结为盟友，这不是很危险吗？"

蒋百里一番话把戈林给绕进去了，他实在不知道这个中国人到底要说明什么，一头雾水。

见自己的游说开始起作用了，蒋百里又抓住机会连珠炮般地"揭露"日本政府秉承天皇旨意明里反苏、暗中通苏的做法，他说道：

"日本外相广田就是个亲苏亲共分子，他曾在日本内阁大言不惭地说，有我广田在外相这个位子上，日、苏绝不会发生战争。日苏两国关于中东铁路的悬案就是在他广田一手操办下，得以'友好'解决的。"

更使戈林感到吃惊的是，蒋百里说：

"日本在同德国签订防共协定的同时，广田瞒着德、意两国，私下与苏俄结盟。广田还悄悄地到苏联驻日大使馆声明，日本虽然签订了防共协定，但日本绝对不会对苏联有不友好的行动，苏联报纸曾公开报道过此事，日、苏暗地勾结在亚洲已经是个半公开的秘密了。"

听了中国特使的这些话，戈林更惊讶了。心里想，以前我们怎么会不知道日本干的这些事呢？但他也对中国能否战胜日本没有把握，便说：

"中国军民的牺牲精神，全世界已看得很清楚了，也赢得了全世界的普遍同情，不过，你们得充分注意自己的力量，我认为你们的力量到底还是很弱呀。要打赢这场战争恐怕有困难。"

蒋百里真不愧是个外交能手，见一番唇枪舌剑已经把戈林绕进了自己的思路，赶快趁热打铁道：

"我们坚持自主抗战的原则，一定能打赢这场战争，不过我们也承认，我们目前的物质条件还比较落后，所以，对贵国的经济帮助和军事的科学指导，不能不寄予厚望啊。"

戈林这回是彻底被蒋百里给说服了。他一边说，"这个问题可以再研究"，一边后悔下令撤走在中国的德国顾问过早了。并郑重声明："德国不会干涉中国政府的自主抗战。"

得到戈林的承诺，蒋百里心里一块石头才落了地，精神上也轻松了一点。

随后，蒋百里走访了从中国撤回的德国顾问团的将军们，因为他们当中的一部分人长期在华工作，与中国军界结下了深厚的交情，也深知中国军队和军事的许多重要机密。当希特勒下令撤走驻中国的德军顾问时，许多人表示以个人的名义留下，继续为中国抗战服务。但当时希特勒的态度十分强硬，以军法从事来要挟，顾问们只得被迫在规定的时间内离华回国。

这次蒋百里的走访使他们深受感动，他们纷纷表示对中国抗战的同情，并向中国政府保证，绝不出卖中国利益，也绝不向日本泄露中国的军事机密。

蒋百里的西欧之行，尽管没有完全达到预期目的，但迟滞了日、德、意的军事结盟，为中国的抗战赢得了宝贵的时间。

但"弱国无外交，落后就得挨打"是个硬道理。随着中日战争的进一步扩大，德国和意大利最终还是与日本结成军事同盟，但在怂恿和援助日本侵略中国的做法上却有所收敛。

与苏俄的渊源

联俄与"容共"

中国与苏联的渊源，和所有其他国家比起来要深得多。

1918 年 7 月 4 日，苏维埃政权刚成立不久，苏俄外交人民委员契切林就宣布，苏俄单方面废除历代沙皇与中国及以中国为代价而与日本和其他国家签订的协议和不平等条约。又于 1920 年 9 月 27 日发表第二次对华宣言，并正式通知了北京政府。

这一系列友好的声明受到中国的欢迎。最初，苏俄并不重视孙中山和他的国民党，只把它看作南方的一个小小的政治集团。苏俄频频地向北洋政府提出各种建议，但是在西方列强和日本控制下的各届北洋政府均加以拒绝。

在频频遭到冷遇之后，苏俄人这才决定发展与国民党的关系。

与此同时，孙中山意识到他的权力基础很不牢固，指望西方列强是不可能的，于是决定响应苏俄人的建议。

1919年列宁建立了共产国际，即第三国际。第一个派往中国的共产国际代表是斯内弗利特，化名为马林。他以旅游者的身份于1921年春来到中国，并前往广西会见了孙中山。这次见面，孙中山给马林留下了深刻的印象，使马林认识到国民党是中国民族主义的主要代表。

1922年1月，广州和香港爆发了海员大罢工，马林又发现国民党很好地组织了这次新型的中国工人运动。

回到莫斯科后，马林建议中国共产党应加入国民党，以期从内部控制它。

1922年8月，马林与孙中山在上海再次举行会谈。马林建议孙中山吸收共产党的群众宣传和群众组织等经验。后来，孙中山采纳了马林的全部建议。

最初，中共力量单薄，基本上被共产国际所控制。尽管当时中共党内对中共党员是否应加入国民党存在强烈的反对意见，但这一建议还是被执行了。

孙中山表示欢迎共产党员以个人身份参加国民党。

"媒"已作成，就差"举行婚礼""正式结婚"了。

此时，莫斯科派了一位有经验的外交官——原驻柏林大使越飞来完成这一使命。1922年8月，越飞来到中国，在与北京政府建立关系的努力又一次受挫后，他前往上海与孙中山进行会谈。

1923年1月26日，双方发表了《孙越公报》，双方表示中国目前还不具备实现共产主义或苏联模式的社会制度的条件；当前的首要问题是实现国家的统一和独立。公报再一次宣布苏联放弃在中国的任何特权，但仍保留俄国人1917年得到的中东铁路的使用和管理权。

孙中山和越飞之间达成了一个默契，那就是苏联共产党将按照共产

主义路线改组国民党。1923 年 10 月 6 日，苏共中央政治局委派能干的鲍罗廷来进行这项工作。

1924 年 1 月，国民党第一次全国代表大会在广州召开，完成了改组任务，并决定了"联俄联共，扶助农工"的大政方针。但根据国民党的官方档案记载，起初，孙中山的政策是"联俄容共"，后来是中共按照自己的做法，将其理解为"联俄联共"的。

国民党决定每两年召开一次全国代表大会，半年召开一次执行委员会会议；另外，设立一个小规模的常务委员会，由 5~9 人组成，这相当于共产党的政治局。

这一系列措施使共产党获益匪浅，尽管它的人数仍然很少，但它开始在人数众多的国民党内部发挥作用了。

孙中山既然已经决定联俄联共，便计划派他的部下去苏联进行考察，并向他汇报考察结果，以便作为在国内执政的参照。他选中了蒋介石。

1923 年 8 月 5 日，蒋在上海与马林商谈了出访安排。9 月 2 日，蒋介石由三个助手陪同，抵达了莫斯科。

他在苏联的大部分时间都待在首都莫斯科。11 月 29 日他们离开了苏联，并于 12 月 15 日回到上海。

失望的考察

让人感到意外的是，在诸多有关蒋介石的传记里都写到，蒋介石在苏联近 3 个月的考察，使他对亲眼目睹的苏联革命非常失望和不满。

在苏联，蒋介石一行参观了列宁格勒的海军研究所和其他一些军事学校，并在克朗施塔特参观了海军基地。他们会晤了一些部长及一些地方官员，并参加了莫斯科苏维埃全体代表大会。

在共产国际的执行委员会里，蒋介石发表了一番讲话，表示了中国对革命的信心。他说，以孙中山的三民主义为思想基础的中国革命运动，将在两三年内取得成功。还表示共产国际并不了解中国革命的性质和中国的具体情况，建议共产国际多派些人去考察。

在莫斯科时，一次偶然的机会，让蒋介石读到了一份共产国际关于中国国民党的机密文件。显然，这份文件的内容没有对中国革命和国民党说什么好话，与苏共公开发表的文件中的态度有着很大的不同。

这让蒋介石非常惊讶，他觉得中国被苏联给耍弄了。他气愤地对随从们说：

"你们看看，它都说了些什么？我太绝望了！这么忽视一个友好的党，它怎么能成为世界革命的中心？"

蒋介石后来在自己的日记中写道：

"我很快就察觉出苏联社会各部门，及苏联共产党内存在的公开的和秘密的激烈斗争。我比以往任何时候都确信苏联政治体制是独裁和恐怖主义的统治工具，它与以三民主义为基础的国民党的政治体制完全不同，这是我出访苏联所得出的结论。如果我们一直待在国内，我们恐怕永远不会发现这些。"

还有一个原因导致蒋介石对苏联的失望和不满。他曾试图与苏联就解决沙俄侵占中国领土，尤其是外蒙古等问题进行磋商。在1923年元月份的《孙越公报》中，苏联代表明确表示，苏联"无意继续奉行在外蒙古问题上的帝国主义政策，也无意使它脱离中国"。

但是现在，只要蒋介石一提起这个问题，苏联人或者避而不答，或者态度强硬，毫不妥协。事实上，正是在苏俄当局的策划下，于1919年7月6日成立了蒙古人民革命政府；而且也没有任何迹象表明苏联会放弃对它的控制。

蒋介石希望列宁能会见他，但这位布尔什维克的领导人此时已处于昏迷状态，无法接见任何人了。

蒋介石与苏共其他领导人契切林、加米涅夫、季诺维也夫、拉狄克和托洛茨基等人见了面，尤其是与托洛茨基进行了几次长谈。

托洛茨基引用列宁的话说，对于殖民地和半殖民地人民的反帝斗争，苏联将给予全力的道义上和物质上的支持。他请蒋转告孙中山："苏联将支持他的民族革命，将给予积极的军事和经济上的援助，但是苏联不会直接出兵。"

但蒋介石忧虑的是，当时的中苏合作是建立在一个脆弱的基础上的。蒋认为，一旦苏联政权得以巩固，它就会恢复沙皇时代的帝国野心。

蒋介石在返回上海的途中，把这些都写了出来。1924年3月14日，

他从奉化给一个国民党高级官员发了一封信。信中写道：苏联共产党不值得信赖。

蒋介石的这封信在国民党常务委员中进行了传阅。但是，他的信和报告在国共合作的热烈气氛下，显然没有起到任何作用。

"俄国人聚集的"广州

除了越飞、马林、维经斯基以外，20世纪20年代在广州，还聚集了很多对中国的发展进程起过重要作用的俄国人。除了国民革命军的各军、师中有苏联顾问，黄埔军校内的苏联顾问更多。

当然，这一时期最为著名的两个顾问当属鲍罗廷和加伦。

可以说，这一文一武的两个顾问在很大程度上左右了孙中山的决策，甚至是左右了当时中国革命的进程。

当蒋介石不在广州时，鲍罗廷正好到来。在廖仲恺的建议下，孙中山任命鲍罗廷为国民党的政治顾问。

事实表明，孙中山完全被鲍罗廷的个人风度和性格给迷住了。

正像这一时期的许多俄国革命者一样，鲍罗廷使用的是假身份。他是个犹太人，出生于立陶宛，他是个典型的世界主义者和革命冒险家。幼年时曾被送往美国，在那儿接受教育。后来在芝加哥开办了一所商业学校，并阅读了大量马克思主义著作。鲍罗廷是他的化名，共产国际后来还派他去过墨西哥和土耳其等国家。

鲍罗廷来到广州时，带了一封苏联政府的信函，再次宣布放弃沙皇时期侵占的中国领土。

几天后，蒋介石回到了中国，他先回了老家溪口，12月中旬才返回广州。孙中山对蒋的目无纪律感到不满。1923年12月24日他发了封电报给蒋，说他此行出访苏联责任重大，应速回广东报告旅苏情况，详细制订中苏合作计划。他还写道："我们尊重你关于政治形势的意见和你的建议，我们想与你商讨此事。"

蒋介石很不情愿地回到了广州。他向孙中山解释说，在去苏联之前，他十分相信俄共是真诚的，是愿意帮助国民党的。但是，苏联之行使他失望了。从短期利益来看，"联俄容共"可能会形成反对西方殖民主义者的力量；但是从长远来看，苏联的世界革命计划比老的殖民者对中国的独立具有更大的威胁。

同以往一样，孙中山又一次拒绝了蒋介石的建议。他认为，目前的革命形势迫切需要国共合作，对待共产党的唯一办法是，将他们置于国民党的领导和控制之下。这样，就能进行北伐，而一旦北伐胜利，就能实现三民主义。

蒋介石对苏联的反感和徒劳的努力，使国民党领导人开始对他有所戒心，回答他的是一连串的反问：

难道苏联没有承认国民党是唯一能领导民族革命的党吗？

难道不是苏联敦促中共党员加入国民党并接受其领导吗？

越飞不是承认共产主义不适合于中国吗？

蒋介石回到广州后不几天，国民党第一次全国代表大会在广州召开。忧心忡忡的蒋介石参加了大会，他发现不少国民党党员已经开始受到新加入的共产党员的影响了。

第一个加入国民党的中共党员李大钊在大会上发言说：

"我们作为个人而不是组织加入了国民党。也许有人说我们是双重党籍，但是不能说国民党是党中有党……我们加入国民党并同时保留中共党员的资格，这是公开的值得赞扬的行为，而不是偷偷摸摸的行动。"

蒋介石后来回忆道，李大钊的讲话起到了预期的效果。国民党的所有疑虑都消失了，国民党没有采取任何预防措施。然而，中共党员通过秘密活动，在国民党内迅速扩大了它的影响。

大会正式通过了鲍罗廷起草的章程，李大钊和毛泽东等 8 名共产党员被选进国民党中央执行委员会和中央监察委员会。1 月 24 日，大会即将闭幕时，蒋介石被任命为陆军军官学校筹备委员会主席，筹划在黄埔岛开办学校，并被提名为军校校长。

而这时的蒋介石疑神疑鬼地对与共产党合作越来越表示怀疑，再次提出辞职，并将筹备工作留给廖仲恺，自己又跑回溪口老家去了。

孙中山再一次发信和拍电报催他，提醒他要服从革命的需要。直到 4 月，蒋才不情不愿地返回广州。

苏联答应了提供武器和训练人员支持军校。在莫斯科时，蒋介石就

与苏联红军高级将领讨论过有关的细节问题，在他回国途经符拉迪沃斯托克时，他还会见了苏联西伯利亚军区司令加伦将军。

蒋介石最后终于同意出任黄埔军校校长，并提出一个条件，就是由加伦将军做他的参谋长，苏联方面同意了这个要求。廖仲恺被任命为黄埔军校国民党党代表，他的副手是留法的年轻有为的中共党员周恩来。

蒋对加伦十分敬重。他后来在自己的日记中写道："在我看来，他是个杰出的苏联将军，也是个很有理智的人和很好的朋友，最不同寻常的是他身上丝毫没有布尔什维克的迹象。"

这位使用妻子姓氏的谐音化名"加伦"的苏联将领，本名瓦西里·康斯坦丁诺维奇·布留赫尔。1890 年生于俄罗斯雅罗斯拉夫省一个贫苦农家，1916 年参加布尔什维克党，1917 年组织赤卫队，翌年组建红军时担任了师长，1921 年任远东共和国人民革命军总司令，翌年任军长。1924 年化名加伦来华到广州，3 年间一直是国民党的首席军事顾问。

说到中国第一次国内革命战争，加伦将军的名字是被铭刻于史册的。他对帮助东征和北伐所做出的贡献让人难以忘怀。中国共产党人追溯早期建军史时，也不会忘记他所起的作用。

身材高大，并留着短胡须的布留赫尔，第一次世界大战初期作为士兵上前线打仗，右腿受伤，动手术后右腿被截短了 1.5 厘米。但他练出了一套左右摇摆走路的姿势，使人一般看不出他是跛腿。

这位"加伦将军"（其实当时苏联已废除军衔）来华后，首先同孙中山进行了一次长谈，介绍了苏俄建军的经验，主张兴办新型军校并建立革命的政治工作，马上得到了孙中山的赞同。

此后，他在创建国民革命军时多方献策，把党代表（政委）、政治工作等全新的制度推广到军队和军校里。

1925 年，广东政府两次东征军阀陈炯明，加伦顾问都帮助谋划并制订作战计划。尤其是他亲临前线指导攻克了"铁打的惠州"，使他在国民革命军中树立起了很高的威信。

1926 年夏，北伐战争开始。战役开始前夕，加伦估算了两军实力的对比，认为北伐军打到武汉没有问题，但却对政治形势的发展极为担心。他曾秘密地询问中共广东区委说："在北伐中是帮助还是削弱蒋介石？"

得知加伦的这个疑虑后，周恩来急忙向设在上海的中共中央作了报告，结果张国焘代表中央做出一个不知所云的回答："是帮助蒋介石，也是不帮助蒋介石。"

这种纯中国式的模棱两可的答复让加伦摸不着头脑，只好继续帮助北伐军总司令蒋介石。

由于他不适应华南地区的气候，再加上昼夜操劳，不幸得了神经性湿疹，满脸都结了黄色小痂。医生让他住院，加伦却始终奔走在贺胜桥、武昌和南昌前线，各级官兵看到后都很敬佩。

1927 年 4 月，蒋介石打到江浙老巢时受到买办势力的拉拢，终于发动"四一二政变"。进入 7 月，武汉政府也日益右倾，将全部苏联顾问解聘。这时，陈独秀辞去了中共总书记之职，中共临时中央决心武装起义。

这时，加伦正在托辞养病，住在武汉。有这样一个传说，加伦参加了南昌起义的指挥。但至今为止，我们还没有见到相关的史料记载这样的事实。但他的确在南昌起义前为共产党的部队进行了策划。

他计算了叶挺部队能参加暴动的兵力不过 8000 人，如果起义，这些兵力是远远不够的。当中共的其他人，如周恩来在争取贺龙的部队参加起义时，加伦则利用过去与广东将领张发奎的旧关系，努力争取此人能与共产党合作。

在中共中央讨论起义的最后一次会议上，加伦列席了会议，介绍了联络情况，认为以尽早发动为好。

南昌起义前夕，苏联政府为避免公开卷入中国内战，命令所有派出的顾问立即回国并停止援助钱款。当时，蒋介石通缉了苏联政治顾问鲍罗廷，同时却表示念及旧情，愿在长江下游礼送加伦出境。

加伦根本不相信翻手为云、覆手为雨的蒋介石的话，他化装成外轮上的水手，沿长江秘密东下上海，再悄然潜回苏联。

布留赫尔回国后，因在华的军事成绩卓著得到了嘉奖。

1929 年夏，国民党政权得到美英支持，在中东铁路挑起争端。苏联政府将熟悉中国情况的布留赫尔从乌克兰军区调到远东，组建特别集团军同东北军作战。

不经打的奉系军队一触即溃，上万人投降就俘。布留赫尔指示，将

全部战俘送往矿山服苦役。同年末，中苏政府达成协议，恢复中东铁路原状，俘虏被遣返，但多数俘虏因为受到虐待，回到东北后，就开始宣传反苏反共。

当时，刘伯承、叶剑英等人正在苏联的远东军区协助工作。据回忆，此役后被全苏誉为英雄的布留赫尔深为自己对待俘虏的做法而后悔，一见中国同志便说："在这件事上，我永远不会原谅我自己。"

1935年11月20日，苏联授予了首批的5位元帅军衔，他们是：布留赫尔、布琼尼、伏罗希洛夫、叶戈罗夫、图哈切夫斯基。

1937年，苏联展开"大清洗"，图哈切夫斯基元帅等人首先以"法西斯间谍"罪名被捕，布留赫尔奉命主管庭审。这位以正直著称的元帅很痛苦，同担任总政治部主任的老友一起抱怨："我明明知道他们不是敌人。"

据档案记录，这位"庭长"在法庭上竟没问一句话，无言本身就表明了政治态度。他一回到远东，便受到安全部门"注视"。

1938年7月末，日军在"苏满边境"的张鼓峰（吉林珲春边境）挑衅，布留赫尔指挥苏军反击，经过12天战斗击败了关东军。

停火后的10月末，他也被秘密逮捕，因拒绝承认有"反苏阴谋"遭受当时惯用的"肉体压迫"，18天后便被处死了。他是苏联元帅被清洗的3人中第二个被处死的。

而当时的中国政府得到的消息却是：加伦由于迷恋一个日本女间谍而不忠于国家，已被处决。这个信息是斯大林转告国民党驻苏大使的。

因政府很久都未说明其下落，许多苏联人长期怀着美好愿望猜测他可能又去了中国当顾问。

1956年春，苏联平反大批冤假错案时，才宣布了布留赫尔的死讯并予以昭雪。20世纪50年代叶剑英元帅访问苏联时，曾赋诗怀念，"不见加伦三十年"。

后来，布留赫尔元帅的儿子还写了一本书《黄埔军校首席顾问布留赫尔元帅》。

"很少有像我这么苦的人"

耐人寻味的是，国民党里最有名的两父子蒋介石和蒋经国，都有着在苏联的经历。前者是几个月的短期考察，而后者却在苏联生活了多年，并且有着坎坷的磨难。

蒋经国去世20多年了，这位中国台湾地区前领导人的大名，从来不曾像最近这几年这样被岛内人士频繁提起。

蒋经国故去的这段岁月，中国台湾地区历任领导人，从不曾像马英九以如此慎重的仪式纪念他。"大选"之后，就如同早年国民党人到北京香山碧云寺祭告孙中山英灵那样，马英九到桃园头寮蒋经国的陵寝，告慰蒋经国在天之灵。

在人们心目中，有不少蒋经国的未解之谜。更多人不解，在台湾岛内"蓝绿"对抗如此两极化的时候，蒋经国为何总是民意调查中排名第一的"领袖人物"？他何以能备受台湾民众肯定？他究竟是一个什么样的人？

回到历史的轨道上，透过当代人物的回忆，以及蒋经国自己的回忆，我们来回看存活在历史空间里的蒋经国究竟是一个什么样的蒋经国。

是什么样的客观环境，锻造了一个像蒋经国这样的政治人物？

应该说，苏联时期的"意识形态塑造"，是蒋经国整个政治生命历程中最重要的部分。

"经国可教，纬国可爱"。这是蒋介石给两个儿子的八字概括。

然而，蒋介石这位严父在儿子面前形诸于外的，却是一种冷峻得无以复加的威严。1922年春天，蒋介石的第三任妻子陈洁如，初见这位面形方厚、额高嘴大的农村孩童。问他话时，这个11岁的男孩，只知道羞赧地摇头。心思细腻的陈洁如还发现，蒋经国常被父亲高亢的吼叫声吓得全身战栗。每当这时，陈洁如便拉着经国的小手，把他叫到一边，她总是发现蒋经国全身抖个不停。

然而，当经国的弟弟纬国第一次出现在陈洁如面前时，蒋介石却放下了惯有的威严，脸上出现了少见的笑容，他抱起纬国，一边逗纬国玩，一边要孩子喊陈洁如"姆妈"。

同样的蒋介石，却以两种截然不同的态度对待两个儿子。人们可以解释，纬国比经国小 6 岁，父亲当然对老大严厉，而厚爱老二。或许是纬国自幼长得乖巧，讨人欢喜，让蒋介石心生怜悯，厚此而薄彼。

经国、纬国幼时都住过陈果夫在上海法租界的家，陈果夫的太太曾说，幼年时代，纬国因为体弱多病，蒋介石、姚冶诚（蒋介石之妾）老是在陈果夫家楼上的阁楼里，整天抱着纬国。

陈太太见状十分不以为然，指责蒋介石、姚冶诚："你们到上海究竟是来革命的，还是来抱孩子的？成天就知道躲在阁楼上。"由此，足以证明蒋纬国幼年时比兄长蒋经国得到了更多的父爱。

但或许也正是蒋介石对蒋经国的严厉教育，才让这个平凡的农村孩童成为人才。

蒋介石对蒋经国的知识积累也看得很重。蒋经国在上海念万竹小学时，常接到父亲的来信，如："经儿知之：……你的楷字，仍不见佳，总须间日写一二百字，以求进步。你校下学期既有英文课，你须用心学习。现在时世，不懂英文，正如哑子一样。……你每星期有工夫的时候，可到商务印书馆去买些英文小说杂志看看，亦可以增长知识。并为你弟订儿童画报和儿童世界，各半年……"

1921 年 5 月 23 号，蒋介石在写给蒋经国的信上说，"经儿知之：尔《说文提要》读完否？记得否？如已读完记得，可请尔先生依余正月间所开书单，顺序读去，勿求其过速……"

1922 年 10 月 13 日的信上则训示蒋经国："……你的字还没进步，每日早起，须要学草字一百个，楷书五十个，既要学像，又要学快。闻你读过的孟子多已忘记，为什么这样不当心呢？……"

蒋经国 15 岁那年（1925 年），上海发生了五卅惨案。他在一篇回忆文章中，记述了就读上海浦东中学时期，连续参与了四次反帝示威活动的情况。他这时已经开始在社会活动中崭露头角，被同学选为浦东中学示威队伍的领队，并当选为抵制洋货小组的领队。

这一年的暑假，蒋经国去广东探访父亲。此时反帝运动正风起云涌，爱国青年纷纷"奔向广东"。蒋经国说，黄埔的革命精神使他"深受感动"，他头一次看到黄埔军校墙头张贴的巨幅标语："联俄"、"联共"、"工农联合"，他也看见许多俄国人在黄埔校园内，有人告诉蒋经国，全世界各国当中，俄国是中国唯一的朋友，苏联的统治者不是皇帝也不是上帝，而是工农当家。受革命热潮的鼓舞，他向父亲提出参加国民革命军的愿望。

但是，这个请求被担任黄埔军校校长的父亲拒绝了。

蒋介石显然希望蒋经国多读几年书。他索性把蒋经国送往北平，交给吴稚晖创办的"海外补习学校"。蒋经国在北平读了几个月的书，经邵力子引介，熟识了李大钊，李又介绍蒋经国认识了很多在北平的俄国人，他们劝蒋经国不妨去苏联留学。莫斯科的中山大学为鼓励中国青年前往就读深造，给予了十分优惠的条件。

向往革命，是蒋经国对外的说法，但是，不容忽视的一个重要动机，却是4年前，也就是父亲与陈洁如结婚前夕，蒋介石与经国生母毛福梅离婚。这对蒋经国的精神是一个打击，由此对父亲有了反感。

他既向往革命，也急于逃脱父亲严格的管教，更是急于远离单亲家庭给自己带来的哀伤。他最终选择了离开祖国，到一个陌生的遥远世界，寻求独立自主的梦想道路。

与蒋经国一同搭乘货轮前往苏联的青少年一共有90余人，这艘货轮先前曾经运过牲口，船舱里有浓重的猪屎尿骚味。出发那天，船在上海黄浦江等候出港，足足等了五六个小时。蒋经国后来说，他差一点动了逃回家的念头，但见许多同伴都留在船舱铺位上静静地等候，便自问："既然大家都能忍受，为什么我不能？我身为黄埔军校校长之子，焉能半途开溜？"

蒋经国很快就融入了团体生活，在航向苏联的货轮上，他开始温习布哈林的《共产主义ABC》、孙中山的《三民主义》等著作。

1925年11月底的一个傍晚，蒋经国和一群中国青年终于抵达了莫斯科。

一个月后，他加入了共青团。初到苏联，蒋经国开始下苦功学俄文，并努力研读有关政治经济学的书籍，还发表了两篇有关中国局势的文章——《中国的展望》《中国北伐一定成功》。

日后有许多评论家在分析蒋经国毕生思想时，均将蒋经国归类为托洛茨基派。尽管归国后，他极力回避类似的说法，但他在留苏时期却毫不掩饰他的托派色彩。

他就读莫斯科中山大学时期的校长是拉迪克。拉迪克是托洛茨基派领导人物之一，也是教授蒋经国"中国史"的老师，时常在下课后与蒋经国私下讨论问题。

蒋经国后来说："碰巧我的观点与托洛茨基的政治思想不谋而合，于是许多人认为我是托洛茨基的同情者。当然，我对于托洛茨基要'以革命的火炬烧掉旧世界'尤其感兴趣。"

蒋经国的同学邓文仪（曾任蒋介石侍从秘书、"国防部新闻局长""内政部次长"等职务）在回忆苏联留学经历时，就把蒋经国、王新衡（曾任职军统重要职务、"立法委员"）等人留苏时的行径，比喻为"和反对派相呼应，反对俄共中央派"。因为王新衡被共产国际的中共代表王明（陈绍禹）指控为"浙江同学会"领袖之一，中山大学接连举行了三天三夜的清党大会，决议处分王新衡等人，王氏因而被苏联特务机关监禁了4个月。

对蒋经国，王明则指控是他组织了"浙江同学会"这一反革命团体，蒋介石则是"给予幕后资助的主使者"。王明查扣了两封蒋经国写给蒋介石的家书，建议苏联当局逮捕蒋经国。

与王新衡比较，蒋经国确实沾了蒋介石的光，苏联当局顾忌蒋介石在中国的地位，一直没有接受王明的建议。

苏联当局真正对蒋经国采取行动，是在1931年秋天。他们把蒋经国从中山大学中国学生访问团助理团长的职位上调离，送到莫斯科近郊的谢可夫村。原因是他在一次会议上，公开抨击王明。此前，苏联当局还数度驳回了蒋经国请求回国的申请。种种因素，使蒋经国成为了滞留苏联最久的中国留学生。

曾任中国台湾"陆军总司令"的王升在向"台军"发表演讲时曾经说，他听蒋经国脱口而出了一句话："历史上，很少有像我这么苦的人！"

蒋经国在俄国14年，做过翻砂工和钳工，做过集体农庄的农民，还做过卫生管理员，专门负责扫厕所。他曾经被流放到西伯利亚，在乌拉尔的金矿做过矿工。矿工的工作强度大，但却吃不到足够的面包，如果工作没有做好，还会挨皮鞭。蒋经国在俄国身无分文，甚至还讨过饭。

王升说，有一回，蒋经国发觉一家餐馆后面的水沟里，漂着一层油水，他饿得头晕，就想办法把水沟里的油水刮起来，用一只罐子装好，找点树枝架起来烧，就吃这煮热的"油水"来填肚子。天下大雪，夜里冷得不得了，蒋经国找到一个大垃圾桶，缩在桶里度过漫漫寒夜。

还有一次，蒋经国在半路上病倒了，多亏遇到另一个要饭的孩子"小彼得"，把每天讨来的饭里的好东西给他吃，才没有被饿死。后来，"小彼得"死了。蒋经国曾写过一篇文章《永远不要挂起白旗》，用以纪念这位患难之交。

在谢可夫的农村，蒋经国相当于是被"劳改"，没有床睡，经常吃不饱。好在遇到了一位叫沙乌雅的老太太，收容他到家里住，给他面包和红糖，这才捡回了一条命。

这一被"劳改"和流放的经历结束后，蒋经国到莫斯科电机厂当了学徒工。后来，他申请加入了苏联红军，被派到驻扎在莫斯科的第一师，并进入了列宁格勒中央红军军事政治研究院深造。从军队出来后，又当过乌拉尔重型机械制造厂的技师、助理厂长、《重工业日报》的主编。

在苏联留学、落难的岁月是蒋经国脑海中最深刻的记忆。他说："我在乌拉尔重型机械厂多年，唯一一对我友善的就是方良，她是个孤女，我们在1933年认识。她当时刚从工人技术学校毕业，在那家工厂中还算是我的部属。1935年3月，我们终于结婚。"

30多年后，当他父亲把国民党当局的权柄交接给他时，他竟日奔波在台湾本岛和金门、澎湖等地，常穿着素色夹克外套、旧长裤、布鞋，戴一顶鸭舌便帽，这种低调的做派，和他在苏联被流放到西伯利亚、当农夫、当工人的经历有着很深的关联。

边 缘 地 位

共产国际的中国"支部"

从1920年共产国际派往中国的第一位代表维经斯基算起，至1935年共产国际的代表李德止，共产国际曾先后向中国派过多位代表。这些代表的个人风格、品质、能力对中国革命均有着重大影响。

特别是建党初期，共产国际一直起着重大的影响作用，可以说中国共产党的诞生、发展、成长的曲折历程无不与共产国际有着密切的关系。

虽然已经过去了将近一个世纪，但透过历史的烟云，让我们再来重新认识当年那些曾左右中国共产党的航标、正确或错误地"引领"中国革命航向的共产国际代表们吧。

共产国际于 1919 年 3 月由列宁领导成立，定名为第三国际，以区别于第二国际，成立之初有 32 个国家作为成员国加入。共产国际第一次代表大会召开时，以当时中国国内的情况，是没有能力派出代表参加这次大会的。

起初，中国共产党的创始人都不懂俄语，也没有人在苏俄接受过马克思列宁主义的教育，可以说，对苏俄式的马列主义知之甚少。这样一来，列宁领导的共产国际在中国共产党的创建活动中就起到了重要的启蒙作用。

20 世纪初期的中国，受俄国革命和马克思主义思潮的影响，李大钊、陈独秀、张国焘、李达、李汉俊、毛泽东等人已经开始接受马克思主义思想，并开始进行马克思主义的宣传。从这时起，共产国际就开始派出代表在中国寻找革命领导人并进行宣传指导活动。

共产国际派往中国的第一位正式代表是维经斯基。1920 年 3 月，他和他的妻子库兹涅佐娃、翻译杨明斋一行到达北京，和他一起到达中国的还有几位苏俄代表，他们是斯托扬诺维奇、马迈耶夫和马林。

与中共早期领导人交往甚密的是北大俄文系的俄籍教员柏烈伟（一译为鲍立威），他与李大钊关系较好，并向他们提供马克思主义读物，《共产主义 ABC》英文版就是由柏烈伟带到北大图书馆来的。

维经斯基来中国的初衷，意在联络有共产主义倾向的代表人物，但不知找谁是好，经柏烈伟的介绍他结识了李大钊、张国焘等人，随后李大钊向其推荐了上海的陈独秀，维经斯基便拿着李大钊的信到上海找陈独秀。

陈独秀非常欢迎共产国际的代表们对中国革命加以指导，他经常慨叹"中国共产主义运动的基础薄弱，至今连马克思的资本论都无中文译本"。他认为"如果能与共产国际建立关系，无论在马克思主义理论，还是这一运动的实际经验上都可以得到莫大的帮助。共产国际能派一位代表作我们的顾问，我们也将获益不少"。

应当说维经斯基在中国的活动是顺利的，与中共早期领导人的关系也是融洽的，这与维经斯基的个人品格有关。维经斯基从不以共产国际的代表自居，对陈独秀、李大钊等革命人物倍加推崇，态度谦和，充满热情。他来中国后的主要工作是帮助陈独秀、李大钊等人进行共产党的创建工作。

1921年1月，在中国共产党各项筹备工作业已就绪的情况下，维经斯基返回苏俄向共产国际汇报情况，此次在华他共计活动了10个月。

接替维经斯基的第二个共产国际的代表是马林，马林于1921年6月到达上海，马林的风格和维经斯基截然不同，他一到中国就以共产国际代表的身份索要工作报告，并以共产国际东方问题的权威自居，陈独秀派李汉俊与马林会谈，但因李汉俊不满马林的做派，两人经常发生争执。

1921年7月在上海举行了中国共产党第一次全国代表大会，从而标志着共产党的成立。马林和维经斯基都出席了这次会议。包括毛泽东在内的中国共产党的13个代表参加了这次会议。

但是，中国共产主义思想的真正缔造者陈独秀和李大钊却没有出席这次会议。缺席的陈独秀当选为第一任总书记，但不久他就脱离了中共。

后来李大钊被奉系军阀杀害。此后，13个代表中至少有6个脱离了共产党，也许，正是由于这个原因导致了马林的仕途受阻。

陈独秀被选为党的"一大"总书记时，还在广州担任了广东省教育厅长的职务，"一大"当选后返回上海专任党的总书记。

马林有两件事引起陈独秀的强烈不满，并要求共产国际调回马林，在一个多月内不顾马林的一再要求拒绝与其见面。

一是马林不经中共知晓，私派张太雷（时任马的翻译）去日本，联络代表去苏俄参加远东劳苦人大会；另一件事是马林认为中共应该无条件地接受共产国际的领导和经济上的援助。前一件事陈独秀认为是对中共的轻视和不尊重，后一件事陈独秀更是坚决反对，认为中共有被认为是"卢布党"的嫌疑，很难使中共今后保持独立的地位。

1921 年 9 月上旬，陈独秀等 5 人被捕，马林四处奔走并交付了一大笔保释金，陈独秀才被释放。出狱后，陈独秀首次会晤马林，但在关于中共是否接受共产国际的指导与经济援助这一问题上仍存在很大的争论，这也是中共党史上的第一次大争论。

由于建党之初中国共产党经济状况窘迫，而搞革命是需要很多的职业革命家为其奋斗服务的，基于这一实际情况，陈独秀后来接受了马林的建议，同意加入共产国际，成为它的一个支部并在经济上接受其提供经费。

但 1921 年马林经张继介绍认识孙中山以后，其兴趣便主要放在国民党身上了。马林感觉当时的共产党太弱小，而孙中山先生是中国革命的公认领导人，便力劝中国共产党废除关门政策，直接加入国民党。

马林为此东奔西走，既要说服孙中山，同时还要说服共产党人。这一建议遭到中国共产党内绝大多数人的反对，陈独秀反对尤甚。马林为了达成这一目的，专程返回莫斯科向共产国际做了一个长篇报告，阐述了孙中山的地位影响、国共统一战线的重要，共产国际接受了马林的建议，并做出共产党员以个人身份加入国民党的决定。

面对这一决定，"作为共产国际的一个支部的中共"只有接受了。

1923 年 10 月，马林被调回国。他在华两年多，筹划了中共一大、二大、三大与西湖会议及国民党一大的召开。

1923 年 10 月维经斯基再一次来到中国，接替马林担任共产国际驻中共中央的代表，维经斯基此次来华，依然与中国共产党的高层领袖保持着良好的关系。

当时，共产党与国民党的党内合作已成现实，维经斯基觉察到中共在国共统一战线的问题上存在着右的倾向，便对此做了一些纠正。他提出，中共的工作重点在于自身发展和独立领导工人运动，共产党人在国民党内应支持左派，反对右派。

但当时反革命的势力已十分强大，特别是经历了北京政变、五卅运动，及北方郭松龄倒戈失败和吴佩孚攻占河南之后，维经斯基和陈独秀都错误地认为革命高潮已经过去，因此未能同国民党右派进行坚决的斗争。在 1926 年 7 月，由于对蒋介石的反动面目还认识不清，竟错误地接受了国民党的整理党务案，对当时的右倾错误起了推波助澜的作用。

1923 年，与维经斯基几乎同时来华的还有上文提到的鲍罗廷，鲍罗廷帮助孙中山将改组国民党的建议真正付诸了实施。

鲍罗廷从军事上加强了国民党，他致电莫斯科要求组成一个由 50 名军事人员组成的顾问团。加伦等军事顾问就是这样来到广州的。此外，鲍罗廷还促进了冯玉祥参加革命。

中山舰事件发生后，鲍罗廷参与解决中山舰事件，对蒋介石进行妥协退让，企图使中共和蒋介石和解。同时，又试图反对蒋介石的反共活动，并让唐生智用军事力量对蒋进行抑制。这样一来，引起了蒋的恼怒，蒋介石致电武汉国民党中央，要求撤换鲍罗廷，以维经斯基取而代之。

而"四一二政变"后，鲍罗廷与陈独秀一起，作为中国共产党的首要分子被蒋介石的国民党政府通缉了。

"四一二政变"后，由罗易、维经斯基、鲍罗廷组成了共产国际驻中国代表团，罗易为首席代表。

1926 年底，共产国际执行委员会召开第七次扩大会议，中国问题成为这次会议的中心。罗易作了发言，认为"目前阶段的中国革命，首先应该是农民革命"，这是符合中国当时情况的。会议通过了罗易的这一意见，并派罗易为特别代表，负责监督这一决议案的贯彻执行。

这时，中国国内反革命势力已经十分嚣张，中国革命处于十分紧急的时刻。早在"四一二"反革命政变前夕，罗易就曾撰文向中国共产党警告过蒋介石有可能叛变，并批评过陈独秀的右倾。

但罗易也犯了一个重大的错误。当时汪精卫是左翼的头号人物，罗易知道汪精卫正加紧勾结国民党右派，妄图以共产党人的鲜血换取蒋介石对他的谅解。而罗易却为了保持住中共和国民党的左翼联盟，极力拉拢汪精卫，竟然将共产国际的"五月指示"交给汪精卫看。

"五月指示"是共产国际指示共产党进行土地革命及建立军队的事宜的，汪精卫看了以后，更加强了叛变的决心，找到了反共的口实。这件事迅速促成了汪精卫发动"七一五"反革命政变，对当时已受重创的中国共产党几乎造成了灭顶之灾。

此事之后，罗易被调回莫斯科。

合作与摩擦

1927年7月15日，共产国际为了纠正陈独秀的右倾机会主义错误，派罗明那兹到中国接替罗易、鲍罗廷、维经斯基的工作。罗明那兹筹备召开了"八七会议"，从组织上结束了陈独秀在党内的领导，主张进行武装暴动，开展土地革命。

由此，中国共产党在共产国际的指导下，从一个极端走向了另一个极端，在政策上来了一个一百八十度的大转弯。这个变化在当时也直接导致了李立三的"左"倾错误路线。

但到了1928年2月，罗明那兹在中国工作了仅半年的时间，就遭到共产国际的批评并被调回。批评他比较严厉的是共产国际东方部部长兼中山大学校长米夫。

鲜为人知的是，据史料记载，米夫曾于1927年2月至7月曾到中国作了为期半年的秘密考察，并出席了中国共产党的"五大"，对中国的情况略有了解。1930年12月以共产国际代表的身份再一次来到中国的米夫，强烈批判了"立三路线"，极力推荐他的学生王明，并想尽种种办法使得王明占据了中国共产党的最高地位。1931年8月，米夫才回到苏联。

1932年9月，共产国际派李德到中国工作。李德原名奥托·布劳恩，1901年出生于德国慕尼黑，曾在苏联伏龙芝军事学院学习军事。1932年毕业后受共产国际委托，来中国从事革命活动。

1933年春，由于顾顺章等人的叛变，中共中央机关面临着巨大的被破坏的危险，便从上海迁往中央苏区。9月，李德根据中共临时中央的意见和共产国际的指示，到达中央苏区，担任了中华苏维埃政府革命军事委员会顾问。

1933年10月至1934年10月，李德直接参与了第五次反"围剿"的指挥。他坚持正规的防御战，批评红军长期积累起来并取得多次反"围剿"胜利的游击战、运动战，将其诬蔑为"游击主义"，在军事上排斥毛泽东的正确领导及一切相反意见，成了军委的"太上皇"。

第五次反"围剿"的失败给红军造成了巨大损失。1934年10月，红军被迫放弃中央根据地，开始长途战略转移。李德也成为唯一一个参加红军长征并到达陕北的外国人。

1935 年 1 月，红军占领遵义并召开了著名的遵义会议，批评了李德军事指挥上的错误，撤销了他的军事顾问职务。1937 年李德曾担任中央军事研究委员会编委会主任职务。1939 年秋，李德回到苏联。

以上我们说到的是共产国际各个阶段派往中国的主要代表。与这些以秘密身份来到中国的共产国际代表不同的是，苏联政府还以公开外交使节的名义往中国派过代表。

如 1921 年，阿道夫·越飞以苏俄政府人民外交委员会副委员长的身份来华访问。越飞回国后，接替他的是列夫·米哈依诺维奇·加拉罕。加拉罕受到中国热烈欢迎是因为加拉罕的三次对华宣言，第一次宣言称："苏政府将中东铁路……一切返还与中国，不要分文"；第二次宣言称："以前俄历届政府所定条约全部无效，在中国所夺去的一切，全部无偿永久归还中国"；第三次宣言称：依前两次宣言之精神，作为对华关系原则。

越飞与加拉罕虽是以公开的苏俄外交官的名义到中国来的，并且其接触的政府主要是北京政府，但因苏俄和共产国际不可分割的关系，他们与中国的革命人物多有接触，对中国革命也发挥了积极的影响。

上面提到的这些共产国际的代表，以及他们在中国的活动，看似与描述抗日战争期间对外交往的本书没有直接关系，但任何事都有个来龙去脉，只有搞清楚了中国共产党早期是如何受到共产国际的左右，或从某种意义上说就是干扰的过程，才能清晰地看到，在抗战期间，中共和苏共之间那种若即若离的微妙关系的渊源。

第三章 战端初起——各有如意算盘

国联调停

"两国纠纷还是侵略"之争

1937年7月7日，在卢沟桥骤然响起的枪声，就像黑云压城，闷得人喘不过气来的时候的一声炸雷，终于导致狂风暴雨大作一样，使中日之间这场酝酿了多年的冲突，终于全面爆发了！

随之，就是"八一三"淞沪激战的展开。中日冲突升级为全国战争！

但在此时，日本政府却竭力缩小中日战争的国际影响，它把这场战争解释为只关系到中日两国的事，坚决排斥第三国的参与，而希望中日间直接进行交涉。

与此针锋相对，中国政府则竭力强调中日战争对远东和国际安全的重大影响，希望把列强引进中日问题的交涉中，借列强之力压迫日本，以获得一种条件不致过分苛刻的结局。

中国政府认为，"目前的中日纠纷，如得各国参加，来谋得解决，即令我国不能无所迁就，仍是于我有利。反之，如坠日本计中，实行两国直接交涉，虽是成功，亦是失败"。

中国政府对在没有列强参与的情况下，日本能否尊重中日双方直接交涉所达成的协议极为怀疑，认为"日本背信无义，目无公理，如由两国直接交涉，毫无其他保证，无论条件如何，其结果必使中国国家生命陷于随时随地可被消灭之危险，永无独立自由之机会"。

因此，促成事件的"国际化"，即让中日冲突引起国际社会的关注，成了中国政府所追求的目标。为此，中国努力求助于有关国际条约组织，意图唤起世界各国对中国的同情，并力图以国际条约来保护自己。

中国政府所诉求的第一个国际组织便是国际联盟。

中国是国联创始会员国之一。《国联盟约》第十一条规定："凡任何战争或战争之威胁，不论其直接影响联盟任何一会员国与否，皆为有关联盟全体之事。联盟须采取适当有效之措施，以保持各国间之和平。"

该条规定，当事会员国有权要求召集国联行政院会议，以促其履行盟约所规定之义务。

言之凿凿。条约上写得再明白不过了，根本没有什么疑义。但西方诸列强就是顾左右而言他。

1937年7月14日，中国驻英大使郭泰祺奉命向英国政府提出中国向国联申诉的问题。但英国认为，这样做不会产生什么结果，由于日本不是国联成员国，中国政府只能引用盟约第十七条，但在日本政府的反对下很难应用这一条款。

首相艾登也对郭泰祺表示，他不大赞成中国援用盟约第十七条。他说，在阿比西尼亚（今埃塞俄比亚，下同）危机时甚至使用了制裁，但都未起作用，在目前情况下，就更难奏效了。

法国政府也不赞成中国向国联申诉。7月中旬，中国驻法大使顾维钧向法国外交部长德尔博斯提议国联应采取联合行动。但德尔博斯回答说，目前肯定不能指望从日内瓦得到什么具体东西。他以九一八事变和意大利侵略阿比西尼亚为例，说它们都曾经提交国联讨论，但国联的反应很令人失望。

有这些先例，如果现在把中日问题也提交国联，那将是白费力气。

对于国联的软弱，中国自九一八事变以后就早有体会了，但在当时的危局中，中国政府决定尽可能地利用国联这一国际讲坛。即使无望，也要竭力争取。

8月30日，中国向国联秘书处递交了一份照会。照会指责日本的侵略系有预谋的行动，并已违反了现行的各种国际条约，如《国联盟约》《1927年非战公约》及《九国公约》等。

中国要求秘书处将中国的照会通知国联远东咨询委员会各成员。

8月31日，蒋介石在对路透社记者发表的谈话中公开声称，国际社会对中日之间不宣而战的战争，很有必要进行干涉。这种国际干涉，不只是为了中国的安全，也是为了谋求国际间的整体安全。

9月8日，英国外交部的一些法学专家对郭泰祺说，如果引用第十六、十七条，则表示中国与各会员国正式承认中日已进入战争状态。这样，"一则恐怕使日本实行其交战团体权利，封锁香港、检查第三国商船，二则使美国政府不能不施行其中立法案，对中国更加不利"。

9月11日，顾维钧会见国联秘书长法国人爱维诺，继续讨论中国向国联申诉的问题。进一步要求国联对日本的侵略行动予以制裁。爱维诺回答说，在目前情况下，制裁是无论如何也办不到的。

国联对意大利入侵阿比西尼亚制裁的失败，使得过去那些曾经赞成实施制裁的国家现在也反对制裁，大多数会员国对"制裁"一词畏之如虎。爱维诺所说并非虚言，情况对中国确实不利。

一年多以前，由于对意大利的制裁未起作用，英国和许多欧洲国家就主张取消有关对侵略国实行制裁的盟约第十六条。这以后，国联开了许多次会，要进行修改盟约的工作，主要是取消制裁的规定，但始终未得出具体结果。

在制裁明显无望的形势下，顾维钧继而提出，中国虽无意坚持制裁，但要求国联宣布日本是侵略者。这个要求应该不过分，是合情合理的吧？因为，即使是一个反对侵略者的正义宣言对中国也是有利的。

9月12日，中国代表团首席代表顾维钧正式向国联秘书长递交了中国政府的申诉书，指出日本正以其陆海空军全力进攻中国，侵犯了中国领土完整与政治独立。

中国作为国联会员国，根据盟约第十条和第十一条，此种事件实已关系到国联全体成员国，因此，国联应受理此案。申诉书"请求适用国联会章第十条、第十一条及第十七条，并向国联行政院诉请对于上述各条所规定之情势，建议适宜及必要之办法，采取适宜及必要之行动"。

同日，出席国联大会的中国代表团向报界发表声明，揭露日本军队在中国的侵略行为和野蛮的战争罪行，指出日本的侵略不只威胁着中国，也危及世界的和平。声明指出："日本不仅威胁中国作为一个独立国家的生存，而且使外国在中国的租界及其利益受到威胁。日本违反其庄严签署的国际条约，疯狂推行占领中国的政策，并梦想在亚洲和太平洋建立其霸权统治。

远东危机不仅威胁着中国的独立和领土完整，而且也威胁着全世界。作为一个由多数爱好和平国家参加的大型国际组织，国联应当制定和采取迅速而有效的措施，制止日本对中国的侵略，以维护神圣的国际义务。"

无果的决议

9月13日，国联大会开幕。次日，国联行政院宣布了中国的申诉，并将它列入议程。

这时，英法方面仍然力劝中国不要诉诸盟约第十七条。9月15日，在艾登、德尔博斯、爱维诺与顾维钧的会谈中，他们一致建议中国政府不要坚持援引第十七条，因为这样势必引向采用第十六条，而在目前情况下制裁是毫无希望的。

列强还希望中国不要提出要国联宣布日本是侵略者的要求。9月15日，顾维钧对国联秘书长维吉埃说，国联有必要宣布日本是对中国的侵略者，并采取必要的措施，阻止日本获得武器和借款，而使中国更容易取得这种援助。

但哪怕是这样一个最低限度的要求，国联各成员国也都表示为难。

国联秘书长维吉埃认为，如果正式宣布日本为侵略者，就可能被视为确认战争状态的存在，美国就可以以此为借口而实施中立法。而且，一旦宣布日本的行为为侵略，将会引起各国代表的担心，怕中国会据此进一步要求国联采取制裁措施。

9月16日，国联行政院正式指派远东咨询委员会调查中日冲突问题。秘书长将此事通知了委员会的全体成员国和美国，并向中国、日本、德国和澳大利亚发出邀请。结果，美国同意按1933年议定的条件，作为不参加投票的观察员出席会议。

日本和德国则拒绝了邀请，日本给国联秘书长的答复重申只有中日直接交涉才能真正解决问题:"关于本事件之解决,本帝国政府前已屡次声明,现仍坚信,凡涉中日两国之问题,其公正、持平以及切乎实际之解决办法,当能由两国自行求得之……故对于咨询委员会此次邀请,歉难予以接受。"

正在国联开会期间,日本于9月下旬的最初几天,对中国非军事目标南京和广州的城区公然进行了大规模轰炸,激起世界舆论的强烈反对。

英、美、法、苏以及德、意政府都向日本的这一野蛮行为提出了抗议。中国代表团决定利用这一事件,为要求宣布日本为侵略者和对日本实行石油禁运打开道路。

9月24日,蒋介石在南京答外国记者问时再次强调:中国抗战,其意义不仅在中国之存亡,亦在为九国公约、国联盟约伸张正义。他要求各签字国应遵守其义务,援助中国。他特别指出,美国为华盛顿会议的召集者,"九国公约的订立,胥属美国之力,故其责任尤为重大"。

面对日本的肆无忌惮,英法也想做出适当的反应。9月25日,秘书长为英法准备了一份关于中日局势的备忘录,该备忘录显然是经过英法双方协商后才拟就的。其计划采取的主要行动有:

不承认由日本武力所造成的任何变动。

拒绝承认中日纠纷只是这两个国家之间的问题。坚持认为,从和平的利益来看,它也是关系到国联和其他国家的问题。

出于人道主义考虑给中国以援助。

声明保留在将来适当的情况下,进行调解和采取类似措施的可能。

当天晚上,英国代表团向报界发表声明,表示英国将支持中国,英国拟免除中国在当年度的应付债务款项,并将向中国提供救济捐款。

9月27日,在举行第一次咨询委员会之前,中国代表顾维钧、郭泰祺、胡世泽与法国代表德尔博斯、英国代表埃利奥特、克兰伯恩及国联秘书长爱维诺再次进行了磋商。

为了更灵活地推进和加快有关工作,咨询委员会又酝酿成立小组委员会。10月1日,咨询委员会决定由英、法、苏、澳、比、荷及中国等13国组成小组委员会,授权其审查和探讨有关问题,并向咨询委员会提供可供讨论的意见。

此后，小组委员会便开始了起草准备提交国联大会通过的报告书的工作。在小组委员会的讨论中，英国代表出乎意料地提出了召开九国公约签字国会议，来讨论远东冲突的建议。

顾维钧形容这个建议"像从天而降的炸弹，这个意想不到的、显然是将责任推卸给美国的巧妙手段，一时惊呆了所有在场的人"。

更让中国想不到的是，会议竟然接受了英国的这一建议。

10月5日，小组委员会提出了决议草案，并获远东咨询委员会的通过。次日，国联大会通过了这个决议。

决议的第一报告书指责日本违反条约义务。指出："对日本以陆海空军对中国实行军事行动一节，不得不认为与引起冲突之事件殊不相称，……上述行动不能根据现行合法约章或职权认为有理由，且系违反日本在九国公约及巴黎非战公约下所负之义务。"

第二报告书驳斥了日本人所声称的中日争端只能由两国自行解决，第三国不能介入的说法。认为"目前中国之局势不只关系到冲突之两国，且对于一切国家均有若干关系，许多国家与其人民皆已直接蒙受其影响，……故国联有依照盟约及条约下之义务，以谋迅速恢复远东和平之职责与权利"。

也就是说，国联会议给了中国道义上的支持，但中国争取物资援助或制裁日本的目标均未达到。

狡诈的日本政府深知西方列强的弱点，断定它们不会形成反对日本的统一战线，因而敢于与国联公然对抗。

日本政府于10月9日发表了《反驳国联报告书》的声明。声明颠倒是非，指责中国顽固地实行排日抗日，企图把日本的权益排除出中国，并称中国系有计划地挑起冲突，日军在中国的行动只不过是在进行自卫云云。

当然，仅仅就对国际舆论的影响来说，国联会议还是多少起了一些积极作用的。顾维钧也不得不自我安慰地认为，会议"虽然没有达到我们期望的目标，但是公众舆论要比大会初开幕时我们所预料的好"。

全方位困惑

畸形的中、德、日三角

可能出乎许多对抗战历史不甚了解的人的意料，抗战前夜和抗战初期中国挣扎其中的外交旋涡，不是中、美、日三角，也不是中、苏、日三角，而是中、德、日这三个国家的三角关系。

前文我们已经提到过数位德国的军事顾问来到中国，帮助中国整顿和装备军队，也提到了特使蒋百里和孔祥熙的访德过程，但没有直接涉及两国政府之间的交锋。

可以说，当时有两个意义上的抗战：一是金戈铁马的疆场格斗，二是使节穿梭的外交搏杀。如果说前一个抗战发端于七七事变，那么后一个抗战则要早得多，至少从九一八事变起就已逐次展开了。

而在后一个抗战的最初阶段，最重要的战场恰恰是中、德、日外交。

国际关系最大的特征是弱肉强食。没有真正的朋友，有的只是纯粹的利益交换。正因为如此，虽然就道义而言，中国是受侵略的一方，理应受到广泛的国际援助，但即便是相对而言对中国还算比较友善的美国，也认为中国在国民政府的领导下实现现代化的可能性不大，而由日本人统治中国，是对美国最有利的，同时也对中国有利。

美国国务院一位官员就断言，中日争端的解决可能对美国的利益有害，最好让日本在一个美国没有重大利益的地区，陷入一场非决定性的斗争；允许"我们远东政策的原则及和平理想……蒙受一些小损害"。

于是，美国以"借刀杀人"为其远东政策的指导思想，一面怂恿日本与苏联和中国为敌，镇压远东的大、小布尔什维克；一面避免日美冲突。这就注定了美国对日本侵华仅停留于空洞的道义谴责，而没有进行实际的干预。

对蒋介石及国民政府的求援，美国置若罔闻。甚至当 1937 年 12 月 12 日，侵华日军故意挑衅，在南京江面击沉美国炮艇"帕内号"，导致美方 70 多人死亡时，美国仍表现出惊人的忍耐力，一如既往地对日本提供贷款，出售战略物资。

其实美国错了。他们没有想到，一旦日本真的控制了中国，使中国成为其殖民地，进而利用中国的资源和人力壮大自己，就能在不长的时间内，成为一个在实力上能与美国抗衡的东方强国。

美国如是，苏联又如何呢？

苏联的最大噩梦，是遭受德日的两面夹击。面对来自日本的威胁，苏联的主要对策，便是挑动中日冲突，并使中日冲突升级为全面战争，让日本这股祸水在中国泛滥，以牺牲中国为代价，达到挽救苏联之目的。

"皇姑屯事件"现在被怀疑为苏联间谍所为，张作霖并非死于日军之手而是死于苏联间谍之手。2003 年 9 月 4 日，《青年参考》对俄历史学家普罗霍罗夫的新著《张作霖元帅之死档案》做了客观报道。尽管这个历史之谜还远未揭开，但此案单从逻辑上看，此说也并非没有一点道理。

为了让中国能够拖住日本，在抗战爆发的前期，苏联向中国提供了包括武器和派出航空志愿队的援助，但这种援助是有限度的，是以不得罪日本和不把苏联卷入中日战争为前提的。

所以，无论国民政府如何再三恳求，苏联坚决不对日出兵。在有限度援助中国的同时，私下里苏联和日本一直被传在暗中勾结，并于 1941 年 4 月签订了《苏日中立条约》。

该条约第二条规定："倘缔约国之一方成为一个或数个第三国敌对行动之对象时，则缔约国之他方，在冲突期间，即应始终遵守中立。"这显然是对日本侵华行为的默许和纵容。

该条约还声称："苏联誓当尊重'满洲国'之领土完整与神圣不可侵犯性；日本誓当尊重'蒙古人民共和国'之领土完整与神圣不可侵犯性。"这是明目张胆地以中国领土作为相互馈赠的礼品的行为。

这样一来，苏联便实现了确保东线安全的初衷，并从 1941 年下半年起，断绝了对中国的援助。

对正处于抗战以来最艰苦岁月的中国来说，这不啻令人寒心的叛卖之举。

美苏如此，其他大国也不仗义。国际社会保持着可耻的沉默。中国不得不在恐怖的孤独中迎战强敌。外交上一个失败接着一个失败，一个危局接着一个危局，欺骗之后复有欺骗，背叛之后还是背叛。

直到 1941 年的珍珠港事件后，日本这头野牛最终撞上了美国的脑门，迫使美国拔剑自卫，日本从此四面受敌，陷于国际反法西斯战争的泥沼，不能自拔。中国才终于告别了孤军状态，与盟国携手迎来了反法西斯战争的辉煌胜利。

耐人寻味的是，在抗战初期，出于反苏的需要，德国曾一度反对日本侵华。

在抗战前夜和抗战的最初阶段，德国在中日冲突中是竭力保持中立的，这一点从前是甚少披露的。当然，出于国家利益和意识形态的需要，注定了德国根本不可能站到中国一方，而是与同样实行极端民族主义和军国主义的日本携手挑战文明世界，最终与中国为敌。

但发展到后面这一步，还有一个复杂的历史过程。

德国并非自始至终都与日本沆瀣一气，在中日冲突的早期，德国还保持着相对清醒的头脑。德国的政治精英们意识到，中国的战略地位和国际影响尽管还不强大，但不容忽视。德国需要同中国保持密切联系，这样既可以获得从别的渠道所无法获得的战略物资，又可以向中国扩大商品输出，带动德国经济的快速增长。

更重要的是，可以避免政治上"为丛驱雀"，把中国逼上绝路而迫使中国与苏联结盟。

正是基于这样的判断，德国外交部、国防部、经济部，对日本侵华政策是持异议的，甚至是明确反对的。

1937 年 7 月 28 日，德外交部在给其驻日大使狄克逊的训令中明确指出：

"日本欲以中国为基地，对抗共产主义以履行防共协定，此举令人无法理解。须知，在第三国领土上对抗共产主义，并非防共协定之目标。我们认为，日本的做法实已违反了防共协定，因为日本阻碍中国之团结统一，导致了共产主义在中国之成长与蔓延，而其最后结果将驱使中国投入苏联怀抱。日本因此不能期望获得德国的支持。"

德国还数次向中方表明，1936 年德日签署的《防共协定》，并没有要求德国担负在中日战争中援助日本的义务，借以宽中国的心。

一方面，德国对日本侵华不以为然；另一方面，德国的政治精英坚决抵制建立亲日的远东政策，苦心孤诣地维持中德邦交。以至于德国亲日派外交官狄克逊不能不悲哀地承认：

"德国对东亚的同情，最重要的一个特征是对中日两国厚此薄彼。就连在外交部，亲华派的人数也压倒了亲日派，而且随着元首和纳粹党与日本关系的不断变化，前者的人数越是增加。"

德国对中日战争的态度使日本感到非常恼火。

日本人眼中的"德日战争"

希特勒于 1933 年 1 月当选德国总理取得政权，旋即撕毁《凡尔赛合约》，开始重整军备、扩充军力，因此，对于钨矿砂的输入非常迫切。而德国军火出口对德国经济也甚有帮助，这与中国抗日建军的需要刚好一拍即合。所以中德很快就建立起了军事经济合作的关系，德国的国防部、外交部、工业界也都非常支持。

希特勒当时对中国、日本保持了等距的外交关系，尚未因与日本的关系而影响对中国的往来。

抗战前夜和抗战的最初阶段，德国"亲华派"的努力取得了明显成效。由于"亲华派"的努力，1933 年，德国的考茨少校和威伯尔中尉，可以在后方坐镇指挥张学良部与日本关东军作战。而到 1935 年，德国在华军事顾问队伍已经达到 70 人之多。德国顾问团几年内为中国训练了 30 万中央军，成为抗战的重要力量。

1937 年的"淞沪会战"，可以说中国军队和日军基本上势均力敌，只是日本的援军在金山卫登陆后才使双方的力量对比发生了倾斜。而在此次战役中痛击日军的中国主力部队，就是由德国顾问训练的中国王牌部队。

由于"亲华派"的努力，早在 1936 年，德国就帮助中国制订了"中国工业发展三年计划"，准备在华南和华中建立新的经济中心，借此打下工业基础，为抵御日寇入侵做好物资准备。

为了筹措建设资金，中德秘密签署信用借款合同，德国政府给予中方货物信用借款 1 亿马克。中方将在随后 5 年中，每年购买 2000 万马克金额的德国军火和机器，在 10 年内用各种农矿产品归还，每年为 1000 万马克。

中国的军火供应也基本仰赖德国，1936 年中国从德国订购的军火占中国进口军火总额的 80% 以上。即便在抗战最初几个月，中国对日作战的军火仍有 80% 来自德国。

淞沪会战前线上，中国军队的精锐全线压上！他们使用的轻重机枪、火炮、各类弹药几乎全部来自德国，在火力上和日军相比，占有优势，以至于日本有人将这场战争称为"德日战争"。

日本对德国的这些做法相当生气！你们怎么能帮中国打我们呢？咱们难道不是哥们儿吗？你们德国到底是帮哪头的啊？

于是，日本便以退出反共产国际协定相要挟。终于，日本说服了希特勒下达停止对华军火供应、撤回在华德国顾问等命令。

但这些命令仍一度遭到"亲华派"占上风的德国军方和外交部的强烈抵制。迫于军方和外交部的压力，戈林给国防部国防经济处处长托马斯上校发出指令："仍以目前的方式继续与中国的贸易。"

对于日方的抗议，德国外交部政治司司长魏茨泽克毫不客气地反唇相讥：

"不仅日本无权控制或质问德国武器输华，就连德国政府亦无权阻止私人对华军售。"

当时的德国外长牛赖特也表示：

"德国武器输往中国，保持适当之限量。中德经济之发展，是基于纯粹商业基础，并非经由德日谈判所能解决的。"

1937 年德国以"以货易货"的供应方式输入中国的作战物资，价值高达 8000 多万马克，比 1936 年激增 3 倍多。1938 年 7 月，美国国务院统计七七事变以来各国输入中国军火的数量时发现，德国仍压倒苏联居第一位。

德国当时对中日战争的微妙态度由此可见一斑。

德国传统政治人物们不仅准确地预见了日本侵华必然导致远东政治色彩的变化，而且他们一直认为日本高估了自己的实力，中国未必会在中日战争中失败。

我们不妨设想一下，如果德国的外交政策始终由这批政治人物主导，就既能把日本绑在反苏的战车上，又可维持中德邦交，继续从中国捞好处。这对德国的国家利益无疑是最佳选择。

换句话说，德日同盟实际上存在着一个领导权的问题：是德国主导德日同盟，还是日本主导德日同盟？德国的传统政治人物们当然坚持前一个选择，然而他们的选择并没有能够成为德国政府的最终选择。

抗战外交中的中德日三角，在抗战前夜和抗战初期具有极端重要的意义，但瞩目于此的学者并不多，许多关键内幕因此一直无从获知。

1936年底，陈诚对当时新建的德制中国陆军有下列评语：

"抗日战争越晚爆发对中国就越有利，因我方可以有更多的准备时间……如果目前发动，我方一定是处于被动局面。如再迟一年，最低限度我方可有半主动的机会；如迟两年爆发，则我方可以完全掌握主动局面……"

这种论点或许有些过度乐观，但经由德国顾问的指导与德制武器的换装，再经两年的充实，中国军队的战力将会更强大，这一点应是毫无疑问的。

我们不妨再设想一下，如果没有战前德国的军事指导与协助，很可能发生的状况就是：

第一，1937年"淞沪会战"如果没有新式德制装备的投入，这场战争可能不到三个月中国就战败了，国军军力损失也会更严重。日军的损失则会较轻，所以乘胜沿长江西进追击的速度会更快，将加速对内地省份的攻势。武汉就不可能一年多以后才陷落。

第二，如果没有德国在1937年持续供应中国军火，"淞沪会战"时国军可能无法保持足够旺盛的火力与日军对抗3个月。此战后，如无德国在1938年继续向中国补充武器，以中国自产的军火量（受兵工厂向内地迁移等因素影响），可能不足以支撑当年的战争消耗。

第三，如果德国没有在战前协助中国建立军火生产体制、提供贷款、进口机具、建立新型兵工厂与产能，中国将可能无法自力生产足够的轻兵器与弹药，抗战也就可能无法坚持八年之久。

第四，如果中国在1941年底前就战败了，被迫与日本和谈，失去了

"苦撑待变"的机会，战后中国的国际地位也就可能完全是另一个模样了。

所以从某种意义上说，中国能建立八年持久抗战最初的军事基础，德国有一定的贡献。

而一旦德国的援助中断，中国的军力则大大被削弱。这就应了那句老话，"无科技力即无经济力，无经济力即无国力，无国力就无国家安全！"

1937年希特勒进军莱茵河沿岸，与英法两国冲突的态势已现，欧洲的局势开始紧张起来了。同年11月，德、意、日三国订立反共协议，结合成三国轴心的政治联盟，希特勒的态度就开始明显转变了。为实现其侵略计划，决定牺牲与中国的关系，执行"联日政策"，期使日本牵制苏联在远东的力量，以利德国将来在欧洲战线打击苏联。

1938年2月，德国内阁改组，原先对华友善的国防部长与外交部长去职，新任外交部长里宾特洛甫为坚定的亲日派，外交政策也随之向不利于中国的方向发展。

同月，希特勒宣布承认东北的伪"满洲国"，并停止接受中国学生赴德进行相关的军事训练，戈林元帅也指示禁止武器销往中国。

但实际上，尽管官方宣布禁售政策，德方还是暗中运交了许多武器、原料、兵工生产设备给中国，有些武器以分解方式出口到中国再行组装，或假称输往第三国，再转运至中国交货等方式，继续进行着对华军火销售。

后德国政府严令在华军事顾问一律返国，否则视同抗命叛国，法尔肯豪森等顾问于6月底离华，中德间的军事关系至此结束。

1939年9月1日，希特勒挥军进攻波兰，欧洲大战爆发。1940年9月，德、意、日三国缔结为期十年的军事经济同盟，德国承认日本在亚洲建立势力范围的领导地位，三个法西斯国家相互结合在全球进行侵略战争。

1941年7月1日，德国承认南京汪精卫伪政权，中国宣布与德国断绝邦交。1941年底，中、美、英、苏组成同盟国，联合对轴心国宣战，中德两国这才成为敌对的国家，直至"二战"结束。

但是，中德之间这种外交上的纠结并没有戛然而止。

险涉深渊的十字路口

有了上面这一段对抗战前夕和抗战初期中德关系的叙述，下面我们将要说的国民政府抗战初期实行摇摆不定的外交政策，就顺理成章了。

抗战初期，孙科、白崇禧等人因为迷惑于希特勒的一时胜利，主张中国应该"联德、绝英"。这种观念在国民政府的高层一时间甚至颇有市场。

1939 年 9 月 1 日，德军突然进攻波兰。3 日，英、法对德宣战。1940 年 4 月至 5 月，德军陆续攻占丹麦、挪威、荷兰、比利时、卢森堡等国。

6 月，德军绕过号称世界上最坚不可摧的马奇诺防线，以古德里安的坦克突击战略，突然侵入法国，英法军队急忙南撤，遭德军包围。英军 33.6 万人几乎丢弃了全部武器装备，于 5 月底、6 月初在敦刻尔克撤回英国，英国随即遭到德军飞机的猛烈轰炸。

1940 年的形势波谲云诡。就在这个夏天的 7 月 1 日，国民党的五届七中全会讨论了中国的外交问题。

首先由外交部长王宠惠报告国际形势，谈到了日本逼迫法国政府关闭滇越铁路，断绝中国对外通道；成功后又逼迫英国断绝中国通过中国香港和缅甸的对外交通，而英国政府准备妥协，表明正在考虑，等等。

孙科听到这儿，立即跳起来放了一炮。说：

"以英国目前之态度，香港且将放弃，势将屈服，亦无疑义。唯吾人应明白表示，如缅甸方面亦允敌请，吾人只有取西北路线，积极联络苏、德。德在欧洲已稳操胜券，吾人更应派特使前往。除外交外，并应发生党的关系。英国在欧已无能力，必将失败。"

抗战初期，中国政府将香港作为与欧美各国进行贸易，特别是军火贸易的中转站，大量战略物资通过香港运入内地。1938 年 6 月前，通过香港运进内地的军需物资，每月约 6 万吨。主要有炸弹、飞机零件、机枪、雷管、导火线、炸药、火药、子弹、高射炮、防毒面具等。

日本力谋截断这一通道，英国政府则不惜牺牲中国利益，曲意迎合日本要求。自 1939 年 1 月起，港英当局禁止经香港陆路边界对华出口武器和弹药。

1940年6月24日，日方向英国政府提出，关闭滇缅公路和香港边界，不仅要停止运输武器和弹药，其他如燃油（特别是汽油）、卡车、铁路物资等，也均在禁运之列。6月28日，日军宣布封锁香港。

孙科在国民党五届七中全会上的发言正是反映了对英国和港英当局有关政策的强烈不满。

孙科所称，"英国在欧已无能力"、"德在欧洲已稳操胜券"，说的就是这个意思。在此情况下，孙科建议中国政府派"特使"前往德国，加强和德国政府及希特勒掌权的民族社会主义工人党（即纳粹党）的联系。

1938年2月，因为德国承认了伪满洲国，一时间，国民党内部要求对德绝交的呼声日渐增强。但蒋介石仍不同意与德绝交。

同年5月，德国政府下令召回德籍顾问，停止向中国发卖武器之后，蒋介石决定"对德应不即不离"。11月24日，德国延迟中国驻德大使陈介呈递国书的日期。蒋介石这才认为"实我莫大之耻辱"，便致电行政院长孔祥熙及外交部长王宠惠，命驻德国大使陈介托辞离德，或正式召其回国，电称："否则国家与政府威信与体统全失，此种耻辱将无法湔雪矣。"

此后，中德关系即处于冷冻状态。孙科在国民党五届七中全会上的发言，实际上是要求国民政府重建中德之间的热络关系。

让人哭笑不得的是，孙科的发言竟然得到了许多国民党高层人员的响应。

1938年5月3日，英国与日本签订协定，承认日本在中国占领区内所有海关税收，一律存放日本正金银行。1940年1月，日本为攫取中国存放于天津英租界交通银行的白银，封锁了天津英租界。

日方加紧压迫，英国遂与日妥协。孔祥熙主管财政，因为上述二事也对英国强烈不满，并且不看好英国与德作战的前途。他支持孙科的意见，表示：

"英对我关税及天津存银问题处处出卖中国，当不能再虚与委蛇。德国军人尤其国防部中人有许多做过我国顾问，对我颇有好感，要做联络工作，似亦不难。德英战事，英虽不屈服，恐亦难免失败。"

国民党五届七中全会后，国际局势对中国愈加不利。6月29日，日本外相有田发表包括南洋在内的"东亚门罗主义"声明。7月6日，罗斯福总统授权秘书欧尔利发表谈话，声言"美国无意干涉欧亚两洲之领土问题，美政府希望并认为应当实现者，即世界各部分及各洲实行门罗主义"。这份声明给世人的感觉是美国只关心美洲的事情，不关心亚洲正在发生的战争。

所谓门罗主义诞生于1823年，此观点由詹姆斯·门罗总统发表于第七次对国会演说的国情咨文中。这个演说的开头，门罗还有些讷讷迟疑，而后似乎受到自己这个观点的鼓舞，转为热情洋溢、高亢激昂，成为这次国会的"一景"。

此学说最初是由约翰·昆西·亚当斯等诸人构思而成的，以宣布美利坚合众国在道义上反对殖民主义。后经多方重新诠释，将其注入了广义的内涵。西奥多·罗斯福总统即以它作为行使美式殖民主义的依据。

门罗主义表明了美利坚合众国当时的观点，即欧洲列强不应再殖民美洲，或涉足美国与墨西哥等美洲国家之主权相关事务。而对于欧洲各国之间的争端，或各国与其美洲殖民地之间的战事，美国保持中立。

但相关战事若发生于美洲，美国则将其视为具有敌意之行为。这是美国涉外事务的转折点。

门罗主义在第二次世界大战初期曾经大行其道。说得通俗点儿，也就是各家自扫门前雪。或更干脆地说，就是事不关己，高高挂起的意思。

7月17日，英国政府不顾中国政府的抗议和声明，在东京签订了《封锁滇缅路运输的协定》。缅甸国防部随即布告，禁止摩托、汽油、汽车、军火及铁路材料经缅甸运往中国。

1940年7月18日，国防最高委员会召开第38次常务会议，孙科再次发言，要求改变此前的外交路线。

他说："我国外交政策日趋困境，似不能再以不变应万变之方法应付危局。因法既屈服，英又将失败，美为保持西半球，亦无余力他顾，势必退出太平洋，放弃远东。我之外交路线，昔为英、美、法、苏，现在英、美、法方面均已无能为力。苏虽友好，尚不密切。今后外交，应以利害关系一变而为亲苏联德，再进而谋取与意友好之工作，务必彻底进行。"

美国与英国关系一向密切，在德军攻陷巴黎后，罗斯福立即向英国保证，将以美国的资源帮助英国。孙科认为，美国援助英国，自然无暇顾及亚洲，因此美国也靠不住。他主张，在英、法对日本妥协，并中断运输线之后，中国应即采取激烈行动，召回驻英、法大使，退出国际联盟。"藉以对美表示民主国家辜负中国，使中国迫于生存，改走他道"。

发言最后，孙科要求主持会议的孔祥熙以及王宠惠部长和张群秘书长向蒋介石报告，从速决定良策。

自 1934 年之后，中国政府即企图联合苏联，抗衡日本。1937 年 8 月，两国签订互不侵犯条约，实际形成了战略上的对日同盟关系。

孙科要求"亲苏"，有其正确性，但要求"绝英、疏美，联德、联意"，这就是要求中国和当时世界上的主要反法西斯国家决裂，转而投向法西斯阵营了。

虽然我们无法对历史说"如果"，但我们不能不说，孙科的这个动议极其愚蠢、极其不理智。但在当时世界打成一锅粥的形势背景下，病急乱投医，似乎也有他的苦衷。

当时参加会议的高官们脑子都有点乱。

讨论中，邓家彦表示："亲苏联德，极端赞同。"

张群表示："亲苏联德，应如何进行，希望彻底检讨，获得共同意见……"

作为会议代主席的孔祥熙也被搅得有些糊涂，他说："我国外交政策，现在应予检讨，改走有利途径。"

以军事家自称的白崇禧也主张联德，并与蒋介石辩论。

关于此事，蒋介石在 1941 年 1 月 13 日的日记中回忆说："当此之时，我中央外交方针，几乎全体主张联德，而孙哲生、白健生等为尤烈。"

一时间，国民党中央"联德"的主张甚嚣尘上。

挽狂澜于既倒

在这种形势下国民政府到底该怎么办？是与军事上处于颓势的英、法站在一起，还是与正在侵略欧洲，军事上不可一世的德国站在一起？

一切都取决于当时掌握着中国最高权力的蒋介石。

1940 年 7 月 5 日，蒋介石在国民党五届七中全会上讲话，阐明中国的外交方针是广泛团结友好国家，孤立日本。他说："我国现行之外交政策，大致仍遵一贯之抗战到底方针，友好各邦，以对暴日。"

接着，蒋介石分析，英法虽然失败，但不足以撼动太平洋形势。在蒋介石看来，太平洋形势决定于美苏两大国。两大国不变，则太平洋形势如旧。

他说："现在美国已实行扩军，军费甚至较我们估计的增加了三倍，并在太平洋设防，这足以威胁日本，所以我们预定的目标依旧。"

美国长期实行门罗主义和中立主义、孤立主义政策，标榜不过问美洲以外的事情，尤其不愿卷入中日战争，但是，罗斯福总统已在做加强太平洋防务的准备。6 月 30 日，美国的太平洋舰队调回夏威夷。7 月 4 日，中国中央社自华盛顿报道，罗斯福将于下周提交新的国防计划，咨请国会追加国防预算 50 亿美元，其中 40 亿用于陆军，10 亿用于海军。

蒋介石由此看出，美国不可能长期听任日本侵略势力在亚洲和太平洋这个他们一向自认为是一家独大的地区为所欲为。美国扩军、增防等行为，是足以威胁日本，有助于中国抗日的。

7 月 8 日，蒋介石应美国全国广播公司之邀，对美发表演说，宣称中美两大民族利害相关，美国应迅即采取行动，援华制日。

尽管英国和法国长期侵略中国，蒋介石个人更是极端不喜欢英国，但是，在反对德国侵略欧洲这一点上，英法是站在正义方面的。蒋介石宽宏大量地表示，要"一本立国仁厚的精神，在可能范围内还要帮助他"。

蒋介石相信，英国由于其远东利益所关，在世界反侵略战争中，必将对中国"亲善"。事实证明，蒋介石的这一估计是正确的。后来英国虽然仍轻视中国，排挤中国，但还是和中国结成了反法西斯同盟。

关于对德关系，蒋介石说：

"与德国的友好关系我们应始终保持。他虽然对不起我，但我们依然派大使前往。欧战起时，有人主张对德绝交，我认为与我们以日本为唯一敌人之方针有违。我们现在证明了我们方针的正确。现在也不必着急。德国实际上已倾向我国。以前有戈林及里宾特洛普亲日，现在戈林的态度也转变了。"

蒋介石还很客观地认为，大战之际，德国"实际上对我们是不能援助的"。

由于蒋介石坚持外交方针不变，7月6日，七中全会通过的《对于政治报告之决议》中称：

"美与苏均超然欧战之外，我自当本一贯之方针加紧努力，增进相互间之合作；对于英、法，尽力维持固有之关系；对德、意等国不仅以维持现存友谊为满足，更宜积极改善邦交，以孤敌势，并打破敌之阴谋，以期有裨我抗战建国之前途。"

这一决议，将中美、中苏关系作为中国外交重心；对英、法，表示"尽力维持固有之关系"；对德、意，则表示将"积极改善邦交"，其目的在于"孤敌势"，最大限度地孤立正在侵略中国的敌人日本。

应该说，在当时的世界局势下，这个外交方针的定位是比较客观的。

7月9日，蒋介石致闭会词：

"我们常有国际环境之变化，即思改变政策以资应付，殊不知今日各国均有国策，绝不能如古人效秦廷之哭，即可实际助我。我唯有从自强不息中，使世界认识我之实力，始能活用外交于国际。"

在这儿，蒋介石说的是一个典故。

公元前506年，吴楚相争，楚国危殆，申包胥到秦国向秦哀公求援。秦哀公一时拿不定主意是出兵还是不出兵，申包胥在秦廷痛哭七日，终于感动秦哀公，出兵援楚。

蒋介石这里借申包胥的故事批评孙科，向德国求救行不通，必须"自强不息"，靠自己的"实力"才能站住脚跟。

这也说明，在大是大非的关头，蒋介石的头脑还是清醒的。

我们翻开历史，可以发现在很多紧要的关头，"一言以丧邦，一言以兴邦"的例子比比皆是。

这一时期，蒋介石曾认真思考、研究过对德关系，他的决定是维持现状。

在《蒋介石日记》（草稿本）1940年7月10日的记载中，他写到了与孙科、白崇禧等人辩论的情况：

"此次则绝不能因德大胜而更求交好，徒为人所鄙视也。……此时亲德，决不能由我强求而得亲也。国际大势莫测，当暂处静观，以待其定。"

他决定对德外交仅限于经济、军事学理论、文化等方面，"不用正面外交，亦不积极，以免英、美、苏俄之顾忌"。

这种颇具中国特色的中庸外交手腕，也只有蒋介石才能玩得娴熟。

这时，蒋介石虽然还没有决定对德绝交，但他的外交天平明显地倒向英、美、苏俄。他对美国的要求是：

一、支持英国，迅速在远东合作，反对日本侵略。

二、美国长期以战略物资供应日本，在日本向中国宣战时，美国必须禁止向日本供应战略物资。

蒋介石的结论是：

"我们的政策还是依太平洋上主要的国家来决定我们的外交方针。我们在国内是坚持抗战到底的国策，对外是按照《九国公约》中美、英诸国的意向来解决远东问题。"

蒋介石的决定起到了安定人心的作用。

7月6日，钱昌照致电正在美国的宋子文："哲生（孙科）主张联德后，颇多响应。幸介公昨说明外交方针不变。"

此时，蒋介石的决定也得到了国民党中央宣传部长王世杰等人的支持。

7月10日，王世杰专门到蒋介石的黄山官邸表示，外交政策不可改变，"联德"等于放弃立场，没有任何实际好处。在场的王宠惠、张群则主张对德"敷衍"，事实上反对孙科、白崇禧的主张。

蒋介石否决了孙科、白崇禧等人的意见后，继续推进联络英、美的外交方针。

7月28日，蒋介石致电英国首相丘吉尔，声明"唯有中国战胜并保持其独立，英国远东利益方能保存"。他要求英方为两国利益计，从速恢复缅甸运输线。

9月27日，德、意、日三个法西斯国家缔结同盟条约。10月14日，蒋介石召见英国驻华大使卡尔，商谈中、英、美合作问题。蒋介石表示，"中国人为具有自尊心之民族，英、美必须以平等待我。在此基础上才能讨论军事、经济与政治合作。"

卡尔小心翼翼地询问道："前一时期国民政府高层内部出现了倾向德国的意见，这是真的吗？"

蒋介石坦率相告："我等中国人素讲信义，既不甘屈服于强国之威胁，亦不鄙视战争失利之国家。法国屈服之后，中央领袖确有大部分主张重新考虑我国策者，然我仍主张坚守此项原则，不应更张。绝不改变我国家之特性。"

卡尔再问："将来中、英、美联合对日作战的时候，中国是否会对德国宣战？"

蒋介石明确答复道："那是毋庸置疑的，当然会对德宣战。"

这就将中国政府在外交方面的明确取向正式通知了英国政府。

由于美国长期奉行不与其他国家建立同盟的国策，10 月 31 日，蒋介石再次约见卡尔，提出中英两国先订同盟，而仅与美国签订"绅士协定"，内容为：在战争中，美国担任空军援助，中、英承担陆军援助。

11 月 1 日，蒋介石约见卡尔及美国驻华大使詹森，面交《中、美、英三国合作方案》，其原则部分规定：

一、认定中国之独立自由为远东的和平基础，亦即太平洋整个秩序建立之基础。

二、坚持九国公约门户开放与维护中国主权、领土、行政完整之原则。

三、反对日本建设东亚新秩序或大东亚新秩序。

方案提出相互协助的具体条目有四项：

甲、英美与日本，或英美两国中任何一国与日本开战，中国陆军全部参战。

乙、英美两国共同或个别借款给中国，总数为美金两万万至三万万元。

丙、美国每年借给中国战斗机 500～1000 架。

丁、英、美派遣军事与经济、交通代表团来华，组织远东合作机构。

11 月 18 日，蒋介石再次召见卡尔，提议立即开始中英军事合作谈判。同日，又约见詹森，表示"不论将来之发展如何，敌国必与英美合作到底。在中、英、美之合作中，我人当随美国之领导"。

甚至在次年的 2 月 21 日，蒋介石还向卡尔表示，"倘若战事在新加坡发生，中国愿派 15 万人至 30 万人赴新加坡助战"。

然而，英美两国此时仍不愿意卷入对日作战，蒋介石的《中、美、英三国合作方案》遭到拒绝，但他坚持联合英美的方针却逐渐起了作用。

1940 年 9 月 26 日，罗斯福终于下令：自 10 月 16 日起对日禁运一切废钢铁。从而走出了制裁日本的重要一步。10 月 17 日，美国复兴银行董事长琼斯表示：中国可接受美国 1 亿美元之借款。22 日，《中美钨砂借款合同》签订，贷款额 2500 万美元。

27 日，美国国务卿赫尔发表演说，表示将继续援助中国。11 月 30 日，美国政府声明，不承认汪伪南京政府。次日，罗斯福立即宣布给予中国 1 亿美元贷款。

12 月 29 日，罗斯福发表《炉边谈话》，宣称：

"任何国家都不能对纳粹姑息纵容。现在就要不遗余力地支持那些正在保卫自己并抗击轴心国的国家。""我们必须成为民主制度的巨大兵工厂。"

1941 年 1 月 5 日，美国财政部长摩根索向记者宣告，中国平准基金谈判即可签字，将以 5000 万美元贷给中国，协助中国稳定法币。

10 日，罗斯福向国会提出《军火租借法案》，这个法案为打破中立主义、孤立主义，从军事上援助中国等反侵略国家提供了法律依据。

美国援华态度日益明朗，英国随之跟进。在美国鼓励下，10 月 8 日，丘吉尔宣布，自 10 月 18 日起重新开放滇缅路。11 月 14 日，英国成立紧急救济会，以 100 万英镑救济中国难民。11 月 30 日，英国也同时声明，不承认汪伪南京政府。12 月 10 日，英国政府宣布，贷予中国"平准基金借款"及"信用借款"各 500 万英镑。

虽然后来的历史证明，道路曲折，阻碍尚多，但是，中国仍然和英美等国结成了世界反法西斯同盟，并最终取得了对轴心国的完全胜利。

当时，英、美援助中国的姿态和表现虽然是初步的，但蒋介石看到了未来发展的态势。当初拒绝孙科、白崇禧的"联德"意见完全正确。

蒋介石在 1941 年 1 月 13 日的日记中写道：

"若余当时不坚持，听健生等人之言而违美、联德，则英、美今日不仅不愿与我合作，其必联倭以害我，我将处极不利之地矣。抚今追往，思健生等之幼稚如故，实不胜为国家前途忧也。"

幼稚、荒唐的孙科、白崇禧等人迷惑于希特勒的一时胜利，幸而蒋介石做出了明智、正确的选择，避免了一个灾难性的后果。

试想，如果孙、白等人的意见被采纳，中国和中华民族的命运将被绑在希特勒的战车上。那么，这是多么可怕、令人不寒而栗的一种场景！

应战而不求战

"抗日"、"亲日"两匹马？

国民政府确定对美、英、德等国的外交方略颇费周折，那么，对正在打得不可开交的日本的态度应该会是明朗的吧？其实不然。

1937年7月，蒋介石在庐山发表抗战宣言。

七七事变后，蒋介石虽然被迫抗战，但信心和决心都不足。起初幻想依靠国际解决；继而期求英、美干涉；后又寄希望于《九国公约》签字国参加的布鲁塞尔会议的调停。

因此，蒋介石一面应付抗战，一面在摸日本的底牌。因为他不明白，日本敢如此大张旗鼓地做战争动作，到底是虚张声势，逼迫中国承认它在中国的既得利益，还是真的要把中国给彻底灭了。

所以，在他此后的一系列言论中，充满了可进可退的试探。

"我们的态度只是应战，而不是求战，应战是应付最后关头逼不得已的办法。在和平根本绝望之前一秒钟，我们还是希望和平，希望以外交方式，求得卢事的解决。"

所以，当德国驻华大使陶德曼出面调停时，蒋介石也没有明确拒绝，而是留有余地的。

应该说，作为一个大国的首脑，蒋介石并不是像一些人所说的那样简单，甚至是被漫画化了的那个形象。把他说成是一心想投降，只是看日本开出的条件是否能被自己接受的小丑，显然是不符合历史事实的。

蒋介石其人要复杂得多。面临外敌入侵，国内诸多政治势力对他虎视眈眈，再加上最让他头疼的共产党，他要在这些因素中求得一个平衡，找出一个最佳方案。显然，这不是那么容易做决断的。

尤其是当日寇攻陷南京以后，要价陡然升高，这超出了蒋介石的心理底线。因此，日本的诱降自然难以成功了。

蒋介石说过：

"日本的要求到目前为止，是没有止境的。我们最初以为日本只想得到满洲，后来又说要华北，将来也许要上海，要广东的。"

在很长一段时间里，蒋介石考虑到正式承认伪满洲国会招致国际上的"误解"，影响借款，在国内也会失去"国民的信赖"，因此，只愿意"默认"，而不是将东三省拱手相让，他是想待将来时机成熟，再来解决这个棘手的问题。

宋子文等人对蒋介石的心理显然是有误读的，他曾明确表示：如果日本"不想帮助国民政府保全面子"，那么起码也要做到"不使我们失去面子"。

孔祥熙说得更彻底：中国人一贯把长城以北看成"未开化的"地区，对于那里存在外国势力范围并不特别关怀，只要默认这个既成事实就行了，为什么非要正式承认不可呢？关于"赔款"问题，孔祥熙则要求日本放宽条件，因为中国在战争中已经遭受了巨大损失，无法偿付战争"赔款"，否则将引起动乱，根本无"和平"而言。

宋子文和孔祥熙的这番昏话，实在是让人无法不把他们看做是汉奸。

日寇诱降条件中让蒋介石更难以接受的是，日本竟然要让他辞职！这是蒋介石无论如何也不能答应的。

日本五大臣会议曾作出决定：日本如接受中国政府的投降，必须以蒋介石辞职为条件。在日寇和蒋介石集团谈判时，日外务大臣宇垣提出：如果中国想在"满洲"和赔款的问题上获得日本让步的话，最好的办法是叫蒋介石下台。

这个方案自然遭到了国民政府的严词拒绝。后来，孔祥熙的心腹樊光到上海对今井武夫说："要求蒋介石下野的日本政府方针是错误的，而且，在中国的目前情况下，使蒋介石下野这件事，实际上就是天方夜谭。"

可以肯定的是，蒋介石绝对不会明目张胆地投降！

稍有理智的人都不会投降。汉奸卖国贼的罪名除了汪精卫那样的人，应该说是人人唯恐避之不及！所以，当陶德曼将日本的苛刻条件送来时，蒋介石表示："假如同意那些要求，中国就会发生革命。中国政府就会垮台。"

在蒋介石两难的这个时候，日本人对蒋介石也有很大的误解，他们认为是自己的条件开得过于苛刻。于是，把蒋介石比喻为骑着"抗日"、"亲日"两匹马，形势对他怎么有利就怎么表演。这种看法是十分滑稽的。

卢沟桥事变后，全国群情激愤，同仇敌忾，掀起了声势浩大的抗日高潮。此时，蒋介石说了很多慷慨激昂的话，诸如"反对妥协、反对投降"；"牺牲到底，抵抗到底"；"只有拼民族的生命，求我们最后的胜利"等。

这些话在当时的客观条件下，确实有号召力，也在一定程度上表达了蒋介石的心声。所以，抗战初期的形势是好的，国民党军队作战是比较努力的。

1938年元旦由孔祥熙和张群担任行政院的正副院长，主持"议和"一事。但是，鉴于抗日战争中复杂的历史环境和蒋介石的矛盾心理，他们也在一定程度上制约着与日本接触的步伐，不敢走得太远。

此时，日本政府内部在对中国的态度上也是不一致的。虽然在把中国变成日本独占殖民地的战略目标上没有异议，但在具体的策略和步骤上，有着不同的主张。后来，日本和西欧的一些历史学者按照不同主张将其划分为两大派系，一派为"强硬派"（或"霸道思想派"），另一派为"温和派"（或"道义思想派"）。尽管此划分是不甚科学的。

所谓"强硬派"，主要是日本政府中大本营作战部门和侵华派遣军中那些法西斯狂热分子，如战争初期的陆相杉山元、海相米内光政以及关东军和华北派遣军的头子，都属于这一派。他们疯狂主张战争政策，鼓吹"速战速决"、"一战灭亡中国"等。

所谓"温和派"，主要是指大本营战争指导部门和侵华派遣军总部的一些积极鼓吹政治诱降的人物，如当时的陆军作战部长石原莞尔、陆军参谋次长多田骏等，他们反对单纯依靠武力征服中国，主张政治与军事相结合，软硬兼施，双管齐下，而侧重点又主要放在政治诱降上。

这两种不同的主张，在一定程度上影响了对国民党政府的诱降工作。

卢沟桥事变后，石原莞尔认为战争将会旷日持久，"速决战"是不可能实现的，而长期战争会给日本带来灾难性的后果。因此，他劝说近卫首相应立即飞往南京，去同蒋介石直接会谈，通过谈判逼迫国民党政府屈服。

但是，这个方案遭到了"强硬派"的坚决反对。在飞往中国的首相专机已经准备好了的情况下，近卫文麿迫不得已又取消了南京之行。

在 1937 年 11 月初，陶德曼调停中日战争，参谋次长多田骏为了促成和谈，力主在给蒋介石面子的情况下，再次诱逼其接受投降条件。

因此，他在 11 月 19 日下令日军在南京城外按兵不动，停止进攻，防止蒋介石退出南京。但是，"强硬派"认为，南京陷落就意味着中国投降，他们否决了多田骏的建议，强行攻占了南京。

南京陷落的第二天，日寇即扶植汉奸王克敏在北平成立了"中华民国临时政府"，进而因为手中已经有了中国首都这张"王牌"，而对国民党政权追加了更苛刻的条件。

时隔不久，又以"期限届满"为由，宣布"不以国民政府为对手"。这些不寻常的举动，连负责调停的德国驻日本大使狄克逊也看不下去了。他认为，日本政府并不期望中国接受新的条款，相反，更希望对方加以拒绝，以便寻找借口继续进行旨在消灭国民政府的战争。

近卫内阁发表了"不以国民政府为对手"的第一次对华声明后几个月，近卫便感到"后悔"，想采取一些"补救"措施，但是，这时他也深感左右不了军界的形势，"由于无法控制国家事务而灰心丧气"，他曾向天皇提出辞呈。

有一次，他悲哀地向自己的密友原田熊雄诉苦："感到自己简直像个橱窗里的服装模特儿。"

连头号战犯都如此牢骚满腹，其他人则可想而知了。

第二次《近卫声明》虽然再次向国民党伸出了诱降之手，但是，在以后相当长的一段时间里，同样由于在一些重大问题上，日本统治集团内部意见不统一，日、蒋之间始终未能达成最后协议。

一个突出的事例是缪斌赴日谈判。如前所述，缪斌应日本首相小矶国昭的邀请，代表重庆政府飞往东京谈判。对于缪提出的"和谈条件"，日本首相认为是可行的。但是，在最高战争指导会议上，不仅遭到了军方的坚决反对，而且小矶连"乌纱帽"也丢了。由此可见，日本内部两派势力因对华意见分歧而引起的相互争执，是十分激烈的。思想不统一，自然影响诱降的决策成果。

蒋介石最终拒绝投降的一个不可忽略的重要因素，便是伪政权的存在。

1937 年底至翌年春，日寇先后在北平和南京扶植了"中华民国临时政府"和"中华民国维新政府"两个傀儡政权，傀儡们都希望日军迅速消灭国民党中央政府，否则，总感到"心中不安"。而日本派遣军的头子们也都向各自的傀儡们许了愿，尽力满足其要求，不断进行大规模的军事行动。

在澳门会谈时，中方代表陈超霖极力论述"有汪无蒋"、"有汪无和平"，要求在停战前必须由日方出面斡旋，让汪精卫出国流亡或者隐退。但日本坚决反对，要求蒋、汪合作，并提出"无合作即无和谈"。其理由是：日方对汪负有道义上的责任，如欲让汪下野，则日本国民也会要蒋下台。

汪伪政权中的一些头面人物，汪精卫就不用说了，周佛海等人也对日、蒋会谈忧心忡忡。在汪伪政权成立初期，特别害怕日、蒋合作。

周佛海认为，蒋介石派人到香港同日方会谈，是醉翁之意不在酒，其用心是为了破坏汪伪政权。他担心日、蒋和谈成功后，自己可能遭到杀身之祸。所以他在日记中写道："最初一年利用余与日本接洽，反必重用，一年以后，必以暗杀方法杀余。每念及此，不寒而栗。"

对和谈畏之如虎的汪精卫更是说得明白，他对坂垣征四郎说："蒋介石的性格有明暗两面，难保他不对我下手。万一和谈成功，我就提一只箱子，明天一早就出国。"

日本为坚持己利，硬要蒋、汪成为"捆绑夫妻"，这既是日本对中国国情的无知，也说明日本急于结束耗费了他们大量物力、财力的侵华战争。

而几年后的 1944 年 9 月 9 日，由于日军在各个战场上都处于颓势，不得不被迫宣布："同意蒋介石返回南京，建立统一政府；蒋、汪两者间的调和是中国的国内问题，由两者直接谈判。"

这也就是明确告诉重庆政府，我们不再干涉蒋、汪之间的关系了，你们自己去谈吧。

但此时的日本已是强弩之末，第二次世界大战胜利的曙光已经在地平线上放出了诱人的光芒！汪伪政权中识时务的大员们为了寻求退路，也早已暗中纷纷重投蒋的怀抱。

日本的这个所谓《实施对重庆政治工作方案》，对蒋介石来说，已形同一张一文不值的废纸。

非脸谱化的委员长

在过去的史书中，蒋介石常被指责为"卖国贼"。是他提出了"攘外必先安内"；是他的"不抵抗政策"丢失了东北。

今天，史书上的尘埃被渐渐拂去，蒋介石"脸谱化"的形象也发生了改变。

前些年，重获自由并仍健在的张学良公开宣称，实行"不抵抗政策"，丢失东北的责任在自己而非在蒋。而今，蒋介石日记被公开发表，使得人们可以更进一步去认识这位至少影响了中国 30 余年的历史人物。

蒋是一位坚决的反共者，但也算是一位民族主义者，至少，也应该算是一个爱国者。

蒋介石早年反对英国对中国的侵略。从鸦片战争到 20 世纪 20 年代，侵略中国的主要帝国主义国家就是英国。蒋介石的日记里有这样一些话：

"汝忘英夷之仇乎？""英夷不灭非男儿"，"英番不灭，国家焉能独

立；英番不灭，焉能解放全人类"。

抗战期间，中国和英国、美国、苏联结成了同盟。蒋介石的日记里对英国、美国有许多看法，他多次骂英国是"老牌帝国主义"。

"二战"末期的《雅尔塔协定》规定：要把原来沙皇俄国在东北所取得的权益完全转移给苏联。罗斯福为了减少美国人的牺牲，为了让苏联红军早日出兵东北，便同意了斯大林的上述要求。蒋介石在日记里就骂罗斯福：

"卖华、侮华、畏强欺弱，以我中国为牺牲品之政策，实为其一生政治难涤之污点。"

在近代，帝国主义强迫中国签订了许多不平等条约。后代中国人的任务，就是要逐个废除这些不平等条约。

蒋介石也主张废除不平等条约，但是他主张要用温和的方法，要慢慢地跟外国谈判，慢慢等待。对日本侵略，他在很长时期内未采取强硬政策。所以，只能说他是一个温和、软弱的民族主义者。

蒋的一辈子相信的都是"实力"。他认为自己的实力比共产党强，可以"剿共"；自己的实力比军阀强，可以"统一"；自己的实力比世界上的列强弱，所以只好温和、软弱，慢慢谈判，慢慢等待。

但是蒋介石的软弱有个绝对不能突破的底线，就是："不可以亡国灭种。"

他后来与苏联翻脸，民族主义也是原因之一。

现在有一些学者认为，斯大林在外蒙古问题上的态度，是导致蒋由亲苏、联共向反苏、反共转变的一个重要原因。其实，1923年蒋介石访苏的主要目的，是想在蒙古的库伦（现乌兰巴托）建立国民党的军事基地。当时的北京正受直系军阀的统治，推翻直系军阀的战争有两条进攻路线，一条是从广州出发北上，路途遥远而艰辛，这就是北伐。而另一条路线则是从库伦出发的"南伐"，途中只要经过河北的张家口等地就可以杀入北京。蒋介石当然希望选择后者。但是，苏联拒绝了蒋介石的要求。蒋介石显然对此非常不满，在心里埋下了怨恨。

蒋介石回国后，曾向孙中山进言，不同意联俄，受到了孙中山的批评。20世纪60年代中苏交恶，毛泽东的民族主义与赫鲁晓夫的大国沙文主义的对抗，与此颇为相似。

蒋其实很了解国民党内的问题，他主张国民党官员应该多与农民接触，每人应到农村工作一段时间，再回到都市来。他也确实想解决中国农民的土地问题，日记中多次提到"要解决耕者有其地"，主张"二五减租"等，可惜因为他独断专行的性格和日本侵华，最后都未能实现。

蒋介石对日本的态度，也有个变化的过程。他早年留学日本，就读士官学校学习军事。据说在某一次生物课上，日本教官拿出一块泥土打比方说："这其中有四万万个细菌，恰如四万万中国人。"

愤怒的蒋介石走到教官面前，将泥土分成十块，大声说："这其中有四千万细菌，就如四千万日本国民。"这不能不说是蒋介石早期爱国主义情怀张扬的一大亮点！

但蒋出于对日本和中国实力的了解，对中日发生战争的前景却不敢乐观。

蒋眼中的实力，不仅是军事、经济的硬实力，还有软实力。在日本，完成明治维新后，国家基本是团结、稳定的，国民素质之强，可谓冠于亚洲。对此，留学日本多年的蒋十分清楚。

而反观中国，大清帝国被推翻后，国家是军阀割据，内战不息，国民则愚昧落后。早在北伐战争时期，蒋就对未来的中日战争有"三日亡国"之论，认为中日国力悬殊，一旦开战，中国沿海地区就会陷入日军之手。因此北伐军要刻意避开日军，绕道北上。

早在日军于1928年出兵济南，制造五三惨案时，蒋介石就提出了对日的妥协避让方针。

他的日记同时又显示，他的民族主义情绪在1931年九一八事变之后，变得十分强烈。

蒋氏抗战思想的复杂性在于，由于他认为中日军事、财政等实力对比悬殊，虽然战争不可避免，但中国绝无可能在短时间内取胜，应该一方面争取国际支持和援助，另一方面积聚力量，积极备战。

因此，几乎在整个30年代中，蒋介石都在设法通过多种渠道与日本军方、民间、国会议员、内阁等各方维持联系，和谈也一直在进行。

在日记里他一直强调，中国是弱国，目前根本没有能力抗日，所以

只有拖，一直拖延到最后决战的时候，好利用这个时间积极备战。另外他期待日本与苏联能够开战，这样日本便两面受敌，可以减轻中国战场的巨大压力。

日本内阁当时有两派，一派认为九一八事变之后，将"满洲"拿下来就够了，最多再侵占华北一部分；另一派则主张继续扩大战场，直至占领整个中国。甚至有消息说，日本内阁很可能会因为不同的政见而使"入侵派"下台。这就使蒋介石相信应该稳住阵脚，争取时间，进行抗战的准备和动员。

1932 年 8 月，蒋让何应钦去华北，解散了抗日的义勇军，企图"使日军失去进攻热河的借口"。1933 年 5 月，日军三面逼近北平，5 月 28 日，国民党在庐山召开中常委紧急会议，认为只能停战交涉，并定下了交涉基调：以不用文字规定为原则，如万不得已，只可作为军事协定，只限军事，不涉政治。并发专电给何应钦："唯盼文字斟酌，打磨干净，不可有影射，纵属同一用意，而用语必须堂皇。"

5 月 31 日，何应钦派熊斌与日方代表冈村宁次签订了"民国历史上第一个奇耻大辱"的《塘沽协定》。

1936 年 1 月，日本外相广田弘毅宣布包括实行"中、日、满经济合作"，即承认"满洲国"等条件在内的"广田弘毅三原则"，在这种形势下，南京政府对日态度开始强硬，做应战的准备。

南京政府首先想做好国内各党各派的统一工作，关键是要结束与拥有军队、在中国民众中享有极高威望的共产党的多年战争状态。蒋介石设法通过苏联和宋庆龄等关系，与中共开始接触。

电影《三毛从军记》中的一句台词"我们要以无数的、无名的岳武穆，来造成一个中华民国的岳武穆"，就出自 1931 年 11 月 23 日蒋介石在国民党第四届全国代表大会闭幕时的讲话。

特别是 1937 年卢沟桥事变后，他的对日主张发生了重大转变，"中日必有一战"成为其主要观点。纵览其抗战时期的日记，不但"雪耻"二字的出现极为频密，而且对日本每每以"倭寇"相称。

日本在发动九一八事变后，把战争的触角由关外伸向关内，由北向南逐步蚕食。国民党已经预感到靠妥协是无法改善中日关系的，于是蒋介石主导下的国民政府"乃一面着手对苏交涉，一面亦着手中共问题的解决"。

1935年底，蒋介石派陈立夫赴苏，商谈"对日军事同盟"。1935年11月，国民党在南京召开第五次全国代表大会，蒋介石在抱有对日妥协幻想的同时提出："和平有和平之限度，牺牲有牺牲之决心。"这句话很显然是针对日本在华的一系列侵略行为提出的。

11月19日，代表大会根据蒋介石的建议，通过了一个视事态如何发展而调整对日政策的议案。

蒋介石的建议中有一句关键性的话："和平未到完全绝望时期，决不放弃和平；牺牲未到最后关头，亦决不轻言牺牲。"

1936年，蒋介石主动派人与中共进行联系。由此可见，蒋介石对日本的防备逐步升级，已经有了与中共和解共同牵制日本的迹象。西安事变的和平解决加速了蒋介石态度的转变。

1937年2月15日，国民党五届三中全会在南京召开，对共产党的立场由"武力剿共"到"和平统一"，显然，国民党已经把视线由国共矛盾转向中日矛盾。蒋介石已经敏锐地嗅到了大战来临的气息。

卢沟桥事变前的6月3日，蒋介石在庐山召集高级将领、各界人士座谈，共同商讨军事、政治等问题。6月21日，蒋介石在庐山又召集华北驻军将领开会。6月23日，张群以中政会秘书长的名义，邀请全国各界人士到庐山共商国是。

"如再议和谈，杀无赦！"

早在1937年6月5日，周恩来就已经初上庐山，与何应钦、顾祝同等进行了初步接触，就两党及所辖的军队合作抗日交换了意见。周恩来提出共产党愿意取消苏维埃政府，服从国民政府；愿意将红军改编为国民革命军，但不能将红军改编的人数压得太少，也不能将红军分散到国民党各个部队中，必须保持独立的编制，特别是要保证共产党对改编后红军的独立指挥权。

周恩来将中共提出的《御侮救亡、复兴中国的民族统一纲领（草案）》递交给蒋介石，并就国共两党所辖的军队合作抗日交换了意见。7

月 15 日，周恩来和秦邦宪、林伯渠再上庐山，继续与国民党进行国共合作的第四轮谈判。

1937 年 7 月 7 日，日本华北驻屯军进攻宛平城，宛平驻军宋哲元第 29 军第 37 师何基沣旅吉星文团奋起抵抗，卢沟桥事变爆发。

这天，蒋介石、汪精卫等国民政府的党政大员正在有"夏都"之称的庐山避暑。面临北方突然而至的战火，蒋介石会有什么样的心情呢？

我们在蒋介石这一天的日记中看到这样的话：

"倭寇在卢沟桥挑衅矣！彼将乘我准备未完之时使我屈服乎？或故于宋哲元为难，使华北独立乎？倭已挑战，决心应战，此其时乎！"

7 月 8 日下午，蒋介石收到毛泽东、朱德、周恩来等 9 人的联名电报：

"庐山蒋委员长钧鉴：日寇进攻卢沟桥，实行其武装夺取华北之蓄谋已定之步骤……红军将士愿在委员长领导之下为国家效命，与敌周旋，以达保地为国之目的。"

7 月 9 日，彭德怀、林彪、刘伯承、贺龙等红军将领再次发来电报：

"我全体红军愿即改编为国民革命军……与日寇决一死战。"

1937 年 7 月至 8 月，南京国民政府在庐山召开各党各派、各界名流参加的"庐山谈话会"，共同商谈国是。被邀请者计 200 余人，谈话日期定自 7 月 15 日至 8 月 15 日，分三期进行。

7 月 15 日上午，汇集庐山的各界名流齐聚仙岩饭店，共叙国是。南开大学校长张伯苓、北大文学院院长胡适等均发言表示不可再对日退让。

周恩来、秦邦宪、林伯渠来到仙岩饭店，抓住"谈话会"这个机会，与各党派人士、各界名流广泛接触，向他们介绍、宣传中共的抗日救国主张。

周恩来谈了中国共产党对合作抗日的一贯主张，强调在国难当头之时，各党各派尤其要精诚团结，以民族利益为重，摒弃一切前嫌、成见，携手共赴国难。

周恩来最后说道："各位先生都是学贯中西、通晓古今的有识之士，大家都知道，我们中华民族曾经有过辉煌的历史，在世界居领先地位。但是近百年来，我们落后了、衰弱了，多少耻辱的条约，像刀一样扎在中国人民的心上，每一个有志之士都无法忍受这种耻辱。中国是我们中国人民的，不能由外国列强任意争夺宰割。只要我们四万万同胞紧紧拧成一股绳，我们不但能战胜外寇，而且一定能建设一个强盛的中国。"

1937 年 7 月 16 日，比原定日期推迟了一天的"庐山谈话会"第一期在传习学舍楼上举行。会场布置得很别致，没有设主席台，席位被精心安排成"山"字形，每个座位前都泡有一杯庐山云雾茶，唯有蒋介石的座位前是清水一杯。

会厅里悬挂着一对巨大的垂幔，上写着"养天地正气"、"法古今完人"。

出席开幕式的共有 158 人，除了各界名流外，还有国民党汪精卫、于右任、冯玉祥、李烈钧、戴传贤等，青年党代表左舜生、曾琦、李璜，国社党代表张君劢，以及农民党、村治派的代表。

在开幕式上，汪精卫代表国民政府致词："感谢各位代表来此，共商国是……自九一八事变以来，精诚团结、共赴国难，成为全国一致的口号。最近又突然爆发卢沟桥事变，危机情形，更加严重。根本方法，仍是精诚团结，将全国人力物力，熔成一片，方可以抵抗强敌，自救危亡。对于怎样解除困难，复兴民族，参加谈话会的代表，必定有许多高见，还望畅所欲言……"

冯玉祥、胡适等人均慷慨陈词，表达了共赴国难的恳切心情。

7 月 17 日，"谈话会"的第二天上午，一身戎装的蒋介石发表了著名的《抗战宣言》。他说：

"各位先生、女士，中国正在外求和平、内求统一的时候，突然发生了'卢沟桥事变'。不但我举国民众悲愤不已，世界舆论也都异常震惊，此事发展结果，不仅是中国存亡的问题，而将是世界人类祸福之所系……

我们是弱国，对自己国家力量，要有忠实估计，为进行建设，绝对的需要和平。过去数年中，不惜委屈忍痛，对外保持和平，即是如此理。如果临到最后关头，便只有拼全民族之生命，以求国家生存，那时节再不容许我们中途妥协，须知中途妥协的条件，便是整个投降，整个灭亡的条件。

全国国民最要认清所谓最后关头的意义，最后关头一到，我们只有牺牲到底，抗战到底。唯有'坚持到底'的决心，才能博得最后的胜利。若是彷徨不定，妄想苟安，便会陷民族于万劫不复之地……这一次事件并不是偶然，和平已非轻易可以求得，'人为刀俎，我为鱼肉'，我们已快要临到这极人世悲惨之境地，在这世界上，稍有人格的民族，都无法忍受的。

我们不能不应战。至于战争既开之后，则因为我们是弱国，再没有妥协的机会，如果放弃尺寸土地与主权，便是中华民族的千古罪人……

我们希望和平，而不求苟安；准备应战，而决不求战。我们知道全国应战以后之局势，就只有牺牲到底，无丝毫侥幸求免之理。

如果战端一开，那就是地无分南北，年无分老幼，无论何人，皆有守土抗战之责，皆应抱定牺牲一切之决心。所以政府必须特别谨慎，以临此大事，全国国民必须严肃沉着，准备自卫。在此安危绝续之交，唯赖举国一致，服从纪律，严守秩序。

希望各位回到各地，将此意转于社会，俾咸能明了局势，效忠国家，这是兄弟所恳切期望的。"

伟大的全民族的抗日战争，终于在庐山正式拉开了序幕。

毛泽东指出："蒋介石7月17日在庐山发表的《抗战宣言》确定了准备抗战的方针，为国民党多年以来在对外问题上的第一次正确的宣言。"

7月17日下午，周恩来一行来到"美庐"别墅，与蒋介石、邵力子、张冲进行会谈。

周恩来将经过修改、作出重大让步的《中共中央为公布国共合作宣言》呈交给蒋介石，并就其中关于取消苏维埃政府、改编红军为国民革命军等重大问题，作出了详细的说明。

经过几轮商谈，国共合作抗日谈判终于在"谈话会"期间取得原则上一致的意见。国民党承认共产党的合法地位；同意共产党拥有对改编后的红军的独立指挥权；向所属共产党独立指挥的军队提供武器给养，停止内战，一致抗日。

7月28日至29日，庐山谈话会举行了第二期座谈，参加者有任启珊、吴康、许仕廉、王芸生、洪深、章益、蒋百里、张季鸾、沈钧儒、吴南轩、潘序伦、刘彦、戴修瓒、周北峰、张凌高、肖一山、王亚明、朱庆澜、杜重远、李剑农、陶希圣、顾毓、王秀、杨公达、潘公展、段锡朋、经享颐、叶楚伧等。

因蒋介石返回南京主持战局，谈话会由汪精卫主持。由于战事紧张，第三期未能举行。

1937 年 8 月 22 日，国民政府军事委员会发表了红军改编为国民革命军第八路军的命令。9 月 22 日，国民党中央通讯社发表了《中共中央为公布国共合作宣言》。

23 日，蒋介石发表了实际上承认中国共产党合法地位的谈话，国共重新合作，中国抗日民族统一战线形成。

中日战争全面爆发后，蒋开始坚决反对和谈。

南京沦陷以后，汪精卫已经对抗战失去信心，就找到蒋介石说："看来你不行了，还是我出来吧，我出来另外成立一个政权，我来解决时局。"

一些国民党大员也批评蒋介石犹豫不决，必须当机立断跟日本人谈和。

也有人对蒋介石说，要是你不敢和日本人谈和，我出来谈，我来签字。而蒋介石对所有这些议论一概置之不理，反而采取了迁都的措施，把首都从南京搬到重庆去了。

1939 年，汪精卫叛变，从重庆跑到河内，接着跑到上海，想在南京组织傀儡政权。蒋介石在一份批示中说：

"今后如再有人借汪精卫的事来谈与日本和谈之问题，以叛国罪论处，杀无赦！"

想 填 海 的 傀 儡

"重光堂密约"

中国近代史上有一个重要人物，名叫汪兆铭。清末的时候，他去刺杀摄政王。行动失手后被捕，在牢里还高呼口号："我何惜此头！"

他的理想很远大，想学神话故事中的填海壮举，于是给自己又起了一个名字叫"精卫"。

可是到了现代，这个英雄变成了狗熊，变成了历史上最大的汉奸。

就让我们来看看这个被历史唾弃的家伙是如何表演的吧。

1938年2月，经蒋介石特批，外交部亚洲司司长高宗武以收集日本情报为名去香港活动，实际上他却是想暗度陈仓，与日本有关方面建立联系。3月中旬，高宗武在上海与1月赴日的亚洲司第一科科长董道宁会面。董在日本期间曾会见了日本参谋本部次长多田骏、参谋本部谋略课课长影佐祯昭等人，了解到日方虽然发表了近卫声明，但"因为预感到事变似有意外延长的情况，日方还是希望从速实现对华和平的"。董道宁从日本返回时还带回了影佐祯昭给昔日日本士官学校的老同学张群和何应钦的信。3月底，高、董二人同回武汉，将此信呈交蒋介石。

影佐的信表明了日方有一些人主张与中国谈判的意向。对此，蒋介石也作出了他不反对谈判的表示。他要高宗武再去香港，传话给日方："我们并不反对和平。但日方要求先反共再和平，是不可能办到的，只要停战，我们自然会反共的。"

4月16日，高宗武再抵香港，与日方的联系人西义显会面，转达了蒋介石提出的谈判基础条件。其主要内容为：

东北与内蒙古的地位可留待它日协议；

河北与察哈尔须绝对地交还中国；

长城以南中国领土主权之确立与行政完整，日本须予以尊重。

蒋并提出应先行停战，然后以上述条件为基础，进入和平细目的交涉。

高宗武一再赌咒发誓，说该提案是蒋介石亲口所述。西义显尽管并不完全相信，但他认为还是具有一定的真实性。他便急忙赶回东京向参谋次长多田骏等人汇报。

但是，由于日军这时在中国战场上刚刚在台儿庄吃了败仗，正忙于为雪耻而调兵遣将。日本参谋本部将作战部部长、中国课课长等人抽调出来组成前指班，派往大陆，所以他们对高宗武转述的条件没有作出什么反应。

5月底，高宗武返回汉口报告后，蒋介石不打算让高再去香港活动，而让他留在汉口，但周佛海积极鼓动高宗武前往东京。6月14日，高宗武在与西义显会谈后，达成的备忘录称："鉴于日华两国内部事情，为仲介和平，计划第三势力之结合"，这个第三势力"对于互相交战之日华两势力须保持公正妥当之立场"。很明白，高宗武走上了撇开蒋介石而另择他人的道路。

　　高宗武于7月5日再次抵达日本。他在日本期间，与日本陆军大臣板垣、参谋次长多田骏等进行了会谈。日本坚持要求蒋介石下野，并表示了希望由汪精卫出马解决中日战争的意向。

　　高宗武想："日本现在不承认蒋政权，为了造成中日之间的和平，也许必须找蒋介石以外的人。而除汪精卫之外，就不容易找到别人……为此，不如从政府外部掀起国民运动，由此造成蒋听从和平论的时机。"于是，高宗武在东京活动时竟自称他代表汪精卫等27名中央委员，希望迫使蒋介石暂时下野，以解决中日和平问题。

　　7月中下旬，日本五相会议连续开会，陆续作出了倒蒋立伪的一系列决定。7月12日，五相会议通过了《适应时局的对中国的谋略》，确定了"使敌人丧失作战能力，并推翻中国现中央政府，使蒋介石垮台"的方针，决定"起用中国第一流人物，削弱中国现中央政府和中国民众的抗战意识，同时酝酿建立巩固的新兴政权的趋势"。

　　日本五相会议还决定，如在攻克汉口之后，蒋介石政府仍没有分裂或改组，则以现有的华北和华中的傀偶政权组成新的中央政府；如蒋政府分裂或改组而出现新的亲日政权时，则将其作为中央政府的组成部分，进而另成立中央政府。

　　高宗武的日本之行，开辟了另起炉灶进行"和平运动"的道路。后来高宗武的旧病复发，便由梅思平继续与日本密谈。从8月29日到9月4日，梅思平与松本重治在香港进行了5次会谈。

　　汪精卫本人此时也许并不知道此事，但梅思平在谈判中已明确表示和平运动将以汪精卫为中心，并初步确定了汪精卫出马的条件和行动方案。10月22日，梅思平返回重庆，向周佛海、汪精卫等人汇报了会谈情况。汪精卫等人经多次会商，终于下定了投日的决心，并明确指定高宗武和梅思平为其全权代表，与日本代表进行会谈。

10月下旬，日军先后攻克了中国重镇广州和武汉，这对日本决心在中国扶植起一个新的全国性的傀儡政权起了推动作用。当时，日本决策层中正弥漫着一种狂热而过于乐观的情绪。日军方对局势做了极为乐观的判断，认为"蒋介石政权已沦为地方政权，今后的重要任务是为即将诞生的新中国中央政权创造良好条件"。

11月上旬，日方代表影佐祯昭大佐、今井武夫中佐与汪精卫集团的代表高宗武和梅思平在上海重光堂举行了秘密会谈，并在11月20日达成了出卖中国主权的"日华协议记录"，史称"重光堂密约"。汪精卫集团同意与日本缔结防共协定：承认日本军队驻扎中国，内蒙古地区作为防共特殊区域；承认"满洲国"；日华经济提携，承认日本的优先权；补偿日本在华侨民因战争造成的损失。

日汪还达成了未正式签字的"日华秘密协议"：规定双方各自实施亲日、亲华的教育及政策；缔结针对苏联的军事同盟条约，日本在内蒙古及其他必要地区驻军，在战时实行共同作战。

就这样，日本从汪精卫集团那里得到了蒋介石政权所不愿完全给予的东西。因此，日本决定扶植汪精卫集团，欲以汪取蒋而代之。

但实际上，这时"重光堂密约"已经不能满足日本人的胃口。军事胜利的刺激，使得日本的掠夺欲望不断膨胀。11月30日，日本御前会议通过了《调整日华新关系的方针》，其侵害中国主权的范围和程度都大大超过了"重光堂密约"。这说明重光堂会谈时，日方并没有亮出真正的底牌，其原因是担心全盘端出可能会吓得尚未正式离开抗战阵营的汪精卫等人打退堂鼓。因此，日本采取了逐步诱汪上钩的策略。

《调整日华新关系的方针》的附件部分开列的具体要求有：

中国承认"满洲帝国"。

"新中国"的政权形式应根据分治合作原则加以策划，"蒙疆"为高度防共自治区域，上海、青岛、厦门为特别行政区。

日本对新中央政府派遣少数顾问，在紧密结合地区或其它特定地区，在必要的机关内配备顾问。

日华共同实行防共。为此，日本应在华北和"蒙疆"的主要地区驻扎必要的军队，缔结日华防共军事同盟。

在华北和南京、上海、杭州三角地带的日本军队，在治安确立以前，应继续驻扎，在长江沿岸的特定地点、华南沿海的特定岛屿，以及与此有关的地点，应驻扎若干舰艇部队，在长江和中国沿海，应拥有舰艇航行停泊的自由。

日本对于驻兵地区内的铁路、航空、通信以及主要港口、水路，应一概保留军事上要求权和监督权。

日本对中国的军队和警察的建设，以派遣顾问、供给武器等办法予以协助；对于华北、"蒙疆"地区资源的开发利用，提供特殊便利，在其它地区，关于特定资源的开发，提供必要的便利。

合作建设新上海等。

汪精卫等人虽有意签订卖身契，但此时并不知道自己的真正卖价，等于是被日本人给耍了一回。

他们在暗中进行秘密活动的同时，在政府中、在社会上也公开主张和谈，大肆散布和谈言论，尤其是在中国军队退出武汉前后，主和之声一时颇盛。

10月21日，汪精卫在对路透社记者发表谈话时公开声称："如日本提出议和条件，不妨害中国国家之生存，吾人可接受之，为讨论之基础。目前战事，非吾人所发动，吾人愿随时和平，不过须有不妨碍中国独立条件耳。"

在汪精卫集团所控制的报刊上，鼓吹"和平"的文章一时也纷纷出笼。当时任经济部长的翁文灏在致驻美大使胡适的电报中曾通报说，目前"社会上望和人多，故某要员（指汪精卫）推动颇力"。

然而，汪精卫等主和派未能在国民政府中占据主导地位，它既不占多数，又不拥有军政实权。汪精卫的主和活动只是进一步加深了蒋汪之间的裂痕，为了战与和的问题，蒋汪之间曾爆发了一场激烈的争吵。在既无法说服蒋介石又无法取代蒋介石的情况下，汪精卫最终走上了出走叛逃、另组政府的道路。

12月19日，汪精卫、周佛海经昆明出逃到河内。

粉墨登场的群丑

按照预先的计划，日本在得知汪出走的准确消息后，于12月22日发表了政府声明，即第三次《近卫声明》，声明表示日本"愿和中国同感忧虑、具有卓识的人士合作，为建设东亚新秩序而迈进"。它重申了中日之间所谓"善邻友好、共同防共、经济提携"的三原则，并扼要地阐述了这三原则的要点。

所谓善邻友好，是要求中国"放弃抗日的愚蠢举动和对满洲国的成见，进而同满洲国建立完全正常的外交关系"；所谓共同防共，则要求"在特定的地点驻扎日军进行防共，并以内蒙古地方为特殊防共地区"；所谓经济合作，乃要求"中国承认帝国臣民在中国内地有居住营业的自由，特别是在华北和内蒙古地区在资源的开发利用上积极向日本提供便利"。

《近卫声明》理所当然地受到了中国政府的驳斥。12月26日，蒋介石发表声明，对《近卫声明》进行了详尽的分析和批驳，指出日本的目的"是要从政治、经济、文化各方面消灭中国民族性的独立存在，从政治、经济、文化各方面支配东亚"。

也许是有意针对某些人意欲妥协的念头，蒋介石又指出：

"事势已经明白显露到这个地步，如果我们还要想在虎额之下，苟求余生，想以和平妥协的方法，求得独立平等的生存，那就无异于痴人说梦。精神一经屈服，就将万劫沉沦，锁链一经套上，万世不能解脱。"

尽管蒋介石对近卫声明的痛斥发表在先，汪精卫还是按计划于12月29日发表了响应《近卫声明》的"艳电"。然而，日本错误地高估了汪精卫集团所具有的实力和影响。他们曾相信，在汪精卫发表亲日声明后，云南、四川、广东等省的地方军队会陆续响应和支持汪精卫的行动。

但事实证明，日本人太乐观了！太小看中国人的爱国情怀了！

汪的"艳电"发表之后，其所获响应甚微，不仅日本方面原来估计将参加汪精卫"和平运动"的许多中央和地方军政要员未有任何起事迹象，就连原先汪派中的许多要人也未响应汪的声明，追随汪精卫者，实则寥寥无几"。

近卫后来也不得不承认，"此为余等观察之错误"。可以说，汪精卫的出场亮相是完全失败的一幕。汪精卫集团既无实力，又无人望，实际上只是演出了一幕闹剧，而他本人则是一个丑角。

由于汪精卫出走河内，并未直接进入日本控制区，中日双方仍在对汪展开工作。此时日本正逢与汪打交道的近卫内阁倒台，日本深恐汪精卫产生疑虑进而动摇，遂请汪系人员前往河内汪处，向其报告日本新内阁的政策，尤其是转交了陆相坂垣的鼓励性文件。

另外，重庆方面仍然希望汪精卫能就此止步。除了各军政要员不断以私人身份函电相劝外，重庆政府还两度派遣原属汪派的中央委员谷正鼎去河内见汪，但所有这些好意的劝说都遭到了汪的拒绝。

3月21日，重庆军统的特工人员在河内刺杀汪精卫的行动失误，只是杀死了汪的心腹曾仲鸣。

汪精卫感到其安全受到威胁，遂决定离开河内。4月25日，在日方人员的接应下，汪精卫离开河内，住进了上海租界，日汪之间的接触也由此而进入了一个新的阶段。

此前，为避免给人以日本傀儡的印象，汪精卫等曾设想在日军未占领的地区建立政权，但是由于华南及西南各省的地方军队都没有像汪精卫设想的那样来参加汪的"和平运动"，汪无法在日本占领区以外立足，更谈不上组织脱离于日本和重庆的第三政权。

这样一来，进入上海后，汪精卫只得打算在日本的刺刀保护下建立自己的汉奸政府了。5月31日，汪精卫、周佛海一行赴日，与日本政府讨论建立新政府的问题。

1939年6月6日，日本五相会议决定了《中国新中央政府树立方针》。这一方针反映出日本既希望借汪精卫集团推动中央傀儡政权的建立，又觉得汪精卫集团实力有限，难以依靠，仍然寄希望重庆转变的心情。

汪精卫在日本期间，遍访了日本政要及元老，与日方确定了建立新中央政府的步骤。日方同意其使用"国民政府"名称，采用"还都南京方式建立新政权的说法"。成立时间预定在1939年内。

在得到日方将予以支持的保证后，汪于 6 月中旬离开日本回国，先后在华北和上海会见了临时政府首脑王克敏和维新政府首脑梁鸿志，开始了筹建伪政府的准备工作。

汪精卫在东京时，曾很滑稽地向日方提出过一份《关于尊重中国主权独立之希望》的文件。提出为避免国民怀疑日本干涉中国内政，"中央政府中不设政治顾问及其他类似顾问的任何名义，中央政府各院部中的纯粹行政部门以不聘日本人为职员为宜，省及特别市亦不设政治顾问及其他类似顾问的任何名义，县政府及普通市政府是与人民直接接触的行政机关，尤不宜以任何名义任用日本人为职员"。

在军事方面，汪精卫提出，在中央最高军事机关内设立顾问委员会。由日德意三国专家组成，但"各部队中不得以任何名义聘任日、德、意军事专家，以免监视或束缚中国军队之嫌"。

但《日本方面回答要旨》，实际上已全部拒绝了汪精卫的要求。日本坚持不仅在科学技术、财政经济方面应聘日本专家为顾问，而在所谓"日华强度结合地带"的省市政府还必须聘用日本政治顾问和职员，县政府及普通市政府，在特定地域内遇有特殊事态时，也可聘日本职员。在军事上，日本连聘请德意军事顾问也不赞同，主张只设日本军事顾问，而不应有第三国介入，且在特定地区的特定军队中亦须聘用日本军事专家。

谈判的最后结果当然是汪精卫集团屈从了日本的要求。1939 年 12 月 30 日，汪精卫终于在曾被他称为自己的"卖身契"的密约上签了字。

通过这一密约，日本获得了几十年来它所梦寐以求的东西。

如在军事上拥有防共军事驻屯权和治安驻屯权；拥有驻屯区内所有铁道、航空、通信、主要港湾、水路的军事上要求权及监督权；日本军事顾问及教官在中国军队内拥有指导权；在经济上拥有全中国的航空支配权；拥有开发利用国防特定资源的企业权；拥有对于"蒙疆"经济的指导权和参与权；掌握华北铁道实权；拥有华北无线电通讯权及华北政务委员会内指导经济行政权。

也就是说，除了一个空头的职位，汪精卫什么实际权力也没有得到。

日汪密约签订后，汪精卫政权的组建便进入紧锣密鼓的阶段。

1940 年 3 月 20 日，伪中央政治会议在南京召开。会议确定了汪氏政府的名称、"国旗"及各"院部"主要"头目人选"名单。决定沿用"国民政府"名称，以还都形式成立伪政府。国府主席仍由远在重庆的林森担任，由汪精卫代理。伪政府亦由"五院"组成，担任"五院"院长的分别是："行政院长"汪精卫，"立法院长"陈公博，"司法院长"温宗尧，"监察院长"梁鸿志，"考试院长"王揖唐。

就这样，南北的新老汉奸完成了合流分赃的最后程序。

3 月 30 日，汪伪在南京举行了"国民政府还都"仪式，一帮将被历史永远抛弃和嘲弄的小丑们终于粉墨登场了。根据日汪密约，汪伪政府内成立了"最高军事顾问部"和"最高经济顾问部"，这两个顾问部实际上掌握着汪精卫政府的最高决策权。此外，汪伪政府的各部也都分别由有关日本顾问对口控制着。

但是，日本并未立即给予汪伪政府以正式的外交承认，它要求把以前的日汪密约条款以政府间条约的形式正式签订，以使其具有公开的合法效力，外交承认则与签约同时实现。

4 月 26 日，日本前首相阿部信行率团到达南京，祝贺汪伪政府"还都"，但其最主要的任务是与汪精卫政权协商签约。从 7 月 5 日至 8 月 31 日，日汪代表经过 16 次会议的讨论，终于以 1939 年"日汪密约"为蓝本，确定了所谓"中日基本关系条约"的最后文本，这一条约对中国的主权和利益作了空前的出卖。

11 月，日汪举行条约签订仪式。同日，发表"日满华共同宣言"，声明三国间互相承认。至此，汪精卫政权在其成立 8 个月后终于获得了日本的正式承认。

苦撑待变

求援的外交主题

如何争取国际社会的援助，始终是中国政府的外交主题。

抗战开始后，中国政府密切注视着国际间的形势，展开有针对性的外交，以期国际形势发生有利于中国的转变。

1938年初，尽管中国政府对国际社会的反应颇为失望，但它又认为，国际形势是迟早会发生变化的，日本与列强冲突是一定会发生的。蒋介石在对形势作分析时指出：

"虽然与他（指日本）冲突得最厉害的英、美、法、俄各国，目前都还没有参加战争，与我们共同一致来打日本，但这不是国际不动，而是时机不到。中国的抗战会使日本时刻陷在危险的深渊。一有失利，或一旦他的弱点暴露出来，各国就会毫不迟疑地加以打击。"

中国政府的这一期待心理和坚持战略，后来被中国驻美大使胡适以"苦撑待变"四个字作了概括。

4月，国民党召开临时全国代表大会，会议通过了旨在指导整个抗日战争的纲领性文件《抗战救国纲领》。《纲领》规定了国民政府的五大外交原则：

1. 本独立自主之精神，联合世界上同情我国之国家和民族，为世界之和平与正义共同奋斗；

2. 对于国际和平机构，及保障国际和平之公约，尽力维护，并充实其权威；

3. 联合一切反对日本帝国主义侵略之势力，制止日本侵略，树立并保障东亚之永久和平；

4. 对于世界各国现存之友谊，当益求增进，以扩大对我之同情；

5. 否认及取消日本在中国领土内以武力造成之一切的政治组织，及其对内对外之行为。

这五大原则的核心内容是"外求友，少树敌"，其着眼点正如外交部长王宠惠所说："对于国际形势，详加考察，对于国际变化，深切注意，多寻与国，减少敌国，其国家与我利害相同者，当与之为友，其国家利害相反者，当使之不至与我为敌。"

中国竭力向国际社会宣传和平不可分割、局部侵略也将危及整个人类的思想，目的就是使这些国家增强危机意识。

1938年2月21日，蒋介石在致世界反侵略和平大会的电文中指出：

"盖中国作战，不独求民族之解放，不独求领土之完整，实亦为全世界各国之共同安全而战也。日本践踏条约如粪土，既保证邻国疆土之完整于先，乃食言兴师任意侵略于后，其毁灭信义，若不加以膺惩，则世界此后所遭逢之浩劫，恐将为人类历史所罕见。"

国民党临时全国代表大会也在它的《宣言》中向国际社会发出忠告说：

"世界和平不可分割，一部分之利害，即全体之利害，故每一国家谋世界之安全，即所以谋自国之安全，不可不相与戮力，以至于保障和平，制裁侵略，俾东亚已发之战祸，终于遏止，而世界正在酝酿中之危机，亦予以消弭，此则不唯中国实孚其益，世界和平胥系于此矣。"

7月7日，中国政府在抗战一周年之际发表《告世界友邦书》，进一步明确指出："和平为不可分，孤立为不能有。日本侵略一日不制止，远东及世界和平即一日不能够维持。"

在对整个国际社会进行一般性呼吁的同时，中国积极展开了对有关国家的重点外交。因为在当时的形势下，诸列强对于远东局势的影响力不是等同的。

基于对各主要国家的整体实力、国际处境及抗战以来对于中日战争的态度的比较分析，中国外交活动的侧重点开始发生变化，从而导致了中国外交方针的一个重大的历史性的调整：对美国的外交取代了对英外交，居于中国外交的首要地位。

自晚清开关以来，英国长期以列强的带头人身份出现在中国。随着英美实力地位的消长，这一状况在战前已经开始发生变化，但英国仍然具有举足轻重的影响。日本也把英国视为阻碍它侵吞中国的头号敌人来对付，甚至声称解决中日问题的地点不是在南京，而是在伦敦。

美国驻日大使格鲁曾指出，日本"打仗的目的之一，虽未明说，实际上是要取代英国在中国的势力"。

但实际上英国的国力及欧洲时局的牵制已使英国在远东处于一种虚弱状态，它已经没有能力再高居列强的首席。中日战争的爆发把英国在远东的虚弱一下子暴露了出来。

平心而论，对于日本的侵犯，英国不是不想回击，而是力不从心，它不具备同时应付欧亚两洲危险事态的实力。若干次的交涉活动都表明，没有美国的积极参与，英国不肯也不能有所作为。

英法多次直言不讳地承认美国在远东的影响举足轻重。美国被推上了列强在远东的首席发言人的地位，一举跃居英国之前。

中国政府清楚地意识到了这一变化，自抗战以来已日益重视对美外交，并在1938年中逐步完成了这一转变，最终确立了以对美外交为首要重点的外交方针。

1938年1月1日，蒋介石在给罗斯福的一封信函中，深切表示中国乃至世界各国都对美国寄予厚望。他说：

"此次远东大难之应付，各国均盼望美国之合作，诚以美国政府对于共谋国际和平与安全，向已公认为各国之前驱。"

6月，在对有可能对远东发生影响的英、美、俄等大国作了一番比较分析后，蒋介石得出结论："唯有美国可能有所作为。"

他感到，"英国老谋深算，说之非易。俄国自有国策，求援无效。唯美为民主舆论之国，较易引起义侠之感。且罗斯福总统确有解决远东整个问题之怀抱。如舆论所向，国会赞同，则总统必能有所作为。"

鉴于此，蒋介石明确地提出了对于列强的方针，"对英美应有积极信赖之方案提出"，"应运用英美之力，以解决中日问题"，"对俄应与之联络"，"对德应不即不离"。

1938年9月，行政院长孔祥熙在致新任驻美大使胡适的电文中明确地指出了美国在列强中的领头地位。孔叮嘱说：

"此次使美，国家前途利害实深，列强唯美马首是瞻，举足轻重，动关全局，与我关系尤切。"

10月1日，中国外交部在给胡适的指示电中，列举了中国政府的若干对美方针，其中之一是"欧战发生，英或倾向于与日妥协，且必需求美国援助，我应与美成立谅解，请美严促英国勿与日本妥协，增我抗日之困难"。

弃英亲美

这表明，中国政府对于英美的观感已经有了明确的区别，它企图借助美国的力量来限制英国可能的妥协。可以说，截至这时，中国对列强的外交已经基本上形成了以美国为主的格局。

当然，中国政府也明白，现在期望美国以强力对抗日本还不是时候。正如胡适 1938 年 10 月 20 日的一份电报所指出的：

"美国舆论必定不容许美国领袖去支持一不公正的和平；而美国以实力主持强制的公正与和平的机会，今日尚非其时。"

他还认为，美国等国实际上都不希望中国与日本妥协言和，在这种形势下，"中国唯有等待时势演变"。

蒋介石在 1939 年 1 月也指出，"持久抗战，自会促进国际盟约、九国公约的联合使用……国际形势一定会依着我们抗战与否而发生转变"。

中国政府实行的正是这一战略，坚持抗战，以等待国际形势的有利变化。

它期待着由于日本的不断挑衅，美英等国将走上制日的道路。

1939 年 2 月，日军在海南岛登陆。日本报纸得意地声称，日军此举，切断了新加坡和香港之间的航路，从而使香港作为一个英国海军基地而存在的意义"全部丧失了"。它们还威胁说，如果英国"不及时改变态度，将再受到一次打击而无法恢复过来"。

中国政府认为，日本的这一举动是一个重要的转折点，蒋介石称之为"太平洋上的'九一八'"。

2 月 21 日，蒋介石在对外国记者谈话时预言："如任其盘踞，吾料不及八月，其设计中之海空军根据地即可初步完成，于是太平洋上之形势必将突然大变。"

为引起英美当局的注意，蒋介石声称日军此举的主要目标在英美而不在中国，它"对于我国抗战并无多大影响，因中日战争之胜败，必取决于大陆上之军事行动。一岛之占领与否，根本无关紧要……此为开战以来，对英法美之最大威胁，此后战局必将急转而下，倭寇狂妄，盖已决心与世界开战矣"。

日军果然志在南进。1939 年 3 月，日本提出对南太平洋大片领土的要求。4 月，日本宣布统辖中国南海诸岛，其南进意图十分明显。日本的这一狂妄野心对于促进中国与英美等列强的互相靠拢是有利的。利用日本所造成的这一机会，中国政府在不断向英法美指出日本意在南进的同时，开始提出与英法美进行军事合作的要求。

2月，中国政府向英方提出以义勇军援助中国抗战以维护东亚共同利益的要求。但英方表示，英国目前注视之重点在欧洲，对于远东问题，只能用外交方式阻止日本的越轨行为，采取军事行动的时机尚未到来。

鉴于如欧洲发生战争，日军有可能乘机侵占法属印度支那，3月，正在法国的驻苏大使杨杰奉命与法方协商在远东进行军事联防的问题。同时，国民政府两广外交特派员与法国驻远东特务机关负责人频繁接触，商洽中法军事合作的具体计划，这一计划得到了印度支那总督的认可。其主要内容有：

1. 中国向法国及印度支那提供劳工。

2. 法国向中国提供军火、机器与材料。

3. 兴筑铁路，加强运输能力。

4. 中国参谋部与印支参谋部成立协定，以取得双方军队的合作，采取共同的防御步骤。中方还拟订了中法军事协定的9条原则。

考虑到美国的行动须受中立法的束缚，中国把要求军事合作的重点放在英法身上。4月4日，中国政府提出了一个中英法军事合作的计划草案，并决定在提交英法的同时，要求美国积极从旁予以协助，以促成英法同意合作。该方案的要点是：

1. 中英法之军事及经济合作，应于适当时期，邀请苏联参与，并通知美国，请其作平行行动，以期对敌采取一致步骤，共同维持在远东之权益。

2. 参与对日作战各国，不得单独与敌停战或议和。

3. 在军事方面中国允许尽量供应兵力、人力及物力，其他各国允许尽量调遣海空军至远东，为共同之作战。其详细计划及实施办法，由参与各国各派军事全权代表一人，商议决定，分别执行。

4. 在经济方面，参与各国，允许尽量共同维持各该国法币及商务，并共同对敌实施制裁。

4月14日，中国驻美大使馆在给美国国务院的备忘录中通报了这一计划，表示"中国政府殷切地希望在形势需要时，美国政府发挥其巨大的影响来帮助实现远东地区的这项国际合作"。

对于中方这一提议，法国外交部向中国驻法国大使顾维钧表示，他们认为中法英合作时机已经成熟，可以进行。但这一次希望能得到美国的合作，否则难有成效。

英国方面则直率地表示，目前远东局势尚未到需要认真研究中国建议的阶段。其时，欧洲风声紧急，德国于3月吞并捷克，加剧了欧洲的紧张局势。英法在此时是不可能再在远东承担任何重大的军事义务的。

由此可见，中国吁请军事合作的要求未能获得预期结果。

纠结的山姆大叔

"要得到尊重，就必须战斗"

毫无疑问，听任日本在中国为所欲为不是英美等列强所心甘情愿的。随着时间的推移，列强对日本最终的险恶目的、中国的战略地位，以及他们自己在远东的前途的思考逐渐深入，认识逐渐明朗。

从长远的战略利益出发，他们开始对自己国家无所作为，而一切又任其发展的中立政策提出了怀疑。

早在1937年底，美国的一些外交家和军界人士就对日本在华行动的意图和恶果提出了令人震惊的警告，并由此开始对中国的战略地位进行认真的思考。

美国驻华大使詹森认为，日本的目标在于消灭"西方在中国人中间的一切影响"。他要求美国政府采取坚决的对策，否则前面将会有更多的麻烦。

他说了一句很经典的话："如果我要得到尊重，我们就必须准备战斗。"

美国亚洲舰队司令亚内尔上将则指出，中国的命运事关亚洲的未来。

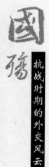

如果允许日本征服中国，那就等于放弃亚洲大陆、放弃对太平洋的控制权。亚内尔认为中国是美国在亚洲的防御堡垒，是美国最重要的盟友。他在1938年初的一份报告中警告说：

"只是由于中国的抗战挡住了日本军团，他们才没有向加利福尼亚进军。"

亚内尔主张美国应立即着手援助中国，他警告说："这不仅是为了那些高尚的道义和政治上的缘故，而且也为了有机会进行真正大规模的贸易，因为在这样的援助下形成的稳定局面会带来扩大的市场。如果美国不采取措施阻挡日本，白种人在亚洲就不会有前途了。"

亚内尔的这个报告曾在国务院、白宫班子以及军方高级将领中广为传阅。

来自日本的消息报道，也证实了美国在远东的这些观察家们对日本的判断。日本政府和日本军方的某些人，这时正不断地发出要把英美列强赶出中国的叫嚣。

1938年1月4日，日本内务大臣末次信政在对日本《改造》杂志记者的谈话中宣称：

"远东白色人种的利益在日本面前应当自行让位。中国、满洲国和日本应当建立政治上和思想上的联盟……我坚信，黄色人种将获得上帝预先准备授予它的一切，白色人种的霸权即将结束。"

1月下旬，日本同盟社发表了荒木贞夫将军的一篇文章，该文章公然声称，"将来我们会遇到比日中战争和日俄战争更大的困难，但是，通过这些困难，我们将在东方，然后在全世界扩大帝国的权力和制度"。

这些直言不讳的言论无疑让美国人大受刺激，并加深了对日本的认识。

紧接着，日本扩建海军的行动进一步加深了美国的戒备之心。

有情报表明，日本正在加紧建造大型海军舰只，其规模超过了1936年达成的限制海军军备条约。1938年2月5日，美国驻日大使格鲁奉命询问日本是否愿意保证到1943年1月1日为止，不再建造任何突破《伦敦公约》限制的舰只。

他表示，如果日本不提供这样的保证，我们将认为日本正在建造突破这些限制的舰只，"在那种情况下，我们将保留行动的完全自由"。

在这前后，英法政府也向日本提出了内容相近的照会。然而日本外相广田在 2 月 12 日的答复中，并没有给予他们所要求的保证。于是，在与美国商量后，英法两国也宣布了它将不受条约限制的立场。

战争没有中立

美国在对日本的野心及中国抗日的现实的和潜在的战略意义逐渐有所认识的同时，与之同等重要的另一个变化是，它对中国的抵抗能力的认识也发生了转变。中国的抗日战争度过了南京失陷后出现的危机，又能继续在战场上艰难地支撑下去，这让美国再一次对中国刮目相看。

在中日战争刚开始时，许多外国观察家都对中国持悲观态度，他们认为，中国面临的是灭顶之灾，最多两三个月，中国就要完蛋了。

然而战争的发展并未如这些人所料。尽管中国在战争初期遭受了重大损失，但中国军民的顽强抵抗打破了日本速战速决的构想，迫使日本陷入持久消耗战的泥沼之中。

1938 年春夏，美国在华军事观察人员陆续向国内发回了消息，这些消息都不同程度地显示出对中国军队战斗力，以及战争发展状况评价的显著变化。如担任罗斯福总统特别信使的卡尔逊在 3 月 31 日的报告中，就表示了他对中国军队比较乐观的看法。

他在报告的结论部分指出："中国军队正飞快地得到改善。中国士兵仍然优于日本士兵，但军官需要参谋业务和指挥方面的训练，他们现在正得到这种训练。"

卡尔逊认为，只要能获得外国的贷款和战争物资，中国的抗战就能够继续进行下去。

美国驻华使馆武官处向美国军方发回的许多报告，也认为战争已处于胶着态势，日本不可能迅速战胜中国，中国也不可能在短时间内收复失地。

武官处在 1938 年 5 月的一份报告中评论说：

"现在中国人似乎在所有的战线上都成功地抑制住了日本人，这不仅是由于中国人已经极大地改进了他们的战术，更因为日本人的扩展已经到了这一点上——他们不能发起一个足以摧毁抵抗的沉重打击，而中国以他们巨大的人力优势能经受得住日本的进攻。他们相信，这只日本苍蝇最终会自己粘在中国人的粘蝇纸上。"

影响美国对华战略考虑的另一个重要因素是德国在欧洲的积极扩张和日、德、意的靠拢。1938年3月，德国吞并了奥地利，随后又向捷克提出领土要求，表现出一种危险的侵略倾向。在德国调整对华政策，对中国疏远后，德日加快了靠拢的进程，并开始了订立军事同盟的初期谈判。

这样一来，在罗斯福政府对世界局势的考虑中，日本和德国被作为东西方的敌人而联系了起来。美国开始以全新的眼光来看待日本在远东的行为，他们终于意识到，日本不只是一个地区性的不稳定因素，而是与德国和意大利构成了一个对现存世界秩序的全球性威胁。从这一认识出发，中国的战略地位就显得更为重要了。

美国不再把中国仅仅视为一个被侵略的受害者，一个为自身的存亡而战斗的国家，它成了美国借以遏制日本的一支重要力量。

在认识到援华抑日战略的必要性和可行性的基础上，美国远东政策的重点开始发生变化，由注重怎样才能最好地避免卷入冲突，转向了在避免冲突的前提下，怎样尽可能地增强中国的抵抗能力。

美国政府的这一态度，首先在是否对中日战争适用中立法的问题上表现出来。美国的孤立主义势力担心，美日在华冲突是否会导致美国全面卷入战争，因而要求对中日战争实施中立法。

于是，罗斯福政府在国会积极活动，反对通过这一提案。

在1938年4月20日的白宫记者招待会上，罗斯福总统反驳了那种认为实施中立法就是中立的观点。

他坦率地指出，在某种特殊情况下，僵硬地执行中立法，"也许意味着一种彻底的非中立"。他承认在中国实际上正进行着战争，每天有成百上千的人死去，但中日还没有断绝外交关系，那就不必把它称为战争。

在解释美国政府为什么对当时正同时进行的西班牙战争和中日战争采取两种不同的对策，即只对前者实施中立法时，罗斯福坦率地说：

"两者情况不同，如对西班牙战争不实行禁运，将有利于佛朗哥，因为他控制着海洋，而如果我宣布中立法适用于中日战争，它将会有利于日本而伤害中国。因而，它是不中立的。"

当时，中国正通过各种渠道在美国采办战争所需物资。在罗斯福政府的努力下，在各界明智人士的支持下，孤立主义者对中日战争实施中立法的企图没有获得成功。

但是，由于中立法的存在及孤立主义势力的影响，罗斯福政府的活动颇受掣肘。在援华和制日两方面，美国最先迈开的是制日的步伐。

因为这更容易找到直接的借口，由于日军在华犯有大量野蛮暴行，美国可以以人道主义为由，对日本从美国的进口进行限制，这就避开了中立法问题。而援华则涉及对中日战争中的一方的倾向性，较易引起复杂的反应。

分两步走的援华

罗斯福在1938年2月会见中国驻美大使王正廷时就曾表示，美国政府的第一步办法在于制日，待时机成熟时，将采取第二步的援华办法。

基于战前美日贸易的规模，美国仍是这一时期日本的最大的物资（包括军事物资）供应国。出于各种原因，在尽力避免引起日本的敌意和国内的孤立主义势力反对的情况下，美国政府不可能对日本实行制裁。

然而，在1938年夏，事情开始发生了变化，美国政府终于迈开了限制日本的第一步。这一步是以谴责日本对中国平民的狂轰滥炸为突破口的。

6月11日，国务卿赫尔在记者招待会上谴责了日本飞机轰炸平民的行为，进而公开表明，美国政府"劝阻对那些用飞机来轰炸平民的地区出售美国飞机"。

7月1日，国务院军品管制司司长格林向飞机制造商和出口商发出劝告信：

"美国政府强烈反对向任何从事那种轰炸世界上任何地区的国家出售飞机或航空设备。因此，国务院将极不乐意签发任何授权直接地或间接地向那些正使用军队攻击平民百姓的国家出口任何飞机、航空武器、飞机引擎、飞机部件、航空设备附件或飞机炸弹的许可证。"

格林还要求那些已与外商签约而难以中止契约的厂商，无论其是否已有许可证或是正准备申请许可证，都要向国务院通报其合同的内容。

国务院的这一举动被称为"道义禁运"，它并不具有强制性。

但是，政府的这一姿态毕竟具有较大的影响力。美国绝大部分厂家都采取了与政府合作的态度。副国务卿韦尔斯12月13日给罗斯福的一份报告表明，"道义禁运"取得了较大成功。

下表为报告中所附1938年6月至10月美国向日本输出飞机及有关部件的情况：

月份	价值
6月	1710490.00美元
7月	1125492.65美元
8月	179249.00美元
9月	78720.00美元
10月	7215.92美元

很明显，在5个月中，美国对日本出口的飞机和飞机部件缩减的幅度极大，从170多万美元下降到了7000多美元。

韦尔斯报告说，6月以来，国务院所签发的出口许可证"几乎为零"。

但罗斯福对这一状况并不满意，因为仍有个别厂家不执行"道义禁运"，如联合航空公司就仍在与日本做大宗生意。罗斯福致函韦尔斯，要求他想办法进一步削减对日本的出口。

于是，韦尔斯决定在记者招待会上公布这家不执行"道义禁运"的航空公司的名字，想以强大的舆论压力迫使这家公司停止对日出口航空物资。这一招果然很灵，这家联合航空公司丢不起这个人，后来也停止了向日本出售航空器材。

比较起来，向中国提供经济援助则要显得困难些。

抗战开始后的一年中，美国对中国的财政上的支持是通过购买中国白银的方式进行的。中国在实行币制改革后，白银退出了流通领域，因此，中国政府手中握有大量过剩的白银，急于在国际市场上售出以换取外汇，中国政府一再要求美国收购中国的白银。

而对美国政府来说，购买这些白银可以避开国内孤立主义者的反对，因为它不像提供贷款那样具有明显的援助性质。

因而抗战开始以后，美国多次购买中国白银。据《中国与外援》一书所载各次购买情况，可将抗战第一年中的白银购售情况列表如下：

时间	数量（单位：万盎司）
1937 年 7 月	6200
1937 年 11 月	5000
1937 年 12 月	5000
1938 年 2 月	5000
1938 年 4 月	5000
1938 年 7 月	5000

这样，在从 1937 年 7 月至 1938 年 7 月的一年时间内，美国共分六批购买了 31200 万盎司的白银，而且其购买价格还略高于市场价，总价值达 13800 万美元。这些售银款项原来曾规定不得用于购买军事物资，但实际上并未严格执行，其中约有 4800 万美元被中国用于从美国或国际市场上采购军事物资。

最不怕难堪和疲倦的游说家

自 1939 年 9 月欧战爆发后，美国政府决心摆脱孤立主义立场，向被侵略各国，特别是英、法等国提供帮助。为此，美国很快于 11 月 4 日修改了中立法，取消了约束性的武器禁运，规定所有的贸易都可以按现金购买、自理运输的原则进行，总统并有权根据具体情况决定美国公民和船只不驶入或撤出他认为正在进行战争的地区。

经过修改的中立法实际上是为了保证英、法等国在战时可以利用他们的船只和控制的航道，从美国获得战争所需的各种物资。

但对于顽强抵抗日本侵略已有两年，既无资金，也无货船，更不可能冲破日本所设置的封锁线、控制运输航道的中国来说，这个法案的修改显然无济于事。罗斯福无疑也注意到了这种情况，并设法予以弥补。

在此之前，美国虽然已有一笔 2500 万美元的商业借款用于援助中国，但为数甚微，且借款谈判过程费时费力。

　　该项借款自 1939 年 2 月开始兑现，到当年 10 月即已所剩无几。当时因中立法修改问题正在国会辩论之中，中国政府虽又几次提出借款之事，却都不能实现。而中立法修正案通过之后，情况便立即改观了。

　　1939 年 12 月 6 日，中国政府驻美代表陈光甫会见美国政府财政部长摩根索，再度说明中国形势困难，急需巨额资金援助等问题。摩根索当场表示可以商量办法。而后，胡适大使与陈光甫两人接连拜会美国政府负责贷款事务的复兴金融公司董事长琼斯和美国总统罗斯福等，说明中国绝不因南京伪政府即将成立而有所动摇，要求美国给予实际的支持。

　　蒋介石也于 19 日致电罗斯福，借以推动这个计划的实现。罗斯福很快回电，并且主动表示："我保证无论何时，美国政府皆愿提供适宜而实用之援助。"

　　新的借款是以滇锡作为抵押的，故称"滇锡借款"。双方为此进行的谈判磋商达 3 个月之久。因当时美日商约废止在即，美国担心向中国直接提供大笔借款会过分刺激日本，同时这时又正逢美国国会讨论修改中立法，因此美国政府对借款形式及数量颇为谨慎。

　　最后，借款是以美国援助芬兰为名，向国会提请增资 1 亿美元给进出口银行，然后再由进出口银行划拨 2000 万美元贷给中国的。所以说，援华借款是作为援助芬兰借款的附议案在国会中通过的。绕了这么大的一个弯子，目的也就是想简化手续。

　　1940 年 3 月 7 日，美国进出口银行宣布了这笔借款的消息。4 月 20日双方达成借款合同。合同规定：美国将在 1941 年 6 月 30 日以前向中国方面的世界贸易公司提供 2000 万美元的借款；中方则以纯锡 4 万吨为担保品。

　　借款条件较"桐油借款"稍有优惠，利率由年息 4 厘半降至 4 厘，还本期由原来的 5 年延为 7 年，借款用途虽仍不能用于购买军械，但可以用来购买军需物资。

　　"滇锡借款"实现后，国民政府又寄希望于美、英能够提供平准基金借款。所谓平准基金，其实就是要稳定以外汇为本位的中国法币的信用。

此时国民政府中央银行的美籍顾问杨格博士已几度告诫美国政府，中国的币制正面临严重危机，急需支持。美国政府也几度进行内部磋商，研究支持中国法币的必要性与可能性。

鉴于此，蒋介石也于5月14日致电罗斯福：

"最近伪组织宣布拟在上海设立发行银行，加以欧洲局势日趋险恶，敝国币制所受之压力益形严重，以致物价上涨，汇价跌落，外汇基金如不予以充实，则经济状况日趋疲弱，影响所及，商业更纷乱，万一金融崩溃，将使日人借傀儡组织之力，统制敝国币制，贵国经济利益必遭摧残。

故深望贵国政府在阁下领导之下，当能于此紧急之时，贷我现款，以维持敝国币制。具体方法，或请给予财政上之援助，或再予商业借款，为暂时应急，希望能将最近2000万美元之借款中之一部改为现款。"

6月初，蒋介石接到驻美大使胡适的电报，称罗斯福表示美国愿意向中国提供更多的援助。这时，胡适的助手陈光甫已经不再继续担任争取美援的工作，蒋介石于是专门把曾担任过财政部长的宋子文派去美国，作为中国政府的全权代表，去美国政府上层进行游说。

宋子文于6月下旬到达华盛顿，先后于7月上旬分别拜访了罗斯福、赫尔、摩根索等人。特别是对财政部长摩根索，宋子文格外下力。

因为只有财政部才有用于平准基金的专项用款，要求得到平准基金的贷款就必须去烧财政部的这一炷香。

宋子文于7月11日向摩根索提交了一份书面的备忘录，请求美国提供5000万美元以稳定中国币制。第二天，他又在另一份备忘录中说明，中国目前急需得到1亿美元以稳定法币，其中的7000万美元用于购买飞机、军火和兵工厂设备等，2000万美元用来改善交通状况。

至于中国方面，在5年内可以保证出口价值5000万美元的钨、锑、锡等矿石。事实上，此时关于平准基金贷款一事仍了无头绪，但宋子文已经了解到，美国这时"需要钨砂，并能设法助我转运"，故对美借款渐有头绪，以钨砂为主要抵押品。

8月15日，美国政府财政部就宋子文提出的要求进行了讨论。

摩根索再度表示，不可能对支持中国货币一事采取步骤，他只是表示对从中国进口钨砂来抵押借款一事多少感兴趣，问题在于抵押借款与财政部并无关系。而后在宋子文参加讨论的过程中，摩根索具体询问了中国出口的能力问题。宋当场表示："事实上出口并未出现实际困难，中国每年仍能运出钨砂 12000～13000 吨，价值 1300 万美元左右。"摩根索提出，这种形式的贷款可以由联邦债务署去处理，可以考虑从国会拨给进出口银行用于援助拉丁美洲的款项中划出这笔贷款来。

摩根索的这个答复使宋子文感到非常不满意。

这时，中国的经济形势已经十分困难。蒋介石给美国的电报称：

"此时我国抗战最大困难为经济，而武器尚在其次。此时米价比去年已贵至八倍以上，通货膨胀亦不能再发展。美国若不在金融上从速援我救济，则中国内外情势实难持久。"

宋子文为此不得不再度反复游说，以至于被人形容为"那个时代最不知难堪、最不怕疲倦的游说家"。

但尽管如此，直到 9 月 4 日他向琼斯提出以钨砂为抵押借款 5000 万美元后，琼斯也只同意给其十分之一，即象征性地给中国贷款 500 万美元了事。只是在日本公然不顾美国的劝告，于 9 月 4 日与法属印度支那当局达成日军进驻印支的协定，其南进英、美势力范围已成定局之后，美国政府才开始改变态度。

第四章 "德鲁日巴"
——并非一个国家的战争

紧急求援

北方的军火库

"德鲁日巴"是俄语中"友谊"一词的音译。中国的抗日战争得到的最初的国际援助,就来自北方的"德鲁日巴"。

1937年底,南京保卫战以中国军队受到重创,首都被占领而告终。

当一个国家的首都陷入敌手的时候,可想而知,这个国家,这个民族会有一种什么样的悲愤的心情。

经过半年的艰苦作战,中国的作战物资损耗甚巨,不论是经济还是军事方面的储备均已所剩无几。这时,中国外交部长王宠惠奉命约见了苏联驻华代办梅拉美德,表示:

"交战6个月后,中国现在正处于十字路口。中国政府应该解决下一步做什么的问题,因为没有外来援助,中国无力继续抗战。中国政府决意继续抗战,但是资金业已枯竭。中国政府随时面临着抗战能坚持到几时的问题。"

王宠惠要求苏联紧急援助中国,他强调说:"一旦中国失败,日本就会把中国变成反苏基地,利用中国的一切资源、人力和物力去打苏联","苏联为了自己的利益,不能也不应该眼看着中国失败。"

在我们这个世界上,没有任何援助是无条件的。即使表面上说是"无偿援助",但在背后,必定会有潜在的利益存在。

苏联之所以会在后来以较大的规模援助中国，其基本的考虑即是希望中国能遏制日本不要去觊觎自己的东部边界。

王宠惠向苏联提出了给中国 20 个师的武器装备的要求。经过会商，苏联很大方地同意除步枪由中国自制外，按每师重炮 4 门、野炮 8 门、防坦克炮 4 门、重机枪 15 挺、轻机枪 30 挺的配置，向中国提供 20 个师的装备。

根据这项计划，中方共得到重炮 80 门（附炮弹 8 万发）、野炮 160 门（附炮弹 160 万发）、防坦克炮 80 门（附炮弹 12 万发）、重机枪 300 挺、轻机枪 600 挺（共附弹 1000 万发）。

当然，天下没有免费的午餐。提供武器，是要付钱的。由于中国国力有限，一时难以支付它向苏联订购的大批军用物资的款项，中国不得不希望从苏联获得财政贷款以作采购之用。

1938 年 1 月，中国政府派立法院院长孙科为特使，率团前往苏联，以争取贷款。3 月 1 日，中苏订立了第一次贷款协定，商定由苏联向中国提供价值 5000 万美元的贷款，供中国向苏联购买各种武器和物资，贷款年息为 3%。

协定规定从 1938 年起，在以后 5 年内，中国每年向苏联偿还 1000 万美元，其偿还方式是向苏联提供各种农、矿产品。

实际上，这笔贷款从 1937 年 10 月即已开始动用，从那以后中国获得的苏联物资均被作价计入贷款之中。1938 年 4 月初，中国前外长顾维钧曾满意地对美国外交官员说，苏联在向中国提供武器装备方面"非常慷慨"。

在具体交涉过程中，中苏双方总是免不了要有一些分歧和矛盾，但苏联当局一般还是能从维持对日抗战的大局出发，予以化解。

1938 年 3 月，苏方将 1937 年 10 月 24 日至 1938 年 2 月 14 日苏联援助的军火分为甲、乙、丙三份账单转交给中国驻苏代表。

甲单为 3032 万多美元，乙单为 837 万多美元，丙单为 985 万多美元。除甲单由借款合同相抵外，苏联要求中国以现金支付其余账单。尤其是丙单，它主要是运华军火的打包费、装配费、载卸费、运输费等，系由苏联政府垫款办理，且当时曾言明由中方以现金支付，苏联还要求中方

"速予归垫，以清手续"。

但中国方面希望以农矿产品作抵，还希望从苏联再获得一笔借款，以抵清前账，并续购新的军火。但苏方坚持索要现款，声称："苏联之军火资源亦感缺乏，常以现金向各国购买，中国当谅其困难，亦须给以若干现金，庶接济中国方不致有竭蹶之虞。"

苏方还说明丙单款项当时系由国防部代垫，现须归还。但中方无奈地表示，实在没钱。

付款问题相争不下，牵动了中苏最高当局。蒋介石在一份呈阅的电报中批示说："绝无现款可汇，如此则苏俄无异与我有意为难也。"

情急之下，蒋介石决定直接和斯大林接触。

6月5日，他在给斯大林的电报中，先是对苏联的援助表示了一番感谢，随后即提出："上次垫借之款，未能如期清还，实深歉愧，但请谅解，我国实无外汇现金可资拨付，倘稍有可能，不待贵方催询，早应全偿。"他希望苏联同意中国以货物抵运，"庶不致影响外汇，而经济得以维持，战事亦可顺利进行"。

考虑到中国的实际困难，斯大林和苏联国防人民委员伏罗希洛夫元帅于6月10日复电表示："完全理解中国金融财政之困难情况，……因此，我们对武器之偿价，并不要求中国付给现金和外币，然我们愿得中国之商品如茶、羊毛、生皮，锡、锑等。"

经过这一番唇枪舌剑，争端遂告解决，中国以农、矿产品的现货偿还了苏方的丙单款项。

为了解决源源不断而来的军事物资的付款问题，孙科又开始与苏方商谈第二笔借款。1938年7月，中苏订立了第二笔信用贷款协定。贷款总额仍为5000万美元，年息和偿还方式与第一次相同。中方自1940年7月开始偿还，每年交付1000万美元，5年还清。

第二次贷款协定商定后，中国正面临着即将到来的武汉大会战，急需补充大量的军事物资，中国遂向苏联再次提出紧急援助的要求，苏联这次仍然尽自己的能力满足了中国的这一需求。

不久，中苏便签订了两项供货合同，合同规定：苏联将在1938年7月5日至1939年9月1日之间向中国提供16架轰炸机、174架战斗机、

30 架运输机、200 门野炮，100 门防坦克炮、2120 挺各式轻重机枪、2000 万发步枪子弹、510 万发机枪子弹及若干飞机配件和发动机。

1939 年，中苏又开始商订一次更大规模的易货贷款。至 5 月中旬，孙科已与苏方达成借款 1.5 亿美元的意向。但就在即将订约之时，苏方突然以消息外泄、"外交团均已哄传，实于苏联不便"为由，决定暂停这一交涉。

中国方面一头雾水，不知道苏联突然变卦的真正原因，因而十分着急。

蒋介石先是电令时在巴黎的杨杰速回莫斯科查明原因，随后又直接致电斯大林：

"中正深知，并深信阁下仗义扶弱，绝不因此区区关系，有所犹豫，而于中国抗御侵略之革命圣战，必能援助到底也。惟最近战事日激，武器消耗甚大，全国官兵急盼贵国之接济，如大旱之望云霓，实有迫不及待之势，务请阁下照前所允者，提早拨运，以济眉急。"

经过紧急交涉后，苏联的疑虑解除。6 月 13 日，中苏正式订立了第三次易货贷款协定。贷款金额为 1.5 亿美元，年息仍为 3%。中方自 1942 年 7 月 1 日起开始偿还，每年交付 1500 万美元的物资，10 年还清，偿还物资的品种大体与前两次相同。

这样，在抗战前期，苏联就一共向中国提供了三次易货贷款，总数大约 2.5 亿美元。

使用这些贷款购买苏联物资的具体程序是，苏方将中方所需要的一批军用物资交齐后，即结算累计用款，交由中方签具认购偿债书，以副本交中国财政部结账，作为对苏方贷款的动支。

苏德战争爆发后，由于苏联本身对军事物资的巨大需求，它无法再向中国提供军事物资，第三次易货贷款的使用便告中断。第三次贷款实际只动用了不足一半，计 7317 万美元；加上第一、第二次易货贷款，整个抗战期间，中国共动用苏联贷款计 17317 万多美元。除此而外，尚有两部分以现货抵付的，如前述丙单款项，即未计入苏联的易货贷款中。

据统计，从 1937 年 9 月至 1941 年 6 月苏德战争爆发，苏联总共向中国提供了飞机 1250 架（其中轰炸机 318 架，驱逐机 562 架，教练机 100

架），坦克 82 辆，牵引车 602 辆，汽车 1516 辆，大炮 1140 门，轻重机枪 9720 挺，步枪 5 万支，子弹约 1.8 亿发，炸弹 31600 颗，炮弹约 200 万发，还有其他一些军事物资。

对当时也在积极备战，军事装备并不宽裕的苏联来说，这些对中国的出口，意味着对自己军备的一定程度的牺牲。

对苏联在抗日战争中的援助，中国是永远会牢牢铭记的。

平心而论，苏联向中国所提供的军事装备有许多在苏军中都是属于第一流的。如伊-15、伊-16 战斗机，都是当时世界上比较先进的战斗机，尤其是伊-16 战斗机，是当时世界上最先进的战斗机之一，1933 年 12 月才研制成功，在 1937 年的西班牙战争中第一次投入使用，并在苏军前线一直使用到 1943 年夏。

T-26 坦克，则是 30 年代苏军的主战坦克之一，曾用于西班牙内战和苏芬战争。在 1938 年春的中国台儿庄战役中，T-26 坦克发挥了重要作用。8 月，以苏联提供的装备为基础，中国成立了第一个机械化师，其 T-26 坦克支队在 1939 年的昆仑关战役中功不可没。

总之，苏联的军火供应对于改善中国军队的火力配备，增强中国军队的战斗力有着不可忽略的重大价值，它大大削弱了日本军队在战争的最初几个月中所占有的火力优势。

此外，苏联给中国提供的军事订货的价格也相当便宜。如苏联提供的飞机每架仅折合美金 3 万元，这比当时国际市场的售价要低得多。对此，中方负责与苏联进行贷款谈判的孙科非常满意。他曾高兴地对顾维钧说，他从苏联获得了一笔新的 1.6 亿卢布的贷款（即第二次贷款），由于苏联给中国订货所定的价格特别便宜，这笔贷款如按国际价格计算，实际上相当于 4 亿卢布。按此价格，装备一个中国师仅用中国货币 150 万元就足够了。

有人曾说过，在抗战初期，苏联就是中国的军火库。

无望的企盼

杨杰出使苏联后，争取苏联出兵参战成为他的另一项重要活动内容。

尽管这个要求在我们今天看来实在是天方夜谭，但在当时，这既是

无奈之举，也是病急乱投医。

1937 年 11 月 1 日，杨杰奉命向苏联国防人民委员伏罗希洛夫元帅提出苏联的参战问题。询问如果中国决心抵抗到底，苏联是否有参战决心，并希望苏联坦率相告参战的时间。

也许是为了鼓励中国坚持抗战的信心，苏联在表示它目前不可能直接参战的同时，也向中国发出了它有可能在将来采取军事行动的信息。

当然，这一许诺一直到苏联打得德国投降，自己可以腾出手来，而且日本也已经是强弩之末的时候才兑现。

11 月 11 日，斯大林会见了杨杰和张冲。斯大林表示："若中国不利时，苏联可以向日开战。"

但他又强调指出，目前苏联不宜对日开战，因为这样做只能促使日本人民向其政府靠拢：

"日本人民一定以为苏联也是想分享中国的利益，如果刺激日本国民反抗，激成日本全国民众动员，结果反而会助日本的团结。""而且，若此时与日开战，必然会使中国失去世界同情者的一半"，"所以，苏联对日本开战一定要等待适当时机的到来。"

次日，伏罗希洛夫元帅对杨杰表示，确实如中国所说，苏联如果参战，一举可奠定东方和平的基础，"但苏联敌人甚多，东方开战，西方必接踵而起，东西兼顾恐无胜利把握。"因此，苏联正为应付这一局面作积极准备。伏罗希洛夫并说这种准备"已经快了"。他还表示"如英、美海军能在太平洋上示威，则苏联亦可向东方迈进"。

此后，伏罗希洛夫还曾对张冲表示，当中国抗战到了"生死关头"时，苏联将出兵参战，一定不会坐视中国失败。

12 月上旬，中国首都南京危在旦夕。行政院副院长孔祥熙致电蒋廷黻，要他向苏联说明中苏有共同的利害关系，如中国失败，日本必将以中国的人力、物力去进攻苏联。因此，苏联如能即时动员，共同合作，中苏必得胜利。若仍迟疑不决，后果不堪设想。

苏联援华自有其战略考虑，它绝不会出于利他的目的把自己卷入战争。

面对着中国越来越迫切地要求苏联出兵参战，苏联不断地降低其应允参战的调门。12 月，斯大林和伏罗希洛夫联名致电蒋介石，表示苏联目前不能对日出兵，声称如果这样做，恐怕会被认为是侵略行动，舆论将对苏联和中国都不利。

为了推脱，苏联提出了一个在当时不大可能实现的出兵条件，即"只有在九国公约国或其中主要一部分，允许共同应付日本侵略时，苏联才可以立即出兵"。

来电还声称，只有最高苏维埃会议才能决定国家处于战争状态，而这个会议在近期内是不会召开的。这对中国来说，不啻兜头一盆冷水。

南京陷落后，中国根据从前伏罗希洛夫曾对杨杰说过的，如果日本占领南京苏联就将出兵的允诺，再次要求苏联出兵。

然而，苏联的答复更加消极。李维诺夫竟然对蒋廷黻说，杨杰原来的关于苏方曾允诺出兵的报告是不确实的，你们该不是记错了吧？我们从来也没有作过这样的允诺啊！

听见他这么说，蒋廷黻一时被噎得眼冒金星。

5 月上旬，斯大林与孙科进行了一次前后长达 6 小时的谈话，斯大林表示他完全明白："中国既是为自己而战，也是为苏联而战。""日本的最终目标是要占领远东至贝加尔湖的整个西伯利亚。"

他表示，苏联将继续向中国提供军火、飞机等各种可能的帮助，但苏联将不会在军事上卷入。斯大林担心，如果苏联对日宣战，德国可能进攻苏联。斯大林还认为，无论是英国还是美国，都不会允许日本被苏联摧毁。

1938 年 7 月，日军和苏军在张鼓峰地区发生激烈战斗。张鼓峰事件再次燃起了中国对苏联参战的希望。有不少人认为，这是日苏战争开始的信号，甚至有人预言，到 9 月日本在财政方面就会垮台，国民政府明年便可还都南京。

但刚刚从苏联离任回国的蒋廷黻却很清醒。他认为，苏联是不可能参战的，张鼓峰战斗只是边境事件而已。蒋介石虽然同意蒋廷黻的见解，但他仍希望这一战事能扩大，从而增加日苏间的对抗程度。

于是，蒋介石于 7 月 27 日致电杨杰，指示他劝说苏联官员不要在张鼓峰事件上与日本妥协。

尽管随着时光的流逝，苏联参战的希望日益渺茫，但负责与苏方交涉的中国官员仍未放弃努力，他们仍在想方设法地促使苏联参战。

8月初，孙科向蒋介石提出了一份建议。他认为现在形势发生了对中国有利的变化。从前苏俄不愿参战，系有两点顾虑：

"一虑我决心不足，战不力，彼若急于参战，恐我或中途变计；二虑参战远东，将授德、意机缘，促成大战，自陷戎首。而如今中国抗战已达一年之久，其决心已无可怀疑，又有英法合作，力图控制德意。这样，远东战事不一定会引起欧洲局势的波动。因此苏联现在对远东战事必有决心。"

为促使苏联下定决心，孙科建议中国除应表示对日一致外，还应确立对苏友好的善后方针，以示与苏联精诚合作之意。孙科提议中国应作出三方面的表示：

1. 中苏合作不限于战时，战争结束之后仍应互相提携，缔结永久盟好关系，在政治、经济、外交上采取一致行动，经济商务上互惠有无。

2. 在国内实现民族平等，人民参政，实行民权，扶助蒙、回、藏各族自治自决，成立自治邦。东北善后，亦基此原则与苏方协议解决。

3. 在经济方面采取平均地权、耕地农有、发展工业、建立国资等措施，实行民生。

孙科指出，后两项虽为我内政，但因苏联当局"心中未尝不怀疑我战胜后，有法西斯之危险，我若自动解除其疑虑，合作前途则更有把握"。

孙科的这份电报，是中国促使苏联参战整个交涉过程中唯一涉及中国内政的文电，它表明为了获得苏联的合作，中国将进行有利于苏联的内政改革。如果说此前中国促使苏联参战的主要理由还是基于国家间的"唇亡齿寒"的说辞，那么这份文电则实际上是以战后中苏盟好，亦即有利于苏联在华利益作允诺了。

孙科的建议并非没有根据。

苏联方面早在1937年11月就曾提出希望中国的内政情况有所改变的想法。苏方表示，它对中国的抗日运动，仍是坚决的援助。不过中国的内政，总须按照民族革命的道路，实行彻底改变。这样，苏联的援助才更有力，更积极。

但是，没有资料表明此时仍对苏联心存顾忌的蒋介石接受了孙科的提议。

中国对苏联参战的希望一直延续到武汉会战时期。9 月 30 日，蒋介石召见苏联驻华大使，强烈要求苏联立即采取行动遏制日本。

次日，蒋介石又致电杨杰，要求他向苏方说明，经历了 15 个月的中国抗战现在"已到最艰苦之严重关头，中国本身力量已完全发动，使用殆尽"。中国希望苏联趁目前欧局暂可望安定而不必有后顾之忧的时机，"予远东侵略者日本以教训，使他日德国亦无能为患"。

然而，苏联还是没有同意参加对日作战。中国政府至此也彻底死心了，明白苏联实际上是不可能出兵的，从此不再提出兵之事。

实际上，中国的这一要求从一开始就是注定不可能实现的，它超过了苏联的援华底线。从根本上说，苏联援华的目的在于遏制日本，使日本没有进攻苏联的余力，因此它不会主动去轻启战端惹火烧身。

但在拒绝全面地、公开地参加对日战争的同时，苏联也采取了一些不致引起苏日全面战争的局部的、暗中的军事介入行动。例如，苏联以志愿队的名义有组织地向中国派出空军作战人员，投入中国的抗日战争。

低调的援华志愿队

传奇将军崔可夫

世界大战的战场上，骁勇善战的将领数不胜数。但是，同时拥有外交官身份的勇将却不多见。而在第二次世界大战的苏联红军中就有一位这样的将领，他就是与世纪同龄的苏联红军元帅瓦西里·伊万诺维奇·崔可夫。

正是这位"二战"名将，在中国具体体现了他的祖国对中国的友谊。

1900 年 2 月 12 日，在俄国图拉省奥谢特尔河谷的一个小村里的一座木屋中，降生了一个瘦小的男婴。村民们谁也没有料到，出生时奄奄一息的崔可夫，在壮年之后竟成为驰骋疆场，并一度主宰民主德国命运的一名元帅。

由于家境贫寒，12岁的崔可夫就不得不过早辍学，告别父母离开家乡，只身一人前往首都圣彼得堡谋生。在喀山大街的彼得·萨韦利耶夫工厂，他干上了一份专门为沙皇军官制作马靴的苦工。他憧憬着自己有朝一日也能穿上马靴，驰骋疆场，建功立业。

后来他入了伍，当上了一名沙皇军队的士兵。十月革命以后，顺理成章地成为了红军队伍的一员。

苏联工农红军军事学院的前身，是1918年9月创办的红军总参谋部军事学院，是苏联军事学院的开山鼻祖。1924年4月，著名的红军元帅伏龙芝出任该院院长，使该院的教学水准大大提升。为纪念1925年逝世的伏龙芝元帅，该学院于同年10月更名为伏龙芝军事学院。这所学院曾培养出了朱可夫、华西列夫斯基等一大批苏军高级将领。1922年8月，崔可夫如愿以偿地成为伏龙芝军事学院第五期的学员。

在3年的时间里，崔可夫得以系统地学习了军事理论，使自己的军事理论素养在丰富的实战经验基础上得到很大的提升。1925年8月，崔可夫以优异成绩如期毕业。

由于学业优异，崔可夫被学院留在东方系的中国部继续作为期一年的深造。东方系的主要任务是培养新一代的军事外交官，对学员的要求十分严格。崔可夫在东方系中国部学习期间，将大量时间和精力用于学习中国的汉语，并经常去纳里曼诺夫东方大学，与中国留学生一起讨论有关中国的问题。

1926年秋，伏龙芝军事学院东方系中国部的实习生崔可夫，以外交随员的身份，随资深外交官克罗日科前往中国。在首次的中国之旅中，他先后到过中国的哈尔滨、长春、旅顺、大连、天津、北平。此时的中国正处在军阀混战中，崔可夫深切感受到战乱给中国人民带来的苦难。

1927年秋，崔可夫正式完成在伏龙芝军事学院东方系的学业，再度前往中国，担任国民革命军军事顾问。在这次军事顾问的两年任职期间，崔可夫四处游历，足迹遍及华北、华南和四川省。他进一步加深了对中国的了解，并学会讲一口流利的中国话。

1929 年，中苏双方在中东铁路问题上出现纠纷，事态越演越烈，两国军队在边境地区不断集结。7 月 13 日，苏联宣布与中国断绝外交关系，崔可夫奉命随苏方外交人员撤回国内。8 月 6 日，苏联军事委员会组建远东特别集团军，任命曾在 1924 年至 1927 年在中国担任孙中山顾问的布留赫尔（即加伦将军）出任该集团军司令官；15 日，苏联政府向中国发出最后通牒。16 日，张学良发表了对苏作战动员令，决定以东北军的 6 万兵力分东、西两路抗击苏军。

此时，刚刚回国的崔可夫奉命赶赴远东特别集团军司令部的驻地伯力，在该集团军参谋部从事情报的收集和整理工作，直接对集团军司令官布留赫尔负责。从 10 月 10 日起，中苏双方在黑龙江和松花江的汇合处同江、富锦地区进行激战，结果当然是装备陈旧、战术落后的中国东北军失利。

11 月 17 日，苏军又猛攻黑龙江省东部的密山、西部的满洲里与海拉尔地区，再次得手。战场上的失败，使张学良不得不接受了《伯力协定》。而崔可夫则在此次中苏军队交战的前线，首次亲眼目睹了苏军步兵与战车部队协同作战的巨大威力。

1936 年初，崔可夫被选送入红军机械化和摩托化学院的速成班学习；年底，他从速成班毕业后被分配担任机械化旅的旅长。此时，全苏联正陷入斯大林发起的一场大规模的清洗运动之中，为数众多的红军高级将领在这场暴风雨般的灾难中被无情地清洗掉；但崔可夫却奇迹般地交上了青云直上的好运，开始大步跨入高级将领的行列。

1938 年 4 月，年仅 38 岁的崔可夫被任命为步兵第 5 军的少将军长；仅仅 3 个月之后，他又升任白俄罗斯特别军区博布鲁伊斯克集群司令官。1939 年初，国际形势因德国的扩军备战而日趋恶化，位于苏联西部前哨的白俄罗斯特别军区进行了重大改组，在原博布鲁伊斯克集群的基础上组建了第 4 集团军，39 岁的崔可夫出任集团军司令官。

后来，崔可夫因在苏芬战争中作战失利，被解除职务。一年后的1940 年，崔可夫再次被苏联领导层相中，重新起用，接受命令作为第 4 任也是最后一任顾问来华。

来华之前他被斯大林接见。斯大林对他说：

"您在 20 年代去过中国……当时是一种情况，而现在是 40 年代，今天又是另一种情况。那时，国民党以孙逸仙博士为首。他是一个心灵纯洁、道德高尚的人。他无限忠于本国人民的利益。而现在，是以蒋介石为首，虽是处于国共两党合作时期，但处理问题需加倍小心。"

然而，重庆迎接他的却是皖南事变。毫无疑问，中国爆发内战是苏联和其他的西方大国都不愿意看到的。对苏联而言，如果中国发生内战，将破坏苏联利用中国来牵制日本的战略目标。因此苏联与其他的西方国家一起对国民政府施加了强大的外交压力。

为此，崔可夫拜见了包括白崇禧在内的众多国民党官员，表达了苏联的严重不满和关切。同时苏联方面还同周恩来和叶剑英等中国共产党的领导人进行了接触，劝说其与国民党妥协。

崔可夫在会见国民政府国防部长何应钦的时候问道："你们是否在和新四军的冲突中使用了苏联提供的武器？"这样提问实际上就是一种指责，言下之意就是，如果中国发生内战，苏联的援助就难以保证了。

当然，皖南事变比较妥善地得到处理，主要原因还是由于中国共产党以大局为重的忍让，但是苏联的作用也不可完全忽视。在这个过程中，掌握着苏联对华军事援助的崔可夫军事顾问团发挥了不可替代的作用，扮演了其他的外交手段所扮演不了的"和事佬"角色。

当时，中国军队里有不少的外国军事顾问，而苏联的军事顾问遍布除共产党军队之外的各个战区。

崔可夫被告知，蒋介石统率的部队有 290 个步兵师、14 个骑兵师、22 个炮兵团、6 个迫击炮团及其他部队，总人数为 3856000 人左右。

但不久后，崔可夫了解到的实情却是：中国有些部队只是徒有虚番号的空架子部队；中国很多部队的装备、战斗力和士气都很低；很多军人仅是为了在军队里混饭吃而已。但中国士兵却是吃苦耐劳、韧性十足的。

崔可夫在与国民党军事领导人接触时发现，"他们容不得批评，甚至是最合理的批评"。在就任蒋介石的总军事顾问期间，崔可夫制订过不少军事计划，但多数难以获得蒋介石的首肯。

在重庆，崔可夫还广泛接触了各国的驻华使节以收集各种情报。他与美国驻华代理武官巴雷特上校、法国维希政府的驻华武官冯伊上校等人建立了良好的信任关系。他对各种情报进行仔细的分析后，帮助莫斯科方面摸清了日军的南进战略企图，为苏联政府与日本签订《日苏中立条约》，以避免两线作战作出了自己应有的贡献。

皖南事变带来的冲击刚刚结束不久，1941年4月3日，苏联和日本签署了《日苏中立条约》。条约是日苏双方数年的艰苦接触和谈判的结果，条约有助于日苏关系的稳定，对避免苏联两线作战有一定的影响。

但是条约在客观上帮助日本对中国施加了压力，并为其以中国作基地的"南进"政策实施扫清了道路。

在这个条约的签署过程中，崔可夫军事顾问团的情报搜集发挥了重大作用。通过中国和外国驻华使馆的情报网，崔可夫清楚地知道了日本在中国南方和印度支那正在广泛地作军事准备，并建立了日本海军的前进基地。

1941年初，一架日本海军的飞机坠毁在广东境内。飞机上有关日本军队在东南亚布防和军事设施修建的重要文件被中国军队缴获。为了得到这份文件，崔可夫亲自拜访了蒋介石，并且最终在《日苏中立条约》签署几天之前，将这份重要情报的摄影复印件用飞机送往苏联。

条约的签署对中国的抗战产生了重大的冲击，严重损害了中国对蒙古和东北的主权。更为重要的是，套用日本外相松冈洋佑的话来说："在冷却中苏关系这一点上，中立条约对我有利。"

日军在1941年4月发动了"中条山会战"，将陇海铁路置于威胁之下，但是重庆国民政府发现中条山会战与条约的签订关系不大。苏联方面也努力地将冲击降到最低点，通过各种渠道对中国表示条约不会影响中苏关系。

崔可夫这时候也在中国到处与神经高度紧张的各方接触，为条约一事努力"消毒"。经过了最为紧张的几天之后，到4月22日，蒋介石发表讲话，称"苏联对我的军火接济如故"。

这一场风波过了仅仅两个月，苏联的卫国战争就爆发了。中苏日三边关系到了一个最为微妙、最为紧张的时期。

苏德开战使中国国民政府感到，苏联有可能加入对日作战，将大大地减轻中国战场上的压力，这正是 4 年抗战以来所梦寐以求的。

但同时对德国和日本两线作战，是苏联最不愿意看到的局面。

发动战争的主动权并不在中国和苏联手里，而是掌握在日本手里。苏联能做到的就是，尽量地利用中国战场拖住日本陆军，努力地搞清楚日本的主攻方向，及时合理地调整苏联在远东的军事部署。

苏联在中国战场上实施这一个战略的直接执行者就是崔可夫的顾问团。

日本到底是会"南进"还是"北进"？在苏德开战之后，日本"北进"的调子高了起来。尤其是刚刚签订了中立条约的外相松冈洋佑积极鼓吹"北进"。不过，由于日本高层各方从现实角度出发的分歧，7 月 2 日，日本决定同时进行"南进"和"北进"的准备。

在南方，日本的空军进驻中国海南岛的基地；在北方，则进行代号为"关东军特别军事演习"的大规模军事调动。在几个月的时间里，关东军兵力增加到 70 万人，到 1942 年甚至达到 110 万人。

在这种情况下，苏联最高当局要求崔可夫顾问团尽快提出报告，判断日本的动向，在这个问题上顾问团的成员产生了严重的分歧。一些人指出，日本的主攻方向是"北进"，而崔可夫和其他的一些人却在研究了中国和远东的局势，并依据占有的第一手情报进行分析后，得出了日本将要"南进"的结论。

在当时正确地得到日本主攻方向改变的情报的，不仅仅是苏联驻华军事顾问团，潜伏在日本的著名苏联间谍佐尔格等人也得到了准确的情报，佐证了崔可夫所作的结论。佐尔格的情报是从日本的高层直接得到的，崔可夫的判断是由中国战场日军的动态和战局的发展方向、结合各种点滴的信息分析综合得出的。

1941 年 12 月 8 日，正在成都休养的崔可夫起床后，边吃早餐边拿起一份当地的报纸，他吃惊地看到了头版头条上珍珠港事件爆发的消息。在震惊之余，他大大地松了一口气！

谜底终于被如愿以偿地揭开了！苏联终于摆脱了日本侵略的威胁，避免了两线作战的严重后果。

太平洋战争的爆发，也终于使中国摆脱了长期的孤军奋战窘境，用崔可夫的话来说是"已经成功地完成了预定的任务"。1942 年 2 月，早已急于回国参战的崔可夫接到了返国的通知，结束了自己 10 个多月的在华使命。

1942 年 3 月，崔可夫从中国回到了阔别 20 多年的莫斯科。他汇报了在中国的工作之后，就坚决要求上前线。5 月，崔可夫被任命为配置在图拉地区的预备队第 1 集团军副司令员。集团军司令员暂时缺额，指挥部队的责任实际上落在崔可夫的身上。

在卫国战争期间，崔可夫先后指挥了斯大林格勒战役、参加了库尔斯克突出部会战，并参加了攻克柏林的战役，成为苏军战史上的一代名将。

尤其是在极为惨烈的斯大林格勒保卫战中，苏军 47 万人牺牲，65 万人受伤。有关统计表明，"在这次战役中，进入战斗的士兵平均存活时间仅有 24 小时，中下级军官的平均存活时间也只有 3 天"。

这次保卫战双方的争夺不是以公里计算的，甚至也不是以米计算的，而是用墙的厚度计算的。崔可夫提出了一个惊人的口号："拥抱敌人！"即与德军进行贴身肉搏战。

战争结束后，这座城市已经看不到一栋完整的房屋，甚至看不到一堵完整的墙壁。

一个德国军官在他的日记中写道："这不是一座城市，而是一个杀人熔炉！"

崔可夫指挥过的近卫第 8 集团军，即参加斯大林格勒保卫战的原第 62 集团军因战功卓著，先后受到最高统帅部 17 次通令嘉奖。该集团军的军事委员即政委，是后来的苏共中央总书记赫鲁晓夫中将。

战后，崔可夫在苏军中担任了一系列高级职务。1945—1949 年任苏联驻德国军队的集团副总司令、第一副总司令，1949—1953 年任总司令，1949 年 3—11 月兼任苏联驻德军管局总指挥，11 月起兼任苏联对德管制会主席。1952 年，崔可夫上将在苏共十九大上当选为苏共中央候补委员。

1953 年 5 月任基辅军区司令员。1955 年 3 月 11 日被授予苏联元帅军衔。1960 年 4 月任国防部副部长兼陆军总司令。1961 年 7 月兼任苏联民防司令。1966 年 6 月任苏联民防司令。1972 起任苏联国防部总监。

1952—1961 年为苏共中央候补委员，1961 年起为中央委员。他还是苏联第二至第十届最高苏维埃代表。

不能报道的援助

抗战初期，崔可夫率领的苏联军事顾问团发挥了重要的作用。

1940 年 12 月，第 4 次来到中国的崔可夫带了一份厚礼——150 架战斗机、100 架轰炸机、300 门大炮、500 辆吉斯 5 型卡车以及其他一批相关的装备和备件。这是苏联援助中国的军事物资中最大的一批。

而从 1937 年中国抗日战争全面爆发到 1941 年苏联卫国战争开始，苏联对中国的援助却远远不止这么多。

这一期间，苏联总共派遣了 3665 人参加中国抗战，包括约 2000 名飞行员。他们带来的飞机，据不完全统计，共有 1250 架，其中包括被苏军爱称为"黄莺"和"燕子"的 561 架歼击机，222 架轰炸机（大部分为"喀秋莎"），以及 100 架教练机。还有其他型号的数百架飞机。

在 1937—1941 年的 4 年空战中，日军损失了飞机 986 架，舰船 100 多艘。而这些日军的飞机大多数是被苏联飞行员击落的，日军王牌飞行员"四大天王"中的 3 名也是被苏联空军志愿队击落殒命的。

在援华作战期间，苏联空军志愿队献出了 217 名飞行员年轻的生命。

在整个抗日战争期间，苏联空军的援华志愿队远不如陈纳德"飞虎队"那么有名，中国人对他们的了解也不多。这是因为苏联空军援华战斗时，苏联并未与日本正式宣战，所有志愿队都处于保密状态，对外称"中国空军正义之剑大队"。

对苏军的参战，中国的新闻媒体也都没有做正面报道，只是在报道战况时大力渲染空军的英勇顽强。日军虽然很明白这些与他们在天上搏杀的凶悍的新式飞机就是苏联来援助中国抗战的，但也没有捅破这层窗户纸，因为他们当时并不想和苏联撕破脸。

援华志愿队之所以不太为人所知，还因为苏联军方频繁更换空军志愿队的领导人，也使志愿队缺少像陈纳德那样一直在华作战的知名度高的、性格比较另类的带传奇色彩的人物。

但在当时，空军志愿队在他们的驻扎地却广为老百姓所津津乐道。

例如 1938 年在武汉，几乎是尽人皆知这个公开的秘密。

每当苏联援华空军志愿队和中国空军升空作战时，武汉的市民都会仰望天空观战，并将战况作为最热门的谈资。如在"4·29"空战那天，长江两岸站满了市民，他们不顾可能遭到的轰炸，仰头看着天上的战斗。每当看见日本飞机被击落，便大声欢呼！

及时雨

中国空军筹建工作始于 1927 年。虽然抗战开始时，中国空军有 300 余架各种飞机，但由于这些从法、德等国买回的飞机，质量不一、性能较差，作战能力极为有限，无法正式列装。因此在淞沪空战和南京空战中，中国空军几乎损失殆尽，到南京沦陷后，全军仅剩下了 12 架尚能修复的飞机。

中国空军遭受重创后，日本空军更加狂妄，肆无忌惮地到处轰炸中国抗日军队和无辜百姓。

正当此时，斯大林决定向中国提供经济贷款和军事援助，并派遣军事专家和志愿飞行员参加中国的抗日战争。斯大林任命日加诺夫为苏联空军援华志愿队的空军高级顾问，具体负责组建苏联空军志愿队。

接受任务后，日加诺夫立即与各方面取得联系，筹划志愿队的组建工作。短时间的努力卓有成效，苏联空军部队同意抽调出一批人员和装备，并于 1937 年 11 月中下旬，正式组建成立了苏联空军援华志愿队。

志愿队共有 5 个航空队，即两个驱逐机队、两个轻轰炸机队和一个重型轰炸机队，主要机型是伊—15、伊—16、CB—2、CB—3 和 ДB—3。这些都是当时世界上最先进的战斗机和轰炸机。

11 月底，斯大林命令志愿队立即飞往中国。

由于苏联空军援华志愿队是中苏间的秘密商定，为不引起日军注意，苏联首批援华的 200 多架轰炸机全部由苏联空勤组驾驶，或从阿拉木图起飞，沿一条缺少机场又没有导航设施的艰难航线经新疆迪化（今乌鲁木齐）、哈密飞到甘肃的兰州；或从伊尔库斯克起飞，经过蒙古飞至兰州。这些飞机和人员除少部分留在兰州待命外，大部分陆续由兰州飞往各战区参战。

驱逐机飞抵中国的方法更加隐秘，它们先是在苏联境内全部分解开来，由汽车运输队运到新疆，然后在新疆重新装配，再由中苏飞行员驾驶飞往兰州。

随机而来的有苏联最优秀的机械师和飞行员，他们最早的任务是在兰州训练中国飞行员，帮助他们掌握苏联飞机的性能和驾驶技术。

在苏联机械师和飞行人员的耐心帮助下，中国飞行员在很短的时间里便掌握了这批先进飞机的性能和飞行技术要领。随后，这些飞机陆续飞往南京、南昌、汉口等地参加抗战。

1937 年 12 月 25 日，苏联又派遣了一批驱逐机、轰炸机飞抵中国。

苏联空军志愿队的援华，大大地增加了中国空军的战斗力。到 1938 年 2 月下旬，中国飞机总数增至 217 架，按当时中国空军飞行员的员额，差不多可以达到每人一架。

据陈纳德回忆："当那些驻华的美国外交官正忙于促使美国空军人员离开中国时，苏联的空军却到中国来了。他们派来四队战斗机，两队轰炸机，装备都很完备，准备抵抗日本。"

同年春，中国战区参谋长史迪威中将亲自飞到兰州，了解苏联向中国提供的作战飞机的具体情况。

"黄莺"和"燕子"

1937 年 12 月 1 日，在南京陷落前夕，普罗科耶夫率领一队驱逐机联机飞抵南京机场，抗击日军对南京的轰炸。这是苏联援华空军志愿队在中国首次参加空战。

抵达当天，援华志愿队就连续 5 次升空，第二、三天又继续作战，3 天时间击落敌机近 20 架。

12 月 2 日，另一队苏联飞机在科兹洛夫率领下，组成 9 机编队，轰炸了停泊在上海水域的日军舰船，炸沉敌巡洋舰 1 艘和 6 艘其它舰船。这是苏联空军志愿队来华后，取得的第一个攻击日本海军的出色战绩。

南京沦陷后，苏联空军志愿队分别撤到南昌、汉口、孝感、衡阳等地。驻汉口的苏联空军志愿队有轰炸机第一大队、驱逐机第一和第二大队，后增至 5 个大队共 180 架飞机。他们参加了著名的"2·18"、"4·

"29"、"5·31"等武汉大空战和"2·23"远袭台北的轰炸战斗。

当时在中国作战的伊-15、伊-16，都是苏军的一线装备。

伊-15比较灵活，擅长水平作战，被苏联人称做"黄莺"。伊-16则因速度快、善于垂直作战和追击，而被叫做"燕子"。苏联军人非常浪漫，给作战飞机起的爱称，就像他们称呼多管火箭炮为"喀秋莎"一样。

"黄莺"和"燕子"高低空域搭配，往往以少胜多，为中国空军掌握1937—1940年间的战场制空权作出了很大贡献。还有一种也被苏联人称为"喀秋莎"的CB型轰炸机，速度比同时代的日本九六式战斗机还要快，在保卫南昌、衡阳和柳州空战中，发挥了很大的作用。

1937年12月22日，日军飞机轰炸南昌，布拉戈维申斯基立即带领志愿大队起飞迎敌。空战中，布拉戈维申斯基一举击落了大名鼎鼎的日本"空中红武士"、号称海军航空兵"四大天王"之一的潮田良平。日本飞机见此情景，随即逃之夭夭。

1938年2月18日，日军从南京、芜湖等地起飞了12架重型轰炸机和26架战斗机，企图对武汉进行一次大规模的空袭。苏联空军志愿队与中国空军第四大队并肩迎敌，共击毁日机11架（其中苏联志愿队击落5架），取得武汉空战中的首次大捷。

2月23日是苏联红军的建军节，志愿队决定长途奔袭日本在台湾的空军基地。当时台湾是日本空军的一个主要基地，松山机场上停着大批战斗机。指挥官留恰哥夫决定派出两批轰炸机队：一队是驻在南昌的中苏混合编队轰炸机队，12架飞机；另一队是驻汉口由波留宁率领的苏联空军志愿队轰炸机队，28架飞机。

当天早晨，两队分别出发。但由于领航员计算偏差，南昌起飞的机队没能到达台湾。波留宁大队由于航程远，不得不用5500米高空直线飞行来节省燃料。从汉口到台北，飞行员们一直忍受着高空缺氧的折磨。

到达台北时，云层中出现"窗口"，苏军迅速钻出云层投弹。日军的机场顿时陷入一片火海，日本人根本没料到竟有飞机能够远袭台湾，因而毫无戒备，一时间，战斗机大部分瘫痪在跑道上，高射炮也都成了"哑巴"。

此次轰炸，苏军共投掷了280枚炸弹，炸毁敌机12架，营房10栋，机库 3 座，还焚毁了可供 3 年使用的航空燃油及其它装备，松山机场几乎完全报废，几个月都不能使用。

2 月 25、26 日，日机连续两天对南昌发动空袭，苏、中空军起飞迎战，击落日机 14 架。

3 月 9 日，日机夜袭衡阳机场，苏联驱逐机大队在拉赫曼诺夫的带领下，升空迎敌，击落敌机 4 架。

4 月 29 日，日军为庆祝天长节（即日本天皇的生日），特派出海军航空兵精锐的佐世保第 12 航空大队的 18 架轰炸机和 21 架战斗机空袭武汉。苏联空军志愿队布拉戈维申斯基第一个起飞，苏联空军志愿队与中国两个航空大队经过 30 分钟的联合战斗，击落日机 21 架，其中苏联志愿队击落 12 架。

5 月 30 日，9 架日本轰炸机出现在汉口机场上空，苏军立即起飞迎敌。两架日机冒着浓浓黑烟栽向地面，紧接着又来了近百架日机，试图掩护剩下的轰炸机返航。但逃跑途中仍有 14 架日机被击落。苏军飞机只损失了 2 架。

5 月 31 日，日军再次出动 36 架战斗机和 18 架轰炸机空袭武汉，布拉戈维申斯基照例是第一个升空，日机见中国早有准备，于是掉头东逃，志愿队与中国空军大队奋起追击，击落日机 14 架，其中志愿队击落 8 架。

这几次空战给了日本曾一度自吹自擂不可一世的"空中武士"、"四大天王"和佐世保"霸王"等机队毁灭性的打击。

随着武汉抗战形势日趋紧张，蒋介石对苏联空军援助的期待越来越迫切。早在这一年的 5 月，蒋介石亲自在给斯大林、伏罗希洛夫的密电中说，中国战事日益趋紧，各项物资都十分欠缺，"尤其飞机一项，实迫不及待，中国现只存轻型轰炸机不足 10 架，需要之急，无可与比，请先将所商允之轰炸机与发动机尽先借给，速运来华"。

接到蒋介石急电后，斯大林、伏罗希洛夫一方面立即回电担保："关于苏联方面援助一节，丝毫不必疑虑，苏联当尽其一切可能，援助正在反抗侵略者的英勇解放斗争中之伟大的中国人民。所要求之飞机，当即运送。"

7 月和 8 月是保卫大武汉的战斗最为激烈的时期。苏联空军志愿队 20 多次出击，在"7·16"、"8·3"、"8·18"空战中，共击落日机数十架。同时还多次出击轰炸芜湖、安庆机场及九江等处的日军舰艇，为武汉大撤退争取了宝贵的时间。

武汉沦陷后，日军轰炸机就以汉口机场为基地，对重庆、成都、长沙、贵阳等中国内地城市实行灭绝人性的"无区别轰炸"，给中国大后方的老百姓带来了无穷的灾难。

1939年6月，斯大林命令再次向中国派出志愿队，由库里申科和科兹洛夫两位大队长率领两个重型轰炸机大队，共装备了36架ДВ—3型重型轰炸机。

对斯大林的这次援助，蒋介石非常感动，他在6月28日给伏罗希洛夫的信中写道：

"我国对日战争已逾两年，由于苏联各族人民对中国深切同情支持，予以物质和道义上的援助，使有可能进行长期的解放战争。"

其后，苏联又陆续向中国派遣了几批飞机和志愿飞行员，最多时达8个飞行大队。苏联援华飞机总数超过了1200架，仅武汉抗战时即达565架。在武汉的空军志愿者就达到1000多人。

苏联空军援华志愿队的历任负责人有日加诺夫、雷恰戈夫、阿尼西莫夫、波雷宁、特霍尔、赫留金、布拉戈维申斯基等。

南昌、武汉、孝感相继沦陷后，苏联空军志愿队分驻重庆、成都、温江、桂林、柳州等地，仍然是中国空中作战的重要力量。

1939年苏普伦上校率领50架驱逐机进驻重庆机场，大大地增加了重庆的防空能力。此后即使日机改为夜间偷袭，也经常遭到志愿队的重创。苏联空军志愿队有时还配合中国军队陆地作战，特别是南宁战役中，由于空中的有力支援，给了日军以沉重的打击。

重型轰炸机大队在大队长库里申科的率领下，多次长途袭击日军已经占领的武汉。1939年8月14日，库里申科带领ДВ—3远程轰炸机大队，从成都起飞轰炸日军汉口机场，在武汉上空与日军飞机进行了格斗，共击落6架由德国提供给日军的"梅塞施米特"战斗机。

10月3日和14日，又两次袭击日军汉口机场，共炸毁日机84架，击落日机3架，使日军在武汉地区的航空部队元气大伤。

1940年苏联空军援华志愿队还多次轰炸了日军后方基地。

这年 1 月，CB—2、ДB—3 轰炸机大队，先后 4 次袭击敌人已经占领的南宁机场和前沿阵地，炸毁敌机数架，炸死炸伤日军人数众多。

4 月 3 日，苏联远程重型轰炸机大队长科兹洛夫率领 8 个苏联机组和 2 个中国机组，从成都起飞袭击岳阳，炸毁敌舰一艘、火车车厢两节、汽车 5 辆，炸死炸伤敌军近 300 人。

同日，CB—2、ДB—3 轰炸机大队 7 架飞机在乌瓦洛夫指挥下，从温江机场起飞，轰炸了山西运城及其机场，炸毁敌军营近 80 栋房屋。

4 月 12 日，苏联空军志愿队的 8 架重型轰炸机与中国 5 架战斗机组成混合编队，由科兹洛夫率领袭击岳阳，炸毁敌汽艇两艘、火车站一部分、火车一列，炸死炸伤日军 100 多人。

4 月 28、29 日，苏联重型轰炸机由于天气原因改变轰炸南京和运城的计划，炸毁了虞乡和信阳两地日军仓库。5 月 2 日，乌瓦洛夫大队长率领 5 架 CB—2 和 ДB—3 轰炸机，由温江起飞，袭击了日军在湖北钟祥的阵地。

1941 年夏，卫国战争爆发，苏联面临着一场巨大的浩劫。空军援华志愿队开始陆续撤回国内参战。其武器装备等全部移交给了中国空军。

同年 12 月的珍珠港事件爆发后，陈纳德率领美国的"飞虎队"来华，重新掌握了制空权。

让我们记住这些名字

从 1937 年 11 月到 1941 年，苏联援华志愿队在中国战斗了 4 年多的时间，为中国抗日战争的胜利作出了卓越的贡献。他们中有的成为人民英雄，凯旋故里；有的则血洒疆场，捐躯异国他乡。他们既为中国抗日战争立下了不朽的功勋，也为他们的祖国赢得了荣誉。

活着的古边科是其中的一位典型的英雄。1938 年 5 月 31 日的武汉空战爆发那天，这位苏联空军少尉正在停机坪上修理飞机发动机，听到战斗警报，他匆匆驾驶一架只有一挺机枪的飞机升空应战。

在与日机的格斗中，他用这挺机枪击落了一架日机。当他瞄准第二架日机时，发现子弹没有了，便开足马力，靠近日机，用螺旋桨对准日机的机翼猛撞过去，使被撞断了机翼的日军飞机一头栽向地面，他自己飞机的螺旋桨也严重变形。不过他发现飞机居然还能勉强滑翔，于是放弃了弃机的打算，硬是"飘"回了基地。不久，日本飞行员的尸体在一个小湖旁被发现。

他因此荣获了中国政府颁发的金质奖章，回国后也被苏联政府授予"苏联英雄"的称号。

像古边科一样荣获"苏联英雄"称号的还有波雷宁、兹维列夫、布拉戈维申斯基、博罗维科夫、盖达连科、赫留金、克拉夫琴科、斯柳萨列夫、苏普伦、马尔钦科、尼古拉延科、谢利瓦诺夫、苏霍夫等13人。

在与日军的空战中，苏联空军援华志愿队有217人牺牲。他们中有大队长，

位于重庆鹅岭公园内的
苏联空军志愿队烈士墓

也有一般机械师，年龄最大的41岁，年龄最小的22岁，平均年龄为28岁。

其中安葬在武汉的有科兹洛夫、别索茨基、巴拉莫诺夫、基吉里什登、师什洛夫、马特维耶夫、斯图卡洛夫、马尔琴科夫、多尔戈夫、斯柯尔尼亚科夫、古里耶、楚里亚科夫、泰列霍夫、古罗夫、库里申科等。

其中，重轰炸机大队长库里申科的知名度最高。他出生于乌克兰，1937年来华参加抗战，参加了多次空战。

库里申科有一句名言："我以体验自己祖国苦难的心情，在体验着中国人民的苦难。"2013年3月，习近平主席访问俄罗斯，在俄罗斯外交学院演讲时引用了这句话。

1939年8月14日，库里申科率领苏联空军重型轰炸机大队，首次空袭已经被日本占领的武汉，他们将重磅炸弹倾泻在汉口日军机场上，将机场基本摧毁。当他们准备返航时，突然遇到日本战斗机群。库里申科指挥大队中的歼击机先后击落6架日机，然而他的飞机却被日本飞机击中了左发动机。

当返航至四川万县上空时，飞机失去平衡，被迫降于长江江面，机

组其他人员均获救，唯有他因连日劳累，无力泅渡而被江流卷走。

在抗战中，中国老百姓也和苏联军人建立起了血肉情谊。1938年初，波雷宁驾驶的重型轰炸机在一次战斗返航时出现故障，不得不降落在一片芦苇丛中。全体机组人员看着这片陌生的地方，忧心忡忡，不知如何回到基地，更不知道这附近是否有日军。

不久，30多个中国人小心翼翼地朝他们走来。波雷宁赶紧用手指着绣在制服上的蓝布条，那上面用中文写着"国际友人援华抗战"等字样。这些中国人端详了一会儿，脸上渐渐露出了笑容。

语言不通，机组人员就通过画图指导村民们把重达7吨的轰炸机从沼泽地里拖了出来。农民们硬是用人力把飞机移到江边，抬上一条小火轮，一位老船长痛快地答应把飞机运到汉口。

随后，几位"洋人"被安排到一个小餐馆吃了顿可口的便餐，有蒸肉、花生米和各种他们没有见过的陌生蔬菜。饭后他们又在一个安静的村舍里美美地睡了一觉。

他们这才知道自己身在安徽芜湖，在他们的回忆录里写道，"这里更像是一个战时疗养所"。

苏联空军志愿队的烈士墓

对苏联援华志愿队在中国的英勇战斗，无论是在抗战时期，还是在新中国成立以后，中国人民都给予了最崇高的赞扬和最真诚的致意。如库里申科的陵墓，大半个世纪以来，一直都被武汉的一对母女细心地守护着。

武汉"2·18"空战后，人民奔走相告，热烈欢迎凯旋的苏联空军志愿将士。中国报刊特地发表了《庆祝空军胜利》的短评。为了纪念在武汉"2·18"、"5·31"空战中殉职的将士，武汉各界曾两次举行隆重的公祭仪式，蒋介石、陈诚等国民党军政首脑亲临致祭。各党派、各界、各团体纷纷送花圈、挽联、锦旗等表示沉痛追悼。中国共产党领导人毛泽东、朱德、周恩来等也献上了花圈和挽联。

在南京、徐州、南昌、武汉、广州、兰州，甚至在西部边陲广西的昆仑关，志愿队出现在了中国几乎所有的正面战场上。

1941年6月苏德战争爆发，由于国内吃紧，苏联对华军事援助规模逐步缩小，苏联空军志愿队也陆续回国。至当年10月，苏联援华物资和人员援助基本停止。

20世纪80年代初，中苏关系解冻后，苏中友好协会第一副会长伊万诺夫和他的老战友们曾参观过中国境内的苏联飞行员墓地。当他们在武汉的解放公园里看到，苍松翠柏中的苏军飞行员墓地在经历了中苏两党之间的矛盾和中国"文革"浩劫后，仍然保存得那么完好，老战士们一个个热泪盈眶，在战友的墓碑前面久久地默哀。

1985年，76岁的布拉戈维申斯基中将率领一批参加过中国抗日战争的苏联空军志愿队老战士，来华参加纪念中国抗战胜利40周年的活动。他们一行受到中国政府和中国人民的热情欢迎和款待。

他们再次来到武汉解放公园祭扫苏联空军志愿队烈士墓，这些已经80多岁的志愿队老战士都流下了热泪。

元帅情谊

1957年11月中旬，应苏联国防部的邀请，由彭德怀任团长、叶剑英任副团长的中国军事友好代表团，来到当时是苏联的一个加盟共和国的乌克兰首府基辅进行访问。

崔可夫曾是叶剑英元帅的亲密战友。1940年12月至1942年2月，崔可夫在苏联驻华使馆任少将武官和蒋介石的总军事顾问。当时，叶剑英是中共第18集团军驻重庆办事处主任，经常和崔可夫打交道。两人关系密切，结下了深厚的友谊。

崔可夫在中国多年，可以说是个中国通。为了证明他直到现在还能说汉语，并且掌握了四川方言，见面后，他用四川方言说了一句："四川的锤子是啥子哟！"逗得大家哈哈大笑。

叶帅见到老朋友非常激动，即兴吟七言绝句一首：

"别梦依稀十五年，拨云破雾见晴天。第聂河畔会故友，谈古论今话当年。"

叶帅让翻译把这首诗翻译给崔可夫元帅，但他担心翻译时不能把他诗句中的寓意表达出来，还特意告诉翻译，一定要把那个"雾"字翻好。他说："这可是一语三关哪！"

这个"雾"字一是说叶帅和崔可夫是在雾都重庆相识，以"雾"来寓意地点；二是说中华人民共和国成立了，东方巨人从此站立起来，寓意中国的政治气候是"破雾见晴天"；三是说明国际政治气候的，当时各国共产党在莫斯科聚会，解决了由于反对斯大林个人迷信，给国际共运带来的冲击和混乱，大家统一了思想，国际共运呈现出了祥和明朗的气氛。

崔可夫非常欣赏叶帅的这首诗。

第二天，在崔可夫元帅的陪同下，他们去了第聂伯河畔的一座无名山峰，拜谒峰顶上的无名英雄纪念碑。碑前有一个巨大的铸铁花圈，花圈的中心是长明火，象征着无名英雄永垂不朽。

这天风和日丽，阳光灿烂，有好几对新婚夫妇在父母和亲友的陪同下，捧着鲜花来到纪念碑前，怀念烈士为他们今天的幸福生活献出了生命。

崔可夫元帅告诉叶帅，苏联政府鼓励年轻夫妇在新婚之际到烈士墓前奉献鲜花。多少年来，这已形成风俗习惯。听到他这么说，叶帅便走上前去对其中的一对新婚夫妇说："你们好啊，年轻人！我代表中国人民祝你们幸福快乐！生活里永远有春天！"

崔可夫元帅对那对年轻夫妇说："这是中国的叶剑英元帅，我们最尊贵的客人，他不远万里来到基辅。能遇到他，你们很幸运！"

那对年轻夫妇万万没有想到在这里巧遇中国元帅，非常兴奋，给叶帅献上了一大捧花束。

临离开苏联时，崔可夫元帅赠送给叶帅一柄精制的佩剑和特制的马卡洛夫牌手枪作为纪念。在剑柄和枪柄上都镶嵌有"赠给老朋友叶剑英元帅留念，崔可夫敬赠"的字样。

1982年3月18日，崔可夫去世，终年82岁。他被安葬于伏尔加格勒（即原来的察里津、斯大林格勒，现在的伏尔加格勒）马马耶夫岗下，与老战友舒米洛夫上将作伴。

崔可夫一生共获列宁勋章9枚，十月革命勋章1枚，红旗勋章4枚，一级苏沃洛夫勋章 3 枚，红星勋章 1 枚。还有奖章及国外授予他的勋章、奖章多枚，荣誉武器 1 件。

神秘的苏军观察组

抗日战争时期，中国和苏联的交往远远不止初期苏联派出的航空志愿队，和遍布国民党正规军中的苏联军事顾问。

日本发动七七事变后，中日战争全面爆发。苏联担心自己会面临东西受敌的局面，急于得到有关日军此后战略动态的情报。

因此，除了尽自己所能帮助重庆的国民政府以外，苏联对延安方面的动向以及军队的作战情况也急于了解和掌握。所以，从 1941 年开始，苏共中央和共产国际就秘密地向延安派出了一个观察组。虽然到了 1942 年时，日本已经在太平洋上与美军全面开战，苏联的东部边境暂时是安全的，但苏联仍然希望中国能够拖住日本这个疯狂战车的轮子。这个观察组在延安驻扎了五年，除了代表苏共中央与延安的中共中央随时进行沟通联络以外，还通过中共的情报机构掌握了大量日军的情报，了解了中共与重庆方面的复杂关系，接触了后来派往延安的美军观察组。

这是一段长期以来由于各种因素制约，未被揭秘、不为人们知晓，但甚为重要的历史。

观察组成员彼得·弗拉基米洛夫（在延安的化名叫孙平）是 1942 年 5 月到达延安加入观察组工作的。20 世纪 50 年代他撰写了一部长达 40 余万字的《弗拉基米洛夫日记》，回忆他 1942—1945 年间在延安的经历。书中披露了大量鲜为人知的珍贵史料。1980 年，新华社以《延安日记》的书名翻译出版了这部书。当时的印数极少，是作为内部读物发行的。

笔者当年偶然得到了这本《日记》。近些时，有一些评论，说这本《日记》是弗拉基米洛夫儿子的伪作，也有更多的学者驳斥了这种观点，并依据大量的事实证明了《日记》的真实性。

在这里，我们尽可能摒弃书中一些恶意歪曲的记述，节选了书中与本书相关的内容，从这些内容的字里行间，我们可能会对当年中国共产党与苏联共产党以及共产国际的交往有所了解，并从另一个侧面了解抗日战争期间波谲云诡、错综复杂的国际关系。

《延安日记》摘录

1942 年 5 月 10 日

我们到了兰州，这是我们乘苏联 TB-3 飞机从阿拉木图起飞后，在中国机场停留的第四个晚上。我们在伊宁过了一夜，以后两夜是在乌鲁木齐和哈密过的，目的地是延安。我将代表共产国际并作为塔斯社的随军记者，在延安工作。

TB-3 飞机在两面都是山坡的山沟里降落。多尔马托夫、阿列耶夫和几位中国同志在那里迎接我们。令我们没有想到的是，毛泽东竟然也来到了机场。

他握着我的手说："我很高兴来迎接亲爱的苏联朋友。"他问我身体怎么样，并向我的同事和全体机组人员打招呼。然后他说："我很快就能会见你，也许明天。"

他态度自然，慢慢地发问，笑时面带倦容，留神听我们每个人说话。他穿着棉布上衣，棉布裤子，同所有其他中国同志穿的服装一样，还穿着一双粗布鞋。

我以前到兰州和西安时，认识了几位中国同志，他们大都是经历了严酷的内战考验的老一辈党员。几乎都在战争中负过伤，并有亲人牺牲了。

康生拥抱我，还吻了我，这种举动并不使我感到高兴。因为我在兰州时，见到他对苏联人十分无礼。

我们的青年在中国上空作战，遭受了重大牺牲，当然，日本损失的人员和飞机为我们的两倍乃至三倍。哪里出现苏联战斗机，日本轰炸机在哪里就无法命中目标。可是在地面上，康生的人却暗中监视着每一个苏联公民。我不可能消除对此人的坏印象，他装得像个要人，实际是中国共产党人的敌人。康生虽说很谨慎，但他做的比他嘴上说的，更能说明问题。

康生的吻是犹大的吻。但我是客人，不能露出我的感情来。毛泽东点了一支烟，同机组人员交谈，而康生则嘴上露出一丝冷笑，拉长了声调在我耳边说："我们是真正的兄弟。"

我相信，中国同志早晚会看透他。

毛泽东说了声再见，就向他的汽车走去，后面跟着手持毛瑟枪的年轻警卫。车子一溜烟走了。那是辆英国或美国造的老式救护车，警卫员们的宽大背影挡住了我们的视线。

我被介绍给塔斯社小组。鲍里斯·华西里耶维奇·阿列耶夫是正式译员；列昂尼德·华西里也维奇·多尔马托夫（也叫李文）是报务员，他也穿了同样的一身衣服和一双粗布鞋。欢迎者中间少了伊戈尔·华西里耶维奇·尤任，他正在电台值班。

天气晴朗，阳光灿烂，TB-3在卸货后立即飞离延安。

我现在跟多尔马托夫一道，坐在一间装设电台的房间里，在记下这一切。

多尔马托夫在向莫斯科发报，报告我们的顺利到达。汽油机发电机在外面突突作响，里马尔在端详那套无线电设备，尤任和奥尔洛夫在隔壁房间里安排餐桌。屋内点着蜡烛，气氛显得很舒适。

除了奥尔洛夫要搬到医院附近的地方去住以外，我们全都将在这个小屋里住下来。多尔马托夫对我说，医院就设在山腰上的几个窑洞里。

每个人都很兴奋，我们是因为到了延安，尤任、多尔马托夫和阿列耶夫则是由于听到了苏联最近的消息，收到了我带给他们的亲友来信。

这几位老资格的"延安人"对世界局势的了解，要比我们多得多。多尔马托夫搞的电台，实际上昼夜都能收听到新闻。延安的各条路上，都有身背毛瑟枪的战士严加守卫。

晚上，毛泽东接见了我们，同毛泽东在一起的，还有康生和政治局其他成员。互相寒暄以后，毛泽东开始问我们有关苏德战争前线的形势。他特别想了解我们战线的稳固程度，我们尽可能一一回答他提的问题。然后，毛泽东说，中国共产党是忠于国际主义原则和抗日统一战线政策的，并且是与国民党合作的。

"孙中山的学说可概括为民族、民权、民生三条原则。"毛泽东说，"中国革命之父的所有这些原则，都是我党党纲的神圣组成部分。"

他从口袋里掏出了一包揉皱了的纸烟，慢慢地点燃一支说："主要的问题是得到人民的拥护。如果你得到群众的支持，即使没有技术，只用棍棒和石头也能把敌人打败。因此，我们必须为改善群众的经济地位而斗争，否则，人民就不会拥护我们。"

毛泽东的住室是两间连着的窑洞，洞壁精心地衬着木板。窑洞最里面的砖地上放着书桌，上面摆满了书籍、纸张，还有一个烛台。毛泽东背有一点驼，眼角上有细细的皱纹，讲一口难懂的湖南话。他身上表现出来的一切，都说明他出身于祖祖辈辈务农的家庭。

任弼时是中共中央政治局委员和书记处书记。他约摸40岁光景，个子不高，神情敦厚，说话声音很轻，脸上长着连腮胡子。

王稼祥是政治局委员，瘦个子，比一般人略高。他的头发，就像毛泽东的头发那样，比一般人的略稀。

毛泽东自己喝的是荷兰酒（这似乎不可信。当年的延安会有这种从荷兰进口的酒吗？应该是孙平的误解或翻译错误），而用当地酿的一种米酒招待我们，他来到我们小组每个人的面前，温和地询问我们的健康情况。他穿的还是那套打补丁的制服，端着酒杯，一边喝酒，吃花生，一边详细地询问斯大林和季米特洛夫的情况。

毛泽东把我们介绍给他的妻子江青。她身材苗条，有一双黑而机灵的眼睛。站在她壮实的丈夫旁边，更显得娇小和弱不禁风。

这时候，康生告诉我们关于有人想杀害毛泽东的事，这些企图都失败了。他说，只要毛泽东向阴谋者看一眼，就足以使他们坦白交代出罪恶企图来，这种事件已经发生过3次了。

毛泽东不说话了，坐在躺椅里，抽着烟。

我们把这看做是一种表示，告诉我们接待到此为止，我们站起身来向主人告辞。毛泽东陪我们走到门口，紧紧握着我的手再一次说，他很高兴在中国见到我们，对共产国际和斯大林同志的工作与关怀表示感谢。毛泽东答应要尽一切可能帮助我们，并赞扬斯大林同志和共产国际领导人的英明。

1942年5月12日

我们除了从康生的情报局、从前线采访以及从同中共领导人和中国普通老百姓的接触中得到情报外，还从广播中收听最新消息。我们多半在晚上收听。离此850公里的重庆电台的广播，晚上听得很清楚。

另外，我们小组有一个收发报的电台同莫斯科保持热线联系。这条线路在深夜或大晴天联系最为可靠。但由于多尔马托夫的技术好，实际上任何时候线路都是畅通的。除了7月，由于电离层变化，在当地时间中午到下午5时之间，线路中断。

我们还备有蓄电池，以供出现紧急情况之用，主要用以对付日本可能突然发动的空袭。

往西约10公里处，有一个由博古（秦邦宪）负责的中国电台。他还主管《解放日报》、《新华通讯社》和全面的出版宣传工作。

中国共产党中央委员会自己有一个电台。1936年以来，延安同共产国际的领导机关经常保持着无线电联系。

博古是中共中央政治局委员。从1931年9月到1935年1月，他领导中共临时中央委员会。1935年1月遵义会议后，党的中央委员会由毛泽东领导。

1942年6月23日

由康生提供的中共中央情报局的材料是如此混乱和矛盾，更重要的是，特别在涉及国民党的对内对外政策时，如此有倾向性，以至于大致核实这些材料都要费很大的劲。

我们在努力克服两种封锁，一种是日本的，它切断我们与外部世界的联系；一种是康生的，它不让我们与中共领导接触。

康生的做法既与中共的内部规定有关，应该说也有他自己的小算盘。掌管着中共情报机构的他，是一定对苏联人有所戒备的。

多尔马托夫对我说，战争爆发前几天，在延安的苏联小组被告知说，德国行将进犯苏联。这以后不久，我们听说周恩来从重庆发来了电报。

周恩来在6月18日报告说，蒋介石已得悉，德国要在6月21日晚上进攻苏联。因此，蒋介石急于策划向特区发动总攻。这个消息是国民党驻柏林大使陈介和武官卫永清报告给蒋介石的。

康生及其随从将他们当年及时得到的关于德国计划进攻苏联的情报，并告诫苏联的情况，对我和我的同志们唠叨个没完。无疑这就是在邀

功了。

康生昼夜都在毛泽东那里。昨天，他竭力想使我深刻地认识到，毛泽东在创造"革命战争的最新战术"方面所作的贡献是如何伟大，这不单单是对中国的革命战争，而是对全世界的革命战争都是这样的。他说全体中国人，甚至包括敌人都承认，运用"机动战术"是他的创造。由于采用这种战术，"我们过去常常打败蒋介石军队，现在又在打败日本人"。

1942 年 7 月 13 日

我突然被邀到了毛泽东那里去。到他那里时已经很晚了。他一个人在。我们互相问了好。

毛泽东详细地询问了苏德前线的形势。我把了解的情况告诉了他。他静静地听着，看了几次地图。我帮他找到他叫不出名字的那些地方。

窑洞里烟雾弥漫，到处都是香烟屁股。主席递给我一把椅子，自己坐在我对面的椅子上。他说，斯大林和苏联人民的担忧，他和中国人民是理解的。因此，"我已经命令我们的部队对日本法西斯作好战斗准备。让他们来侵犯苏联边境试试！你们不用担心。八路军的部署正在作必要的调整。"

应该说，这仅仅是毛泽东的表态而已。因为在 1942 年，中共的军队正在应对日寇的大扫荡。形势非常严峻，环境是抗战开始后最为艰苦的一年，不可能调兵到东北边境和日军作战。而当时正在东北几省和日军周旋的抗日联军，战斗力相对很弱。一旦日军进攻边境那边的苏军，抗联是没有能力阻止日军的。

……

1942 年 8 月 13 日

中共中央委员会的成员大致可以分为以下四类：

1. 毛泽东、康生（特区和中共党内最有权势的人物之一）、刘少奇（他慢慢地越来越成为显要人物了）。

2. 王稼祥、陈云、朱德。他们还是坚持马克思列宁主义原则的，但他们理论上不强，往往不能维护自己的观点。

3. 所谓的莫斯科派，是毛泽东及其支持者的主要反对派，即王明、博古、洛甫。

……

陈伯达是毛泽东的秘书,其貌不扬,戴副眼镜,略显肥胖,双眼深陷,一对耳朵大得不太相称。根据我的观察,以及从我的朋友那里听到的,陈伯达是一个聪明而有才干的人。他跟康生不同,爱交际,有很多朋友。他会给人以友好可亲的印象。他生于1904年,福建人。20世纪20年代,从莫斯科中山大学毕业。他具有出色的文才,在30年代就写了许多关于马克思主义理论的文章,并写过好些书,而且在北平教哲学。

1937年,他来到延安。以后一直留在延安,在党校教课。对毛泽东那样受过很少正规学校教育的人来说,陈伯达是个宝贝,尤其是因为陈伯达对他的任何一种思想都能够"消化",并用适当的形式表达出来。

每当我见到毛泽东时,我注意到他的随员对当天复杂的事件发表意见,总是尽量表现得高兴、大胆,而且带有几分天真。

他们这种活跃的举动,同毛泽东的稳重态度恰成鲜明对照。在这样的场合下,处在吵吵嚷嚷的人们中间,不管周围发生什么事情,他总是静静地听着。

晚上,毛泽东邀请我和阿列耶夫去他那里。从政治局委员们涨得通红的脸上可以看出他们刚开过会,而且会开得绝不是很平静的。这次邀请使我感到不平常,因为没有通常那种一本正经的正式礼节。

毛泽东除了那种旨在使来访者生畏的态度之外,还有另一种纯粹中国式的风度。这一次,他关切地问起我们的健康和需要,要我坐到通常留给贵宾坐的皮靠椅里,然后亲自端来饭、酒和茶。江青搬来了躺椅,他就挨近我们坐下。警卫员递给他一杯酒,江青塞给他一把花生米。

我们问他,对于日本可能向苏联进攻他是怎么看的,中共对这场战争将抱什么态度。毛泽东回答说:"当然,我们会对日本人采取军事行动的。"

坐在我边上的是康生。他戴着眼镜,头发向后梳,薄薄的嘴唇紧闭着。我不时看看他,想到他所掌握的大权,以及他在这么多人头上耍的威风。

毛泽东突然不说话了,叫人把红辣椒拿来,我们明白,这就是说正式的谈话结束了。警卫员把一盘红辣椒首先递给了我。另一盘给了毛泽东。

毛泽东不停地吃着辣椒，一口又一口。然后在椅子里舒舒身子，开玩笑地问道："斯大林是一个革命家吗？他喜欢吃红辣椒吗？一个真正的革命家，一定会吃红辣椒。"

他喝了口酒又说："亚力山大大帝肯定是非常喜欢吃红辣椒的，他是一个真正的伟大的革命家。至于斯大林，肯定他也是吃辣椒的。孙平，你也得吃辣椒，假如你是一个革命家，那就请吃吧。……"

毛泽东夹起一个个辣椒，和着酒吃下去。喝了这么多的酒，他的头都能受得住，真叫人佩服。不一会儿，毛泽东的脸就变得像盘子里的辣椒一样红了。

康生狂热地谈论着毛泽东。他满面堆笑，大声地吸着粗气。

江青一直在放唱片。

王稼祥也来了。把话题转到了时局上。

约摸一个半小时之后，毛泽东困了，他在躺椅上打了个呵欠，伸了伸懒腰。江青放了一张平剧（即京剧）唱片——毛泽东点头赞许，并开始击掌打起拍子来。那缓慢而有节奏的拍子逐渐使他进入了梦乡。

1942 年 9 月

我们花了 10 天的时间到达了贺龙的指挥部。

不少地方路太窄了，我们不得不下马牵着马走。草草搭在悬崖峭壁上的桥梁摇摇欲坠，路上到处是碎石块。这一带石头时常掉下来砸死人。

到某些庙宇去的唯一通道，就是在岩石上凿出来的一级级台阶。这些陡峭的山路有几百米长。一路上，我们惊动了野兔、狐狸、野猪、山羊和豺狼。

我宁可睡在露天。天气冷，但露天至少没有寄生虫。路边饭铺里的草席上爬满了虱子和跳蚤，身上痒得很。我们只好买"白干"来擦，用以止痒，根本无法睡觉。

这个地方的土匪和地痞流氓真是够多的，一帮帮的歹徒还假冒游击队员，这些人跟日本人一样，横暴地对待老百姓。

（在截至目前找到的所有相关史料上，几乎没有见过边区周边有土匪的记载。孙平的上述文字的依据不知道是什么。也许是道听途说，也许是以讹传讹，但似乎也不能完全否定土匪存在这一事实。战乱时期，似乎没有什么是不可能的。)

农民的贫穷和无知令人惊讶。税收、战争，和仅仅属于他们的小片土地使他们入不敷出，只能勉强糊口。他们仅有的一点财产都在东倒西歪的窑洞里了。他们光着身子睡在炕上，盖的是爬满虱子的破布。几乎每个儿童都长有寄生虫，患有胃病、佝偻病和可怕的皮肤病。

我见过人人都染上了沙眼、麻风病和梅毒的村庄。我们绕过了天花和斑疹伤寒流行的地区。

年龄相差很大的婚姻是合法的，目的是要得到更多的劳动力。我见过一个8岁的小女婿配一个20岁的媳妇。

孔子宣扬从父、从夫，夫死从长子。一个晚辈唯命是从理所当然。中国人的家庭是以一家为单位的，遗产平分给几个儿子。

牛是村里主要的牲口，用来骑、耕田以及运载东西。

中国人受的苦真是令人难以置信。农民吃不饱饭却终日不停地劳动，30~40岁上就死去是很平常的事情，做苦工是一个人从小到老的命运。

我还到过一些地方，那里的农民不记得他们什么时候吃过一顿饱饭。最普遍的食物就是苦菜。

我看到小河的水里飘浮着不少油。人们用废罐头盒舀水，滤出些油来，这样弄的油用来点灯。

特区有200多万英亩可耕地，收获1400万普特的谷物和豆子。从湖里提取盐，这是一笔可观的收入。织布和造纸的小作坊以及煤矿，雇用了4000多工人。

人民对共产党的物质支援是不多的，并且完全靠土地政策。

逃荒的人看来已经筋疲力尽了。他们一路行乞，为了换一点儿粮食，只得卖儿卖女，有的就挖草根吃，他们的眼睛流露出绝望的神情。

我永远不会忘记一个老农民。日本人毁了他的村子，把全村的人都杀了，他和孙子纯粹出于侥幸才逃了出来。

"他们的娘为什么要把他们奶大？"一提到日本人，他就这样问。

军队从延安得不到一分钱，也得不到什么给养。贺龙、刘伯承、聂荣臻、陈光和萧克除控制军队和地盘外，都有自己的兵工厂，而且自己发行货币。

这里，旧的武器在工场进行维修。往往把十几支不能用的步枪拆开，装配成一支能用的枪，手榴弹和炸药的生产组织得很好；做弹壳的金属是在原始的熔炉里冶炼出来的。

1942 年 11 月 24 日

……

今天，我带着照相机在延安溜达。这个城镇的整个新区位于城墙与河流之间。这里有棚屋、小店、杂食铺子。这些房屋都是利用旧城建筑物的残砖碎瓦盖起来的。到处散发着大蒜味、羊皮味，以及杂食铺里或当街小摊上供应的各种汤味、菜味。

我爬上山顶，宝塔像一个个雅致的凉亭环绕着延安。十层的中心大塔从山谷的任何地方都很容易看见。它矗立在古老的延安已经多少世纪了啊！

我惦记着我的家。但我对玛丽亚是信得过的。我们都在苦水里泡大。她一定会把孩子照管得很好的。

我从莫斯科只带来薄薄的一卷普希金著作。当时再多就带不了。多尔马托夫因此也只带了果戈理选集，没带别的俄文书。尤任很崇拜克劳塞维茨，对他的书手不释卷。可是，就愉悦心灵来说，却只有翻阅破旧不堪的普希金和果戈理的书了。

1942 年 12 月 3 日

1937 年，江青随一批演员到了重庆。1938 年出现在延安。在这里，人们把她当做真正的电影明星。

王明住在女子大学附近。我们按俄国人的习惯，管他的妻子叫罗莎·弗拉基米洛夫娜。

江青非常友好。她经常拜访我们，并邀请我们去骑马。她原名李云鹤，艺名蓝苹。她告诉我们，她 1912 年出生在山东诸城一个穷苦人家。早年丧父，母亲不得不靠帮佣为生。她很疼爱江青，用自己一点微薄的收入供女儿上小学。

江青 17 岁时进入山东省立中学，改名栾淑蒙。1929 年她转入青岛艺专，决定从事戏剧工作。

江青总是那样和蔼，健谈。

我们对她已经形成了一定看法，但不是她想让我们接受的那种看法。

不达目的，誓不罢休，这是她突出的特点。她清除一切障碍，盯着社会的显要地位顽强地往上爬。她毅然克制自己，无情地驱策自己。她唯一关心的就是自己的事业，她急于要趁她年轻的时候达到自己的目的。

她丈夫的全部机要通信现在都归她掌握，她了解他所有的计划，她是她丈夫的私人秘书，康生很看重她。

……

1943 年 5 月 7 日

莫斯科发来了共产国际执委会主席团的决议，供我们参考：

1919 年，由于战前大多数革命政党政治上的破产，成立了共产国际。它的历史作用是捍卫马克思主义，使工人阶级运动中的机会主义分子不能将其庸俗化或加以歪曲，促使进步工人团结起来，组成真正的工人政党，并且帮助他们动员劳苦大众，保卫他们的经济和政治利益，反对法西斯主义及其策划的战争，支持苏联这一反法西斯斗争的堡垒。

但是，世界大战正在进行，共产国际执委会主席团无法召开共产国际大会，因此，特将下列建议提交共产国际所属各支部加以批准：解散工人运动的领导中心——共产国际，解除共产国际章程以及历届大会的决议对共产国际所属各支部规定的义务。

1943 年 5 月 29 日

解散共产国际的消息，对毛派来说是一条特大喜讯，这是我早已料想到的。但是，实际发生的事，还远远超过我的预料。

这消息来的正是时候。

中共中央主席一收到共产国际执委会主席团关子解散共产国际的决定的电报，就把全体政治局委员都召去，他们为之大感震惊。

毛接到这份电报时毫不慌乱，也不用考虑，他对该怎么办早已胸有成竹了。

政治局会议由毛主持。他宣读了电报全文，断言主席团的决定是十分有道理的、正确的，因为共产国际作为国际工人运动的领导机构，早

已失去存在的必要，由于这个原因，而且还由于它不理解中国共产党活动的本质和特点，它过去一直在干涉中共的事务，起了很坏的作用。

当博古告诉我有关紧急会议的情况时，他的语调和姿态，把毛的欣喜之情惟妙惟肖地表现出来了。实际上，毛第二天和我谈话时，他自己也并不掩饰他内心的喜悦。

就在那个会上，主席问政治局委员，究竟需要不需要马列主义。"我们需要马列主义干什么呢？真有必要宣传马列主义吗？"

问过这些问题之后，他停顿了一下，然后回答说，"当然需要，对此不能有任何怀疑。但是，运用马列主义必须使之完全适合中华民族的要求和中国的国情"。然后，主席向每个负责同志提出了下述任务：必须坚定地、始终不渝地为使中国共产党成为一个真正独立自主的、具有民族特点的党而奋斗。

毛泽东要政治局特别注意党内这样一些人，他们认为最权威的机构是共产国际及其工作人员，而不是中共中央。这些中国同志总是只听共产国际的。

共产国际解散对中共来说的确是福音。从中共建党开始，共产国际始终没有放松对中共的控制乃至是干扰。被李德等人的瞎指挥导致的长征甚至是一场浩劫！

（共产国际解散后，中共可以说是真正把握了自己的命运，放开了手脚。后来在解放战争末期，斯大林关于划江而治的意见，被毛泽东嗤之以鼻。）

1943 年 6 月 2 日

看来，共产党和国民党的关系好像要急剧恶化。因此，就在共产国际执委会主席团作出解散共产国际的决议前不久，共产国际执委会曾经给中共中央发来一份重要电报。

电报除了谈旁的事情外，还劝告中共中央主席及整个领导层，尽可能地同抗日统一战线的合作者保持正常的事务关系。

中共中央就此问题通过了他们自己的决议。决议命令共产党的所有军队，不得对中央军采取任何行动，绝对禁止擅自行动，以免同国民党发生冲突。

1943 年 6 月 3 日

我奉命来中国时，正是在抗日统一战线刚刚建立并得到加强的时候。我回想起当中国人民得到这个消息时是多么积极热情啊。采取了最有力的措施来克服国共之间的敌对，友好的接触建立起来了，并立刻使日本多次遭到联合力量的有力打击，大好河山因而未落入侵略者之手。

记得那时候，对八路军战士或中共党员来说，见到一个苏联人或得到一枚苏联徽章作为礼物，那意味着什么啊！

（此话似乎不太符合事实。笔者的父母都曾是老延安，父亲还以鲁艺干部身份兼任了陕甘宁边区的参议员。看到这本《延安日记》时，我问过他们，是否知道当年有这样一个苏联的观察组驻在延安，他们都表示毫无所知。尽管孙平的书中没有提及苏联观察组在延安是否是公开的，但基本可以肯定的是，这个观察组和后来的美军观察组还是有所区别的，也就是说，它是秘密的、不太被延安群众所知晓的。）

1943 年 12 月 19 日

不管怎样封锁，特区同国民党各省甚至还同日本占领区进行着活跃的贸易，仍然从特区运出盐、羊毛、家畜等物资。

从今年开始，特区当局实行减租政策以控制劳动力外流。特别注意对富裕户给予贷款和鼓励，以便使农民不致日益离乡背井，跑出特区。

1942 年农民和外来户得到的贷款总额为边币 400 万元，今年则达 3000 万元。开荒计划已超额完成 35 万亩，水浇地面积在稳步增长。部队、学校和行政机关都投入了大生产。

朱德总是那样心平气和，冷静，表现友好。据我所知，他从不过分地斥责人。他承认毛泽东的权威，但不阿谀奉承。另外，他在此同毛泽东并列为红军的缔造者。两人的名字经常在一起出现。

1944 年 1 月 4 日

我出乎意料地接到毛泽东的邀请，让我晚上跟他一起看平剧。

在路上毛说，他由衷地尊重在苏联学习过或者工作过的中国同志。他谈到了苏联对特区生存所具有的重大意义、抗日统一战线的重要，以

及前共产国际对中共所起的政治作用。

他的上衣袖子长了点，他就把袖子当做手套筒暖手。他的长头发在八角帽下露了出来，他心不在焉地把头发撩回去，可是头发又露出来了。

（在孙平的笔下，毛泽东被还原成了一个普通的中年人。我们以往的著作和文章中，这个挥斥方遒的政治领袖总是那么一本正经，那么完美，那么神圣。而在这里，他也有和老百姓同样的生活习惯，不拘小节，甚至是一些陋习，反而让人感到亲切。）

周围没有人，只有几个警卫员在不远处走动着。在演出过程中，毛表现出心事很重，但还是有礼貌地在看戏，只字不提他的心事。

江青跟我唠叨着戏和演员的情况。毛眯着眼睛向周围看着，他有个习惯爱眯眼睛，但我感到他焦急不安。

散戏后，毛对我说，他要跟我详细谈谈，我说行。

周围无人的时候，毛说，他收到了季米特洛夫同志关于共产国际政策的电报。他仔细考虑了这份使他激动的电报，他对其中表示的担心和关注铭记在心。他理解季米特洛夫同志帮助中共领导的深切而又真诚的愿望，感谢他那种一向考虑得很周到的援助。

分手时，毛泽东说他一定要找我谈谈电报中所提出的问题。

1944年1月21日

又一次会见了毛泽东。像往常一样，我们在晚上会见。那是中共中央主席工作的时候。他那窑洞里空空荡荡的，很冷。毛看来不大舒服，烟抽得很多，他请我喝茶。

桌上堆满了文件。勤务兵送来电报，他连看都不看就搁在一边了，他低着头在房间里踱步。

谈话中不寻常之处是毛对美国的态度。"对中国说来，美国的政策是个首要问题。"这句话尽管他是顺便提到的，但听起来耐人寻味。毛泽东再次向我"解释"国共关系的实质。

毛说："国民党不让共产党参加政府。但是，到一定时候，我们要向蒋介石提出这个问题。"

半夜过后，我往回走，我回答哨兵们的口令。当我走近时，他们对我笑笑，卫兵们已经认识我了。疾风裹着雪片，天气很冷，真正的西伯利亚式的严寒弥漫空间。

1944 年 1 月 25 日

中共中央主席再次召见了我。还是烛光、勤务兵、哨兵的口令和毛的劝导性讲话。这一切无非是想争取我，使我确信延安当前的政策是正确的，而且这样也好安抚莫斯科。

毛轻轻地在房间里踱步，没完没了地讲着，还不时坐到我的旁边来。他喝着滚烫的茶，开着玩笑。他用开玩笑的做法来掩盖他在脑子里盘算着的主意，这是毫无问题的。

毛力图说服我，蒋介石必须在政府中给共产党以席位，又说特区需要大量武器来抗日。

1944 年 3 月 28 日

我在毛泽东的要求下，替他发了个电报到莫斯科，给他的儿子岸英。

他告诉他的儿子说，接到了他的所有来信，并且对他学习得好感到高兴。

毛泽东要他的儿子向学院领导和全体教师，向在苏学习的中国青年，向岸英的弟弟岸青，转达他的真挚的问候。他要他的儿子不要为他的健康担心。他身体很好。毛泽东对他儿子谈到中日战争的情况。战斗正在极为困难的情况下进行着。但是中国人民不会被打败的，因为他们顽强、坚毅、勇敢。全国的共产党员已达 90 万人，形成一支可观的力量。其中在国民党控制的各省和特区工作的，不下 10 万人，其余 80 万人则在前线抗击日本法西斯。

毛泽东要岸英在见到曼尼里斯基同志和季米特洛夫同志时，务必转告他对他们的热情问候。并称，曼尼里斯基和季米特洛夫两位同志援助了并继续援助着中国革命。中国同志和他们的孩子能在苏联各学校受到教育和培养，都要归功于他们。

1944 年 3 月 29 日

中共领导正在试探着同美国进行接触。首先，他们在为一批外国记者的到来进行安排。可是，他们试图把这件事情做得给人这么个印象，似乎是外国记者自己要求来访的。

同时，康生给美国大使馆和军事机构提供各种情报。

江青对我有点过于亲切，她找出很多借口来跟我会面。她开朗，有时又谨慎，情趣横溢，但也许是过于亲切了，这使我回避同她交往。

1944 年 7 月 15 日

毛泽东与我作了一次深夜长谈。

他显得很疲倦，背比往常更驼了，烟灰掉在膝盖和报纸上。他不时地站起来，背着手在房间里踱来踱去。毛泽东的所有上衣的袖子都有点长，这是他的独特的式样。他所有的上衣都缝有大口袋。

毛泽东的话说得很清楚，大意是此后共产党将奉行一条完全独立自主的、反对国民党的总路线。从他的话里我得出这样一个结论，中国国内最近形势的发展，对共产党领导来说是格外的喜人。蒋介石的重庆政权处于危机的边缘，因此，与国民党进行会谈的方式过时了，会谈阶段已经过去。

中共中央主席说，"美国的立场对他们的前途是非常重要的"，他和他的支持者们相信，美英与特区之间，必然会建立友好关系，八路军和新四军是白宫所需要的力量。此外，盟国势必为延安当局的团结和力量所吸引。盟国别无选择，只能承认特区（中国特区以及其他苏区）是中国唯一真正的力量。

虽然苏联远东边界曾不止一次地成为军事上紧张和流血的地区，但毛泽东仍只字不提苏联，不提它对解决远东问题的关切。

在 1940 年延安解放出版社出版的《新民主主义论》一书中，毛泽东写道（至少对他的话可以这样来理解），没有苏联，中国是不能战胜日本法西斯的。现在，他得出了相反的结论，而且打算主要同美英联合了。

（从孙平的《延安日记》来看，毛泽东对苏联始终有所保留。因为他意识到斯大林不时流露出来的大国沙文主义和"老子党"的情绪是难以接受的。而与此相反，他对美国却表现出了与以往不同的兴趣。）

事情并没有到此为止。中共中央主席不仅想得到武器并推翻蒋介石，他还想利用美英对特区的承认，来阻挠苏联有效地参与解决远东问题。总之，他想使苏联所有的外交努力都落空。指望美英助他一臂之力，使他得以控制全中国，并能推行适合中共利益的政策。（这是孙平站在他的

立场上过分敏感的曲解）

当然，中共中央主席没有把这告诉我，但是同美国代表团进行会谈的准备工作，正是朝这方面进行的。同时，他加强了同莫斯科的通信联系，企图以此掩盖即将进行的谈判的真正动机，同我谈话是为了消除我的怀疑。

这与毛泽东在最近告诉莫斯科的情况完全相反。他继续拍发"友好的电报"，可是他把苏联领导人的意见看做是累赘。

在外交领域应该说没有"诚实"可言。即使是中共也概莫能外。在对待苏联和英美的态度或是政策上，中共一直在小心翼翼地试探。在明了对方态度之前，是绝对不会表明自己的真实主张的。当然，这一切都是以中共党的利益和中国本国利益为前提的。

我们的谈话有点怪。大都是由毛泽东一个人讲。有时，他一讲就是一两个小时，甚至更长。我只好洗耳恭听。我如有异议，他就很不高兴。当我想表示自己的不同意见时，他立即转换话题，或者闷着使劲抽烟，一支接一支地抽。在这种时候我感到，对他来说，要容忍我，是多么困难。

今天我们分手时，毛泽东送给我一本他写的《新民主主义论》，书上盖有中共中央主席私人藏书的印戳。

1944 年 7 月 22 日

美国代表团（正称应该是美军驻延安观察组）首批九名官员到达延安，这是毛泽东最高兴的一天！

这一天风和日丽，万里无云。所有的中共领导人都来到了机场。毛泽东和朱德穿着新制服。他们两人同时出场是有意要表示党和军队的团结。

奏军乐，雄赳赳的士兵们，显示出中共武装部队士气高昂。群众以急切的心情等待着。我带着照相机，在场的还有普罗先科等人。

道格拉斯飞机在降落时滑出了跑道，扬起一片尘土，螺旋桨咔嚓一声掉了下来，驾驶舱瘪进去了，幸亏没有伤亡。飞机是由罗伯特·钱皮恩上尉驾驶的。

毛泽东万分激动。美国人是否承认中共是中国的领导力量问题（这是美国人到达前毛的思想）毕竟关系不大。主要的问题是得到武器，得到尽可能多的武器！中共中央主席一直很明白，枪杆子里面出政权。

正式的欢迎仪式之后，中国人和美国人一起用绳子把道格拉斯飞机拉回了跑道。

代表团将在这里待4个月左右。

美国人都穿着皱皱巴巴的军服，衣领上佩戴着军衔领章。与中国人一比，他们显得很高。谈话无拘无束，喜欢开玩笑。

他们许多人都像巴雷特上校一样，左肩上都有美国在华陆军军事顾问的徽章——一面小旗，旗的上半部是国民党的青天白日和美国星徽，下半部是蓝白相间的竖条。

巴雷特上校是代表团的团长。他是个矮个子，略显肥胖，戴一顶软木太阳盔。他曾在缅甸的丛林里打过仗，这次是从昆明来的。

戴宽边草帽的农民和城里人，把一群美国军事专家围在中间，卫兵们挡住人群，小心保卫着这些美国人，这真是个有趣的场面。卫兵们照应着，不让人们挤着或踩了美国人。拿着照相机的我也被推到了一边。

1944年7月24日

到达延安的有：陆军上校戴维·D.巴雷特，陆军少校雷·克罗姆利和梅尔文·A.卡斯伯格，陆军上尉约翰·C.科林、查尔斯·G.斯特尔和保罗·C.多姆凯，陆军中尉亨利·S.惠特尔赛和陆军上士安东·H.雷孟尼。陪同他们前来的，是美国驻重庆大使馆二等秘书约翰·斯图尔特·谢伟思。

1944年8月1日

军事观察组的大多数成员都是美国驻重庆武官处的武官，以及约瑟·W·史迪威将军参谋部的军官。他们都是些情报、政治、通信、炮兵和步兵武器方面的专家，还有一些日本问题专家。这个观察组还将增添一大批军官。

早先我与美国正规军打过交道，我知道他们的反苏情绪根深蒂固，在很多情况下公开反对苏联。这个观察组的正式情报人员和政治官员在这方面也不例外，尽管他们在外表上非常礼貌，但反苏是美国每个正规军官尤其是搞情报工作的军官必备的条件。

周恩来是中共领导中同美国进行谈判的老手。哪次会谈都少不了他。这些天来他一直在毛泽东身边。毫不夸张地说，几个月来，周一直在为促成谈判，以及安排观察组来访的有关事宜做准备工作，他是这次会谈的中心人物。他在重庆的办事处为克服这次会谈过程中出现的困难一直在努力工作。

在同美国人进行谈判时，陈家康是主要译员。他是周恩来的亲密助手之一。他擅长同美国人打交道。

马海德担任美国代表团的翻译。美国人叫他马医生。

1944 年 8 月 24 日

今天，美国人参观了王震的 359 旅。主要有戴维·巴雷特，雷吉纳尔德·福斯和布龙克·多兰。雷蒙德·卢登也积极参加了。

汽车把美国人和记者送到 359 旅的驻地南泥湾。

我也没有让自己错过这次参观的机会。

美国人被介绍给 359 旅的各位指挥官，这个旅让美国人看了它的武器，介绍了它的军功，一切似乎都经过了预演，以便给来宾留下深刻的印象。

巴雷特上校给战士们讲了话。

1944 年 9 月 10 日

谢伟思是观察组最积极的成员。上次与中共中央主席会谈时，他提出了一系列问题。谢伟思认为，这些问题不回答，进一步会谈不可能有什么意义。

实际上美国人想探毛泽东的口气：只要你回答这些问题，我们才能知道你有多少诚意。

谢伟思问毛泽东，在什么样的政治经济基础上，美国资本才能在中国投资，以及他如何看待美国人来主持或被允许参与管理大型工业企业。谢伟思也对中国雇用美国工程师、技术专家等表现出极大的兴趣。

（我们不能不说谢伟思的想法有着很强的预见性。在贫穷落后，几乎没有什么工业，偏居一隅，又远远谈不上把握经济大局的延安，来探讨外国对中国的投资问题，似乎有些不着边际。但在 30 多年后，这些期待却都变成了现实。)

他接着便直截了当地问毛泽东，他认为中国未来的国家机器（其形式和内容）会是什么样的？以及中共领导人计划如何夺取国家政权？

谢伟思能使参加会谈的人毫不怀疑中国未来的政治结构的性质，就是建立一个以中共为领导力量的人民中国，尽管谢伟思并没有直率地谈这一点。

谢伟思顺便谈到美国人对这个未来机构的看法。

"你们的经济计划是什么？"谢伟思问道，"它的实质是什么？步骤如何？在这方面，你们是否要学苏联的样子来建设工业基础呢？你们是否不管生活水平多么低，也要建立起自己的工业呢？你们是否只建设工业而不去提高生活水平呢？"

他还告诉中共中央主席，美国大使馆已接到华盛顿方面的一份重要电报，希望重庆政府进行改组。这意味着要给蒋介石施加压力。因此，中国的舆论（主要的报纸、社会集团、政治领导人等）也会受到压力。谢伟思宣布，白宫认为在中国建立一个新政府，一个联合政府，是适宜的。这个政府一定要包括所有有影响的政治组织、集团、党派的代表，当然，也包括共产党的代表。

因此，美国对华政策进入了一个新阶段。华盛顿已经投身于一场争夺，以便攫取这个国家的重要阵地，并控制特区。罗斯福政府相信，它在特区建立一个亲美派集团的努力将不会受挫。

谢伟思显然是美国观察组最重要的成员。在延安开头的几个星期，他不谈政治。好几次，当中国同志向他提出一些政治问题时，他躲躲闪闪，说他和观察组的所有其他成员一样，只关心军事方面的事情。但是现在，他已经作为美国的全权代表，大谈特谈起政治来了。无疑，他在向重庆报告他的会谈结果，由重庆转送华盛顿。

很清楚，美国和中共领导的政策，在共同目的、永久联盟以及这一联盟对双方的好处等方面是吻合的。在这些会谈中苏联的幽灵总是出现，对与会者有着明显的影响。总体来说，会谈并未摆脱紧张、仓促、不够坦率和互不信任的气氛。但是美国人在延安一点儿也不拘束。

4 个星期以来，谢伟思一直在同中共中央主席以及中共许多高级官员探讨一些他以前同他们探讨过的问题。他会见了叶剑英、博古、周恩来等人。

1944 年 9 月 22 日

　　毛泽东同我谈了整整两个小时。现把他的话简述如下：

　　美国人连一个中国问题都解决不了，更谈不上解决整个远东的复杂问题了。这就是说，在最关键的时刻，不能没有莫斯科的参加。通过苏联的介入，以及苏联东部边界这个至关重要的问题的解决，也就"解决了中国的棘手问题"。蒋介石显然是反对莫斯科的这一行动的。

　　中国人考虑到苏联蒙受的巨大损失以及目前军事人员的短缺，准备给予必要的援助。中共领导要挑选一万多名指挥员，送到西伯利亚去受训。这些指挥人员将担任庞大的中国军队的领导，这支军队能帮助在"满洲"和其他日占区的苏联军队。

　　显然，这个计划由于种种因素的制约被搁置了。

　　晚上，巴雷特和朱德、叶剑英进行会谈。

　　朱德和叶剑英对美国人说：

　　"如果蒋介石的政府和最高司令部改组，而中共又不能得到美国人的武器、军火和其他援助，那么将来的反攻，特别是抗日的胜利，将不可避免地导致一场长期的内战。美国对贸易、投资以及稳定的市场感兴趣。但内战会严重损害美国的经济利益。"

　　这是中共中央主席事先授意朱德和叶剑英这样说的。叶剑英亲口告诉了我。

　　万一他们的计划失败，中共将准备采取重大的政治行动。

　　毛泽东打算把特区和分布在山西、河北、山东、江苏、河南、湖北等省的敌后根据地联合起来，成立一个政府。这就是说，中国将成立第二个政府。中共领导人不仅不想隐瞒这个计划，而且相反，把计划的详情热心地告诉了盟国。

　　美国人原则上不反对这个计划，但是建议，这个政府不妨称为"中国解放区民主联合政府"。

　　毛泽东正向美国人施加种种压力，并通过他们向蒋介石施加压力。

（这是迄今为止，至少是笔者从未见到过的一段史料。在中国要成立"第二个政府"，甚至美国人也能接受这个意见，这不啻天方夜谭！至少，蒋介石是绝对难以接受的。很显然，这是中共领导人打出的一张牌，是用来试探美国对中共的态度的。）

1944 年 10 月 7 日

聂荣臻、蔡畅、李富春、李立三、周恩来、邓颖超、傅钟、罗迈（即李维汉）、徐特立、陈毅、王若飞、向警予和其他一些老资格的中共官员都曾在法国留学（朱德和叶剑英是留德的）。经同法国一有关团体达成的协议，他们的学费由一个资产阶级启蒙组织负担。

李立三正是在欧洲接受了那种无政府、盲动主义的哲学，强调暴动和"中国革命的特殊方式"。毛泽东虽然谴责李立三的观点，但仍然同他保持颇为良好的私人关系。他和毛是同乡，一度关系很好。毛泽东这个湖南人并不是真的讨厌李立三。他公开谴责李，只是一种政治策略。李立三在法国留学回来之后，在争夺党领导权的富田事件之前，他与毛泽东的关系一直都很好。后来因他犯"左倾"机会主义错误，而被共产国际免去了领导职务。

今天威廉·伯金准将颁发奖章给巴雷特上校。中共领导人为受奖者举行了露天宴会。会场上摆了个大桌子。美国人由巴雷特带领，依次走向桌子，崭新的勋章在他胸前闪闪发光。人们向他献花祝贺。

毛泽东和朱德向巴雷特表示衷心的祝贺。然后毛泽东就走到美国人中间，摆好姿势让记者照相。叶剑英发表了讲话。他说，巴雷特上校获得勋章，这也是对中国共产党人的嘉奖，因为中国共产党人同观察组进行了卓有成效的合作。

1944 年 11 月 1 日

10 月 27 日日本人发动了新的大规模攻势。目的显然是占领铁路、摧毁陈纳德将军的空军基地，阻止盟军在中国沿海地区参战，削弱中央政府的力量。

蒋介石任命美国少将艾伯特·C.魏德迈作他的参谋长。魏德迈少将原在缅甸指挥部队。

蒋介石决定派遣一个特别使团到莫斯科去，使团将由他的儿子蒋经国率领。

选择年轻的蒋经国，不仅仅是出于对爱子的感情。早在 1925 年国共合作的时候，他就曾赴苏留学。他在莫斯科念完了中学，后又在伏龙芝军事学院毕业。1927 年，蒋经国谴责了他父亲的反革命活动，并同他决裂了。

1937 年，内战随着抗日统一战线的建立而结束（西安事变）。蒋经国开始与他父亲通信。蒋介石在给他儿子的回信中说，目前不值得去分析导致家庭纠纷的那些事件。当前重要的事情，是你决定回国，至于将来，我们也不必去作推测，我们会明白我们所应该明白的事情，年轻人有其特有的幼稚病，那就是幻想。

蒋介石说对了。他的儿子逐渐背叛了自己最初的政治理想，成了他父亲的忠实助手。

1944 年 11 月 7 日

赫尔利本人来了！他没让人知道，突然就来到了。

中共中央主席匆忙地坐着他那台老式救护车到机场去。赫尔利就在飞机附近等他。他们一同坐车回来。汽车在坑洼不平的路上颠簸得格格作响，一路扬起灰尘，从我身旁驶过。

赫尔利毫不耽搁，立即开始会谈。傍晚，他就会见了擅长同美国人谈判的毛泽东、朱德、周恩来和叶剑英。

赫尔利交给毛泽东两份要讨论的问题的提纲，以及他自己对解决每个问题的建议。共产党的领导说，需要研究这个草案，明天再表态。

赫尔利将军对与会者说，他是奉罗斯福总统之命，经中央政府首脑同意，前来中国执行使命的。"我的目的"，这位白宫使者说，"跟美国和中共之间建立关系无关。我们在会谈中，不讨论这个问题。世界大战胜利结束后，至关重要的是中国的统一问题，因而得解决国民党和共产党这两大政治集团之间的争执。"

将近午夜时刻，中共领导人举行了盛大宴会，庆祝十月革命 27 周年。赫尔利是主宾。实际上，招待会就是为他举行的。

这实在是有些怪异。明明是庆祝苏联的十月革命，却说是为美国人举行的。其实这也反映了中共的良苦用心，在争取国际援助和同情这方面，中共要尽可能多地有所获益。既然苏美结成了盟国，借助一个国家的纪念日来欢迎另一个国家的贵宾似乎也没有什么不可以的。

1944 年 11 月 8 日

陆军少将赫尔利曾是俄克拉荷马州的一个拥有百万家产的律师。

在昨天的宴会上，他为了炫耀自己，漫不经心地说，不久以前，他曾被提名去当驻苏大使。赫尔利也参加了德黑兰会议，他是罗斯福的心腹之一。

从外表看，赫尔利性情开朗，急躁，不耐烦。他身高快到 1 米 90 了，瘦长条，一头稠密的花白头发。他衣冠楚楚，自信而略带偏执。

······

1944 年 11 月 14 日

11 月 10 日上午，赫尔利将军给了中共中央主席一封私人信件，信中说他对会谈结果深为满意。

赫尔利希望会谈表现出来的良好的合作精神，在战胜日本之后还会保持下去，这有助于促进和平，有助于中国争取一个民主的将来。美国总统的使者认为，这就是他此行的崇高目标。

他感谢毛泽东提供的卓有成效的合作。中共中央主席是值得钦佩的领导，导致了国共两党协定草案的产生。这个草案首先是毛泽东亲自参加的成果，而且已由共产党通过一项具体决议加以批准。他感谢毛泽东所表现的信赖。表示国共协定草案将毫不耽搁地转给蒋介石。

毛泽东给美国总统写了一封信。

中共中央主席祝愿总统身体健康，并表示希望战争结束之后，中美两个伟大的国家将为建立世界和平的事业并肩前进。只要美国总统愿意，两国是能够走上共同建设新世界的道路的。

毛泽东写道，共产党一直力争同蒋介石达成一项牢固的协定。这样一项协定会表达中国人民的希望，有助于增进他们的幸福和切身利益。

赫尔利将军此行符合我们的愿望。我们出乎意外地获得了达到我们目的的机会。3 天会谈的结果，达成了一项协定草案。这项草案体现了共产党一直坚持不懈地为之斗争的各项目标。我们党的中央委员会一致批准了这项协定。

毛泽东接着写道，他感谢赫尔利将军对中华民族所表示的同情，总之，见到赫尔利将军，极为高兴，对他的杰出才干，深为赏识。

共产党将尽力实现协定的原则。党中央授权我（毛泽东）签署国共两党的这一协定。协定是在有你的代表参加的情况下签署的。

毛泽东对美国总统在抗日战争中提供援助，对他为统一中国所给予的支持，以及对民主的真诚关怀表示感谢。他代表中国人民、共产党及其军队致谢意。

这封信是按赫尔利将军的建议写的，赫尔利向中共中央主席保证，他将亲自把信交给罗斯福总统。

1944 年 12 月 10 日

中共中央主席密切注视苏联军队在西方的进展。他经常和我谈论军事方面的问题，并想知道战争大概什么时候能结束。

最近中共领导对我和我的同志们特别客气。

但我认为，中共跟美国人做交易的事情，肯定搞不成。

巴雷特又到重庆去了。昨天，他和主席进行了长时间的会晤。

魏德迈将军坚持要蒋介石同意组织联合政府。这位将军为此作了特别声明，他警告蒋介石说，假如他拒不改组政府，美国就可以不经他同意来解决这个问题。华盛顿将另行单独与延安建立关系。这种关系将包括给特区提供武器、弹药和装备等等。

西方的战事将近结束，这驱使美国人拼命想控制整个中国。他们想控制重庆和延安，最后在远东封锁苏联。

在外交领域，利益高于一切。哪怕在谈判中说出再诱人的话，展露再迷人的笑容，最终还是要回到利益这个冷冰冰的底线上来。美国人在第二次世界大战行将结束的时候，拼命向延安示好，终极目的就是要把中国，当然也包括把中共拉到自己的阵营里，共同编织一张封锁苏联的大网。而边区和重庆双方的这种相互敌视，当然不符合美国的利益。

1944 年 12 月 11 日

美国总统下命令，要赶快促使中央政府同特区签订协定。魏德迈少

将接到白宫的命令,要他与中共领导尽快会晤。显然,艾伯特·魏德迈过几天就要在延安露面了。

作为执行罗斯福的命令所采取的最初步骤,就是将物资空运来延安。为此派定了几十架次的道格拉斯飞机。我不知道货物的种类及其重量。

1944 年 12 月 22 日

主席同我谈了 8 个多小时,他严令旁人不得打扰我们。

与往常不同的是,毛泽东这次坐在桌旁,他的右边是一张中国地图,桌子边上堆着三四本书。他前面放着带盖的白色搪瓷杯、一瓶墨汁、一支毛笔和一个装着一支铅笔和一支普通钢笔的玻璃杯,手边放着几张白纸。他脑袋稍向右歪,激动地、滔滔不绝地讲着。

毛泽东分析了中共领导和美国人之间的谈判过程。他向我详细叙述了他上次同军事观察组组长会晤的情况,他扮演了每个与会者的角色,还模仿了巴雷特上校的声调和动作。

毛泽东说,协定草案由赫尔利在延安签署了,盟国就"正好进了圈套"。他们只能要求蒋介石方面让步。他们从"他们的奴才那里得到了这些让步。现在是要求中共作出让步的时候了"。

这时,毛站了起来,开始在房里踱步。他不时地在我面前停步,模仿巴雷特反对他的神态。

毛说,他不可能同意让步,因为同蒋介石签订任何协定,都意味着给共产党套上一根绞索。美国人正在认真地为争取让步作努力,可谁也不想让步。因为,中共提出要求时,就估计到蒋介石肯定是要加以拒绝的。

"这样,美国人就派巴雷特来对付我了。"毛泽东抿着嘴轻声地笑道。

巴雷特谈到要对蒋介石作让步的事,谈到相互让步的不可避免,并且提示了大致要作出的让步内容。

主席对他说:"赫尔利先生主动地签署了协定草案。为什么要拒绝罗斯福总统的私人代表同意了的和签了字的东西呢?"

主席用十分恼怒的语调对巴雷特说了这些话。他对我模仿了自己当时的声调和脸部表情。

这时有人想进来,毛粗暴地叫他走开了。他把他的椅子挪到我的椅子旁边，开始详细地说这一切如何使巴雷特吃惊，巴雷特又如何提高嗓门劝他不要犯错误，因为共产党领导人的固执是不会为美国公众舆论所理解的，顽固下去会受到很大的损失。美国公众舆论会反对延安和整个中国共产党的。这样，一切援助便会成为泡影。

说到这里，主席就更加大动肝火了。他说，拿公众舆论这样的东西来吓唬我们是愚蠢的。这种诡计在这儿行不通。一切保守派和反动派憎恨共产党和搞反共运动，已经有多年了。毛说："对他们来说，我们都是罪犯。可是，对所有这些舆论的谴责，我们根本就不在乎！"

毛说，特区是不管谁承认不承认它的。共产党并没依靠谁，它会继续这么干下去。美国拒不援助八路军和新四军，是不会有什么好处的，因为我们没有这样的援助一直在干，并且在没有援助的情况下会继续干下去！

直到今天，还只有重庆在接受军援。假如事情就这样下去，那么特区就要召开一次会议来组织自己的政府了。这个政府是否为苏联、美国、英国所承认，我们不在乎。如果他们还算明智的话，他们就不会对特区过分挑剔。如果他们拒绝建立国与国之间的关系，共产党也不会因此损失什么。

10 年、20 年过去，一个世纪过去，他们终归要达成协议、派来使节的。他们都会要承认我们的！也许是在一百年以后，可是他们会承认我们！他们是躲不开的，是要承认我们的！

（领袖叱咤风云的气概和眼光跃然纸上！这是典型的毛泽东的风格。难道不是吗？10 年、20 年过去，美国不是承认人民中国了吗？尼克松不是从空军一号的舷梯上走下来，主动向周恩来伸出了手吗？这就是领袖的过人之处，因为他们有着伟大的预见性。）

第二天，巴雷特上校急忙飞往重庆作汇报去了。他已经有足够的内容可汇报了。

美国人偏爱蒋介石，因而毛泽东才被迫在不同白宫彻底破裂的情况下去寻求莫斯科的支持，这就是他同巴雷特的那场会谈所要达到的目的。

我就是根据这样的思路来给莫斯科写报告的。

1945 年 1 月 16 日

共产党领导意识到，同美国人谈判成功的机会逐渐化为乌有。借助美国来解决国内问题的希望要成泡影了。但毛泽东想，起码也要利用美国人对抗日统一战线的关注，让他们管住蒋介石。

美国人不会容许民族解放战争表现出革命性，这并没使毛泽东感到不安。对他来说，重要的是利用他们的援助来增强实力，使老蒋失势。他拿重庆体制的腐败，它的崩溃的不可避免性，和从经济前景来看这一体制的不可靠来警告白宫。

结果，美国人还是被他们对共产党的极端恐惧征服了。他们准备相信中共领导人，但又不相信他们所领导的力量。尽管他们想把共产党领导人玩政治的小动作和日益增长的革命运动明显区分开来，但还没有这样的胆量。

白宫认为危险太大了。它的使节不断地往返于华盛顿和重庆、延安之间。诱惑是大的，可恐惧甚至更大。美国人以为莫斯科是中共中央主席的后台。毛泽东对这点十分了解！这个湖南人试图使美国人相信，中共享有完全的独立。用种种方法让他们领会，苏联在远东的孤立不仅适合美国的利益。他这样做并不是无的放矢。可是，华盛顿并没有把他的友好表示当做一回事。

美国人对中共是否会亲近苏联始终心怀疑虑，拿不准苏联和中共之间到底是一种什么关系。中共正是利用了美国人的这种心理，施展自己的外交策略，以及不为欧美所理解的、中国文化特有的玄妙计谋。

毛泽东对美国人越来越生气，但他决定利用他们想打中共军队主意这一点，要他们把蒋介石管起来，并迫使他们提供援助。虽然美国人对给武器是很吝啬的，但是他们并不拒绝援助八路军和新四军。否则将来靠谁在这里打日本人呢？

1945 年 1 月 18 日

白宫像以往一样，渴望把中共的军队抓到手。美国人正试图促使国共双方达成政治解决，这就是说，巴雷特正在上钩。美国人穿梭来往于延安与重庆之间，轮番劝诱蒋介石、毛泽东和周恩来。然而，这可能不只是与八路军和新四军有关。美国人还要控制中国政局的发展，他们梦想操纵中国的政治进程，控制一切。

不久前，我发了份重要电报。通常，我从中共中央主席手里接电报稿的时候，就成了我们会见的借口。他终于选择了我作为他跟莫斯科通信的传送环节。他认为这样比较策略。

电报的要点如下：

中共中央主席关心在伦敦召开的世界工联大会。他认为大会是另一个制造有明确倾向性的舆论的工具。这种舆论会驱使美国人去对蒋介石加大压力。因此，参加大会行将有助于解决一些政治问题。

1945 年 2 月 11 日

在毛的接待室里，经常能见到一个值勤的卫兵，他时刻注意着来访者的一举一动。带着毛瑟枪的卫兵就在窑洞上方埋伏着。许多公开的或秘密的步哨守卫在通往住所的各条路上。对住宅前面的所有树木，都精心加以保护。这样，从飞机上往下看，就什么也看不见了。

前几天，中共中央主席通过我发出了一连串的电报。

认为毛泽东不懂什么，那就错了。他全面研究了有关东方的材料。他阅读了大量的报道、报告、军事评论和其他文件，并加以融会贯通。他对当前与中国有关的问题有透彻的理解。从思想领域来说，他不只知道中国文化和历史。他特别喜欢中国的古老文化。他认为比其他任何文化都具有无可争议的优越性。

延安和重庆都想和美国结盟。双方都企图用美国的武器和美元的援助来跟对方算账。为酬答这种援助，双方都答应把国家完全交给大洋彼岸的商人去控制。华盛顿选择了蒋介石，因而，毛泽东现在说，美国人和蒋介石已达成协议，这对特区是一个威胁，莫斯科应有阶级情谊，与中共团结一致。

他说，中央政府的军队约有150万官兵。这表明他们的力量已大大地减弱了。

蒋军的战斗力达到了民族解放战争开始以来的最低点。相形之下，拥有71万官兵的八路军和新四军，力量增长了。

1945 年 2 月 19 日

毛泽东的同事们每逢政治和军事上的胜利，总要大摆宴席庆祝一番。酒席上，烟雾弥漫，又说又笑。

毛泽东对我特别友好，他会不时地坐到我的旁边来，一定要我喝酒，弄得我无法拒绝。他自己也喝，酒后他饭菜吃得很少，烟抽得很多。

所有的宴会都像这个宴会一样，人们开怀痛饮，高声谈笑。但是，所有的人都注意着毛泽东，以便跟上他的情绪。毛泽东喝得醉醺醺时，讲话就特别难懂。在这种时候，他那单调的、口齿不清的湖南腔特别重。

他出乎意料地拉着我的手说，至今为止，从莫斯科到中国来工作的，没有比我更好的了。在这种时刻，我又得喝下一杯烈酒。而且不管我喝完没喝完，就往我的大酒杯里接着倒酒。

毛泽东的脸变红了，头发分在两边，眼睛炯炯发光。他的脸不像平时那样冷淡，而是变得神情快乐了。人们争着跟我干杯。我很难拒绝。他们每人只干自己的一杯，可是我却要干好多杯。

我把这几年来我记的笔记和发出的报告，总结了一番，得出结论如下：

1. 毛泽东与美国人交往的目的，就是想从他们那里得到武器。这一点无需详细阐述。

2. 向重庆提出政治要求，目的在于孤立中央政府。是争取使美国人同意与特区签订协议。盟国对八路军和新四军感兴趣，这成为他的一张主要王牌。

3. 在延安签订的、由赫尔利签了字的协定草案所用的措词，就使协定不可能付诸实施。蒋介石绝不会同意把政权全部交给共产党，而这个协定的条款里就含有要他交权的意思。

4. 毛泽东想凭武力来达到他的政治目的。

5. 毛泽东想使美国与共产党结盟。在进行谈判的过程中，他把中共描述成美国必须依靠的一支力量。中共中央主席不顾成功的希望是否渺茫，力图说服同他谈判的美国重要政府官员，相信他是可以依靠的盟友。

6. 毛想在政治和军事上同美国人结盟来孤立蒋介石，以便彻底消灭他。这一点蒋介石是明白的。美国人也开始明白了，对毛泽东所作的任何让步，都会损害重庆政府的威信。所以，美国把史迪威调离开了。

7. 毛泽东还期望通过与美国人结盟来使苏联不能积极参与解决远东问题。

毛泽东与美国都对苏联反感，这就是他们交往的基础。美国人起初把这种不加抑制的反苏情绪视为战术上的计策。但他们无论如何不敢牺牲蒋介石。

1945 年 4 月 23 日

中国共产党第七次代表大会开幕了。

中共中央政治局委员任弼时致开幕词。毛泽东讲话。他说：

中国共产党第七次代表大会将决定四亿五千万中国人民的命运。中国人民面临着两种命运的抉择，本届大会必将确定中国人民要遵循的道路。大会必须团结全中国人民和全世界人民，以便保障他们可以取得胜利。柏林不久将被攻克。在东方，抗战仍在继续，但是胜利在望，胜利在握了。

当前形势大好。人民必须决定走哪条路。一条是光明的路，另一条是黑暗的路。在抗日战争过程中，我国要么成为自由、独立和民主的国家，要么还是那个旧中国，跟过去一样。我们的任务是团结全党、全国，团结全世界一切力量，走光明的路，从黑暗走向光明。

继毛泽东之后讲话的有朱德、刘少奇、周恩来和林伯渠。日共的代表冈野进也发了言。发言者都指出毛泽东是中国共产党的"领袖"和"旗帜"，已经领导他们并将继续领导他们从胜利走向胜利。

1945 年 4 月 24 日

会后，一位中国同志对我说，从现在起我在大会上记的笔记都算机密文件。这位同志说这是毛泽东亲自下的命令。他把我的笔记本拿走了，让我稍等一会儿。

15 分钟后他回来了，把笔记本还给了我。

笔记本封面上盖上了一个"机密"字样的印戳，并用漂亮的字体写道："孙平同志，这本笔记本是机密文件，编好了页码，一页都不准撕掉，每次会后都要交上来，并绝对不许携出会场。大会闭幕后要把笔记本交出。"

因此，我不得不把笔记本交上去，明天开会之前才能拿回来。

1945 年 4 月 30 日

周恩来做了一个补充报告。谈到国共统一战线和外交政策方面的经

验教训。

他还详细论述了在各个发展时期的国共关系：

1943 年 7 月之前，周恩来一直都是中共驻重庆办事处的负责人。

毛泽东所有的重要计划都出自周的手笔。周是促使共产党领袖与美国人进行接触的主要人物。可以说周是对西方抱有好感的中国人之一。

周非常积极地同美国人进行会谈。他是中共外交政策方面的一切重要行动的幕后操纵者。毛主张在解决远东问题时最大限度地孤立苏联，周支持这一立场。

周处理各种问题都相当冷静。他很谨慎，相当健谈，但又守口如瓶，他善于适应各种形势。他见多识广，政治上灵活。周能够把自己的决策付诸实施，但总要把这些决策说成是"毛主席的思想"。

周是与闻中共中央主席私事的少数人之一。事实上，有时毛在解决家庭纠纷时还要求助于周。

1945 年 5 月 9 日

传来了确实可靠的消息：德军无条件投降协议在柏林郊区签字。

斯大林在莫斯科向苏联人民发表讲话。以后，5 月 9 日被宣布为胜利日。为庆祝对德战争的胜利，一千门大抱将于 5 月 9 日 22 点在莫斯科鸣礼炮 30 响。

终于胜利了！再也没有希特勒，没有德国法西斯了！希望将来也不会再有！

我们高兴得直叫。我们把大杯子装满了烈性酒，为胜利、为我国人民、为反法西斯而斗争的所有人干杯。我们互相拥抱，高声歌唱。

这次战争几乎使每个苏联家庭都牺牲了亲人。战争中牺牲的人们的形象，将永远铭刻在我们心里。

1945 年 6 月 11 日

今天中共七大闭幕，并宣布了选举结果。

大会选出了 44 名中央委员，33 名候补中央委员。

在选举中央委员时，毛泽东得 543 票，朱德 543 票，刘少奇 543 票，任弼时 543 票，林彪 541 票。

王明得 321 票，博古 275 票。

1945 年 7 月 9 日

在最近的一次宴会上，毛泽东谈了许多关于他青年时期的轶事。他几乎一直坐着，眯着眼，心不在焉地环视四周。还像往常那样，拼命抽烟。周恩来在说着重庆的事情，他那有声有色的谈吐，跟毛泽东的唠唠叨叨的讲话，形成鲜明的对照。

屋里充满了笑声。除了周，所有的人都渐渐地醉了。周恩来始终能控制自己，保持冷静。他几乎没吃什么东西。他到处走着，与大家交谈。他不时拍拍我的肩或拉拉我的手。我看出他同时在留心倾听所有在座者的讲话，他不放过一个字或一个姿态。

毛泽东喝酒要比 3 年前我到延安时少多了。他不时为体虚困倦的症状所苦。毛泽东的服务人员对他爱吃什么都深为了解，悄悄地给他送上他爱吃的东西。毛泽东姿态悠闲而轻松。

毛泽东对我说："你快成中国人了，就连你的朋友都看不出你的苏联人的样子了。"

桌上放着一架被人遗忘的留声机和一堆唱片。烟灰缸、碟子和痰盂里，到处都是烟头。烟灰缸上的烟头快熄灭了。

窗户透进灰白色的夏日晨曦。

1945 年 8 月 9 日

苏联政府昨天通知日本驻苏大使，苏联从 8 月 9 日起，与日本处于战争状态。

日本政府在 7 月中旬曾要求苏联对远东和平问题进行斡旋。美国、英国和中国的驻莫斯科大使都接到过日本政府有关这个要求的通知。

1945 年 8 月 10 日

我军已越过苏满边境，在广阔的战线上作战，日本的钢骨水泥防线已从滨海省被突破。在哈巴罗夫斯克地区，我军已强渡黑龙江和乌苏里江，进入战斗。

蒙古人民共和国也已向日本宣战。

昨天，美国人又投了一颗超级炸弹。长崎现在也成了废墟！

这种新的毁灭性武器的出现，将根本改变战争的特点。

苏联参战让中共领导人感到非常意外。在这里谁也没有料到，苏联

军队竟能如此迅速地从德国挥师远东，而且其打击力量又如此之大。这说明中共领导人对苏联的潜力估计不足。

1945 年 8 月 19 日

延安发了一道又一道的命令。八路军、新四军、游击队和民兵，都开进了日本占领区。敌人士气低落，不作抵抗，但坚守据点。

中共中央委员会的军事机构空前活跃。延安忙得连打盹的工夫都没有。

……

军人、党和政府的工作人员，一批一批地离开延安。

1945 年 8 月 26 日

重庆报纸报道，蒋介石又一次邀请毛泽东去会晤，商讨有争议的问题。

蒋介石说，"国家的前途，取决于这次会谈"。他下令，派一架中国空军的飞机来接毛泽东。

中央政府军已开进上海和南京。国民党军和中共军队间的小冲突，在全国都有发生。

苏联政府关于不干涉中国内政的决定，引起了中共领导人的注意。

中共中央对毛泽东提出的谈判要求，编列了一张单子，内容有：

由人民选出的政府（解放区联合委员会）；那些中共代表能单独接受日军投降的地区；军队和使国家非军事化；承认各党各派的地位；关于取消限制集会、出版等自由的法令；释放政治犯；召开有各党派、组织、团体和无党派人士参加的会议，商讨中国在战后的体制问题；民主改革方案；民主联合政府。

这些要求将由延安电台予以广播。

莫斯科断然拒绝被牵连到这个内部的冲突中去。当前形势是红军和美军正在扫清日本在中国的残余兵力，在这种形势下，继续支持毛泽东的政策就会不可避免地导致国共冲突。

……

1945 年 8 月 27 日

中共中央主席接受了蒋介石的第三次邀请。美国驻华大使赫尔利将军，今天乘一架空军飞机抵达延安。国民政府首席代表张治中将军，与赫尔利同机到达。

赫尔利将军看上去有点疲倦，虽然在与毛泽东会见的过程中，他还像平常那样自然和愉快。他和毛作了一次长谈。但就我所知，这是在互相试探对方的看法。赫尔利没有说什么肯定的话，只是表示，希望能看到毛泽东和蒋介石最终能坐在一张桌子旁边来解决争端。

延安想尽方法，希望摸清蒋介石的政治锦囊中为这次重庆谈判装了些什么妙计，但毫无结果。客人们说，他们什么都不知道。

延安电台列举了中共的要求，并说如不能满足这些要求，达成协议是不可能的。

毛泽东再度要求证实，苏联政府是否准备保障他在重庆的人身安全。他要求，如果他的安全受到威胁，他就到重庆苏联军事代表团驻地去避难。

我明确对他说，他的人身安全是有保证的，同时让他放心，必要时可以到苏联军事代表团去避难。可是，所有这些顾虑都是多余的，因为蒋介石还不敢侵犯他的生命。这是莫斯科可以坚决担保的。

中共中央主席由周恩来和王若飞陪同，将于明日乘机飞渝谈判。

1945 年 8 月 28 日

我们在延安机场看到了一幅有趣的情景。高大的满头灰发的赫尔利（比毛要高出十来厘米），穿一身考究的西服，系蝴蝶式领结，戴了一顶时髦的帽子。在他旁边的毛泽东，则穿了件又肥又大的深蓝色上衣，戴了一顶软木遮阳帽。这种遮阳帽我只是在蒋介石的照片上见到过。

毛泽东笑容可掬，但我清楚，这些天来他心境如何，是形势逼得他不得不同意去谈判。

1945 年 9 月 4 日

盟国的广播说，日本的经济形势很困难，而这种情况还将持续多年。

根据重庆的报道，蒋介石和毛泽东在若干问题上已经达成谅解。

现在看来，很可能我也将被莫斯科召回了。我是随军记者和前共产国际派往中共中央的一名代表，对我来说，这个使命结束了。

今天我发了个电报给莫斯科，第一次请求批准回国。

是啊，我已经在中国住了很多年了。

不为历史所熟知的苏联驻延安观察组的使命结束了。孙平，这个目睹了延安高层在抗战中运筹帷幄的外国人，用自己的笔，通过自己的思维方式把这些所见所闻、所思所想记载了下来。

他的日记既有真实的记录，也有着相当多的偏见。但我们仍然可以从中发现诸多抗战时期外交风云的参考史实。

战火中的"后花园"

在莫斯科的周恩来

在大家所熟知的周恩来形象中，他的右臂总是不自然地弯曲着。他是在 1939 年 7 月 10 日到中央党校作报告时骑马把右臂摔伤的。

就是那次受伤，使他与苏联有了一段渊源。

关于他的受伤，有许多说法。说得最多的就是江青骑马迎着他跑过来，他的马受了惊，他从马背上摔下来跌断了右臂。但这类说法都不足信，因为没有确凿的证据。

受伤以后，周恩来忍受着剧烈的疼痛步行来到党校会客室，由中央卫生处派来的医生做了正骨处理，并做了简单的包扎，打上了石膏。当时延安的医疗条件很差，受伤的手臂没有接好。

直到 8 月 18 日，3 位在延安的印度大夫再次对周恩来的病情进行了检查，取下石膏后才发现骨折处的愈合很不理想。他的肘部已经不能活动，右臂肌肉也开始萎缩了。尽管进行了按摩和热敷，右臂仍然无法伸直，只能处于半弯曲的状态。鉴于这种情况，中共中央决定送周恩来到苏联治疗。

周恩来于 8 月 27 日离开延安，乘蒋介石派来的道格拉斯专机途经兰州去迪化（即乌鲁木齐）。周恩来和随行人员在迪化滞留了大约一周，再乘苏联专机赴苏。顺利到达莫斯科后，1939 年 9 月 14 日下午由任弼时联系，被苏联政府安排到克里姆林宫医院。

据当时被安排给周恩来当翻译的师哲的回忆，当时苏联政府安排了许多专门为高层领导治病的专家为周恩来治疗。他们先后进行过 3 次大的会诊，提出了两个治疗方案供周恩来选择：

一个是把肘关节拆开，再重新接上。这样胳膊可以运动自如，但是治疗过程太痛苦，而且时间长，还要冒手术不成功的风险。

第二个方案是不开刀，采用按摩治疗的方法，这样做所需的时间短，但坏处是愈合的效果不会太好。由于国内工作太忙，不允许在国外滞留太久，所以周恩来坚持选择了第二个方案。

其实，这些回忆并不完全准确。实际上当时苏联医生是给周恩来做了手术的。我们从保存在俄罗斯"现代史文献收藏和研究中心"的档案资料中，发现了邓颖超 1939 年 10 月 8 日写给季米特洛夫的一封信。这封信比较详细地介绍了周恩来在医院治疗的经过：手术是 9 月 19 日在克里姆林宫医院进行的。

但这只是一次小手术，而不是原方案中的重新接上肘关节，仅仅切除了一小块突出的骨头。过了一周之后，即 25 日就已经拆线，经检查伤口已经全部愈合。从拆线的第二天起就开始了新的疗程，主要是按摩、电疗、运动和浴疗，目的是使受伤的手臂逐渐恢复运动功能。

按照医生们的最初估计，他的手臂将可以弯曲 45 度。经过了一周的治疗，他的右臂已经可以活动，手部的颤抖也已经减轻。

但是，邓颖超在信中不无哀伤地指出：尽管这以后手的弯曲程度要比预料的大些，但是要完全恢复将是不可能的，这只手最终将是半残疾的。

治疗过程中，有时在注射麻药后，医生把他的胳膊强行按一定的角度加以固定，简直是痛苦异常！特别是在麻药失效后，病人疼痛难忍。但是周恩来都以极大的毅力坚持了下来。

周恩来在医院总共住了两个多月，在新年的前几天出院。1940 年元旦的晚上还出席了共产国际举行的新年联欢会。

出院后，周恩来立即开始了紧张的工作。

养伤的周恩来也没有闲着，他在苏联做了几件重要的事：

一是向共产国际报告了有关中国抗日战争的形势和中国共产党的工作。1940年1月底，他还在共产国际执委会的秘密会议上作了有关中国问题的报告，根据他的报告，共产国际执委会主席团作了有关决议。

二是分别会见了当时在共产国际的各国共产党的领袖人物。

三是参加了共产国际监委会处理李德问题的工作，这是根据中共的意见进行审查的，当时在场的还有正在苏联的刘亚楼。

四是看望了当时在苏联的诸多中国同志。

但是，在我们所见到的诸多著述中都没有或者很少提及的是，周恩来出院后还完成了一项重要的工作，那就是和共产国际一道研究了中共中央的干部问题，分析了中共党的干部状况，同时还就有关中共"七大"的召开时间及人事安排问题同共产国际进行了磋商。

在这以后，共产国际执委会书记处于1940年2月8日关于中国共产党的组织干部问题作了一项决议，无疑这是在中共"七大"召开前，也是共产国际解散之前，共产国际就中共和中国革命问题所作出的最重要的决议之一。

在共产国际解散之前，其他国家共产党的干部问题都要经过他们研究和首肯。现在回想起来，这种体制是很没有道理的。远在千里之外，对这些国家的历史、文化、观念，以及党的斗争历史仅仅一知半解，却要指手画脚，无疑这是很不正常的。

1943年共产国际宣布解散之后，中共大大地松了一口气，如释重负。

1940年3月，周恩来等人乘火车从莫斯科到阿拉木图，然后乘苏联专机经乌鲁木齐到兰州。同行的有邓颖超、蔡畅、陈郁（伪装的身份是副官）、师哲（伪装的身份是秘书）、任弼时和夫人陈琮英、日共领导人野坂参三（即冈野进，化名林哲，伪装的身份是参谋）、印尼的阿里阿罕（化名王大才，伪装的身份是卫士）共9人。

为了加强中共和共产国际之间的电讯联络，共产国际还交给他们一部电台，由周恩来带回国。这方面的工作由任弼时负责。共产国际还交给了任弼时联络信号、电报密码本，还有小型摄影机等物品。

另外，当时共产国际还给了中共一些资助。到底是什么资助？这些东西由任弼时带在身边，入境时便放到了周恩来的公文包里。当时周恩来是国民政府军事委员会政治部的副主任，中将军衔，过边境时享有豁免权。

周恩来一行的飞机在伊宁稍事停留，顺利地通过了边境检查。到兰州又停留了三四天后，3月25日回到了延安。

"只要有500个林彪，就能打败日本"

在抗战期间，林彪与苏联甚至有着比周恩来更深的渊源。他在苏联滞留的时间更长，而且赢得了斯大林和苏联军界高层的敬重。

1937年9月25日平型关大捷后，林彪在率部转移途中被晋军误击重伤，被送回延安，住在二十里铺的八路军总医院。

每天都有军政要人去看他，延安各机关、学校也都派人去慰问。毛泽东也骑马30里，专门去看了林彪，嘱其安心养伤。朱德、张闻天等中央领导人多次到医院看望，林彪的堂兄张浩（即林育英，时任中央委员、中央军委委员、一二九师政委）每隔一两天就去一次。

时任第二战区副司令长官，国民党二级陆军上将的卫立煌去中条山路过延安时，也专门去看望了林彪。车到半路，卫立煌忽然想起来没带慰问品，于是马上吩咐停车，让随从凑钱。但副官、警卫们把口袋翻遍，才凑了600块钱。

按国民党军的习惯，一个中将级的师长受伤，上司去探望时起码要送数千元的礼，这点钱哪里拿得出手呢？卫立煌觉得非常不好意思，说："就这么两手空空地去算怎么回事嘛！丢我的人嘛！"

秘书给他出了个主意，说："司座，咱们给八路军送点弹药，这不比送几千元钱强得多吗？"卫立煌说："这个法子好啊！"

于是，卫立煌到西安的第二天，就以第二战区副司令长官兼前敌总指挥的身份，批准拨给八路军步枪子弹100万发，手榴弹25万枚，还有牛肉罐头180箱。

依仗着年轻，林彪的伤势有所好转。毛泽东仍要林彪担任抗大校长。

1938年5月初林彪到任。5月2日，林彪在抗大作《抗大的教育方针》的讲演。毛泽东为他的讲演记录稿作了修改，将"我们要无条件地进攻，有条件地防御"一句，改为"我们作战要以进攻为主，防守为

辅"。当晚，毛泽东写信给林彪，指出"无条件地进攻"一语不妥，进攻也是有条件的，但进攻是主要的、基本的、中心的。

5月22日，林彪又在抗大三期全校干部会议上作了一次报告，长达几个小时。

林彪也经常请毛泽东到抗大作报告。毛泽东在抗大作过26次报告，除1945年的一次讲话外，其余全是在1938—1939年林彪担任抗大校长期间讲的。

一次，毛泽东在讲演中说："全国只要有500个林彪，就能打败日本。"

他还以林彪为例，说明到抗大来，最主要的是学习一种革命精神。林彪是黄埔毕业生，只是学习了4个月，比你们多两个月，学到了什么呢？四大教程一条也没记住，但是有一样东西是学到了，就是那时黄埔的革命精神。

那一段，林彪边养伤边工作。虽然林彪的枪伤恢复得不错，但还是有比较明显的后遗症，主要是神经方面。延安的医生已"山穷水尽"了，于是党中央决定送林彪到苏联接受进一步治疗。

5月14日，毛泽东给林彪的信中曾提到过动身之日。但直到1938年底，苏联的飞机来延安，林彪和妻子张梅（刘新民）才一同飞抵莫斯科。这一去就是3个年头。

莫斯科之恋

林彪一共去苏联治过两次伤。除了这一次，还有一次是在1950年。据新中国成立后曾任林彪卫士长的李文普回忆，林彪在平型关大捷不久后负伤，医生诊断为交感神经受损，因而导致他对冷热的过度敏感。怕风，怕光，还听不得嘈杂。

林彪在莫斯科度过的几年生涯，迄今文字记述甚少。当年曾是中共驻共产国际代表团工作人员的赵研极这样回忆道：

我第一次见到林彪，是在抗日战争期间，他在平型关获得第一场大胜仗的一两年后，时间是1940年，地点在莫斯科。

我陪苏俄友人去看我这位中国同胞。这位年轻将领早在长征和抗日战争期间就名声大噪，我得尽力压抑我的兴奋不安的感觉。

他苍白而脆弱，一副学者般弱不禁风的身材。身穿灰色法兰绒制服，脸上绽放着谦逊的笑容，要不是他那副又浓又黑的眉毛和沉着果断的眼神，根本难以相信这个在俄式壁炉前伸手欢迎我的年轻人，就是中共赫赫有名的将领林彪。

那次见面以后，我和林彪在莫斯科建立了关系。由于他负责中共和俄共之间的联络，也成了我的上司。

斯大林对林彪礼遇有加是显而易见的。他享受的是最高特权的生活。他在努力研究"作战要领"时，可以经常会见苏联一流的理论家。

1938 年 12 月，林彪在新婚妻子张梅的陪同下辗转抵达苏联首都莫斯科，受到莫洛托夫等苏联党政要人的隆重欢迎。热情的主人安排他住进了专供党政要人休养的库契诺庄园，一边接受治疗，一边疗养。

林彪夫妇休养的库契诺庄园位于莫斯科近郊，十月革命前是全俄有名的大地主罗斯潘洛夫的私人别墅。整个庄园占地数百公顷，有成片的山林、猎场和湖泊。风景秀丽，设备豪华，闻名遐迩。

林彪到达时正值隆冬，湖泊已经结冰。湖面在阳光的映照下，熠熠闪光。白雪覆盖着的树林中不时飞起一群群不知名的小鸟。石径小道被打扫得干干净净，蜿蜒弯曲，隐入密林深处，夹道笔立的松树透出阵阵的清香，一缕缕沁人心脾。

最热闹的是在庄园中的围猎。人欢马嘶，兽突犬逐，歌声笑语不绝于耳，呈现出一幅幅与国内战火纷飞、满目疮痍完全不同的生活景象，引起林彪夫人张梅极大的兴趣。

张梅，原名叫刘新民，陕北米脂人。延安有民谣："清涧的石板，瓦窑堡的炭。米脂的婆姨，绥德的汉。"米脂出美女，是西北男人魂牵梦绕的地方。

那里很穷，很偏僻，但是却有一方好水土，是个"神仙福地"。米脂姑娘集江南秀媚与边塞健美于一身，皮肤白皙，面色红润，身材婀娜，体贴温柔，风情万种。从明代末年起，"米脂的婆姨绥德的汉"这句民谚

就随陕北汉子李闯王的铁骑传遍天下。有一首"信天游"形象地唱道：

　　　　蓝蓝的天空云铺的被，

　　　　红萝卜的胳膊白萝卜的腿

　　　　弯弯的月亮，风荡荡地吹，

　　　　清潭的眼睛柳叶的眉；

　　　　绿油油的麦叶黄灿灿的穗，

　　　　嫩生生的脸庞红嘟嘟的嘴；

　　　　一见尕妹妹没有法子睡，

　　　　揉碎了情哥哥的肝和肺。

　　张梅在出美女的米脂县是出类拔萃的公认美人，被称为"陕北一枝花"。尽管林彪相貌平平，个头不高，外表也没有什么特别的气质，但他以自己巨大的声威和名气摘取了这朵塞北名花。

　　与张梅欢喜雀跃、兴奋激动的感受相反，到苏联后，林彪更加少言寡语。看到苏联人民安详、幸福、和平建设和生活的情景，他不由地想到挣扎在日寇铁蹄下的同胞，想到艰苦转战中的战友和军队。他渴望重返沙场，聆听硝烟弥漫中的号角声和白刃格斗的厮杀声。再加上伤势严重，手术医治情况不理想，子弹伤及脊椎神经，恢复过程缓慢，林彪心情更加抑郁。

　　在苏联治伤时，林彪洗了含硫量很高、温度也很高的温泉，使他的毛孔张开后不能迅速闭合，导致他多次感冒。后又因为使用阿托品不当造成后遗症，使神经方面的症状越来越多。由此，林彪对苏联专家非常不满意，甚至经常骂他们。

　　据当时与林彪夫妇住在一起的塞先任回忆："林彪来这里以后，表面上很平静，但在自己房子里经常发脾气。"

　　越是浮躁，林彪就越是不苟言笑，严肃得像个木雕，他把精力转向攻读英、法、德、俄等国著名军事家的著作，潜心研究军事理论。

　　从1926年算起，林彪已有12年军旅生涯，北伐战争时期与吴佩孚、孙传芳、张作霖等军阀打过仗，土地革命战争时期与蒋介石、何应钦、陈诚交过手，抗日战争时期与日军少壮派将领较量过，积累了丰富的作战经验，但是这些关于选兵、带兵、练兵和进攻、防守、转换的宝贵技巧和战略战术从未归纳、整理过,他想把它们串接起来,上升到理论。

利用在苏联养病的充裕时间,林彪对自己的战争经验进行了深入的咀嚼和提炼,在战略理论上有了重要的突破和长足的进展,很快成为一名理论与实践兼擅的军事战略家。

"战场得意,情场失意",这八个字是中共驻共产国际代表团一位工作人员对林彪3年旅苏生活的概括。在林彪军事声望如日中天的时候,他的家庭生活却出现了危机。

林彪是个夫权思想很重的人。他天性好静,不抽烟,不喝酒,不社交,不跳舞,不参加任何形式的聚会,整天闷在家里。读书,默想,吃饭,睡觉,周而复始,没有一点变化。

林彪也不喜欢运动,很少进行户外活动,库契诺猎场从未去过。如果说他还有一点爱好,那就是没完没了地踱步、转圈,研究地图。

林彪习惯过这种安静、单调和有规律的生活,并要求张梅也这样做。他认为,中国妇女的基本美德就是温柔顺从,夫唱妻随,所以要求张梅不要乱交朋友,不要乱串门,不要乱说话,不要参加各类政治活动,本本分分地待在庄园里,陪他看书散步。

但张梅是个在山沟里长大的年轻女人,到了国外,新奇的感觉非常强烈。她又是个生性好动、个性很强的年轻人,怎么受得了这种禁锢和约束?与林彪待在一起,她感到压抑、孤独,没有活力。所以,林彪越不让她出去,她就越是想要出去;林彪越不让她交朋友,她就越是要交朋友,还要交很多的朋友。

这样一来,夫妻之间裂痕越来越大,关系越来越僵,到后来竟如同水火,一个星期难得碰面,连周末也聚不到一起。早已习惯了沉寂静谧的林彪也开始感到冷清了。

这时,一个身材婀娜、仪态翩跹的少女引起了林彪的注意,她就是孙维世。

大革命后期和土地革命战争时期,有一大批著名的共产党员和重要领导人或遭通缉,或被屠杀,他们的家人有的辗转避难,有的流离失所,还有的被关进监狱。内战结束后,为对得起死去的烈士,为了让他们的孩子更好地成长,党中央通过各种途径找到他们,并分批把他们送往苏

联学习。

当时在莫斯科学习的烈士后裔和中央领导人的子女有瞿秋白的女儿瞿独伊，蔡和森的儿子蔡传，毛泽东的儿子毛岸英和毛岸青，朱德的女儿朱敏，林伯渠的女儿林莉等。

孙维世也是烈士的后代。她的父亲孙炳文是周恩来的挚友，共产党的早期革命家，1927 年惨遭国民党杀害。当时孙维世才 5 岁，母亲任锐历尽艰辛把她抚养成人。西安事变和平解决后，周恩来派人把她从上海接到延安，送进抗日军政大学学习。

1939 年，在林彪夫妇抵达苏联不久，孙维世也被送到莫斯科，先后就读于中山大学和莫斯科戏剧学院，主攻导演艺术。

孙维世天生丽质，明艳动人，既有学者的儒雅，又有姑娘的娇羞，多才多艺，性情和善，非常讨人喜欢。

孙维世、瞿独伊、毛岸英这些客居异邦的年轻人，常常利用星期天和节假日相邀到一起，野游、聚餐和集会。年轻人崇拜英雄，他们多次邀请林彪这位"常胜将军"参加他们举办的活动，希望能听到他亲口讲自己的历史，讲革命领袖之间的逸闻趣事，讲井冈山、反"围剿"、长征、平型关大捷。

过去，林彪不太愿意和这些年轻人来往，觉得他们过于单纯、幼稚，没有多少共同语言，中间隔着一条不易跨越的"代沟"。但自从注视孙维世后，他的态度有了转变，开始对年轻人举行的聚会表示关心和好感。这一变化，使得年轻人高呼"乌拉"，兴奋不已。

每当有人请他参加活动时，林彪总是问："大家都去吗？"

"都去，没有人缺席。"邀请人为林彪的细致、周到而感动，一一报出参加活动者的姓名，带着期待的口气说，"大家都非常希望您能参加。"

"好，既然大家都去，我也去。"林彪痛快地答应。

可是如果碰巧孙维世有事不能抽空参加时，林彪脸上便闪过一丝隐隐的失落，软绵绵地说："我今天不太舒服，就不去了吧。"

久而久之，人们渐渐发现，原来林彪参加活动是冲着孙维世来的，于是每次聚会都打孙维世的牌子，林彪也欣然应允。

林彪善于克制自己，总希望姑娘先体察出他的意图和用心，采取主动姿态。在聚会上，他与大家均等接触，对孙维世也不例外，从不显露自己的"火力点"，避免过于急迫和张扬。

年轻人私下议论，"林师长谈恋爱像打仗一样，小心翼翼，追求百分之百的把握"。对这种战术，有人赞成，认为这是高明的迂回策略；也有人反对，批评林彪缺少男子汉百万军中取上将首级的气魄。

一个星期日的下午，林彪自忖时机接近成熟，便单独约请孙维世吃饭。饭后，两人在大街上散步，漫无边际地闲聊。

林彪漫不经心地问："维世，你今年多大了？""我是民国十一年生的，您说多大了？"孙维世调皮地回答。

"民国十一年就是 1922 年。"林彪突然冒了一句，"整整十四岁。"

"您算错了，我都快二十了。"孙维世惊诧地纠正道。

林彪一怔，意识到自己说漏了嘴，赶快解释说："哦，我是在算我比你大多少岁。你今年二十，我今年三十四，相差正好十四岁。"

"您才三十四岁呀？太年轻了！"孙维世夸张地调侃道，"瞧您平时严肃的样子，我以为您至少五十四岁了呢。"

"这是个性。个性一旦成型是难以改变的，所以俗话讲江山易改，本性难移，指的就是这个道理。"林彪有步骤地转向下一个话题，"你想家吗？"

"家？我没有家呀。"孙维世自母亲去世后就是形单影只、一个人过生活。她莫名其妙地望着林彪。

林彪赶紧说："对，你现在还没有，但一个人不能总没有家，特别是女孩子，更应该有个温暖的家。"

"我没有小家，但有大家呀！"生性乐观的孙维世说道，"周副主席那里是我的家，延安是我的家，革命队伍是我的家，这里也是我的家！"

林彪听着孙维世说到"这里"二字，脸上放出光彩，十分兴奋："对，对，你应该把我这里当做你的家。"

"不，我是说莫斯科戏剧学院，那是我现在的家。"孙维世细心地补正了一句。

林彪心里有些不高兴，但他很快克制住了。沉默片刻，林彪又问："你国内有男朋友吗？"

孙维世爽快地直摇头。

"国外呢？在苏联有男朋友吗？"林彪更进一步。孙维世咯咯笑着，还是摇头。

"那你打算什么时候结婚？"林彪骤然打了一梭"子弹"。

"没有男朋友怎么结婚？"她觉得林彪问得很蹊跷。

"男朋友嘛，总是会有的。其实在你周围还是有许多人关心、爱护你的，只是你没留心，或者是没有发现。你准备在什么时候考虑家庭问题。"

孙维世朗声笑着说："我还没有认真地想过呢。"

林彪说："革命是个大家庭，但也要有一个小家庭。女同志要恋爱，结婚，成家，才会有安全感、归宿感，才会有属于自己的幸福。"

"也许将来我也会有那样的经历。"

"将来是什么时候？"

"等革命胜利呀！"

"可那要等到什么时候？毛主席不是说过，抗日战争是场持久战吗？打败了日本鬼子，还有蒋介石，到那时，你已变成老太婆了。"

"老太婆就老太婆嘛。"孙维世想到自己变成老太婆的样子一定非常滑稽，又笑了起来。但她眼睛一瞥，发现林彪的脸色变得有些难看了，忙又补充了一句："我想，中国革命的成功不会太远。"

不知不觉，两人走到了孙维世的宿舍前，到了互道"晚安"的时候。

林彪决定不再兜弯子，直截了当地把问题提了出来："你知道吗？我非常喜欢你。跟你结婚，和你生活在一起，是我最大、最强烈的愿望。"

孙维世一下愣住了。这个平常受大家崇敬的英雄将领表面上那么严肃，不苟言笑，今天为什么说出这样的话来？孙维世脸上涌起一层绯红，心跳得格外急促。

她冷静了一下，也心直口快地说出自己的疑问："您不是已经结婚了吗？"

林彪的脸也顿时红了起来。孙维世与张梅很熟，是一对要好的朋友。"我和张梅，你并不了解，我们合不来，关系一直不好，我很痛苦……"

林彪向孙维世简单地解释了家庭的不幸，最后他说："我和张梅的感情已坠入绝谷，难有复苏的机会了。我很难过，我们之间很快就要分手了。所以，我希望你理解我，帮助我。"

孙维世很为难，她心慌意乱地应付了一句，便逃避似地奔入宿舍。

1942年1月，林彪与张梅正式分手，张梅留在了莫斯科。随后，林彪收到中共中央的来电，催促他尽早返归抗日前线。

回国前夕，林彪又特意找到孙维世话别。吃过晚饭，两人一同来到莫斯科河畔散步。

林彪有些伤感地说："再过几天，我就要回国去了。"

"我希望在这里能看到您的捷报，比平型关大捷更辉煌的胜利！"孙维世真切地说。

"我一定不辜负你的期望。"林彪笑得有点勉强，"不过，我对你的期待，你还没有答复我呢！"

"您的期待？"孙维世不太想接上这个话题。

"你还记得我们上次的谈话吗？现在，我已经和张梅分手了，我也决定今后非你不娶！你是我一生中遇到的最完美的姑娘，你和我一块回国吧……"

孙维世没料到这位久经沙场的军人，在情感上同样好胜，而且情意绵绵。她估计林彪会把这个问题再次提出要她表态的，便早已有了心理准备。为了不伤林彪的自尊心，她委婉地拒绝道："很遗憾，我不能和您一块回国。我正在念导演系，还没有毕业呢。"

"学不学习，毕业不毕业有什么要紧呢？如果以后你和我在一起，不必去演戏，就做我的助手！"

"那不行啊。我来苏联，是毛主席和周副主席批准的。学习是我现在压倒一切的任务，如果半途而废，我回去怎么向他们解释呢？"

1942年2月，林彪怀着失意、怅惘的心情，形单影只地离开苏联，绕道新疆回到延安。

孙维世可以算作是周恩来的养女，这个多才多艺、漂亮活泼，经历非常传奇的女子，却是命运多舛。她回到国内后，一直在从事戏剧导演工作，但在十年浩劫中，却被江青残酷地迫害致死。

十五个将军换不来的师长

中国革命战争的独特经验，使林彪在苏联军界知名度大增，受到斯大林的重视与青睐。

1939年春，第二次世界大战面临爆发的临界点。德国军队在征服丹麦和挪威后，集结重兵，准备大规模入侵法国。英法盟军则沿马其诺防线密集布防，计划凭借这道延绵近千里的钢筋混凝土纵深防御工事阻止德军入侵。

当时，作为中立国的苏联虽未参战，但密切注视着战事的发展。

在一次酒会上，斯大林征询苏军将领对德军战略意图和兵力部署的判断。大多数苏联将帅都估计德军可能会集中火力，攻击马其诺的中段防线，打开缺口后，再以装甲部队实行机械化纵深突击。但是，估计无论纳粹分子多么丧心病狂、气焰嚣张，在固若金汤的马其诺防线面前，也会费时日久，伤亡惨重。

当时，林彪正好在场。斯大林出于客气和礼貌，问："林彪同志对德军兵力走向有何看法？"

"我不是希特勒，不清楚他的真实想法。"林彪一笑，想搪塞过去。

"这个回答我不能满意。如果你是德军统帅，你会怎么办？"斯大林拿下含在嘴上的烟斗，犀利的眼神直盯着林彪。

斯大林认真了，其他人也纷纷围上来，气氛有些紧张。林彪仍然不慌不忙，他向来以稳健著称，火烧眉毛也能不动声色。

"前面几位元帅的判断都很高明。但是，我劝同志们不要过于看重马其诺防线。物是死的，人是活的。有用的时候，它胜过钢铁，坚不可摧；没用的时候，它是一堆垃圾，不值半文。"林彪语出惊人。

"林彪同志能否说得明白点？"鬓发斑白的布琼尼元帅、伏罗希洛夫元帅、提莫申科元帅还不太瞧得起这个三十出头、瘦小的年轻人。

"我的意思是，如果正面攻打马其诺，防线才会起作用，战事结果可能会如诸位所料想的那样，演变成相持战，时间会拖得很长。但如果绕开防线，从侧翼作大规模迂回，兜击防线深远后方，马其诺防线就会毫无用处，战局也会很快明朗。"

林彪又强调性地补充道："在中国苏区反'围剿'的斗争中，我们红军经常使用这种战术。"

斯大林和在场的苏军领导人都认为这种方案过于离奇、冒险。

果然，几个月后，希特勒否决了德军总参谋部稳扎稳打、攻坚突破的传统作战计划。

著名的闪击战名将古德里安指挥德军坦克集群绕过防线，借道比利时，以闪电般的速度攻入法国腹地，猬集在马其诺地区的盟军数十个师见德军抄了自己的后路，拼命溃逃。号称坚不可摧的马其诺防线顿时瓦解，形同虚设！

消息传到莫斯科，斯大林大吃一惊，苏军将领也开始服膺林彪天才的判断与预测。

自此，斯大林对林彪礼遇有加，给了他最好的治疗和最好的待遇。

1939年8月下旬，刘亚楼曾对林彪说，苏联和德国签订互不侵犯条约了，希特勒不会再打苏联。林彪说："这是希特勒没有准备好，一旦他准备好了，一定要打苏联的。"

1940年9月，苏军统帅部召集军事会议，商讨一旦德国进攻苏联时的应对战略问题。斯大林邀请林彪参加了这次会议。

苏联元帅都认为，德国将先攻占最富饶的乌克兰。一开始林彪仍然没有说话，但斯大林一定要听听他的意见。

林彪便说道："希特勒如果攻打苏联，不仅仅是要掠夺苏联的财富，更重要的是要消灭苏联！所以他不会选择乌克兰为主攻方向。我认为，他将从西线展开全面攻击，从波罗的海到喀尔巴阡山的宽大正面上向苏联进攻，他的主要战略意图是尽快占领莫斯科。"

与会者都不相信希特勒有如此之大的野心，纷纷摇头否定。所以，他们将苏联的主要兵力仍部署在乌克兰一线。

然而事实再次不幸被林彪言中。1941年6月22日拂晓，德国对苏联不宣而战，180个师的几百万精锐德军全线发起了对苏联的突然袭击。仅仅4个月就兵临莫斯科城下。而且，进攻的线路完全如林彪所预料。

事后，对林彪的战略判断佩服得五体投地的斯大林称他是"天才战将"。他曾经说过："林彪同志，你参加指挥我们的卫国战争吧。"林彪却笑笑，不置可否。

据说，1942年林彪伤愈回国时，斯大林极力挽留，并向蒋介石提出，以十五个将军去中国充当顾问为代价来换林彪在苏联参加指挥卫国战争。

这一传说不胫而走，无形中增大了林彪在国内政坛和军事上的地位。

当人们询问林彪这个传闻是否属实时，林彪不置可否地淡淡一笑道："我不知道，你们有兴趣，可以去问斯大林和蒋主席。"

但林彪却很憎恶斯大林的大国沙文主义。他在苏联接触过不少后来被斯大林迫害的元帅和将军，对苏联的制度是极端失望的。

后来还有人曾当面问林彪，是不是斯大林要用两个师的援华装备换您？林彪笑了，说不是。

在新中国成立后的一次聚会上，有人说将来中国会和苏联一样好，林彪马上否认，说，将来中国会比苏联更好。毛泽东很惊奇地问道："会这样吗？"林彪说："中国肯定会超过苏联的。中国只要 20 年就能超过苏联。"

林彪办公室秘书回忆说：林彪对苏联没有什么好感。我给他当了 4 年秘书，只听他提到过一个苏联人，而且只有一句，说："罗托夫当过苏联派驻中国的专家组长，这个人我认识。"

将军归来

1941 年底，林彪发电报请示要求回国，毛泽东很快回电，让他立即回国。

党中央机关报用了相当多的篇幅报道林彪回国的消息。

1941 年 12 月 29 日，林彪乘坐苏联军用飞机回到新疆。一到新疆迪化（今乌鲁木齐），新疆长官盛世才就电告了蒋介石。蒋介石严令兰州和西安等地一律不许发难，所以林彪从迪化到延安一路顺风。1942 年 1 月 5 日，林彪坐飞机飞抵兰州，受到国民党军政要人的宴请。数日后，林彪到达西安。

尽管在不同的阵营，但在蒋介石的心里，学生却是永远的最爱！尤其是陈赓、林彪这样出类拔萃的学生。在许多场合，他都对林彪表示过欢迎他参加到国军系列，后者当然是婉拒了。

数年后在东北战场上，蒋介石对着诸多将领恨铁不成钢地说："你们都是黄埔一、二期的，却打不过林彪这个四期的！"

1942 年 1 月 31 日，专门从前方赶到西安的胡宗南与林彪长谈。林彪根据毛泽东的指示，谈了国共合作的必要性，并谈了两党的分歧。胡宗南表示，愿意重新调整与陕甘宁边区的关系，可以考虑为八路军补充武器，并让八路军干部到战区医院看病。以后，胡宗南还专门派军医处长到八路军驻西安办事处出诊，并亲自押车为林彪送来大批军事书籍。

2月，重病中的林育英托人带口信给逗留在西安的林彪，叫他赶快到延安见最后一面，林彪立即乘八路军驻西安办事处的卡车返回了延安。

2月14日，林彪回到延安，毛泽东亲自迎接。师哲（时任中央书记处办公室主任）回忆说：毛泽东听说林彪回来了，一大早就去接。朱德和周恩来回延安时毛泽东都没去接过，而今天他却去迎接了比他们地位低得多的林彪。

师哲看见，毛泽东拉着林彪的手走进窑洞，满面笑容，边走边说话，还亲自吩咐伙房为林彪搞饭吃。他让林彪住在杨家岭，离他近一些。

那些天，党中央的机关报《解放日报》用了相当多的篇幅报道林彪的消息。

2月13日三版《平型关大捷指挥者林彪师长伤愈返国》。

2月14日三版《林彪师长返延，沿途备受热烈招待，与地方当局晤谈甚欢》。

2月16日三版《一一五师全体指战员致电欢迎林彪师长》。

2月18日三版《干部欢迎晚会，林彪同志畅谈苏联已获得战争主动权》等。

2月17日晚，延安机关干部1000多人在中央礼堂举行晚会，欢迎伤愈返国的林彪和从前线归来的120师师长贺龙。许多人站在门外，等着看一眼抗战名将的风采。

毛泽东和朱德都来了，主持会议的谢觉哉请林彪先讲话。林彪说该受欢迎的不是我，而是从前方归来的贺师长。林彪说：我们党的领导机关，不但应该是战争的堡垒，还要成为要塞。苏联的党能把俄国建设成一个强国，我国的建国条件强于苏联，我们应该建立世界上更强大、更幸福的国家。

毛泽东认为林彪具备多方面的才干，而不仅仅是军事天才。他在谈判方面还是很有作为的，不仅是他有平型关大捷这块金字招牌，他还很有做统战工作的口才。

林彪给人们的印象是沉默寡言的，很少有史料披露过林彪的谈判才能。的确，林彪从不高声说话，很少冲动。但他那一口浓重的湖北黄冈口音却很能说服谈判对象。

2月20日，毛泽东在给刘少奇、彭德怀的电报中专门赞扬林彪，说：林彪返回延安时身体好了许多，唯尚须休养。他在兰州、西安的统战工作做得很好，与胡宗南诸人曾有深谈。据林彪说，国民党的统战工作很有开展的余地，要我告诉你们注意。

1941年皖南事变后，国共关系降到抗战以来最低点。在国内外舆论的压力下，1942年7月21日和8月14日，蒋介石两次约见周恩来，先提出派代表去延安谈判，后来又说，要到西安去约见毛泽东。周恩来分析道，似乎看不出蒋有何恶意，但为了毛主席的安全，还是不见好。他提议，最好以林彪为代表，先到西安见蒋。

毛泽东采纳了周恩来的建议，但仅隔一天，又改变了主意，说他要亲自见蒋。周恩来认为时机不成熟，再次说服毛泽东不要去西安，还是先派林彪探探路再说。毛泽东于是再次电告周恩来，说蒋到西安后，先派林彪去见，然后我再去见，有益无害。

周恩来第三次表示不同意，并提议林彪不要将话说死，看蒋的态度及要解决的问题，再决定毛主席是否见蒋。

1942年9月14日林彪赴西安，10月7日到达重庆。一直到年底，在3个月的时间内，林彪由周恩来陪同与蒋介石会谈了两次。但因蒋不同意中共的主张，两次谈判都无果而终。

1943年6月，张治中正式通知周恩来，由于前方摩擦继续，情况不明，谈判须搁一搁。周恩来提出，让林彪先回延安，如果要谈可以再来，他自己也拟回延安一趟，并希望蒋同林彪再见一次。

6月7日，蒋介石第三次接见周恩来和林彪，表示允许周恩来回延安。这是自皖南事变两年半来，蒋第一次答应周恩来回延安。毛泽东接到周恩来的电报，指示他们速回，盼他们7月1日前赶回延安，共商起草《七七宣言》事宜。

6月28日，林彪与周恩来等一行坐车从重庆返回，绕道宝鸡前往西安。毛泽东发电报，嘱他们在西安与胡宗南交涉该部可能进攻边区的事宜。并说延安将要举行有3万人参加的纪念抗战6周年大会，并紧急动员，通过了反对内战的通电。

本来胡宗南预定进攻延安的日期是7月9日。但7月4日胡宗南收到朱德揭露国民党军有进攻边区意图的电报后电告蒋介石，才同意罢兵。

周恩来和林彪在7月9日这一天到达西安，分别会见了胡宗南、熊斌、邓宝珊等。7月13日，周、林致电毛泽东说，根据连日接洽及研究结果，蒋令胡宗南准备进攻尚未到行动阶段，中央考虑戒备有必要，但延安民众大会通电刺激太甚，重庆、西安暂缓印发为好。

当天他们离开西安，7月16日安全返回了延安，受到毛泽东、朱德、刘少奇、任弼时等人的迎接。为欢迎他们，中共中央专门举行了一次盛大的晚会。

直到抗战胜利，林彪再没有离开过边区。毛泽东特别关照他休息，只给他一个挂名的中央党校副校长，也不过问具体工作。

在苏联的贺子珍

除了周恩来、林彪等中共高层人物和苏联有着或深或浅的渊源以外，还有一个颇具传奇色彩的人物，也与苏联有着千丝万缕甚至是悲苦的联系。她就是毛泽东的前妻贺子珍。

在红军长征到达陕北以后，一些同情中国革命的外国学者、友好人士，如美国新闻记者埃德加·斯诺等，也纷纷到陕北进行采访、参观。

美国女记者、作家史沫特莱也慕名来到了延安。因为她不懂中文，便带去了一个女翻译。她们的出现在延安卷起了一阵旋风。这个美国妇女的学识才华，她的生活方式，都令刚刚走完长征路程的"土包子"们耳目一新。

她的翻译吴莉莉是个年轻美貌的女人，在那个年代就披着一头长长的秀发，更是引人注目。由于史沫特莱是美国的友好人士，受到了中央首长们的隆重接待，毛泽东也多次会见她们，并长时间地与她们进行了对话。

这两位女子与长征过来的女红军太不一样了。她们衣着鲜靓，性格活跃。她们在哪里出现，就成为哪里的中心。

她们是延安交际舞热的首创者和推动者，共产党的干部爱跳交际舞的风气，就是从史沫特莱在延安举办舞会，亲自教毛泽东跳舞开始的。那次舞会轰动了延安，几乎所有的中央首长都去了。

然而贺子珍没有去，还有同她一起长征过来的女战士们也没有去。她们太不能适应这种洋味十足的开放式社交生活了。来自江西永新这个封建意识十分浓厚的小县城，以后又长年累月在大山沟里转圈的贺子珍，只适应红军内部那种除了夫妻之外的严格的、界线分明的男女关系，男男女女之间勾肩搭背地搂在一起，她实在是看不惯。

今天看来，贺子珍有点儿封建思想，有点儿狭隘意识。但这是当时客观环境造成的，她一时间不能适应也情有可原。事实上，以后她也学会了跳交际舞，而且跳得相当好，这是她到了苏联以后的事了。

在史沫特莱和女翻译来到延安之后，毛泽东夫妻之间有过不愉快的争吵。毛泽东是个以文会友的人，对于谈话投机的人，不分男女老少，一律热情相待。他觉得同史沫特莱和女翻译的谈话很愉快，很有益，接触也就多了些。

但一些多事的人却把无中生有的不实之词，传到贺子珍的耳朵里，甚至有人给她提出了"善意的"忠告。本来就对这两个"新派人物"看不惯的贺子珍，顿时心乱如麻，无法平静。

有一天，贺子珍回家经过一个窑洞，发现毛泽东的警卫员在门口站岗，她料到毛泽东就在里面，于是推开门就往里走，警卫员拦都拦不住。她进去一看，毛泽东果然在里面，同他在一起的，正是那位女作家和女翻译。这是史沫特莱在延安的住所，他们三个人谈兴正浓，毛泽东也是谈的神采飞扬。

贺子珍见到这般情形，曾听到过的传言顿时涌上心头，脸色阴沉下来。

屋里本来热闹的气氛霎时消失，安静得没有一点儿声音。那位活泼的女翻译想打破尴尬，就笑着拉贺子珍坐下。贺子珍想摆脱吴莉莉的拉扯，但摆脱不开，不由得手上就使了点劲儿，嘴上还说："你少来这套！"

她最后那一下子，力度大了点儿，不仅把女翻译的手甩开了，而且使她站立不稳，几乎摔倒。于是吴莉莉叫了起来，连哭带闹。

不知她叫嚷时用的是什么语种，也不记得她都说了些什么。其结果是那位外国女作家出来抱不平，并且向贺子珍动了手。

贺子珍的挨打是很冤枉的。站在门外的警卫员听到屋里一片嚷嚷声，不知道出了什么事，连忙推门进去。他看到那位女作家气势汹汹地要打贺子珍，就想过去拦阻。

这位小战士没有拉架的经验。他想保护贺子珍，本应该去拉住那两只要打她的手，他却把贺子珍的双臂夹住了，让贺子珍动弹不得，使她失去了保护自己的能力。于是，人高马大的史沫特莱一拳打到贺子珍的右眼上，她的右眼顿时充血，黑了一圈。

正当她要挥出第二只拳头时，毛泽东说话了。他先对贺子珍说："子珍，你干什么，你疯了？"然后又对史沫特莱说："你不能再打，你有什么话对我说。"说完，他就把贺子珍带走了。

贺子珍被打的眼睛肿得像个核桃，无法出门。每当人们问起她的眼睛，她都只说是自己不小心撞的。

贺子珍自己叙述的经过就是这样。从她的叙说中可以看到，挨打的是她，而延安当时流传的是她打了人，而且传言中被说成是她打了毛泽东。贺子珍曾经委屈地说："我怎么可能打主席呢，论力气我也不是他的对手呀。"

当贺子珍重述这段往事的时候，她已经能够比较冷静、比较客观地分析这件事了。她承认，她怀疑那个女翻译与毛泽东有什么不正当的关系是没有根据的。那个女翻译有丈夫，而且不久就同那位女作家一起离开了延安，回到西安。自己当时的行动是过于鲁莽了。

另外，毛泽东站出来说话的态度是公正的。他们两个人回家以后，毛泽东并没有责备贺子珍，再也没有提这件事。

但是，当时挨了打的贺子珍心情不能平静，觉得自己太委屈，为了毛泽东，她作出了很多的牺牲，结果是身体搞坏了，工作能力没有了，工作职务也没有了，只能给毛泽东搜集资料，在剪刀、糨糊和报纸中度过了多年。

在那些日子里，身体里还有没取出来的弹片，使她经常处于难以忍受的痛苦之中。可是延安动不了这个手术。她决定从西安转赴上海就医，取出弹片。

就在这个时候，她发现自己又一次怀了孕，这更坚定了她要走的决心。过密的生育影响了她的健康，她想离开毛泽东一段时间，调养身子，读一些书。

她与毛泽东共同生活了 10 年，怀孕、生育了 6 次，几乎是处在不断地怀孕、生育的过程中。她自己说，我生孩子都生怕了。

然而，更使她痛苦的是，毛泽东不完全理解连续生育对一个妇女所带来的身体和精神上的负担。他就曾经对张闻天的夫人刘英开玩笑地说过："你为什么怕生孩子呢？你看看子珍，她生孩子就像母鸡下蛋那么容易，连窝都没有搭好就生下来了。"

即使按照当时的战时供给制度，公家可以出钱雇一个保姆，但母亲的担子仍然是很重的。每当毛泽东同贺子珍发生口角，毛泽东骂她的话让她感到万分委屈的就是，"你政治上落后"、"你政治上不进步"。

依贺子珍的性格、她想做的事情就一定要做到。于是她向组织上打了口头报告，又向毛泽东宣布了她的决定，并着手做了走的准备。

贺子珍要走，并没有提到他们夫妻间感情的裂痕，只是说留在身上的弹片使她浑身疼痛，她想把弹片取出来，她是在毛泽东不同意并且一再劝阻的情况下坚决要走的。

毛泽东曾经说了一番十分动情的话：

"我这个人平时不爱落泪，只在三种情况下流过眼泪：一是我听不得穷苦老百姓的哭声，看到他们受苦，我忍不住要掉泪。二是跟过我的警卫员，我舍不得他们离开，有的警卫员牺牲了，我难过得落泪。我这个人就是这样，骑过的马老了，死了，我难过，用过的钢笔旧了，我舍不得换掉。三是在贵州，听说你负了伤，要不行了，我掉了泪。"

所说的贺子珍在贵州负伤，就是指的在长征路上贺子珍被炸弹炸伤那次。贺子珍当时伤得很重，七窍出血，差点死了。部队曾经想过把昏迷的贺子珍留在当地老百姓家，怕路上的颠簸加速她的死亡。请示毛泽东，毛泽东不肯，说："她要留下来必死无疑。就是用担架抬，也要把她抬着走。"

毛泽东把自己的担架腾出来给贺子珍用，自己骑马。后来贺子珍说，要不是毛泽东，她早死了。

毛泽东说完这番话后，又接着说：

"我现在的情况同在王明路线时期不同了。我有发言权了。以后不会再让你像过去那样，跟着我受那么多苦了。"

听了这番话，贺子珍如果稍微冷静地想想，可能就会改变主意，她就完全不会是后来那个样子了。

可惜的是，她当时太冲动，拒绝了毛泽东内心的召唤。

在很多年以后，贺子珍每逢想起毛泽东说的这番话都要流泪。这是性格刚强的毛泽东在向自己的妻子坦露他的心扉，诉说他的至深至爱之情。可是，当时性格倔强，而又满腔怨气的贺子珍，并没有领会毛泽东讲话的含意。

1937 年底，她终于一个人走了。

贺子珍到西安的时候，抗日战争的时局出现了新的变化。上海已经沦陷，去不成了，她就住在中共驻西安办事处，又不想回延安。这时，毛泽东托人捎来了口信，让她回去。毛泽东说："以后延安的医疗条件也会好起来的，你的病可以在延安治。"

毛泽东还给贺子珍捎来一个小木箱。这个木箱像过去妇女梳妆用的梳妆盒那样大小，是毛泽东特地请警卫员钉的。贺子珍打开一看，里面装的是她日常使用的，没有带走的小东西，里面还有一把延安造的小刀，是她经常切水果和小食物用的。捎东西来的毛泽东的警卫员告诉贺子珍，他都要出发了，主席又想起这把小刀，是他亲自放进去的。毛泽东给贺子珍捎来了小木箱，更捎来了他希望互相谅解的殷切之情。

事实上，还在怄气的贺子珍，并没有忘情于毛泽东。她身在西安，心却飞回了延安。她惦记着毛泽东的健康与休息。她想到，自己把那条共同盖了多年、烧了一个窟窿，记录了他们爱情的红毛毯带出来，他的被褥更单薄了，他晚上不冷吗？他们住的那个吴家窑是非常潮湿阴冷的。

于是，她用自己积攒起来的津贴费，上街买了一床新棉被，亲手缝好，托警卫员捎给毛泽东。这床新棉被，毛泽东没有盖多久。有一天，他看到警卫员贺清华的被子太薄，怕他受冻，就把这床新被子抱过来，盖在贺清华的身上。

贺子珍在西安一住就是几个月。这时，共产国际的代表从苏联经新疆、西安去延安。贺子珍得到了启发：上海去不成，可以到苏联去。到了那儿，不但可以取出弹片，养好身体，还有学习的机会。

于是，她随返程的共产国际代表从西安乘汽车到了兰州，以后又到了新疆，住在迪化中共驻新疆办事处。

在她等待去苏联的飞机的时候，毛泽东又一次托人捎了口信来，请她不要去苏联，返回延安来，贺子珍没有响应这个召唤。

不久，驻新疆办事处收到中央的一份电报，要求所有在新疆候机去苏联的同志，全部返回延安。这又是一个让她返回延安的机会，其他在新疆等候出国的同志都回延安了，可是贺子珍没有走，她把这个机会又错过了。

这时，中央决定派一批身体有病的老同志去苏联学习治病。在名单中本没有贺子珍，毛泽东看到贺子珍要走的决心很大，也就同意了她要去苏联治伤学习的要求。就这样，贺子珍踏上了去苏联的路途，也选择了自己多年的苦难。

在她离开延安的时候，她完全没有想到，她犯了一个多么严重的错误。这个错误，造成了她坎坷悲惨的一生。在她还没有离开延安之前，江青已经来到延安，贺子珍的负气出走，客观上给江青创造了机遇和条件，给了江青几十年后张扬自己野心的平台。

直到很久以后，中国发生了"文化大革命"的时候，当年担任驻兰州办事处主任的谢觉哉，在谈起这件事时，还常常后悔地责怪自己，说当初劝说贺子珍返回延安不力。他说："要是知道后来的事情搞成这个样子，我那时候说什么也不会让她走。"

贺子珍在谈到这段历史时，充满了悔恨，她的眼神都变得呆滞起来。她说："我不怨主席，一切都怨我。我当时太年轻，不懂事。我一心只想出去把身体养好，再学习几年就回来。我还想为党多做点儿工作，没想到事情并不是我想的那么简单。"

贺子珍的确想得太简单了，她为此遗憾终生。但是从那个时候起，一直到她去世，她都没有说过毛泽东一句不是，对毛泽东也从来没有过一句怨言，而是默默地承担着这悲苦的后果。

痛苦的磨难

贺子珍到苏联时，已是 1938 年 1 月，在参观了莫斯科后，她怀着乐观而又热烈的情绪，给毛泽东写了一封信，说了自己的情况。

之后她就匆匆忙忙地跑到医院，要求动手术取出弹片。医生做过检查后，发现嵌在她头部、背部和肺部的弹片已经被头骨、肌肉和肺叶紧紧包住，长在了一起，不可能取出来了。因此，这些弹片直到她去世，都始终留在她身上。

不久后，贺子珍生下一男孩，满月后将他送进了婴儿室，自己则进了苏共专门为培养亚洲地区革命者设立的东方大学。

学校的课程很紧，贺子珍很用功。当时按照惯例，对像她这样的领袖夫人，每月有 17 卢布的生活津贴，并且有较好的生活条件。而她却改名叫文英，并以普通学员身份参加学习，从不要求特殊照顾。

当时王明担任中共驻第三国际代表团团长和东方部的部长，却对她的到来不予理睬，不予照顾，用生活的困难折磨她。而贺子珍却懵懂不知。

杨开慧的两个儿子岸英和岸青，比她早一年到苏联，是上海党组织设法把他们送出去的，在莫斯科的国际儿童院学习。

贺子珍到苏联后，马上去找了他们，并送去了一大堆水果，两个孩子不认识贺子珍，只是觉得这个阿姨特别热情。贺子珍心里很激动。她钦佩杨开慧，愿意替她为孩子们做些什么。国际儿童院离东方大学很近，每到周末，贺子珍就把自己的小不点男孩和岸英、岸青接回来，母子四人在宿舍团聚。在异国，能有这一点点快乐，贺子珍很满足了。

她刚到苏联不久，毛泽东发来一份电报，请贺子珍回延安。从国内去苏联的同志，也多次给贺子珍捎来毛泽东的口信，请她回去。这时，她同毛泽东怄气的情绪早已经消散了，只是觉得自己既然来了，怎么可以半途而废呢？于是她给毛泽东回信说，在苏联生了一个男孩，并说在这里学习已经开始，不可半途而废，要等两年后学成再回去，语调是和解的，诚恳的。

贺子珍在莫斯科生的那个男孩 10 个月大的时候，得了感冒，婴儿室

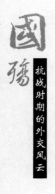

医疗条件差，没有护理好，后来转成了肺炎，没来得及抢救，夭折了。

贺子珍感到万分悲痛，觉得孩子的死完全是由于自己没有尽到做母亲的责任。她久久地抱着那个已变冷僵硬的尸体，不让战友们把他埋掉。

就在这时，国内又传来消息，说毛泽东与江青在延安结婚了。这对刚刚经历了丧子之痛的贺子珍来说，不啻当头一棒，雪上加霜。本来在她的心里，还存在着一些和毛泽东和好的希望，这个消息使她彻底绝望了，但她仍然不愿意相信这是真的。

1939年，周恩来和邓颖超一起到苏联治病，毛泽东托他们给贺子珍带去一封信和一箱书。信写得很短：

"子珍，你寄来的照片我已经收到。我一切很好，勿念。希望你好好学习，政治上进步。……我们以后就是同志了。"

这封信实际上是毛泽东向贺子珍告知，他们的夫妻关系从此结束了。

收到这封信，贺子珍最后的一线希望完全破灭，她陷入了极度的烦恼之中，几乎夜夜失眠，一个女人，即使是刚强的献身于革命的女人，在面对失去家庭，失去儿女，失去丈夫的困难时，也很难坦然处之。

在两年学习结束后，她万分犹豫，她思念祖国，可是，她已经没有家了，她能够坦然面对毛泽东另有爱人的现实吗？

她决定留下来。而这时皖南事变刚刚发生不久，毛泽东考虑到国内形势，及贺子珍失去儿子的痛苦，决定把她的女儿娇娇（即李敏）送到贺子珍身边。

1941年初，娇娇来到贺子珍身边。到苏联后，两个哥哥特别宠她。四个人周末的团聚是贺子珍最高兴的时候，让她暂时忘记了忧伤和烦恼。然而，这样平静而快乐的生活也是短暂的。

不久后，苏德战争爆发，战火烧到莫斯科，他们搬到了苏联东部的伊万诺夫市，国际儿童院也搬到了此地。贺子珍、娇娇、毛岸青、毛岸英都转来了这里。在那里他们忍受着饥饿，经历了战争给苏联也给他们自己带来的伤害。

战时的苏联提出了一个口号："一切为了前线，一切支援前线。"因此，她们必须自食其力。当地规定，妇女每月要打一件毛衣、三双袜子送给前线的士兵。而贺子珍经常为此感到疲惫不堪。

为了解决 3 个孩子的生活问题，她开荒种菜。种了胡萝卜、菠菜、黄豆、土豆等，勉强让孩子们吃上了果腹的食物。此时她完全成了一个地地道道的家庭主妇。她的学习工作计划全都落空了。再加上她患有贫血，身体日益消瘦，但她仍是为了孩子们默默地劳作着。毛岸英回国后还专门向毛泽东提到过他们这段艰难的日子。

后来，毛岸英和毛岸青到莫斯科去读中学了。但贺子珍已很难承受这些磨难，精神时时处在崩溃的边缘，常常无名火起。

一次，娇娇在雪地与别的男孩子玩耍后，贺子珍动手打了她，并下了一道死命令，不许她同男孩子往来。打孩子有了一次，就有二次三次，娇娇觉得妈妈不爱她了，无论怎么做，都不讨妈妈喜欢。而贺子珍则害怕女儿变野，害怕对不起女儿，对不起千里迢迢把女儿送来的毛泽东。

后来，娇娇搬回儿童院去住，一周才回来一次。有一次，娇娇生病了，感冒发高烧。医生却不让贺子珍探视，她只能在病房外窥视。她向医院提出把娇娇接回家，想更好地照顾她，可没想到会有更糟的事情等着她。

把孩子带回家后，由于天气太冷，室内无法供暖，她便跑到儿童院，希望能给一点煤和柴，被拒绝后，她买了一个大灯泡，想要借此取暖。此事被院方知道后，引起了院长的不满，并指责了她。一番激烈的争吵后，院长丢下一句话："你是不是发疯了？当心把你关进疯人院？"

1943 年，国际儿童院新来了一位院长，名字叫马卡洛夫，他的妻子叫伊莲娜·尼古拉耶夫娜。中国孩子们和他们接触没有多久，就发现他们歧视中国人。他们对别的国家和民族的孩子都还可以，可就是对中国的孩子另眼相向，总是挑刺儿、找茬。

爱憎分明、脾气大的贺子珍哪里忍受得了这个，于是经常和他们吵架。一次院长看到贺子珍竟敢顶撞她，更恼怒了，恨恨地说：

"我看你今天是真的疯了，我叫人把你送到疯人院去！"

贺子珍进了苏联精神病院后，特别是在初期，经受了什么样的苦难与折磨，至今鲜为人知。她什么时候提起这段往事，都是热泪盈眶，痛苦万分。她说，我不愿意回忆这段往事。

以贺子珍那暴烈、倔强的性格，是绝不会驯服地接受被作为精神病人对待的。她承认，她的确激烈地反抗过，抗议把她送到这种地方来。

她曾经拒绝医院的任何治疗，要求马上把她放回家去。她说，我家还有个生病的女儿，她需要我来照顾。然而，不管她怎么说，精神病院的医生们根本就不予理睬。

面对这种状况，她对自己说，我一定要想出对策来。她发现，医生给她服药时，当她表现出不服从，不听指挥，或者抗议、申诉对她的迫害时，她被强迫服用的药量就大，甚至辅之以静脉注射，自己昏睡的时间也长。她由此认识到，保护自己最好的办法就是装出一副被驯服的、听话的样子，承认自己的确有病。

医生看贺子珍的确表现比较好，同意把药停掉了。其实，贺子珍并没有把药吃进去，在这所医院，护士要亲眼看到病人把药吞下去，并张开嘴检查过后才离开。贺子珍每次吃药，都是迅速地把药放到舌头下面，或者把它留在面颊边，装作用开水送下去了。等护士走开，再把药吐出来。

过了一段时间，贺子珍向医生诉说她的腰疼、腿疼、胳膊疼。她这样做，一是给医生找点事情；二是让医生看到，她的知觉、感觉一切正常。

贺子珍的努力是成功的。医生的注意力果然转移到贺子珍的胳膊、腿上来，给她开的镇定神经的药相对减少了。

归心似箭

贺子珍曾天真地以为只要到了苏联，她身上的弹片就能取出来，身体就能康复，也就可以为党做更多的工作了，但现实让她完全失望了。

贺子珍更后悔的是错过了同毛泽东和好的机会。还让她后悔的是，在学习结束以后，没有和同志们一起回国。她不愿意回国，主要考虑的是自己的面子，觉得毛泽东再婚了，回国后目睹这种情形，会很尴尬，很难堪。

贺子珍在医院里，翻来覆去地检讨自己的过去，回国的愿望越来越强烈。

贺子珍为了实现回国这个目的，采取了很多措施。她积极地配合医生和护士，服从治疗，安静本分，给了他们一个良好印象。最后，这些医务工作者终于承认，贺子珍神智清楚，精神病已经基本痊愈。他们不再强迫她吃药，给了她更多活动的自由。

接着，她还争取得到了医务人员的同情和理解。她让他们知道，她不是个普通的老百姓，而是中国的一个共产党员，自己又是因为什么才旅居苏联的。这时，治疗她的医生终于暗示她："你的病已经好了，可以出院了。"

不过，他们又告诉她：精神病院有规定，病人出院要有人接，有人担保。

医生的话使贺子珍异常兴奋。她觉得回国有希望了，可是，到哪里去找担保她的人和接她的人呢？

自从她进了疯人院，就处在与世隔绝的状态。没有人来看过她，她无法知道，现在还有哪些中国同志留在苏联。她向一位态度比较温和的女护士要了张邮票，一张信纸和一个信封。但这封信写给谁？又应该发到什么地方去呢？

贺子珍根本不知道现在医院外面的世界是个什么样子，也不知道她所熟悉的人中谁还留在苏联。她所见到的最后一个中国人就是那个骗她开门，让精神病院把她抓走的女子。

她想，别人都走了，这个人可能还会留在苏联。但她却不知道这个人现在是否还在伊万诺夫市，她于是决定就给这个女人写一封信。

另外，共产国际东方部如果还在活动，这样一封寄自精神病院的来信，定会引起他们的重视。要是找不到那位妇女，他们有可能把信拆开，就会看到她的呼唤，把她接出去。

她在信中写道：我的病已经好了，可以出院了，请你到医院来接我出院。她还在信中提醒那位女同志，来的时候请别忘了给她带几件衣服。

信发出以后，她觉得生活有了希望，每天都是在盼望中度过的。

1946 年，贺子珍终于盼来了接她的人，是王稼祥及他的夫人朱仲丽。他们是到莫斯科治病的，到了之后，就到处打听贺子珍的下落。这次他们先找到了娇娇。

贺子珍的那封信，的确引起了人们的注意。得知此事后，王稼祥强烈要求见贺子珍，并通过苏联的有关部门找到了关押贺子珍的那家精神病院。

院方由于判断出贺子珍神智已属正常，没有理由再关押她，不得已只好放他出院。

被作为精神病人关押了近 3 年后，贺子珍终于走出了医院，并见到了她的女儿娇娇。随即，王稼祥把她们母女接到了莫斯科。

到了莫斯科后，贺子珍同中国同志相聚，感慨万千。他们差不多天天来看望贺子珍，此时，毛岸英已学成回国，自此再没有与贺子珍见过面。而在莫斯科读书的毛岸青听说她们到来，则是兴高采烈，几乎寸步不离贺妈妈和娇娇。

王稼祥在征得贺子珍同意回国的意见后，给毛泽东发了电报，毛泽东复电四个字："完全同意。"

由于王稼祥需要在此停留一段时间治病，贺子珍便与娇娇在莫斯科住了下来。而毛岸青由于生活的自理能力差，贺子珍不放心他一个人留在苏联，便要求带岸青一起回国。

等待回国的日子，最高兴的要数岸青和娇娇了。而这一段时间也是贺子珍身心得到恢复的时期。

1947 年冬，贺子珍带着娇娇和岸青，在阔别 9 年以后，终于踏上了归途。

第五章 全球同盟
——名正言顺的"世界"大战

灾难还是转机

欣喜而冷静的委员长

中国有句老话，叫"打虎亲兄弟，上阵父子兵"。中国的抗战自开始以来，就在独自苦撑。可以想见，当时的中国多么希望能有一个，甚至是多个并肩作战的盟友！

但世界上各个列强不是不愿意沾惹日本这个疯子，就是自顾自地在守着自己的门户。

欧洲诸列强国家，首要的关注点理所当然是在欧洲，欧洲时局的变化直接影响着它们对远东战争的立场和关注程度。中国政府当然明白这一点，从期待强有力的援助早日到来的角度出发，它也密切注视着欧洲时局的发展。

1939 年 8 月 24 日，欧洲出了一件令人意想不到的大事。

一向给人以势不两立印象的苏联和德国竟然签订了互不侵犯条约！整个欧洲和世界为之震惊。

面对这一团让人摸不着头脑的迷雾，中国政府不能判定此举对中国是祸是福、是利是害，因而决定采取静观态度。

蒋介石在他 8 月 25 日的日记中表现了这种心态。他感叹"国际形势，瞬息万变"，认为中国应付现时的国际形势之道，应是"以正义与真理为主，而以策略与权宜为辅"，只有这样，才可做到无论国际形势发生如何变化，"一切皆可操之在我"。

稍作静观之后，蒋介石认为，《苏德条约》的订立，于中国有利。

他在 8 月 27 日致各省军政长官的电文中称：

"苏德此举，已使暴敌依违失据，在精神上受到莫大之打击，其所标榜之反共国策已粉碎而无余。近日敌国朝野焦闷，舆论彷徨，充分表示其技穷路绝，计无复之。"

蒋介石认为："此实于我抗战全局最为有利之一点。"

确实，《苏德条约》的签订对日本是一个突如其来的打击，日本一时不知所措。

8 月 26 日，日本向德国提出抗议，指责德国违反了防共协定的密约，对日本背信弃义。日本首相平沼愤愤地说："因德俄互不侵犯条约之签订，帝国外交政策实处于被出卖的境地。"

于是，日德缔结军事同盟的谈判就此搁浅。8 月 28 日，日本平沼内阁留下了声称"欧洲的天地发生了复杂离奇的新形势"的声明而宣告辞职。

蒋介石在对目前的国际形势表示乐观的同时，也表现了他对于形势变幻不定所持的谨慎态度。他认为：

"迄今为止，可谓已达吾人目标之大半。目前一切变迁，其主要趋向，既与吾人在抗战开始时之预期相符合，即以后国际演变，亦必于我国之抗战有利。"

但他又指出，国际形势"变化飘忽，不可预知，吾人对于目前有利之形势，应格外戒慎，格外奋发，不可因乐观而稍有怠忽"。

幻灭的希望

9 月 1 日，欧洲的形势突然发生重大变化。德国不经任何警告进攻了波兰。英、法因此对德宣战，欧洲战争随之爆发。

这也是史学界公认的第二次世界大战爆发的起点。

非常明显，德国在进攻波兰的前几天和苏联签订互不侵犯条约，目的也就是给世界一个麻痹，给自己免除一个后顾之忧。

欧战的爆发，使国际局势发生了有利于中国的突变，使中国得到强有力的盟友。

欧战的爆发，使中国朝这一目标大大地靠近了一步。对此，蒋介石颇为得意地说："在两年多前，我就预想将中国的抗战坚持到欧战爆发，曾有人怀疑我的策略，现在这一预想终于实现了。"

蒋介石似乎大大松了一口气。他说："国人初以为中日战争，不能接续持久至欧战之时，今则已如所期，可说抗战最大之基本策略，已经达成。"

中国政府的许多要人认为，英法与日本盟友德国之间的战争，将会加速世界阵营的分化组合，使英法与中国靠拢到一起来。因此在国民政府中弥漫着一种乐观情绪。

中国政府为何有以上看法？

其原因就在于中国政府认为，战局的发展将会使中英等国结为一体，最后中国便可以借助外力一举解决中日战争。蒋介石坦率地说："我们抗战的目的，率直言之，就是要与欧洲战争——世界战争同时结束，亦即是说中日问题要与世界问题同时解决。"

蒋介石还认为，现在欧战已起，促进远东问题解决的中国抗战已与促进世界问题解决的欧洲战争同时并进。因此，"今后我国之处世之道，反形简单，即对内建设根据地，对倭更作持久抗战到底，以待世界战争之结果而已"。

欧战的发生，为中国提供了一个有利的外交态势，但同时也使中国政府产生了某些忧虑：

一是担心英国以举国之力应付对德战争，从而完全断绝对中国的援助。

二是担心陷于欧战的英国会对东方的日本采取妥协政策，甚至会使旧时的英日同盟复活。这样，欧战的爆发反而会使中国处于不利的境地。

为了争取有利因素的增长和阻止不利态势的发展，中国政府采取了互有关联的两个方面的行动：

一是提议加强中英法合作。欧战一发生，中国政府就在考虑是否宣布参战的问题，并提出与英国进行广泛合作的建议。英国此时却是不愿因中国的参与而促使日本更快地倒向德国。

二是努力阻止英日同盟的复活。《苏德条约》签订后，中国即担心英国为了在远东方面牵制苏联的力量，而对日本妥协，化敌为友，从而使英日同盟复活，并担心苏联亦出于同样的考虑，而争先与日本妥协。如在英苏间形成拉拢日本的竞赛，则将于中国极为不利。

1939 年 8 月 26 日，中国外交部致电驻英大使，表示"倘欧战发动，日本利用时机拉拢英国，而以不助我抗战为条件，则英方是否迁就，抑或坚决拒绝而宁愿其远东利益之暂时被夺，殊为我方近日最关心之问题"。

中国方面的担心并非杞人忧天。

确实，欧洲局势不可避免地对英国的远东政策产生了对中国不利的影响。

《苏德条约》签订之后，英国当局便立即意识到了形势的紧迫性，担心这一条约将使德国再无后顾之忧，从而加快其在欧洲扩张的步伐。英国的目标是尽可能地不使日本公然站到德国一边去，从而保持它在远东的巨大而又脆弱的殖民地利益。

此外，出于对苏联立场的担忧，它还把安抚日本视为限制苏联在欧洲行动的一种手段，即让日本在东方牵制苏联，使苏在欧洲不能与德国一同行动。

因此，英国不愿意对日本采取严正的立场，而希望能够拢住日本，至少是暂时能拢住日本。

希望从欧洲战争爆发得到喘息机会，或是得到更多外援的中国并没有收获喜悦，而仍是和前几年一样，在苦苦地独自支撑着抗日战局。

携手宣战

不宣战的战争

1937 年 7 月，日本侵华战争全面爆发以后，中、日两国政府对正式宣战的问题是十分重视，也是十分纠结的。双方都进行过充分的酝酿和讨论，结果还是考虑到本国的利益而没有正式宣战，也没有正式宣布绝交，双方只是在外交上把各自的驻对方大使召回。

这个做法实在是令人不解。明明已经打得不可开交，却不公开宣战。这里面有着诸多的顾虑，有经济方面的，也有政治方面的，更有军事方面的。双方都为自己留了充分的回旋余地。

卢沟桥事变发生后不几天，中国政府行政院长兼军事委员会委员长蒋介石曾指示外交部针对日本的侵略发表一个声明。当时，北平冀察当局已和日军签订了停战协定。

外交部在讨论蒋介石的指示时认为，地方政府已与日军签订和平协定，而中央政府却在调兵遣将宣布对日作战，显得中央与地方之间互不联系、互不协调。认为这时中央非但不应宣布对日作战，与此相反，应该表明和平愿望。外交部将这一意见转报给在庐山的蒋介石后，蒋介石认可，发表声明的事遂作罢。

随着战争的进一步扩大，7月16日，行政院召开会议，讨论对日宣战问题。何应钦在16日晚间召开的军政部会议上和与会人员讨论了这个问题，但不得要领。

17日上午，外交部召集有关部门负责人讨论，最后作出的决定是："不宣战，不绝交。"

其理由是：宣战和绝交后，中、日之间即为交战国。中国军需品不能自给自足，要从外国输送。如果宣战，首先，日本可以交战国的身份通知各国禁止一切军需品和军需原料输入中国。日本海军对中国海军占绝对优势，中国没有能力保护外侨的援华物资由海上输入中国。

其次，中国在日本的侨民将被驱逐或拘捕。中国又无运载侨民回国的船只，侨民得不到应有的保护。相反，日本在华侨民及日本租界的日本人，则可迁入英、法等国的租界内，仍可继续为其国家的侵略行为效劳，中国政府无法驱逐和干预。

总之，宣战绝交后，对中国弊多利少。不宣战，不绝交，中国仍可保持原有的对日关系的态势。

卢沟桥事变以后，日本政府也就宣战、绝交问题进行过讨论。8月14日，日本内阁会议上就有人提出"有没有必要对中国宣战"的问题。

8月25日，首、陆、海、外四相会议就宣战问题交换意见。由于宣战对日本的利害得失错综复杂，会议的一致意见是把这个问题搁置起来，待召开第72届（临时）议会时，在开幕式上由天皇下达诏书向国内外阐明日本的立场。

8月13日淞沪会战展开以后，日军参谋本部和陆军省的一些人要求政府对中国宣战，但受到许多人的反对。9月中旬，近卫总理大臣认为，从一个国家应有的行动和求得早日结束战争的愿望来看，宣战也许是可行的。他指定官房长官风见章同陆、海军方面协调此问题。

但是，陆、海军方面一致的意见是以不宣战为宜。理由是：宣战虽然可以阻止中国与第三国之间的经济往来，但日本是一个资源缺乏的国家，大部分军用物资的原料都是从外国进口的。如果宣战，连锁反应后，难以预计会有哪些国家与中国结盟，进而加入到对日作战的阵营中，并在海上进行封锁。这样一来，日本所需要的军用原料进口将被截断，对国防力量造成损害。

战争发展到10月，在中国作战的日本军队改变了主意，又提出了宣战的要求。理由是不宣战有诸多不便，如对占领地的海关、邮政、金融等不能接收，作战方面也受到制约。在占领地区组织傀儡政权时，一些亲日派怀疑日本的决心，因而不太热心等。

对此，日本政府于11月1日在内阁里成立了一个专门研究有关宣战问题的委员会，人员由企划院总裁、次长及各省次官组成，同时在陆、海、外三省也进行同样内容的研究。11月上旬，研究得出的结论一致认为，宣战对日本方面不利。

日军占领南京后，日本政府于1938年1月16日发表了《今后不以国民政府为对手》的声明，不承认国民党政府代表中国，但这时日本的国内却流传着日本发表了宣战布告。

18日，日本政府又发表了一个补充声明，对于宣战问题，声明说："虽有发布宣战布告的流传，但帝国对无辜的中国民众并不敌视。又因为采取不以国民政府为对手的立场，所以更不需要发布宣战布告。"

当日，日本政府命令川越大使回国。中国驻日大使许世英也于1月20日离开横滨回国。这就是说，日本对一个不予承认的政府宣战是没有必要的。以后，日本推出了汪精卫傀儡政权，日本政府就更不能对中国宣战，而打自己嘴巴了。

直到 1941 年 12 月 7 日，日本海军偷袭美国珍珠港，美英相继对日本宣战后，中国才于 12 月 9 日正式对日宣战。

日本偷袭珍珠港事件，在整个第二次世界大战中占有至关重要的地位。美国、加拿大、澳大利亚等国毫不犹豫地参战，令整个战争形势发生了根本性的变化。

英国首相丘吉尔在获知美国珍珠港受袭时长舒了一口气，因为美国从此将完全作为同盟者与英国并肩作战了。

蒋介石心中的珍珠港

珍珠港被偷袭后，蒋介石又作何感想呢？

到 1941 年 12 月 8 日，国民政府已经单独对日作战长达四年零五个月。在此期间，尽管中国曾经不断要求西方列强给予外交、经济及武器上的援助，但西方列强都不理不睬或拒绝。

更可恨的是，英法还因为担心日本对它们在东南亚的殖民地进行报复，多次要求中国接受日本所提的和平条件。到了 1940 年夏天，西欧战局溃败之时，英法更是切断了中国经过缅甸和越南通往国际的通道。

美国的态度也好不到哪儿去。虽然美国民间对日军的在华暴行时常发出抗议，但是美国商人仍然把一批批战略物资卖给日本人，赚取暴利，间接支持了日本侵华战争。

美国政府更是奉行一贯的孤立主义。虽然美国民间也发出过一些谴责日本的声音，但政府无意为了中国而与日本直接作战。美国多少对中国提供了一些贷款和军援，但数量却不足以真正提高中国的作战能力。其结果是，1941 年中国军队的装备

1941 年发生珍珠港事件

和战斗力已经比 1937 年大为减退，不但缺乏先进武器，如飞机、火炮、战车等，甚至缺乏步枪、机枪和弹药。

具有讽刺意味的是，在中国最需要外援时，给予国民政府援助最多的反而是蒋介石的两大"敌人"：与日本交好的纳粹德国和支持中共的苏联。

纳粹德国和苏联对华军事或经济方面的援助，远远超过西方民主国家的总和。

但随着国际局势的变化，欧战爆发后先是德国抛弃了中国，逐渐亲近日本，与之结成轴心国同盟。不论中国如何苦苦哀求，希特勒还是完全停止了它对中国的军事供应。苏联也因不愿意陷入两面作战危局，而与日本签署了《苏日互不侵犯条约》，从而停止了对中国的援助。

1941 年成为中国抗战最困难的一年，德国和苏联已经停止了对华军售，英法自顾不暇，对中国避而远之。

终于，珍珠港一声炮响，给中国带来了转机。

日本偷袭珍珠港使中美两国一夜之间成为了"事实上"的同盟国。美国人似乎惊讶地发现，远东竟然有一个好大的盟友，他们与刚刚给了自己一记重拳，打得自己晕头转向的日本鬼子单独苦战了 5 年！

美国人心里很清楚，英法已经被德国人打得喘不过气来，不可能有力量支持自己，而中国人或许能！

在中日战争爆发之前，日本曾大胆预言中国的抵抗不出 3 个月必将瓦解。当时大多数的西方观察家也不指望中国能够持久抗战。作为中国的敌人，日本历来都比世界上任何一个国家更了解中国在各方面的弱点。但是日本人是见树不见林，过分低估中国能够不惜一切牺牲抵抗外侮的民族主义意识和情绪。

民族情绪也是综合国力的一部分。

相反地，当太平洋战争之初，西方人被打得满地找牙时，却过分高估了中国的作战能力，他们对中国众多弱点不够了解，以致对中国产生了各种不切实际的期望。

也就是说，当美日之间爆发战争时，美国人想到的不是如何帮助中国人，而是中国人如何协助美国打日本。

一般认为，珍珠港事件之前，蒋介石对抗战已经有些力不从心，美日开战无疑是蒋介石梦寐以求的局面。其实，蒋介石得知日本偷袭珍珠港的消息后，并没有表现出特别兴奋，倒是英国首相丘吉尔坦然承认，珍珠港事件让他舒了一口气。

耐人寻味的是，美国总统罗斯福似乎并不在意斯大林或丘吉尔的反应，反而对中国的态度异常关注。

早在日本发动攻击之前，他已经主动地向胡适大使提出警告，万一美日战争爆发，他希望中国领袖及人民群众能够自我克制，避免公然庆祝。

乍一听，罗斯福这话说得实在是有些离奇，实际上说明他已经把被抗战折磨得苦不堪言的中国人的心理摸得很透彻。中国人在独自苦撑的时候，是多么希望有人伸手帮一把啊！一旦美国人参战，中国就有了如此强大的一个盟友，有什么理由不欢呼雀跃呢？

在太平洋战争爆发前的几个月中，蒋介石其实已经逐渐理解到，美国法律和政治局势对罗斯福的外交政策限制重重，因此他并没有产生说服罗斯福对日作战的念头。相反地，他甚至建议罗斯福应该尽量避免和日本发生武装冲突。即使在珍珠港事变前不久，当美日关系已经剑拔弩张的时候，蒋介石在 1941 年 10 月 31 日依然告诉美国驻华军事代表团团长马格鲁德将军说：

"予之抗战政策，希望英美运用政治、经济压力以制裁日本，并无英美对日作战之愿望。"

换言之，在蒋介石心目中，他此时之所谓"战胜"日本的定义，并不是想在军事上"击溃"日本，而是想使日本对华侵略行动因无法进展而被迫终止。因此，中国当时最务实的愿望是：在中日战争结束后，能够获得美国对战后中国重建工作的支持。

甚至到了 1941 年 12 月 1 日，

被偷袭后一片狼藉的珍珠港

蒋介石得知日本准备和美国重启谈判时，他的判断还是日本根本没有胆量和能力向美国叫板。

事实上，蒋介石真正期盼的是苏联和日本之间能够爆发一场大战。苏联是他颇为反感的国家，但又是一个强国，如果二者开打，即使不是两败俱伤，也定能让日本吃点苦头，大大减轻中国的压力。

日本在1941年12月7日星期日清晨7时50分偷袭珍珠港，重庆得到消息是第二天凌晨1时。当时，蒋介石正在郊外的黄山官邸睡觉。直到凌晨4时，他才接到开战消息的电话。

根据蒋介石日记的记载，他起床后一如往常地进行晨祷，随后返回重庆市区。

他对珍珠港事件的第一反应是后悔，觉得自己不应该过度敦促美国对日本采取强硬态度，以致日本丧失谈判耐心而决心展开攻击。

但是到了12月11日，他又从日本攻击西方国家的速度之快和执行之彻底等迹象得到一个新的体会。他推测日本必定是早有预谋，而且经过了长期准备，他们是绝不会因为美国在谈判桌上牺牲中国利益而改变主意的。

珍珠港事件爆发时，蒋介石必须马上面对的一个重要问题是：究竟应该只对日本单独宣战，还是对所有轴心国家同时宣战？

对中国而言，这并不是一个简单的选择。在国民政府中有人强烈主张立即向三国宣战，也有人主张中国应该小心观察西方国家的动向，再作决定。蒋介石本人也举棋不定。

早在1940年底，蒋介石对国际局势变化的各种可能性和中国的应对之策，就已经在心中推演了许多次。在他看来，中国最坏的出路是与日本媾和。除此之外，即使在西方与轴心国之间发生战事时，中国也无必要仓促作出选边决定。相反地，中国应该先观察局势的变化再作定夺。

具体而言，假如西方国家很快就丧失了南亚及东南亚等地区的话，那么中国就应该置身战事之外。因为，如果中国和西方国家的通道被切断，中国就无法从西方阵营获得有意义的援助。更何况，中国如果加入西方阵营，可能还会开罪苏联。而当时苏联虽然被蒋介石反感，但仍然是中国政府心目中最有价值的盟邦，蒋介石也最希望日苏之间能够开战。

在这种情形下，如果中国贸然去参加西方阵营的话，只会增加苏联和日本联手欺压中国的风险，而这正是中国最应该避免的局面。反之，如果西方国家在开战之初能够在南亚和东南亚站稳脚跟，那么中国与西方国家结盟就可以获得实质性的援助。

因此蒋介石提醒自己，在苏联表态之前，中国务必置身于西方与轴心国的战争之外。等到情况明朗之后，中国再决定是否加入西方同盟。

由此可见，在国际局势如此盘根错节的情况下，蒋介石的头脑是清醒的，之所以没有仓促作出决定，是因为他曾经有过相当理性的思考。

蒋介石这番思量，自然是基于中国抗战的需要，而这种考量也在罗斯福、丘吉尔、斯大林心中反复推演。虽然日本对美国开战之后，中美之间成了"事实上"的盟国，但英国人和苏联人并不认为蒋介石和自己是一家人，甚至希特勒和墨索里尼也不一定觉得蒋介石是敌人。

在中日两国4年多"战而不宣"的日子里，蒋介石一直希望能够争取到的盟邦是苏联，而不是美国。因为他认为，只有苏日开战才能即刻威胁到中国境内的日军。

因此，自1937年以来，蒋介石几乎每隔几个月就会满怀兴奋地预言苏日战争即将爆发。所以珍珠港事件爆发时，中国的领袖们其实并不感到特别兴奋，更别提什么民众上街游行、"公然庆祝"了。

珍珠港事件发生后，蒋介石却似乎完全忘记了自己先前所作过的分析。

可能是珍珠港事件过于戏剧化，以致打乱了他的盘算；也可能是日本对南亚和东南亚的攻势凌厉和进展神速，完全出乎他意料，使他没有时间从容思考。

蒋介石和所有其他人一样，在震惊之余，只能在巨大压力下立刻采取行动。其结果是，蒋介石排除了部属们的建议，改而主张立即对所有轴心国宣战。

唯一没有改变的是，他最关心的问题依旧是苏联是否会对日本宣战，因为在他看来，此时只有苏联参战才能真正伤及日本，才能在实际上缓解中国战场的危机。

蒋介石态度的大转弯，无疑也受到美国政府的重大影响。因为与此同时，罗斯福总统正在华盛顿向宋子文保证，他已经接到苏联的承诺，

一旦后者军队开抵预定位置时，便会立即对日宣战。副国务卿韦尔斯紧接着也告诉宋子文，总统希望中国能够立即对轴心国宣战，因为苏联正在整顿军队以便马上对日作战。

但后来的局势发展很清楚地表明，美国政府的首脑们向中国政府传达的此项信息，纯属忽悠人。

此时的苏联正在焦头烂额地对付希特勒，在西线战场上苦苦支撑。他们最担心的就是腹背受敌、两面作战，在这种时候怎么可能腾出手来去打日本人呢？与此相反的却是，他们刚刚把远东的部队秘密地调往莫斯科方向，作为战略总预备队。

1941 年 12 月 8 日，蒋介石致电斯大林正式要求苏联参战，同时召见了苏联驻华大使和军事总顾问崔可夫将军，然而斯大林却回电婉拒了蒋介石的请求。

这时候蒋介石才恍然大悟，在珍珠港事件后，英美两国军队都已被迫采取守势，苏联军队更没有能力在太平洋地区采取攻势。

中国还是只能孤军奋战。

这个冥思苦想后得出的结论，让蒋介石非常沮丧。

如果说在珍珠港事件发生之前，中国只能"诉请"西方以平等方式对待中国；但是在太平洋战争爆发之后，蒋介石就认为中国无论在道德上或是法理上，都已经赢得了参加同盟国所有最高层次政治军事会议的"当然权力"。中国如果仍然被摒除于门外的话，其含义就不再是西方的疏忽而已，而是西方国家明目张胆地把中国当成是一个次等盟邦和一个次等民族来对待。

事实上，中国因为受到西方国家排挤而产生的反感，早在珍珠港事件之前就已经被拉铁摩尔看出。拉铁摩尔作为罗斯福推荐给蒋介石的政治顾问，他在 1941 年 8 月 2 日写信给白宫助理居里时指出：

"很多中国人早已开始担忧，他们的国家不会得到西方国家平等和公正的对待。而这偏偏又正是日本及汪伪政权所极力渲染的主题之一，因为他们强调西方国家只不过把中国当作傀儡来要弄，绝不会以朋友之道对待中国。因此，中国将来在和平谈判桌上必定重蹈 1919 年'凡尔赛和会'时同样的悲惨命运，难逃被出卖和牺牲的下场。"

太平洋战争爆发后的第三天，蒋介石就急急忙忙告诉英国人，"日本随时可能攻击香港和新加坡"，并建议中英两国应尽速拟订联合防卫香港的计划。

然而蒋介石不久即发现，原来美国、英国和荷兰三国早在1941年中期就已经安排了共同防务，但对中国却秘而不宣。

这个发现使蒋介石非常不高兴，他在日记中写道：

"是其对我各种轻蔑之行为，视中国为无足轻重，徒利用之以消耗日本之经过事实，更无足为叹也。国际间本是利害为主，决无为他人牺牲之国，若以此为怪或为愧，则痴矣。"

当得知中国愿意主动出兵协同作战防守香港、缅甸和越南等地时，英国大使备受感动，并为英国在珍珠港事件前拒绝中国协防一事道歉。

蒋介石则宽宏大量地加以安慰道："请勿客气，贵国事即我国事，我等皆在同一阵营中。"

但事实上，此后英国人仍然没有把国军当真正的友军，他们宁可把缅甸让给日本人也不想叫中国人占有，甚至在中国远征军第一次入缅作战时，不知会中国军方，就单方面撤退，把10万中国军队置于危险之中，害得远征军差点覆灭。

这实在是太不仗义、太不地道的行为！

珍珠港事件发生后，中国政府高层和民间舆论一致认同"先亚后欧"的战略。蒋介石不但是这个战略思想最积极的推动者，也提出了几个颇具说服力的理由：

1. 日本已是当前对美国本土阿拉斯加安全威胁最大的敌人，美国只有在除去这个威胁之后，才能充分发挥它作为"世界民主国家军火库"的功能，支持盟国在欧洲作战。

2. 德国的优势在陆军，而日本的优势在海军。美国的海军实力明显超过日本，然而陆军则未必能超过德国。因此美国应该先发挥自己优势的海军，摧毁日本较弱的海军，再来对付德国陆军。

3. 鉴于日本已经大量搜刮了东南亚的战略资源，充实其后备作战能力，如果不赶紧将之消灭，那么日本便可能在两年之内变成另外一个类似德国一般强大的敌国。

可美国人并不这样考虑，美军参谋长马歇尔将军从全球大战略出发，认为在德日两大强敌中，德国最强大，是法西斯轴心国"主力中的主力"、"轴心中的轴心"；日本则相对较弱。盟国如能先集中力量击败德国，则打败日本就不成问题。相反，如美国先打日本，分散了力量，致使德国成了气候，再要战而胜他就困难多了。

因此，他向罗斯福总统献策，主张美国在太平洋战场取守势，集中力量投入欧洲战场，全力支持苏、英等国对德作战，先消灭法西斯德国，再回头收拾日本。罗斯福接受了马歇尔的计划，把日本人放在了次要的位置，在太平洋方向取守势，集中主力于欧洲战场。

这种"先欧后亚"的战略使得中国不得不在很长一段时间里继续孤军奋战，依据租借法案每月送往欧洲和北非战场的物资以几十万吨计，可给予中国战场的物资却每月只有几千吨，即使是这一点点可怜的物资也常常临时被抽调到其他战场。

蒋介石加入盟国的头两年，一点踏实的感觉也没有，而是苦甜掺半，但往往是"苦"远远大过"甜"。

租借法案

美国提出租借法案

尽管美国在抗日战争中对中国的援助历经了多次的反复、曲折，但应该说还是慷慨的。特别是珍珠港事件爆发前后，对中国的军援一再增加，居西方各国之首。

1940年12月29日，美国罗斯福总统公开发表了"必须成为民主制度的伟大兵工厂"的著名的"炉边谈话"。

之后，罗斯福更进一步在1941年1月6日的国会致词中，宣布了美国政府的三大政策，即：

1. 全面加强国防；

2. 全面援助抵抗侵略的一切勇敢民族；

3.绝不以他国和他民族的自由为代价来换取自身的和平。

罗斯福公开保证，美国将向正在战斗的民主国家运送越来越多的舰艇、飞机、坦克和枪炮。为了实现这一保证，他明确向国会提出了《租借法案》，主张不需要按照中立法"现购自运"的原则，而是通过租借的方法，向那些处于反侵略战争中、财政明显困难的国家提供美国的军火。

他特别强调指出，"一旦像英国和中国这样的全力保卫自己，反对轴心国进攻的国家倒下去，德、意、日三国就会控制欧、亚、非及澳大利亚等各大洲和各大洋，到那时候，在整个美洲，我们所有的人就将生活在枪口的威胁下"。

因此，凡这些敢于抵抗侵略的国家所需的物资及武器，即使一时无款可付，也应全力供给，待战争结束后再行偿还。

这对正在艰难苦撑的中国来说，无疑是个振奋。

1941年1月，美国国会开始辩论《租借法草案》。正在华盛顿的宋子文立即注意到租借法可能给中国带来更多的援助，因而开始力促罗斯福派遣特使访问中国，了解中国的抗战及其需要，讨论援华问题。

宋子文提出，希望由罗斯福的得力助手哈里·霍普金斯担当此任。但罗斯福最后只同意派他的一位高级行政助理居里前往中国。不过，宋子文仍然颇为高兴，他在1月20日给蒋介石电报中说："居里日常在总统旁，此后美国经济财政上或能加强援我，且可在钧座及总统间作一私人联络线。"

也就是说，如果同居里搞好关系，必将能在重庆和白宫之间建立一条内线。

对此，蒋介石自然也是心领神会。在得知罗斯福12月29日的"炉边谈话"内容之后，蒋介石就开始公开表示：哪怕美国能以援助英国物资的半数援华，美国也将无需担心卷入远东的战争，中国必能单独对付日本。

居里来华之后，蒋介石更是高度重视，连续接见、谈话达十次之多，军事、政治、外交、经济，乃至国共关系、飞机援华、遏制日本、战后重建等各种问题几乎全都涉及了。

2月26日，蒋介石向居里提出了一份备忘录，其中包括十点内容，主要是：要求美国大力援助中国武器和飞机；中美合作对日本本土进行空袭；请美方派遣政治及经济顾问来华；战后中美经济合作等。

蒋介石保证，中国绝对不会对日妥协，并声称："远东和平，除交战国双方愿出席以美国为主席之和平会议外，绝无实现之可能。可以肩负此收拾大战残局之大任者，实唯罗斯福总统一人而已。"

居里的访华无疑对罗斯福进一步扩大对中国的援助有相当大的帮助。3月15日，居里回国后给罗斯福总统的报告称：

"一个鼓励蒋介石并遏制日本的最有效的方式，莫过于刻意向中国人表示友谊、敬佩和与之紧密合作……既然中国的确是个独裁国家，但蒋介石本人在我们的外交政策中首先占有必不可少的地位。我确信，他在感情上对美国的依附和钦佩是可以通过我们给中国以与英国同等的待遇，以及从您本人更多的友谊的表示，来大大加强的。"

他甚至认为，由于蒋介石所表现出来的对美国和罗斯福总统本人的崇敬，"美国当前对中国的影响力大可发挥，不仅在狭义上可以增进我们本身的利益，而且如果我们有足够的才智和善意的话，还可以引导中国在战后时期发展成为一个大国"。

这些评论和想法，很显然正是蒋介石所希望的，多半也是蒋介石十次苦口婆心地与之交谈，巧妙地施加影响的结果。

难怪詹森大使报告中国官员对居里访华的感想时说："所有中国政府的成员都对未来更有信心了，因为他们把居里先生的访问看成是美国认真考虑中国未来，并决心继续给予额外援助的明确证据。"

蒋介石和宋子文因此接连向美国政府提出，请求美国提供1000架飞机，并提供训练和技术帮助，同时还要美国供给足够装备30个师的武器，帮助中国改善与邻国的交通，等等。

3月8日和11日，美国参众两院分别通过了《租借法案》，授权总统对他"认为其防务对美国国防至关重要的国家出售、转让、交换、租借或以其他方式处理……任何国防物资"。

几天之后，罗斯福总统明确宣布，美国将无条件地全面援助英国、希腊、中国等国，并且已经答应了中国的援助请求。

一个月之后，《苏日中立条约》签订，由于担心苏联会因此停止援华，进而使中国的抵抗趋于瓦解，罗斯福总统当即于4月15日召见宋子文和胡适，接着又于两天后通知国民政府，他已经正式批准，将首批价值 4500 万美元的军用器材作为援华租借物资。

5 月 6 日，罗斯福又正式肯定《租借法案》同样适用于中国。而居里则被指定为美国方面依据租借法，实施援助中国军火物资计划的负责人。5 月 18 日，第一批包括 300 辆汽车在内的价值 110 万美元的"租借"物资从纽约起运。5 月 25 日，美国再度批准援助中国价值 4540 万美元的武器弹药。

7 月 23 日，罗斯福更进一步批准居里根据蒋介石、陈纳德的要求拟定的计划：为一支有 500 架飞机的中国航空队提供装备和人员。并且，为了安抚中国政府的不满情绪，罗斯福甚至不与英国商量，就在以后几个月中，从准备援助英国飞机的配额中拨出 66 架轰炸机转给中国，同时请英国为这些飞机提供所需要的总计 100 吨的 5 万枚燃烧弹。

美国的各种顾问团、专家小组这时也纷纷前往中国帮助工作。

美国政府这一系列援助中国的行动，不仅让英国人感到不满，甚至在美国国内和政府内部也都引起了争论。

为此，美国国务院发出文件，肯定从美国的长远利益来看，大举援华是必要的。它强调指出：

"鼓励中国更加努力抗战，使日本越来越深地陷入中国的战争中，美国才会有可能实现一些基本目标，其中包括维持远东现状，保证我们的橡胶和锡矿供应，保卫菲律宾群岛，援助英苏抗德。特别是考虑到，在实际上毫无外援的情况下，中国已牵制 100 万日军达四年之久。如果有美国的汽车、大炮、弹药、飞机，满足中国已提出的装备清单上的其他要求，中国就能够拖住日本人，足以使之不能在另外一条战线上发动一场主要的战争。本政府不应无视这个已经奋战四年之久的国家的要求。

中国的抗战使日本无法给予它的轴心国伙伴以有效的支持。这意味着，向中国输送战争物资实为一项最佳国策。因此，以最短的时间达到最大的数量，这应当是本政府必须达到的目标。"

画饼充饥

不过，美国答应所提供的援助远远不能满足中国方面的要求。更重要的是，罗斯福的承诺迟迟未能兑现。

特别是苏联和日本于 4 月 13 日签订《苏日中立条约》之后，蒋介石和宋子文都公开抱怨美国行动迟缓，不仅居里归国一个半月不见任何具体结果，就是 1940 年底宣布提供的对华 5000 万美元的平准基金拨款，也因美国政府在拨付方式上斤斤计较，迟迟不能签字和兑现。

宋子文抱怨道，整整 14 个月以来，没有从美国得到一架可以用于作战的飞机，答应提供的 325 架飞机，也已经被告知要推迟到明年春天才能交货。一方面美国说没有多余的飞机供给中国，致使重庆因无飞机保护而遭到日机的狂轰滥炸；一方面中国人却清楚地知道美国正在把大批飞机提供给英国和苏联，这种情况使中国政府和民众非常失望。

甚至，直到 5 月 6 日，中国才被正式接受为《租借法案》的受援国。因此，在租借法生效之初，负责向美求援的中方人员不能不深感美方人员援华态度令人"总不愉快"。

本来，根据租借法所能动用的资金数额，国民政府指望能一举从美国政府那里得到 6 亿美元的武器，2 亿美元的飞机，17500 万美元的各种军用器材和 7600 万美元的运输工具，以及 27000 万美元的其他物资。

但美国政府显然表示异议。它所分配的租借物资数量，与国民政府的要求相比有天壤之别。并且，不管中国政府怎样再三恳求美国加紧供应作战飞机，美国都迟迟不能交货。即使 7 月底经罗斯福亲自从英国人的飞机配额中拨出来 66 架轰炸机及 269 架战斗机的分配额，本应立即运交 24 架，也因苏联需要而停止交付了。

事情很清楚，罗斯福虽然已经开始重视中国的战略作用，但与英国和苏联比起来，中国的地位以及它的需要毕竟还是次要的。再加上美国这时正在与日本进行秘密谈判，也不愿因援助中国而过于刺激日本。

在这方面，居里为蒋介石介绍政治顾问一事，就是一个很典型的例子。

当居里在华期间，蒋介石就明确表示想找一位受白宫完全信任的官员来做他的政治顾问。蒋的本意是想借此再在白宫建立一条内线，以便同罗斯福联系得更加紧密。因此，他一开始就提出希望由具有鲜明的反共倾向，并与国民党关系较好的美国前驻法大使蒲立德来担任此职。

而居里却自作主张，推荐了美国著名远东问题专家，霍普金斯大学教授拉铁摩尔到中国来。而且罗斯福很快就表示认可，并亲自介绍拉铁摩尔给蒋介石，表示对拉铁摩尔的完全信任。

实际上，美国政府之所以派一位与罗斯福毫无关系的大学教授来华做蒋介石的顾问，一个很重要的原因，是担心刚刚开始不久的美日谈判因此受到影响。所以，它只给了拉铁摩尔私人顾问的身份，并未让他代表美国政府和罗斯福本人。

这种情况颇让蒋介石难堪。蒋介石在得知拉铁摩尔甚至根本不认识罗斯福本人时，异常吃惊。在他看来，这是不能想象的，因为居里应该了解，他要请罗斯福介绍一位政治顾问，目的是"让中正与总统发生个人直接关系"。

但不满意归不满意，既然任命已定，蒋也只好用了这位教授一段时间。

租借与反租借

美国对华《租借法案》开始于1941年6月2日，此事的依据是中国外交部长宋子文与美国国务卿赫尔所签的协定。

美国在战时总共花了8.425亿美元援助中国抗战。战后又花了3亿美元作为运送日本兵、日本侨民、韩国人各回本国的费用，以及准备运送中国军队到日本占领区，光复故土。

战后在中国的日本兵总数为1283240人，日侨是779874人。在华的韩国人中有兵有民，数目比日兵日民要少得多。

但美国援苏、援英，花钱要比在中国多得多，援苏花了90亿美元，援英花了270亿美元。虽然对中国的援助远远低于对英苏的援助，但中国人民对于美国在其他国家不想援华，也无力援华之时对中国的援助，仍然是心存感激的。

中华民族是一个富有自尊心的民族，而且又有悠久的文化历史，从未习惯伸手向别的民族乞讨。中国人在领取《租借法案》物资之时，便已下了决心，将来有一天一定要把这些物资偿还给美国。

果然，最后中国人用了《反租借法案》的金钱与劳务，偿还了《美国对华租借法案》的全部。但却没有一个中国人问过：苏联与英国是否偿还了美国给他们的租借物资的全部或一部分。因为那根本不是中国人想管的事。

有些记者以为《美国对华租借法案》是由中国人经管的，事实恰好相反。经管的是一位美国陆军的代表史迪威。史迪威离开中国以后，经管人是魏德迈。

平心而论，中国从《租借法案》中还是获益良多的。例如，1943 年 10 月至 1945 年 3 月在缅甸北部参战，重创日军的 5 个中国师，便是用美国的租借物资加以装备的。另外有 19 个中国师，在萨尔温江（怒江）上游的西岸与中缅之间的崇山峻岭之间对日军作战，这 19 个中国师也是用美国的租借物资装备的。

从另一方面来说，倘若史迪威能对他的中国长官更为诚心合作，则美国租借物资可能会有更令人满意的效果。

史迪威是在中印缅的美军司令官，也是中国战区盟军统帅蒋介石的参谋长。在中国为了抵挡日本的"一号作战"，而极端需要汽油与武器之时，史迪威却把当时全部的美国对华租借物资留下，用在缅甸北部的作战。史迪威的另一错误，是违反罗斯福所同意的蒋介石的一项决定，即原决定在 1944 年冬天才开始的缅甸北部之作战提前一年开始，而且在作战马上就要开始的时候，还不通知中国。

关于史迪威，本书还有专门的章节讲述，这里就不再赘述。

不太为人所知的是，中国对美国还有一个《反租借法案》。

这个项目所包含的是中国为了供应在华美军薪水及其他开销所花费的法币，与应美国之请替美国空军建造的若干空军基地，总数是 1083 亿法币。美国也曾经以美元存入中国政府在美国的银行户头，一共存入了 39200 万美元。

中美双方均想算清这笔账，但是从来不能在汇率的计算上取得一致的结论。中国坚持以政府所公布的官价汇率为主，酌量弥补官价与物价指数之间的差异。美国官员却主张完全按照黑市的汇率。

1946 年 8 月 30 日，中美双方终于签订了一项协定，写明中国不再追索 1083 亿法币与 39200 万美元之间的尚未清偿之数；美国也承认中国已经偿还了全部对华租借法案物资与 1942 年 2 月的 5 亿美元信用贷款。美国同时还把存放在太平洋若干岛屿上的战略剩余物资送给中国，由中国自己派船去装运，作为抵充所欠中国款项的尾数。

马格鲁德使团

法案监督者

在 1941 年租借法通过以后，美国派往中国最重要的军事使团就是由马格鲁德将军率领的美国驻华军事代表团。这个军事代表团的主要任务十分具体，就是"协助中国政府，按照《租借法案》之意图，取得相应的国防军事援助，并保证其得到最有效的利用"。

此项任务包括：

1. 以顾问身份向中国政府提出，美国政府按《租借法案》能向中国实际提供的军援类型的建议和意见。此项援助不仅限于完全属于军事及航空的装备和军需品，而且包括公路及铁路的建设所需的维修器材，以及各种运输设备。

2. 协助中国方面准备向美国陆军部提出所需物资的清单与申请。

3. 监督贯彻从提出申请到船上交付的所有过程，以加速租借物资的采购、供应和运输的有秩序的进行。

4. 以各种方式为租借物资从仰光运到中国政府的授权使用单位提供方便。

5. 就有关租借物资，包括各种航空及其他军事装备的维修和有效使用问题，对中国政府接收人员进行训练，并予以帮助。

该代表团规模很可观！除设团长一人外，下设参谋处及人事行政、组织训练、后勤供应、情报联络和作战计划五个科。团部驻在重庆。

美国本土华盛顿及贵州、昆明及缅甸腊戍等处各设办事处。

美国政府之所以派出这样一个代表团，最初是基于蒋介石在居里访华时所提的建议。而后，考虑到美国租借物资的分配、管理和运输等诸多问题需要由专门办事机构进行处理、监督和协调，美国陆军部和财政部都提出了类似的要求。罗斯福以及参谋长联席会议因此很快都批准了这一建议。

不过，根据美国参谋长联席会议迈尔斯将军 7 月 11 日给马格鲁德将军的信可以看出，为了"保持中国成为抵抗日本扩张的有效缓冲力量"，美国军方对此还有更深一层的考虑。该信称：

"目前有意立即成立一个以将官为首的美国驻华军事代表团。此代表团的任务是向中国政府就普遍的军事事宜，特别是关于使用租借法案项下信贷或将要接受的租借物资事项，作出建议。

同时，该代表团应将我国希望让中国政府知悉的我方所作的某些军事计划及进展情报及时通报给中国政府。……一旦我国积极参与此次战争，该代表团即将成为我国与作为盟国的中国之间的战略计划及合作的联络组织。"

不难看出，美国军方事实上是希望代表团能够进一步在双方高层军事当局之间起到一种战略上的沟通作用。罗斯福总统很快就批准了参谋长联席会议关于派遣这一军事代表团的决定。接着，美国陆军准将马格鲁德将军得到正式任命，担任驻华军事代表团团长一职。

8 月 20 日，罗斯福致函宋子文，正式通知了美国政府的这一决定。

马格鲁德使团一行于 1941 年 10 月下旬到达重庆，并立即受到了蒋介石的接见。蒋当面称赞马格鲁德将军为"最上选之人才"，同时明确表示希望马格鲁德将军能够首先帮助中国方面解决云南防守问题，因为这是保障接收美国援华物资唯一的通道滇缅路畅通之关键。

由于这时有情报显示日军在越南南部集中了 245 架飞机，大有可能在 11 月发动切断滇缅路和夺取昆明的作战。蒋介石十分着急，一再向马格鲁德等人说明："昆明是否在中国之手，不独为中国国运顺逆之关键，实亦为整个太平洋局势安危之枢纽。"

为此，蒋力劝马格鲁德帮助劝说英国同意派空军协同中国保卫云南，同时更要求美国务必首先援助中国飞机并帮助中国训练整个空军。

宋美龄这时也亲自出面致函居里，说明加强空军与巩固云南守备的重要关系，力劝美国迫使英国出动其驻在新加坡的空军协助防守云南。她断言：如能增加空军力量，现驻云南的中国部队足以抵抗日军的进攻。相反，如果英国不愿以小部之牺牲换取云南之巩固，致使云南失陷，日本必将进而攻击英国在远东的属地，甚至掀起太平洋战争，那时，英国损失将大得多。

为此，双方再三谈判，但对于劝说英国的问题，美国政府显然不愿过多插手。罗斯福只是告诉中国驻美大使胡适，说他已将中方的意见通知英国政府，"英方态度甚好"。

但是英国的态度又是怎么个好法呢？从此便没有下文了。

至于美国政府的态度，据宋子文密告蒋介石的美国陆军部长史汀生的意见称："史谓我已告赫尔，五星期最多六星期以内，军事准备便可以完成，如以日期计划，下月十日为最重要关键。一过此日，美国可以最强硬手段对待日本，即使日军欲干涉，作战未到达昆明以前，美亦能有制裁之方法。"

史汀生明确表示，他同意蒋介石关于滇缅路乃中国生命线之说，美国届时决不会坐视其被日军切断。但对于援助飞机一项，美国方面仍表示十分困难。

强调美国将以 12 月 10 日为限，以后将不顾日本态度如何，都对日采取强硬制裁手段，这无疑是美国军方对这时的美日谈判已经完全失望，因而正在做战争准备的反映。

但美国并没有把这些打算明确地告诉蒋介石，蒋介石又怎么能了解美国人的囊中妙计？所以，他又接连通过驻美大使送照会、打电报给罗斯福等办法，向美国政府求援。

但罗斯福却在 11 月 14 日给蒋介石的电报里声称，据美国方面的情报，日本并未做好马上进攻云南的准备，即使日军进攻，以云南地势之险要，只要中国守军顽强抵抗，也不难阻止日军夺取昆明。

尽管他了解中国军队应该更新装备，但美国同时要向 20 个国家提供援助，还要满足自身日益紧迫的防务需要，马上满足中国政府的要求也不现实。

事实上，罗斯福这时已经基本上采纳了陆军参谋长马歇尔等人所提出的建议，准备在任何情况下都不对日本发动无限制的进攻战，不派美国军队到中国去与日军作战，以免削弱在大西洋对最危险的德国作战的联合力量。

尽管马歇尔和罗斯福都决心尽可能向中国提供援助，但由于美国整个政策的基础是先欧后亚，因此，不论中方这时如何焦急，在罗斯福的整个援助计划中，中国还是只能被排在靠后的位置上。

鉴于日军进攻昆明的情报确实被夸大了，蒋介石不再要求英国空军协同防守云南，但他仍对要求美国帮助中国加强空军力量报以极大的期望。

在 12 月 1 日与马格鲁德的谈话中，他又反复说明由美国帮助更新中国空军装备和派人训练飞行员的重要性，并提议由美国派员担任他的参谋长，专门致力于中国空军的建设和改造。马格鲁德对此同样表示，美国大量提供作战飞机目前实在是不可能，唯一的办法是集中力量于小部分空军之装备与改造，以后逐渐推而广之。

几天之后，马格鲁德将军就此提出了一项建议书，建议组建一支由一个驱逐机大队和一个轰炸机大队合编的混合空军联队，由美国驻华军事代表团委派若干名顾问协助该联队的组建和训练。当然，蒋介石对这个与他的期望距离甚远的计划是不会感兴趣的。

人算不如天算

如石破天惊般的，就在马格鲁德正式提出建议书的当天，也就是1941 年 12 月 8 日拂晓，日本海军出人意料地猛烈偷袭了美国在珍珠港的太平洋舰队，揭开了针对美国的太平洋战争！

这样一来，无论是美国，还是英国，再也不存在为了避免刺激日本而引起对日战争，在援助中国问题上保持谨慎态度的必要了。

蒋介石和国民政府长期以来苦苦期盼的时刻终于来到了！

12 月 9 日，国民政府在与日本进行了长达 4 年多的战争之后，正式向日本宣战。

这天，蒋介石及军政部长何应钦先后约见了马格鲁德将军和英国驻华武官丹尼斯将军等美英高级将领，明确表示，中国政府准备协助英国当时驻防的中国香港、马来西亚和缅甸，同时也希望能够尽快就中、美、英、苏四国的军事互助和联合作战计划达成一个正式的协议，并且组织一个美、英、中联合委员会，由美国担负领导责任。

他建议由马格鲁德将军代表美国在重庆拟订这一计划的军事细节。蒋介石的这一提议很快就得到了美、英、苏三国驻华军事代表的赞同，并在几天后具体讨论了召开一个军事联席会议的主要细节。

与会者一致同意由一个军事组织来协调四国之间在远东及太平洋沿岸各战区的行动，共同防御新加坡、菲律宾、中国香港、荷属东印度和缅甸，修建中印公路，开通飞越喜马拉雅山的空军运输线。

显然，应英国方面的要求，向缅甸派驻陈纳德的一个飞行支队和几个师的中国陆军，协助英国防守缅甸，是这时中、美、英三国代表在重庆所取得的最为突出的成果了。

马格鲁德使团这时明显地成为中、美、英三国在东亚及南太平洋沿岸地区进行军事合作的重要枢纽。罗斯福也于12月14日致电蒋介石，同意在重庆召开联合军事会议，研究中、美、英、苏、荷五国军队的联合行动问题。并且，他很快就指定了空军少将布雷特和马格鲁德为出席这一会议的美方代表。

美国陆军部长史汀生还特别通知蒋介石，布雷特此行的重要目的之一，就是前来与蒋介石讨论他最关心的，在中国部署一支美国空军部队的可能性。这种情况使蒋介石颇感兴奋。但是，随着美、英、中三国就共同作战达成协议，中国战区迅速成立，史迪威将军受命担任联合参谋部参谋长之后，马格鲁德使团的使命也就很快结束了。

很难具体评价马格鲁德使团在这不足一年的时间里究竟起过多大的作用。可以肯定的是，这个使团的大多数成员对于中国军队的印象不佳。

这一点，和本书在后面将要叙述到的史迪威将军对中国士兵的印象大相径庭。

他们发现，国民党军队缺少训练，斗志不振，并且派系林立，各自为政，马格鲁德认为，"中国要求更多的现代化装备，……不是出于进行抗日作战的目的，而是要使中央政府在其他国家用外交压力把日本逐出中国之后，使其足以平息反对者而变得更加安全"。

因此，马格鲁德警告说，如果只是按照表面价值来接受中国政府的宣传的话，就会严重损害美国未来的计划。马各鲁德使团的这种评价，无疑对以后美国军方对国民政府的态度产生了消极的影响。

百年一遇的扬眉吐气

《联合国家宣言》

1941 年 12 月 22 日至 1942 年 1 月 14 日，美、英两国首脑和参谋长们在华盛顿举行会议，讨论反法西斯战争的总战略及盟国应当采取的措施。这是盟国在第二次世界大战期间召开的 20 多次重要会议中的第一次。

会议确定，纳粹德国是主要敌人，欧洲是主要战场，对日作战初期的战略是防御性的。会议决定成立美英联合参谋长会议，以分析战争形势，制定战略部署，协调战场指挥，监督盟军司令官，控制作战物资的流向。

从 1942 年 1 月起，在整个战争期间，联合参谋长会议每周必召开一次，有时还不止一次。在这个机构之下又成立了一系列组织，其中之一是美英两国代表组成的军火分配委员会。它根据联合参谋长会议的指示，决定美、英两国生产的战略物资的分配。该委员会下设两个分会，分设于华盛顿和伦敦。

会议的另一个重要决定，是成立中国战区。

12 月 29 日，罗斯福向蒋介石正式提出建议，并请蒋介石担任战区统帅，蒋介石于 1942 年 1 月 2 日复电表示欣然接受。

这次会议还有一项重大内容，是拟订了《联合国家宣言》。文件由美、英两国各自起草，然后合成一个稿本，征求苏联和中国的意见。

除了文件内容外，文件本身的名称和签名顺序也曾经引起过关注。与轴心国相对抗的这个反法西斯联盟应该使用什么名称？如果是正式的同盟条约，则在美国必须通过参议院批准，罗斯福想绕过这种棘手的、可能拖延时日的法律程序，于是先使用了"协约国"的说法。但这一名词平淡无奇，而且似乎表明同轴心国交战的各国之间的联系是松散的。

罗斯福遂考虑使用"联合国家"一词，得到丘吉尔和苏、中各国的赞同。

关于签字国的顺序也是由罗斯福和丘吉尔安排的。罗斯福认为，所有签字国都要列上去，但是大国和小国要有区别。他在分析苏联可能持有的态度时说："我有一种感觉，苏联将不乐意看到自己的名次排在某些实际上没有作出多大贡献的国家之后。"

其实，这首先是罗斯福自己的想法，他对于美国应该领导所有其他国家似乎不曾有过任何怀疑，丘吉尔也欣然同意把第一把交椅让给美国。中国排在最前列，主要也是由于美国的提议，美国认为"在自己国土上积极作战的国家"应与别的国家有所区别。

1942年1月1日，由美、英、苏、中四国领衔，26国签署的《联合国家宣言》正式发表。签字国"保证运用其军事与经济之全部资源"对抗法西斯，并且"不与敌国缔结单独之停战协定或和约"。

宣言的发表，标志着国际反法西斯统一战线的正式形成。

用美元给中国兵发饷

太平洋战争爆发的前4年半中，谋求美英对华财政援助一直是国民政府对美、英交涉的一个重点，国民政府也取得了一定的成功。

太平洋战争爆发后，国民政府争取美英对华贷款也就更加理直气壮了。言下之意就是，中国为你们顶雷，你们掏腰包难道不应该吗？

1941年12月底，国民政府分别向美英提出了贷款5亿美元和1亿英镑的要求。对于这次贷款交涉，借贷双方都十分重视。双方都强调贷款的政治意义，都把它看做是盟国支持中国的一个切实行动。但中美贷款的商谈却远比中英贷款顺利。

12月29日，蒋介石致电宋子文，30日接见美国驻华大使高思，对他们一再强调：此时若不能由英、美以十亿美元的大借款接济中国，"则中国人民心理必被动摇，尤其在日本初次胜利之时，敌伪以东亚为东亚人之东亚的理由，竭力鼓吹与煽惑作用发生影响之时，更不能不有此一借款急速成功，以挽救国人心理与提高抗战精神也"。

蒋介石希望美英先答应下来，然后再商量用途与办法。

国民政府的要求在美国方面得到相当大的同情，中国平准基金委员会美方成员弗克斯1942年1月3日致电财政部长摩根索说，在重庆、昆明及各地，人们都在谈论美英对华贷款，他接着说道：

"在太平洋战争前一些时候我就感到，鉴于中国国内经济状况的极端严重性，一笔新的贷款是必要的。12月8日以后，鉴于日本最初的胜利对中国政治舆论的影响，鉴于日本在东南亚取得暂时胜利可能产生的影响，并鉴于中国政府圈子内失败主义势力的明显增强，我的这种感觉更强烈了。在这种形势下，一笔巨额贷款（数额越大越好）在保持中国继续作为反轴心国的大国方面，将起到不可估量的作用……"

这位美国财政专家的意见对于美国财政部当然是有影响力的。

驻华大使高思也赞同提供贷款。但他认为中国要求的数额太多，也许美、英两国加起来贷款5亿美元，就足以从政治心理和财政经济方面满足需要了。再者，贷款不能用来直接或间接地资助既费钱又有害的垄断事业，也就是说，对于贷款用途要有所限定。

1942年1月8日，美国国务院和财政部就对华贷款一事进行了两次会商。财政部长助理兼货币研究司司长怀特要求国务院对贷款的政治因素进行说明。助理国务卿伯尔逊也说："在国务院，关心此事的人无不认为，为了坚定中国士气，现在给予中国大量财政援助是极为重要的。"

与会的总统行政助理居里也同意这个说法。作为财政部行动的依据，怀特要求国务卿或总统给财政部长一份公函，说明这种贷款的政治和军事理由。与会者还一致同意，在对华贷款事宜中，不必等待英国的反应和措施。

次日，罗斯福致函摩根索说："关于中国贷款，我明白，中国目前不可能提供多少担保。但我仍急于帮助蒋介石及其政府。望你能设法办理此事。"

10日，赫尔致函摩根索说："我认为作为战时政策的一项行动，并为防止因中国货币丧失信用、货币贬值而导致损害中国的军事成就，美国政府现时向中国提供至多3亿美元的财政援助是非常合适的……我认为重要的是，应以最大可能性，加快进程以达到能作出一项声明的程度。"

可见，在美国国务院和财政部中虽然对于贷款数额有不同意见，但对于尽快提供贷款一事则没有分歧。至于摩根索本人，从中国抗战以来他一直是比较积极主张援助中国的。但此次中国要求的贷款却不同以往，数额既大，又没有指明用途，他和高思就有了同样的担心：贷款也许会被滥用。

罗斯福 10 日信中曾经提出一个办法：以美元购买法币。

摩根索觉得这个办法未必可行。他在与部属讨论时说："你给他们1000 万美元钞票，连同轰炸机一起运到那里……这样就把好端端的钱投到毫无希望的地方了……如果要收购这些废纸予以销毁，你收购的速度有多快，他们印刷的速度就有多快。"

于是他异想天开地给出了一个新办法：用美元向中国军队直接发饷。

他在 1 月 12 日与宋子文的谈话中问道："中国军人每月的饷银有多少？"

宋子文说："士兵每人法币 15 元，未贬值时约合 5 美元，官长饷目不止此数。"

摩根索随即说："可以考虑由我们每月给每个士兵发 5 美元，100 万军队就是 500 万美元，每月预付下一个月的费用。"

宋子文觉得，"这是件大事"。

但美国国务院却反对摩根索的主张，认为这岂不是在"雇佣军队吗？"而罗斯福却赞赏这个办法，他说："国务院的人知道他们自己在说些什么吗？"他对摩根索的主意"非常热心"。

13 日，他在与摩根索谈话中确实热情十足地设想，他可以用这个办法得到一支 100 万人的中国军队，置于一位美国将领指挥之下，然后或进攻上海，或支援菲律宾，总之，可以做他想做的任何事情。他将以每人每月 5 美元付给国民政府作部队维持费，另外 5 美元付给部队本身。他甚至为这种新的货币起了名字：dimo，即民主。

宋子文对摩根索的提议颇表赞同。他在 1 月 13 日给蒋介石的电报中说："按此项办法，英、美可以无条件共同负担我军费每月美金 2000 万元。我虽非一次之巨额收入，但每月有此接济，加以贷借案军械之供给，此后我军维持及整顿等问题，大致可以解决，如此事宣布，对国内外之影响或甚于一次借我 10 亿元。"

但作为一个国家的掌门人，蒋介石的考虑毕竟比宋子文深远。他在15 日给宋子文的答复中，指出这种办法有"诸多弊端"。比如，可能会造

成中国军队与国家政府及社会经济的对立或脱离，不仅于稳定法币无补，而且会加速经济政治与法币的崩溃。

蒋介石强调："所拟之款，全在友邦表示对我信任，所以不能有任何之条件及事先讨论用途与办法，否则乃非对我表示信任……恐失盟邦互助之盛情。"

蒋介石的答复使美方颇感失望。罗斯福不肯轻易放弃他的想法，仍考虑每月花2000万至2500万美元购买法币用来在中国当地支付军队的费用。由于双方在贷款方式和用途上意见分歧，交涉拖延了两个星期。

在此期间，中国国民政府、美国国务院和军方都在催促财政部加快谈判进程。国务院政治顾问亨培克早先就主张尽快提供贷款。1月23日，他在给国务卿的信中首先描述了日本在东南亚所向披靡、盟军节节败退的形势，指出中国与日本单独媾和的严重危险，然后他强烈进言："现在正是我们尽可能牢固地把中国拴在我们的——自然也是他的——战争之中的时候。如果美国在贷款问题上久拖不决，那就很有可能在几星期或几个月之中，失掉我们在这一地区三个战斗伙伴中的最强者。"

在26日与财政部官员的商讨中，他再次强调：

"蒋的问题是政治的、军事的和经济的。中国人想要得到对于他们完全参加联合国家抵抗共同敌人的努力的、尽可能的、完全的承认。为了我们的目的，我们需要首先考虑这笔贷款的政治方面，只能在很小的意义上来考虑它的财政方面。如果我们给予贷款，我们就要用来服务于政治和军事的目的，而不是把它作为一桩实业的或银行的交易。我们要迅即给予贷款，数额要宽宏大量。"

摩根索也征询了军方的意见。马歇尔和史汀生一致认为："中国的形势非常严重。"一则，那里的军事形势不妙，如果仰光和新加坡沦陷，那就会雪上加霜；二则，日军在中国和印度都很活跃，他们在使劲地展开宣传攻势，即白种人正在遭受失败，黄种人应该团结起来。总之，"我们要不惜一切代价让他们（中国人）继续战斗下去"。

委员长寸步不让

1月30日，摩根索与赫尔及其他国务院官员进行会商。会上决定，对华贷款数额满足中方要求，不打折扣，方式为由国会立法。

蒋介石得知此讯，立即致电宋子文说："借款方式与名义，皆可不拘，由美决定；我方所坚持者，乃无条件之借款，亦不能有任何拘束。"

国会以不寻常的速度于 2 月 6 日顺利地通过对华贷款案。当日罗斯福就把消息告诉了蒋介石，他在电文中称颂中国军民对野蛮入侵者的勇敢抵抗，称：

"这是我们正在满怀信心夺取胜利的人们所具有的牺牲精神的范例。希望这笔贷款对于中国政府和人民应付由武装侵略者强加的经济财政负担，以及解决对于中国胜利抵抗我们的共同敌人至关重要的生产和收获方面的问题，将起到很大作用。"

至此，贷款交涉的第一阶段比较顺利地结束，接下来，就是拟订条款、签订协定了。

前面已经提到，摩根索一开始就对贷款能否得到有效使用表示担心。虽然在国务院与财政部的一系列联席会议上，双方都同意，贷款的"目的主要是政治、外交和军事方面的"，但他的担心却未能消除，因此在美方最初提出的草案中对贷款用途加以了限制。2 月 21 日财政部交给宋子文的草案第二条写道：

"中国愿将本约中所列资金之用途，通知美国财政部长，并愿对该项用途随时征询其意见，美国财政部长愿就此项资金之有效运用方面，向中国政府提供技术上及其他适当之建议，以期完成本约中所述之目的……"

这就是说，贷款的使用将由中美双方共同商定，摩根索还是要给贷款"拴一根绳索"。高思赞赏这一规定。他在 3 月 1 日致赫尔的电文中援引"一位有地位而又有见识的中国银行家"的话说："这次借款得来太容易了，人家反不领情，并且不能保证有效使用的条款得到执行。"

但美方的这个规定与中国主张相左。中方立即作出反应。宋子文在 3 月 3 日给美国财政部副部长贝尔的信中转达蒋介石的意见说，这一条款将中国政府支配贷款的自由加以限制，使美国"自愿的行动变成命令式的"，因此是"不必要的"，应予以删除。

宋子文的信件在国务院和财政部赢得了广泛的同情。

摩根索在 10 日给代理国务卿韦尔斯的信中说，为了保护美国的财政利益和促使中国最有效地利用资金，他本应坚持保留第二条，甚至加入更强硬的条款。但是既然国务院和财政部官员"始终一致同意财政援助的目的主要是政治、外交和军事方面的"，财政部不想因坚持这一规定，而损害借款重要的政治和军事价值。

然后，摩根索要求韦尔斯向他提出建议，该如何答复蒋介石。次日，韦尔斯把他修改后的第二条寄给摩根索，并建议将新条文通知中方。新条文写道：

"为表现中国与美国双方共同作战之合作精神，双方政府之适当官员对于此项财政援助所发生的技术问题，将随时互商，并交换关于运用此项资金最有效方法之报告材料与建议，俾到达双方政府所期望之目标。"

宋子文认为修改后的条文是可以接受的，但蒋介石仍然不接受。

他认为，新条文仍会"被解释作对使用借款行动自由的限制，因而会使公众对于以这项借款为基础的公债、存款和其他办法的反应，受到不良影响"。因此，他要求"完全删除"第二条。

由此看来，在很多的关键时刻，蒋介石为了尊严，是寸步不让的！

而在一些美国官员看来，蒋介石实在是太得寸进尺了。先前力主对华贷款的亨培克就蒋介石的要求写道：蒋介石的顾问们"正在把此事变成一场政治扑克游戏，他们力图迫使美国进入这样一种状况，以便不仅给中国人'没有绳索的 5 亿美元'，而且使中国取得第一等的外交胜利，而从长远来说，这种胜利的结果无论对本国还是中国都不是好事。起先，去年 12 月，蒋介石要求的是一笔贷款，如今，看来他要求的是一份礼物"。

亨培克承认，他不知道怎么样才能使美国政府处于一种令人满意的地位。

不满归不满，但政治的考虑毕竟占了上风。权衡再三，罗斯福最终还是决定答应蒋介石的要求。

21 日韦尔斯约见了宋子文，告诉他事情的新进展，并希望中方能发表一个单方面的声明，承诺随时将贷款使用情况通知美方。宋子文一口答应了。

至此，贷款交涉圆满结束，31 日，宋子文和摩根索分别代表两国在借款协定上签字。

5 亿美元借款的达成，不仅使国民政府取得了一笔巨额财政援助，而且赢得了重大外交胜利。

从财政上说，当时国民政府并不迫切需要贷款，美、英对华已有的贷款尚有许多可用。但蒋介石迫切需要这笔贷款作为盟国支持中国的象征，政治意义远大于经济意义。

蒋介石如愿以偿，得到了一笔无担保、无利息、无年息、无指定用途、无任何附带条件的贷款！

自中国与列强打交道的百年以来，这样的贷款是没有先例的。

如果说，《联合国家宣言》的发表，开始改变了中国的国际地位，是中国向大国地位迈出的第一步，那么，国民政府就是要把这种地位的改变，体现在与美国的贷款交涉中。

太平洋战争初期，日军在东南亚连连得手，盟军节节败退，中国坚持抗战 4 年半显得越发可贵，这就更增加了国民政府与美国打交道的资本。罗斯福既已决定支持中国的大国地位，在战争初期又不能给中国多少实际的军事援助，他在贷款问题上尽量慷慨地满足中方要求，也就不难理解了。

"没有中国参与，不能做决定！"

抗战前及抗战初期，中国是一个大而弱的国家，如何在列强之间周旋，权衡利弊，因势利导，以实现孤立敌国、争取友邦的外交目的，是中国外交的出发点和归宿点。

早在 1935 年 12 月，中国共产党便提出了与一切反对日本的国家、党派甚至个人，进行必要的谅解、妥协，建立同盟条约的关系。后来又提出，在不丧失领土主权的前提下，与一切反对日本侵略的国家订立反侵略同盟或抗日的军事协定。

中国政府处理国际关系的基本出发点，都是着眼于孤立和打击侵略中国的日本的。为此，在对德关系上中国政府尽可能延缓德国倒向日本，并积极谋求联苏抗日。中国政府一再向国际社会提出制裁日本，制止其侵略的要求。

但是，在抗战爆发前后，英、美、法等国家，对日本侵略中国的战争基本上是抱消极旁观、不介入，甚至是绥靖主义的态度的，对中国的主张未能有实质性的响应。

太平洋战争爆发后，中国结束了单独抗击日本侵略的局面，成为世界反法西斯同盟国的重要成员。中国战区的建立，进一步提高了中国抗日战争在世界反法西斯战争中的战略地位和作用。

美国国务卿赫尔说，美国对华政策的目标有两个："第一是有效地进行战争，第二是为了准备一个战后组织，以及建立东方的稳定和繁荣，承认并促使中国成为一个与西方三大国（美、英、苏）具有同等地位的主要大国。"

为此，美国进一步增加援华力度，以"维持中国继续抗战"，把数量众多的日军牵制在中国，来减轻太平洋战场美军的压力。

1943 年，世界反法西斯战争出现了胜利转折，中国抗日战争的作用更加受到盟国的重视。同年 1 月，美、英等国废除了近代以来与中国签订的一系列不平等条约。

2 月，罗斯福对新闻界表示，他无意用漫长时间"在辽阔的太平洋上逐岛缓慢地攻击，直至最后打败日本"。美国如果从南方进军，每个月只能攻占一个岛屿，"我估计要 50 年左右才能打到日本"。

8 月，在魁北克美英首脑会议上，美国再次强调中国战场的重要性。美国认为，要迫使日本投降，必须攻入日本本土，而进攻日本本土，必须利用中国的基地和人力。中国在对日本的最后决战中，占有重要地位。因此，盟国在商讨对日战略时，就必须有中国代表参加。

1943 年 10 月，在莫斯科召开了美英苏三国外长会议，商讨同盟国家之间的军事合作和世界普遍安全问题。苏联外长莫洛托夫主张："中国没有参加会议，所以会议宣言只要苏英美三国签署就可以了。"

这时，美国国务卿赫尔站起来大声道："我们不能在没有中国参加的情况下做如此重大的决定。如果要签署这个宣言，中国也必须作为签字国！"

在这个问题上，美国算是仗义执言，主持了一把公道。

10 月 30 日，中国驻苏大使傅秉常终于受命签署了中苏美英四国《关于普遍安全的宣言》。这是中国继《联合国家宣言》之后第二次参加四大国宣言签署，并成为以后中国作为联合国发起国和安理会常任理事国的起源。

1943 年 11 月，中、美、英开罗会议及《开罗宣言》，使中国的国际地位又进一步得到了提高。

此后，中国作为建立国际组织的 4 个发起国之一，积极参加了敦巴顿橡树园会议，与美、英、苏共同发起了旧金山制宪会议，成为联合国安理会常任理事国。这都是中国抗战外交取得的重要成就。中国在抗日战争时期大国地位的确立，是中国人民经过浴血奋战赢得的，是当之无愧的。

紫密破译之谜

神秘的电波

日本偷袭美国珍珠港，可以说是第二次世界大战中的一个极为重大的事件。从军事上来看，这对美国固然是一次惨败。可从战略上来看，珍珠港事件却埋下了轴心国全面失败的伏笔。

日军偷袭珍珠港的意图是否事先已经被盟国所知悉？这份情报是如何泄露出去的？史家众说纷纭。但比较一致的看法，是日军的紫色密码已经被盟国所侦破。

然而，谁是侦破这份密码的第一人？侦破的过程又是怎样的？却有着不同的说法。

1941 年 12 月 7 日晨 7 时 55 分（美国夏威夷时间），日本海军航空队大批飞机从几艘航母上起飞，突然袭击了美军太平洋舰队的锚泊地珍珠港，击沉和击伤美国大型舰只 19 艘，其中有战列舰 8 艘，巡洋舰 11 艘，飞机 311 架，美军伤亡 3615 人。

同一时间，日军袭击了关岛、中国香港、马来西亚、菲律宾和其他美、荷、英的东南亚领地，太平洋战争正式爆发。

8日，美国国会通过决议：美国对日本宣战。同日，英国对日宣战。巴西政府也通过了一项支持美国对日战争的宣言。9日，中国对日、德、意宣战。11日，德国和意大利对美国宣战，美国国会通过决议对德、意宣战。德、意、日三国也缔结了共同对美英作战的协定。

至此，第二次世界大战进入一个新的阶段。

日本发动太平洋战争蓄谋已久。早在1927年，《田中奏折》中就有对远东进行军事征服，把美国、英国赶出太平洋的战争意图。

为此，日本花费了很多年时间来准备在太平洋地区进行这场战争。从儿童到成年人，日本人所接受的教育就是怎样进行战斗。学校也更像是一座座军营，一部分老师就是现役军官，他们教导那些可塑性很强的青少年，"你们将来是为了帮助日本实现其神圣的征服使命，在必要的时候，你们有义务为国捐躯"。

而更加明目张胆的是，从1931年起，日本海军学院的每一位毕业生都会碰到这样的一道毕业考试题："你将怎样实施对珍珠港的突然袭击？"

1941年9月6日，日本御前会议作出决定，如果日美谈判在10月10日前"尚未达到我方要求"，"立即下决心对美（英、荷）开战"。12月1日，日本御前会议最后决定于12月8日（东京时间）对美、英、荷开战。

为了保证日本的制海权，并夺取南洋各国的丰富资源，日本联合舰队司令官山本五十六，策划和准备了对太平洋的美国主要基地珍珠港进行突然袭击。12月2日日本军部正式下达了偷袭珍珠港的作战命令。

一时间，太平洋上阴云密布，大战一触即发。

俗话说："要想使其灭亡，必先使其疯狂。"

和纳粹德国在同一年执行的"巴巴罗沙计划"突袭苏联一样，日本犯了一个天大的错误。正是这两场突然袭击，加速了自不量力的这两个疯狂的轴心国的毁灭进程。

但美国对这一切是否已经早有预感？或是像某些史料上所说的，罗斯福早已得知此事，却按兵不动，想后发制人，想以美国被打得鼻青脸肿作为全面参战的借口？

不论怎么说，珍珠港将被攻击的情报在打响之前被侦知，却是不争的事实。但是，谁又是破译这份情报的人呢？

在中国，长期以来流传的说法是：日本偷袭珍珠港的密电是军统局破译的。

这种说法，见于新中国成立后在大陆的一些曾在军统局任过职的人员的著述，如沈醉所写的《军统内幕》、《戴笠与庞大的军统局组织》、《戴笠轶事》等，都说 1941 年 12 月 7 日珍珠港事件发生前，军统局已经破译出了日本海军将要偷袭珍珠港的密电，由驻美国使馆副武官、军统驻纽约站站长肖勃通知了美国海军，美国当局怀疑是中国挑拨日美关系，未引起重视，以致酿成严重后果。

抗日战争爆发后，在中国政府中，有多个部门先后设有密电研究组织，负责侦听和研究日本的密电码，从中截取情报。如"军委会密电研究组"、"军委会机要室密电股"、"交通部电政司电检所"、"军统局特种技术研究室"、"军政部研译室"等。

1940 年 4 月，蒋介石为集中对日本军队电讯密码的破译力量，下令合并上述各单位，成立"军委会技术研究室"，设于重庆南岸黄桷垭的刘家花园。任命交通部电政司司长温毓庆为该室中将主任，军委会机要室主任毛庆祥少将和军统局第四处处长、特种技术研究室主任魏大铭少将为副主任。

合并后的"军委会技术研究室"，由于各派争夺领导权，相互攻讦，引起激烈冲突。蒋介石也有意让自己信任的毛庆祥在"军委会技术研究室"负实际责任，就下令撤掉了魏大铭的任职，让戴笠将其调回军统局。1941 年 3 月 31 日，蒋介石另派毛庆祥为代主任。

毛庆祥上台后，经蒋介石同意，将"军委会技术研究室"的百余名军统人员，全部撤回军统局。此后，"军委会技术研究室"的一切活动，都与军统局没有任何关系。戴笠后来又重新组建了一个"特种技术研究室"，仍然从事密电研究破译活动。

在"军委会技术研究室"中，有一个名叫池步洲的人。他 1908 年出生在福建闽清，日本早稻田大学毕业，曾在中国驻日本大使馆工作。抗日战争爆发后，他回到中国，在军政部研译室工作。经过摸索、研究，他破译了日本外务省外交密电的电码，从中收集到一些很有价值的日军情报，曾获得军政部颁发的光荣奖章。

1940年4月，池步洲领导的军政部研译室奉命并入"军委会技术研究室"。毛庆祥主政之后，在"军委会技术研究室"内成立了一个专员室，任命池步洲为"主任专员"。

从1941年5月开始，池步洲在破译的日本外交密电中，发现日本外务省与檀香山日本总领事馆的往来电报数量突然剧增，被破译出的密电有六七十封：内容大多是外务省多次要求檀香山日本总领事馆报告美军舰艇在珍珠港的数量、舰名；停泊的位置；进、出港的时间；珍珠港内美军休息的时间和规律；夏威夷气候情况等。

他把译出的电报交给组长霍实子，霍也很重视，指示池步洲继续密切注意日本有关珍珠港的往来密电，并且指示池步洲每月专就此事写出报告，上报侍从室。池步洲按指示每月写出报告，并将有关内容摘记在自己的笔记本上。

12月3日一早，池步洲破译出了一份日本外务省致日本驻美大使野村吉三郎的特级密电，其主要内容是：

1. 立即烧毁各种密电码本，只留一种普通密码本，同时烧毁一切机密文件。

2. 尽可能通知有关存款人将存款转移到中立国家银行。

3. 帝国政府决定按照御前会议决议采取断然行动。

池步洲破译出这份密电后，大吃一惊，而且激动不已！

结合他半年多的时间里所破译的日本外务省与檀香山日本总领事馆的往来电报，他已经能够肯定，日本马上要对美国"采取断然行动"了！

他把这份密电立刻交给组长霍实子，并说出自己的判断：

1. 日本对美进攻的地点可能是在珍珠港。

2. 发动战争的时间可能选择在星期天。

霍实子也同意这样的分析，当即提笔签署意见："查二十六年（即1937年）'八·一三'前夕，日本驻华大使川越，曾向日本驻华各领事馆发出密电：'经我驻沪陆、海、外三方乘'出云'旗舰到吴淞口开会，已作出决定，饬令在华各领事馆立即烧毁各种密电码电报本'，说明日寇已决定对我发动全面战争。现日本外务省又同样密电饬令日本驻美大使馆立即烧毁各种密电码本子，这就可以判明，日本已经快要对美发动战争了。"

对于这个重要情报，霍实子不敢丝毫怠慢，马上送交代主任毛庆祥，毛阅后，立即亲自送到了侍从室。

池步洲还是威廉·弗里德曼

由此可见，当时破译日本袭击美国珍珠港海军基地动向密电的，是"军委会技术研究室"，具体破译的人是池步洲。

但又据当时曾在侍从室第二处任职，专事情报研究的张令在新中国成立后所写的材料称：

"当时技术研究室破译的情报一律均须送至侍从室第六组处理，绝不能自行对外。笔者当时在第六组就是负责研判用毛庆祥名义送来的技术研究室的情报，到了这年（1941 年）的 12 月上旬，技术研究室又破译了日本外务省的一份紧急通知。内容是电告日本驻华盛顿、旧金山、夏威夷、纽约等地的使领馆，限期销毁各类重要文件，准备撤侨。

我们签注意见是'速送外交部，密告美国大使高斯，并电告我驻华盛顿武官郭德权转达美国军方'。蒋介石批示'可'。但美方回答说：美日谈判已陷入僵局，国务院已知道日本撤侨计划，美国也准备同时撤侨。

但似乎美方尚未意识到日本对其突袭的意图。从上述过程可以看到，当时重庆政府仅告知美方日本的侵略意图，而并没有告知日本空袭珍珠港的确切日期。"

还有一个说法是美国人自己破译了日本的密码。

当时，从 1941 年 8 月开始的美日谈判已持续到了 12 月 6 日，日本在华盛顿的大使馆，收到了一份分节拍发的 14 点文件，这就是对于美国所提 10 点建议的答复。同时更有指示说：等到全文收齐了之后，即将它抄录妥善，然后严守秘密，至于递交给美国政府的时间则另候通知。

直到下午 5 时 30 分，这个冗长的电报的前 13 点已经被美国情报机构破译出来并送到了罗斯福总统的手中。

美国之所以能破译日本的无线电报，是因为它们是用被美国人称为

"紫色"的机器加密的，这是和德国"恩尼格玛"类似的日本密码机。"恩尼格玛"机和"紫色"机以及第二次世界大战中美国人使用的"哈格林机器"，都是机械式密码技术发展的顶峰。

"紫色"密码机安有插板，以及如同电话中继站中使用的4个多级开关，还有两台打字机。在其中一台上按键输入明文，在另一台上则得到密文。用拉丁字母表达日文词，规定用特定的三码组字母表示标点符号。

美国人开始解密时困难重重，只有当日本拍发错误的信息再次重复时，"紫色"机的秘密才逐渐被揭开。第二次世界大战中被美国人称为"紫密"的日本编码机的解密方法与一个人紧密相关。此人是当时世界上最著名的密码学家之一，他的名字叫做威廉·弗里德曼。

1891年，威廉·弗里德曼出生于俄国，第二年随父母移居美国。在美国，他顺利地念完了高中。当美国加入第一次世界大战时，弗里德曼已升任费边密码部的负责人，不久后，这个研究部名声大振，连政府机构都来请他们帮助。

从1940年8月起，弗里德曼开始研究日本的"紫密"，经过艰苦的工作后，他已能破译日本的"紫密"了。

1941年12月6日晚，日本来的全文都已经发完。这是一个略加伪装的宣战书，接着又有第二通命令到达，要求两位日本使节务必于美国华盛顿时间12月7日星期天下午1时，即夏威夷当地时间黎明时分，将绝交电文送交美国政府。

美国人成功地破译了日本的密码，并确认华盛顿时间星期天下午1时，也就是夏威夷时间7日上午7时30分，日本将要对美国动手！

但也许美国总统和他的重要顾问人员，都一直深信日本人的打击只会落在西南太平洋的菲律宾等地区。要想突袭当时世界上这支拥有最多的大型水面舰只、拥有最强火力的太平洋舰队，除非那些日本人发了疯！

在他们的预想中，从来不曾考虑过珍珠港有受到攻击的可能性，更没有想到这个打击竟会是那样的猛烈，是一种要置太平洋舰队于死地的毁灭性打击。

另外，当时的日军也采取了各种手段实施战略欺骗和伪装、隐蔽袭击珍珠港的作战企图。

12 月 7 日（星期日）上午 12 时，就在日本已经偷袭珍珠港，并取得重大战果之后，日本驻美国大使野村求见美国国务卿赫尔，并递交了日本政府向美国的宣战书。

当时，气得脸色铁青的赫尔一改外交官的儒雅和矜持，对野村大吼了一声："我真没有想到，在我们这个星球上竟然还有一个像你们这样卑鄙的、撒弥天大谎的政府！"赫尔指着门口，说了一句他的家乡田纳西州的骂人话："你这个无赖加屎虫，给我滚出去！"

太平洋战争就此爆发。美国陆军部长史汀生说："我终于松了一口气，再也不用犹豫不决了，它将使我国人民空前地团结起来。"

次日，美国向日本正式宣战。

太平洋战争终于爆发！但到底是谁破译了偷袭珍珠港的"紫色"密码，似乎已经不那么重要了。因为，不论是池步洲还是弗里德曼都没有能让美国警醒，更没有能阻止日军的偷袭。

美国正式投入第二次世界大战，令世界大战的格局发生了重大改变。接着，英国也向日本宣战。蒋介石盼望已久的美英对日共同作战的这一天终于来了。

中国也随即于 12 月 9 日，在进行了 4 年半的抗战之后向日本正式宣战，中国从此不用再单独对付日本了。

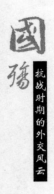

第六章 中国战区——惨烈中国兵

悲壮的远征军

溃败的精锐之师

中国加入盟国序列之后与西方各国的军事合作，除了后来陈纳德的飞虎队来华作战外，最主要的就体现在缅甸战场上。

当时缅甸是英国的殖民地，西屏英属印度，北部和东北部与中国的西藏和云南接壤，具有重要的战略地位。日本进攻缅甸对于其自身来说也有着重大意义，可以孤立中国，还可以作为入侵印度的跳板。

1940年6月4日英法军队在敦刻尔克丢盔弃甲大溃败之后，英伦三岛岌岌可危，英国希望借中国长期抗战的力量，支援它在远东的殖民地，特别是缅甸、印度、马来西亚方面的军事，挽救远东大后方的危机。

而在中国方面，为了要取得抗战的胜利，也必须要确保滇缅路这条最后国际交通运输线的畅通。因此，自1940年10月起，英国首先开放了封锁已久的滇缅路，接着，便酝酿成立中英的军事同盟。

滇缅公路的修建始于1938年初。抗战爆发后，由于中国的工业基础薄弱，急需大量物资和外援，遂开始修筑滇缅公路。来自滇西28个县的20万民众，自带口粮和工具，风餐露宿，劈石凿岩，历时10个月，在高山峡谷、激流险滩上，沿滇西、缅北990公里的山野，用双手和血汗修筑了滇缅公路。

期间因爆破、坠岩、坠江、土石重压、恶性痢疾而死去的民众不计其数。这条公路于1938年底通车，从此，滇缅公路成为中国抗战的输血管。

抗战开始后，日本图谋以武力遏制"第三国"的援华活动。1939年冬，日军占领广西南宁，切断了中国通往越南海防的另一条国际交通线。

1940年春，日本对滇越铁路狂轰滥炸。6月，迫使法国接受了停止中越运货的要求。此后，日寇并没有善罢甘休，9月，侵入越南，并与泰国签订友好条约，滇越线全面中断。此后，滇缅公路成了唯一的一条国际援华通道。

1942年初，日军在短时间内席卷东南亚，随即将矛头直指缅甸，准备将缅甸拿下，借以从南面隔断中国与国际社会的联络。日军准备用于进攻缅甸的兵力约6万人，大大超过英国在缅甸的防务力量。

一时间，缅甸的局势危如累卵！

早在1941年春，因为预料到缅甸形势的潜在危险，英国就邀请了中国军事考察团赴缅甸、印度、马来西亚考察。几经协商，在同年的12月23日签订了《中英共同防御滇缅路协定》，成立了中英军事同盟。

随即，中国组建了由第5、第6、第66军组成的，共10万余人的中国远征军，准备入缅作战。

但这时的英军很纠结，他们既想依靠中国的力量牵制日军，但又瞧不起中国军队的力量，更不愿意外国军队深入自己的殖民领地，同时过高估计了自己的作战能力，便一再拖延阻挠中国远征军入缅。这样一来，预定入缅的中国远征军只好集结在中缅边境待命。

然而，1942年1月初日军展开进攻后，英国驻缅军一路溃败，这才急忙请中国军队入缅参战。远征军第1路司令长官部（原定第2路在越南方面，后因情况变化取消）随即发布命令，率部开赴缅甸战场。

但由于英国方面的拖延，直到1942年2月中旬，中国远征军才有第6军的第49、93师进入缅甸景东地区，其余各部仍在滇缅公路集结待命。此时由于缅甸战事持续紧张，2月16日，蒋介石下令先运送第5军入缅，以第200师为先头部队。

但是，由于已经失去作战先机，造成了战斗的失利。这主要是由于英国极端坚持先欧后亚的既定战略，战局一旦不利，便对保卫缅甸完全失去兴趣，而是一再撤退，使中国远征军保卫缅甸的作战变成了掩护英军撤退的作战。

3月7日，第200师到达同古。3月16日，日军开始轰炸同古，此为远征军与日军第一次大规模接触。3月19日，第200师首次与日军地面部队接触，由于缅甸交通线不断遭到日军的狂轰滥炸，再加上英方的消极延误，后续部队始终没有按原定计划到达同古。10余日后，第200师伤亡达2000余人，内缺粮弹、外无援兵，并且还要面对4倍于己的敌军包围。

第5军军长杜聿明审时度势，下令第200师于3月29日晚从同古以东突围。3月30日，日军进城后才发现同古是一座空城。在同古保卫战中，第200师歼敌5000余人，重创日军第55师团。

4月14日凌晨，英缅军总司令亚历山大急电中国远征军司令长官部，请求解救被包围在仁安羌的英军。4月19日下午5时，在新38师师长孙立人、副师长齐学启和113团团长刘放吾的带领下，中国远征军收复了仁安羌油田，解救了英军7000多人和被日军俘虏的英军官兵、美国传教士和新闻记者等500多人。消息传出，英、美的舆论界大为轰动。

4月20日，史迪威和中国方面的司令罗卓英轻信英方关于在仁安羌和乔克柏当之间有敌军3000余人的情报，命令第200师长途奔袭至乔克柏当。第200师到了乔克柏当后，发现没有日军，只有英军在新38师的掩护下正在撤退。而后第200师又退回到棠吉，浪费了宝贵的3天时间，使日军抢先攻占了棠吉。4月23日下午，第200师向棠吉发起攻击，经过激烈的战斗，于4月25日18时占领棠吉。

而在4月24日，在日军猛烈攻势之下，第6军被迫放弃雷列姆，日军随后从雷列姆北进。

4月29日拂晓，日军猛攻腊戍，第66军伤亡惨重，当天中午，日军占领腊戍，第66军各部退守新维。所谓曼德勒会战彻底成了泡影，此时撤退已经成了当务之急。

东线方面，第6军于4月24日被迫放弃雷列姆之后，且打且退，5月12日撤回国内。

中线方面，第5军军部和所属的新22师、第96师主力于4月26日黄昏由皎克西乘汽车、火车向曼德勒转移，于当天夜间10时全部到达。5月1日全部撤至伊洛瓦底江以西以北地区，此后第5军直属部队、第200师、第96师、第66军的新38师徒步轮流掩护撤退。

5月8日上午，日军攻占密支那，杜聿明按蒋介石7日的命令率部向国内撤退。5月9日，由于在杰沙（又译为卡萨）发现日军，而新38师先到杰沙掩护的只有一个团，新38师、新22师主力至少需要一天半才能从前线撤下来，杜聿明认为日军有可能从南北包围并将远征军歼灭，从而下令第93师在右翼掩护，并且在孟拱附近占领掩护阵地，同时命令各部队分路回国，自寻生路。

新38师师长孙立人没有听从杜聿明的命令，向西撤往了印度。这样一来，新38师就成了第一次远征结束之后唯一保存了建制的部队。

地狱野人山

杜聿明率领第5军直属部队和新22师，在野人山的原始森林里经历了极为惨烈和悲壮的一段日子，成为远征军最不堪回首的一页。

野人山位于中缅印接壤地带，绵延千里，纵深200多公里，高度平均在2600米以上。山上乔木遮天，藤草纵横，终年不见天日。林中猛兽成群，毒蛇、疟蚊、蚂蟥遍地。远征军事先没有进行必要的侦察与探路，甚至没有带足必需的干粮，数万大军就仓促地一头扎进了死亡之地野人山。

时值雨季，野人山根本就无路可行，且湿滑泥泞，举步维艰。因缺医少药，部队中的伤员得不到治疗，更多的人染上了疟疾、回归热、破伤风等疾病，每天都有大批的人因饥饿、疾病或是食物中毒而死，每天还有大批不堪折磨的官兵自杀，沿途尸臭数里，白骨累累。

远征军被暗无天日的原始森林折磨了长达两个多月。当他们走出野人山的密林时，这支远征军的残部已经沦落到了人鬼难分的地步。

中国远征军的死亡数字触目惊心，总数竟达30000余人！花名册上有的整连整营的被画上了黑框。仅新22师就有4000多人丧命野人山，是缅甸转战两个月战死人数的两倍！野人山使中国远征军死亡过半。

胡康河谷内的每棵树下几乎都散落着中国官兵的尸骨，每处河滩都洒下了他们的血泪。野人山因此被后人称为白骨山。直到今天，在野人

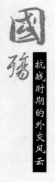

山还随处可见当年的惨状痕迹。

杜聿明在抗战期间成功地指挥了著名的昆仑关战役，此战役中国的装甲部队打出了对日作战的军威，重挫日本号称钢军的第 5 师团，击毙了日军旅团长中村正雄少将等多名高级将佐，杜聿明因此而一战成名，而他的指挥才能也是公认的。1942 年他出任中国远征军副司令，指挥了著名的斯瓦逐次阻击战。

但后来却有人评论说，这位极富才能的将军糊涂地指挥了向野人山的撤退，导致了国军遭到毁灭性的损失。

有评论说，杜聿明没有接受部将的建议，率领大军杀开一条血路回国是一个错误。但远征军如果不走野人山，而是全力去打通一条由日军重兵把守的退路，很难说就会有乐观的结果。

当时日军的一个师团抢先占领了从芒市通往保山的道路，截断了国军的退路。本来剩余的部队是可以和孙立人将军的部队一样直接撤入印度的，可是英军方面却要求中国军队以难民的身份撤入印度，这种侮辱中国军人的馊主意遭到了杜聿明将军的严词拒绝。

于是，国军内部出现了分裂，一路远征军由孙立人将军率领，有一万余人按照英美的意见撤向了印度。撤入印度的这一部分基本没受什么损失，而且成为日后反攻缅甸的主力军。

杜聿明将军率领 5 万人组成的另一路，则翻越荒无人烟的野人山绕道撤退回中国。当时从全盘考虑，杜聿明选了这条连日本人也不敢走的路，还是有他的道理的。更何况这已经是一支溃败之师。

远征军当时人心思归，士气低落，并且还遭到日军的追击。殿后的第 200 师至棠吉以后，分兵两路通过细（胞）抹（谷）公路，突然遭到日军的伏击。激战了一天，该师伤亡过半，才从东面山坡撕开一条缺口，残余官兵得以死里逃生。后来沿途突破敌人的封锁线，经南盘江、梅苗、南坎以西回国。师长戴安澜在突围时被两颗机枪子弹击中胸部和腹部，带伤撤退，终因伤势过重而壮烈牺牲。

同样是殿后的第 96 师及炮工兵各一部摆脱了日军的追击，经孟拱、孟关、葡萄、高黎贡山回国。

因此不论当时杜聿明将军是怎么想的，远征军是如何付出重大牺牲的，我们都应该看到毕竟那是抗战的可歌可泣的一幕。

第一次远征失败之后，滇缅公路中断，10 万远征军经血战只有 4 万余人安全撤离。日军既封锁了国际援华运输线，又打开了西攻印度的大门。援华的作战物资只得转而通过驼峰航线与中印公路输送。

远征军第一次入缅作战，共出动 103000 人，伤亡 56480 人。绝大部分牺牲在胡康河谷的野人山。日军伤亡约 45000 人，英军伤亡 13000 余人。

孱弱的英军

在缅甸战场上，英军更惨。日本人以伤亡 100 多人的代价，便俘虏了英军 12 万人之多。中国军队第一次远征缅甸就是为了解救他们。

英军在缅甸经历西当河之败后，缅甸局势日益危急，但由于中国远征军已经入缅作战，丘吉尔没有向缅甸再派援军，只派了曾经成功指挥敦刻尔克大撤退的亚历山大上将，于 3 月 5 日来仰光接任缅甸司令一职。同时，罗斯福应蒋介石之请，将原准备在北非担任"体育家"登陆战役的指挥官史迪威派来中国，出任中国战区盟军统帅蒋介石的参谋长兼中、缅、印战区美军司令。

英军与日军相比，不仅人数上居劣势，而且士气低落，纪律松弛，训练不足，再加上完全没有丛林战的经验，一旦后路被包抄就惊慌失措。他们对日军所擅长的丛林包抄、远程渗透等战术完全不适应。

英军的补给和机动完全依靠道路，而且在当时没有有效的空中侦察，更不用提空中补给和空中火力支援了。所以无法获得准确的战场情报。这样的军队根本无法和当时善于丛林渗透、士气高涨的精锐日军作战。所以开战之初，英军的溃败就已经成为定局了。

而中国远征军当时的装备和火力又比日军差得远，指挥系统上政出多门，各级指挥部、中英军队之间由于缺乏通信器材而难以协调。

杜聿明入缅之后，根据形势，制订了平满纳会战计划，获得通过。亚历山大在 4 月 6 日晋见蒋介石时，蒋以即将发动平满纳攻势相告，促请英军坚守西线战略要点阿兰谬，为中国军队在平满纳作战创造战机。

不料，亚历山大竟报告说："英军已于 5 日撤出阿兰谬，现在萨斯瓦、东敦枝、米昌耶、明拉一带布防。"

蒋闻言后吃惊地说:"希望英军信守'坚决与华军并肩作战到底'的庄严承诺,不要再自行后退了。"

7日,蒋召集史迪威、罗卓英、林蔚、杜聿明、戴安澜、孙立人和侯腾等将领开会,重申仍由史迪威任缅战最高指挥官,拥有统帅全权,罗卓英、林蔚、杜聿明均归其指挥。同时宣布进行平满纳会战:

"力求先破敌之一路,取得主宰缅甸战局的主动权……"

4月8日,史迪威亲自到英军总部,再次恳切敦促亚历山大务必严令英军固守现有阵地,而亚历山大却将斯利姆制定的"曼德勒攻势作战计划"(通称"斯利姆计划")交史迪威过目,并极力劝说史迪威,要他放弃平满纳会战,将第5军北撤,和英军一道退到塔译、敏铁拉、东沙和敏建一线占领阵地,举行曼德勒攻势作战。

史迪威一听就火了,他大声质问亚历山大:

"从3月25日到4月6日英军一口气退了近300公里,现在又想退,你们是否想一直退到印度去呢?打败日军,保住缅甸,是盟国对日作战的共同需要,是中英两国共同利益所在。中国军队已准备好要发动平满纳攻势而你们英军却要后退,这太不合情义了,也有损英国的风度,我恳切地希望英军以大局为重,配合中国军队打好这一仗。"

亚历山大无话可说,只好答应守住现有阵地,支援平满纳攻势。当晚,史迪威将亚历山大的答复向蒋介石汇报后,仍然提醒罗卓英和杜聿明要时刻注意西线英军的动态,防其不告而别。

反攻!反攻!

"中国虎"

1942年6月,怒江防线稳定之后,国民政府积极训练军队,准备反攻缅甸。1943年2月1日,蒋介石任命陈诚为中国远征军司令长官,3月28日,中国远征军司令长官部在云南楚雄成立。陈诚从重庆飞到楚雄就任，着手进行远征军部队的训练和反攻计划的制订。

1943年8月，远征军的5个军编练和装备基本完成。后调来的第54军也在11月完成改编。其中，第11集团军下辖第2、第6、第71军和第200师；第20集团军下辖第53、第54军共4个师；另外第8军和第93师直属远征军司令长官部。

1943年冬，陈诚因病辞职，卫立煌接任远征军司令。

后来根据中美协议，远征军第一路司令长官部撤销，改称为中国驻印军总指挥部。史迪威为总指挥，罗卓英为副总指挥。同时，国民政府利用驼峰航线空运援华物资飞机回航印度的机会，每天空运几百名士兵到印度，以补充兵源。

1942年底，由于史迪威与罗卓英矛盾不可调和，蒋介石被迫将罗卓英调回国内，决定派第8军军长郑洞国中将接替罗卓英的职务。同时决定在驻印军指挥部下设新编第1军建制，下辖新38师、新22师。郑洞国任军长，孙立人为副军长兼新38师师长，廖耀

被盟军誉为"东方隆美尔"
的卫立煌将军

湘为新22师师长。3月中旬，郑洞国率军部人员来到兰姆伽，正式成立新1军。

全副美式装备的中国远征军

中国远征军出征

1942 年底至 1944 年春，新 38 师的兵员被陆续空运到印度。1944 年上半年，第 14 师与第 50 师的兵员也空运到了印度。中国驻印军在兰姆伽换装了美式装备，有美国的军事援助和充足的粮食，军事训练十分扎实。

经过一年的整训，这支部队练就了丛林作战和丛林生存的过硬本领。再加上大批知识青年在蒋介石"一寸山河一寸血，十万青年十万军"的号召下，踊跃参军，使得驻印军的战斗力大为提高。

远征军高级将领合影

在印度兰姆伽受训的中国远征军

顺便说一下，远征军的生活水准在抗战时期也是所有部队中最上等的。

远征军败退出野人山以后，进入印度整训，根据中国和英美的协定，所有后勤补给和军事装备全部由英美负责。美国人和英国人有的是钱，在美国人看来只要不让美国大兵送命，给再多的钱他们也愿意。于是，美国人随即就把大量的美金转换为各种物资，运送到印度。

于是，新 1 军和新 6 军的士兵就有口福了，这两个军都是按照英军殖民地士兵的伙食标准供给的。所谓殖民地士兵指的是印度籍、马来籍、缅甸籍士兵，这种供给比英国兵低很多。英国士兵每天有奶酪、黄油、果酱、糖，甚至朗姆酒等。但对中国兵来说，这已经是好得不得了了。

远征军士兵的伙食标准为：每餐一个牛肉罐头、两包麦片、一包饼干。每天还有一包茶叶、一包香烟、一颗维他命片。远征军军官的标准更高，每餐有面包、水果、火腿、鸡肉、牛奶和蛋类食物。

但士兵吃饭的时候还是一锅煮的，每顿饭一个连队都是架两口大锅。

一口里面是炖肉菜，一口里面是煮饼干、麦片，管饱！

当时国内的前线军队往往一天只能吃一顿饭，还不见得能吃饱，所以有些远征军士兵说，这两年把一辈子的好东西都吃遍了。

应该说到的是，与中国远征军在印度和缅甸"享口福"的同时，在中国内地的美国大兵们也被中国老百姓们供养着。虽然他们的给养是自己掏钱，但各类物资却必须由中国提供。据统计，一个美国兵消耗的各类生活物资，就相当于500个中国老百姓的消耗。

1943年3月，新38师第114团即先行开进野人山区，掩护中美部队修筑自印度列多到野人山区的中印公路。1943年10月下旬，雨季停止，在列多的新22师和新38师主力乘车到达胡康河谷边缘，驻印军缅北反攻战正式开始。

经过血战之后，新38师于12月29日攻克于邦。随后在新38师的配合下，新22师于1944年3月5日攻克孟关。后来两师合作攻下瓦鲁班。新22师在攻占瓦鲁班战斗中突袭了日军第18师团司令部，缴获第18师团发布作战命令的关防大印，并将其全歼！这在抗战期间是绝无仅有的。蒋介石给他们发了嘉奖电，称他们为"中国虎"！

被孙立人的新38师全歼的这支日军部队就是当年参与了南京大屠杀的日军第18师团。

云南老百姓慰问远征军

1944年4月，新22师、新38师、第30师、第50师与美军联合攻下了密支那。攻克密支那后，各个部队休整了两个月。此时第14师、新30师也已陆续空运来到缅北反攻的前线，中国进入缅甸的部队已达到5个师，为便于指挥，将新1军扩编为新1军和新6军两个军。

新1军下辖新30师和新38师，军长为孙立人。新6军下辖新22师、第14师、第50师，军长廖耀湘。郑洞国升任驻印军副总指挥。

1944年10月16日，新1军与新6军开始向八莫发起进攻。12月初，日军进犯独山，贵阳告急，国民政府军事委员会下令调新 6 军回国保卫大西南，其主力于 12 月 1 日奉命停止前进，军部及新 22 师、第 14 师被空运至云南沾益，以保卫重庆。留下的第 50 师正式编入了新 1 军序列。1944 年 12 月 15 日新 1 军攻克了八莫。

在驻印军开始反攻几个月之后，国内滇西中国远征军的反攻也开始了。1944 年 5 月 11 日第 20 集团军正式开始强渡怒江，于 6 月底血战至腾冲附近。经过 3 个月的战斗，于 9 月 14 日解放腾冲。

第 11 集团军于 6 月 1 日渡江，新 28 师于 4 日攻克腊猛，进而围攻松山，由于敌阵坚固，该师五攻未克。7 月 1 日改由第 8 军来攻，该军以三个师轮换进攻，连续九次，到 9 月 7 日方破敌阵，全歼守敌。

远征军经过血战，于 11 月 3 日攻克龙陵，20 日攻克芒市，12 月 1 日攻克遮放，1945 年 1 月 19 日克复畹町。1 月 22 日中午，第 53 军第 116 师与新 1 军一部在木遮会师，随即，以钳形攻势向芒友推进。1945 年 1 月 15 日，新 1 军攻克南坎，并继续前进，于 1 月 27 日畹町附近的芒友与云南西进的中国远征军会师。1 月 28 日中印公路通车典礼在畹町城举行。

会师后，滇西远征军回国，新 1 军与第 50 师南下，新 1 军先后拿下了新维、腊戌，第 50 师先后攻克了南渡、西保、南燕、皎麦等市镇。

新 50 师自从 1944 年渡过伊洛瓦底江以来，在 3 个多月的时间里，挺进 600 公里，毙伤日军 3500 余人。3 月 30 日，中国远征军攻克乔梅，与英军胜利会师。随后中国驻印军凯旋回国。至此，中国驻印军与中国远征军的任务胜利完成。

第二次入缅作战，中国驻印军伤亡 1.8 万余人，伤亡人数远远低于第一次入缅作战；歼灭日军 4.8 万余人，毙敌人数远远高于第一次入缅作战。解放缅甸土地约 13 万平方公里。

在滇西作战的中国远征军伤亡 67403 人，歼灭日军 21057 人，解放滇西全部土地约 3.8 万平方公里。

至此，中国远征军取得了缜缅战略大反攻的全面胜利。

"凡是去过中国的日本兵一律就地枪决"

在叙述缅甸战场时，最不应该忘记的就是孙立人将军。

正是在缅甸，他成为了享有世界声誉的中国名将。

孙立人将军

不太为人所知的是，孙立人竟然是中国早期的体育明星。当时的清华学堂十分注重学生的体育锻炼，作为清华大学学生的孙立人在校风熏陶下，热衷于各项体育运动，并当选为清华篮球、足球、排球、手球、棒球队的队长，可见其体育天赋非同一般，甚至孙立人因为球场上的严重运动伤还休学了一年。

在众多体育项目中，孙立人最擅长的是篮球。1920 年他任清华学堂篮球队长，率队击败了当时称霸京津篮坛的北京高等师范学院联队，获得华北大学联赛冠军。次年他还入选了国家男篮代表队，作为先发阵容参加了在上海举行的第五届远东运动会，身高 1 米 85 的孙立人当时担任球队的主力后卫。这届远东运动会只有菲律宾、中国、日本三国参加。中国队经过激战，以 30：27 击败菲律宾，又以 32：28 击败日本，获得本届运动会篮球冠军。这是中国在世界大赛中第一次获得的篮球冠军。

孙立人 1923 年毕业于清华大学土木工程系预科后，即赴美留学，入柏杜大学学习土木工程专业。1925 年取得工程学学士学位。随即他又申请进入弗吉尼亚军校，1927 年以文学士毕业。此后，他应邀考察了欧洲，考察英、德、法等国的军事。

1928 年回国后，在国民党中央党务学校任中尉队长；1930 年入陆海空军总司令部侍卫总队任上校副总队长；1932 年调财政部税警总团任第 2 支队上校司令兼第 4 团团长。

1937 年 10 月，孙立人率部参加淞沪抗战。在蕰藻浜一线的阻击战中身先士卒，全身被榴弹弹片击伤了 13 处。次年伤愈后又率部参加了保卫武汉的战斗，两次立下战功，从此便在军界崭露头角。

而在抗战中，最具传奇色彩，也最具争议的就是他对待日军战俘的做法。

参与过南京大屠杀的日军第 18 师团在缅甸被全歼。当下属向他请示被俘获的日军官兵该如何处理时，他厌恶地皱皱眉头，不假思索地命令参谋："这些狗杂种！你去审一下，凡是到过中国的，一律就地枪决，今后都这样办。"

日军第18师团不仅参与了南京大屠杀，还在中国参加过多次战役，这些俘虏手上沾满中国人的鲜血。到后来，孙立人的命令被执行得过了头，不仅是去过南京的战俘，即使是没有去过南京的，在会战中投降的1200名日军士兵以及军官，也统统被孙立人的部队杀掉了。

俘虏中唯一生还的，是一个叫山田进一的下士。因为经过审讯，得知他是被强迫入伍的台湾籍的中国人。

坑杀1200名日军战俘的事件是第二次大战中比较大的一个杀降事件。此事被美国报纸披露，震惊了世界，美国方面大为恼火，更为孙立人担心，认为这将使日军此后更加疯狂地抵抗。

但其结果却恰恰相反，缅甸的日军一旦得知与自己作战的是新1军，马上就会下达撤退的命令，望风逃窜。日军当时流传着一个口头禅："与支那新1军作战，死啦死啦的。"

1944年10月，孙立人新1军某部在战斗中消灭了一批日军士兵。经过甄别，其中一人竟然是再度服兵役的、当年作为日军发动七七卢沟桥事变借口的失踪士兵志村菊次郎！

在两次远征缅甸的战斗中，孙立人部共歼灭日军33000余人，孙立人因此成为消灭日军人数仅次于薛岳的中国将领。

1945年春，新1军兵不血刃占领仰光，缅甸全境光复！

1945年日本投降后，孙立人率新1军进驻东北，此期间与林彪部队发生激战，进而攻占了四平、长春，逼近当时的中共中央部分机关所在地哈尔滨，并一直追击到松花江以北。他因指挥得力，与另一名将领陈明仁共同"享誉"东北战场。

德惠之战以后，因与国民党内其他将领如杜聿明等人的意见不一，孙立人于1947年8月被蒋介石调离东北。一年后，他曾指挥过的新38师，在长春被解放军缴械。

国民党集团迁台前，孙立人已赴台湾任"陆军副总司令"、"陆军训练司令"兼第四军官训练班主任。国民党败退至台湾后，1950年4月，孙晋升"陆军总司令"，致力于"台湾国民党军队"建设。

孙立人不是黄埔系出身，而是受过美国军事教育，又是极个别的没有加入过国民党的将领。

若干美国已经解密的文电显示，1950年初，美国驻台北"武官"曾建议美方要求蒋介石离开台湾，另由亲美人士继任领导。而就在这前后，美军驻日本的最高代表麦克阿瑟曾会见了访问日本的孙立人，谈话中也流露出了对他的赏识。

这一来，孙立人就受到了台湾当局高层的严重怀疑。当时，蒋介石更是对他疑虑重重。但迁台初期"国民政府"为争得美援，不愿意得罪美国，仍给孙立人以重用。

1955年8月20日，蒋介石终于找了一个借口，以"纵容"部属郭廷亮武装叛乱、"窝藏共匪"、"密谋犯上"等罪名，革除孙立人的"总统府"参军长职务。

事后，"总统府"组成了以陈诚为主任的9人调查委员会查处此事。孙立人被判处"长期拘禁"。自孙立人被拘禁后，其亲信部属一一被调离军职查办，前后有300多人因与本案有牵连而锒铛入狱。

直到1988年1月蒋经国病逝后，台湾地区"国防部部长"郑为元才宣布孙立人出入自由。1990年孙立人辞世后，李登辉颁发"国家褒扬令"，表彰孙立人一生的功勋。

1998年应孙立人旧部与家属奔走要求，台湾当局"监察院"对"孙案"重开调查。2001年1月8日，"监察院"通过决议，称孙案乃"被阴谋设局的假案"。

领公款60万台币充作孙案专门研究经费的台湾"中央研究院"近代史研究所朱浤源教授，"进驻孙公馆翻遍了孙立人将军保存的所有文件，和'国防部'与'总统府'的所有机密档案文件，都没有发现孙立人有任何不法行为"。

此案就此成为台湾的第一冤案，孙立人也成为了国民党军队中蒙冤最久的一名高级将领。

第七章　另类盟友
——史迪威与陈纳德

倔强的参谋长与他的"事件"

"中国通"将军

谈到中国的抗日战争，史迪威绝对是一个绕不开的人物。他的名字曾经被历史的积尘湮灭，但近20年来，史迪威的名字在各类史书中不断出现，成为了那个血与火的年代中颇有争议的一个外国人。

史迪威1904年从美国西点军校毕业，是年21岁。在此后42年的戎马生涯中，他战功卓著。"二战"后，一步步荣升为美国陆军四星上将。

在40多年的军职中，他先后在中国任职达13年，5次来华，曾任美国驻天津部队的军官、美国驻北平使馆武官等职，最后一次是"二战"期间。史迪威在华10多年中，经历了中国历史上的多次重大事件，加上他能讲一口流利的中国话，熟谙中国官场黑幕和社会上的人情世故，被人誉为"中国通"。

1937年7月7日，日本发动卢沟桥事变那天，史迪威正在北平，目睹了日本人的狡诈和背信弃义。中国抗战爆发后，他一直关注着中国战局，并在台儿庄大捷后，亲自前往前线视察和祝贺。

此后他在武汉会见了周恩来和叶剑英，这是他第一次和中国共产党人见面。这次会见留给他的印象非常深刻。他在这天的日记中写道："周恩来他们坦率、有礼、友好和直截了当，与穿着皮领子、靴子上有马刺的国民党新式拿破仑适成对照。那些人只是装模作样地傲慢。"

1942 年 1 月 2 日蒋介石任同盟国中国战区最高统帅后，为尽快实现罗斯福总统所倡议的设立联合作战参谋部的建议，为加强中美英三国间的进一步合作，于 1 月 4 日致电正在美国的外交部长宋子文，嘱其请求罗斯福总统遴选其亲信的高级将领来华，担任中国战区司令部参谋长的职务；而美国政府也正拟物色一高级将领赴中国协助作战。双方为此一拍即合，后经反复磋商，选定了由马歇尔推荐的"想象力丰富，灵活多变，自信心强"的美国陆军第 3 军军长史迪威少将担任此职。

1 月 23 日，美国陆军部正式发布史迪威职务的新命令。2 月 11 日，史迪威以中国战区统帅部参谋长、中缅印战区美军司令、美国援华物资监督、美国政府出席重庆军事会议代表、中国战区与南太平洋战区间联络员的多重身份，偕其参谋人员及部分警卫人员从美国纽约启程赴任。3 月 4 日抵达重庆，开始了在中国长达二年零八个月的生涯。

蒋介石夫妇与史迪威　　　　　　　蒋介石夫妇与史迪威

1942 年 3 月 8 日，蒋介石正式任命史迪威为中国战区参谋长，并授命其指挥入缅的中国军队第 5 军、第 6 军。但就在史、蒋刚开始合作的时候，双方在指挥权、隶属关系以及战略战术上就开始出现分歧和矛盾了。这种矛盾随着第一次缅甸战役的发生、失败而更加突出和加深，以致蒋介石每提出一个观点，都遭到史迪威的反驳。

史迪威也萌发出"要么任事态自由发展，不闻不问也不干涉；要么辞职不干，离开这里"的想法。

史迪威虽然名义上被任命为中国驻缅军总司令，但驻缅的中国军队并不服从史迪威的指挥，甚至公开违抗他的命令。1942 年 4 月，第 5 军、第 6 军已悄然撤回中国，史迪威却一无所知，还在亲自率领中国军队的一个营坚守阵地，直至增援部队到来，他才明白真相。

气得要发疯的史迪威拒绝了前来营救的飞机，率领着残余部队，走入原始森林。这里荆棘丛生，遍地都是蚂蚁、昆虫、水蛭。一个多月以后的 5 月 24 日，史迪威一行才抵达印度新德里。一时间，他成了举世闻名的英雄。

1942 年 7 月，史迪威向蒋介石递交了收复缅甸的作战计划。1 个月后，史迪威出任中国驻印军总指挥，在印度兰姆伽整训和装备中国军队。

当时，中国沿海城市均被日军占领，中国政府唯一的国际通道是从仰光到昆明的滇缅公路。为了保卫这条生命线，1942 年中国组织了 10 万人的远征军入缅作战。

由于英方不配合，中国军队又是仓促应战，远征军很快便溃败而退。远征军一部分退入云南，另一部分分路退入印度。随军入缅的史迪威也退到了印度。在印缅边界的雷多，史迪威将各路退入印度的中国远征军集结起来，经与英国协议，在印度中部的兰姆伽成立了中美训练营地。经过训练、整顿，撤换了原远征军司令罗卓英，取消了远征军番号，设立了中国驻印军，由史迪威任总指挥。

中国驻印军是中、美、英三国协同作战的联合部队。

中国以陆军为主，最初仅一个军辖两个师，后经不断扩充，最多时达两个军，辖 5 个师，加上直属部队和筑路工兵，总兵力约 10 万人。中国部队所需要的武器弹药及后勤供应、医疗救护由美方负责。中国军队的指挥官有副总指挥郑洞国，军长孙立人、廖耀湘。

美方派出了一团兵力作为特别突击队参战，指挥官为梅利尔准将，简称梅支队。

空军由美方负责，它包揽了缅北上空的制空权和飞越驼峰的空运大队。中国也派出少量空军参与美国空军大队，与美国的轰炸机大队混合编组，并肩作战。

英国为中、美部队提供训练营房和作战基地，以及中国部队的粮食及军饷。在密支那地区作战中，英方也派出部分地方部队参战。

中国驻印军的作战目标和任务是歼灭侵占缅北的日本军队，打通并建造一条从印度经缅北到达中国云南昆明的中印公路，并沿公路铺设一条输油管，以便从印度输送石油到中国。中印公路的勘察设计，施工用的现代筑路机械和油管器材，均由美方负责供应。施工方面由中国与美国的正规工兵部队承担。

截至 1944 年末，先后有 10 万中国士兵在兰姆伽受训，国内师以上高级军官有三分之一都在这里进行过短期轮训或者合成训练。

中国驻印军的武器装备和经费开支全部由美国政府提供，标准略低于美军作战部队。据记载："每师步兵三个团，炮兵两个营，工兵、辎重兵各一个营，卫生队一部和一个特务连，作战开始后再配属一个战车营。"

步兵在作战中还能得到空军的火力支援和后勤补给，这使得中国军队第一次从武器和火力上压倒了日本人。

当时，中国内地的抗战形势极其严峻。沿海港口城市均被日军侵占，对外联系完全断绝，仅靠美国飞机飞越驼峰带来少量的接济，苏联方面因忙于对德作战也不能支援中国。中国抗战急需的军火，特别是重型武器，只有靠中国驻印军打通中印公路了。

史迪威指挥下的中国驻印军于 1943 年冬从印度的雷多出发入缅北执行打通中印公路的任务。在原始森林和崇山峻岭之中，中美两国战士并肩作战，史迪威更是身先士卒，经常在第一线鼓舞士气和指挥战斗。

终于在 1944 年 8 月攻占了缅北日军重兵防守的中心城市密支那，为打通中印公路奠定了基础，也为美国向中国运输抗战物资开辟了捷径。

中国兵好样的

在与中国士兵并肩作战的过程中，史迪威体会到"中国兵是世界上最好的战士，只要经过训练，供应新式武器，领导有方，他们完全有能力击溃任何精锐的法西斯军队，取得抗战的胜利"。

史迪威是能征善战的将军，不是擅长于外交辞令的外交官，他讲话直率，有时甚至粗鲁，经常为了不同意见与蒋介石当面争论得面红耳赤。他管蒋介石叫"花生米"，意思是小人物，领导无方，作战不力。特别是史迪威掌握着分配美国援华军火的大权，更使两人的矛盾日趋尖锐。

罗斯福总统当时的战略布局是：先欧洲后亚洲，先大西洋后太平洋；对中国的政策则是"维持住中国"，使之成为一个有效的盟国以便拖住大量日军，以免他们南下与美军作战。罗斯福的心理矛盾、踌躇，造成了他对史迪威诸多建议的摇摆不定。

1942年6月，美国政府决定将原属中国战区、驻守印度的美国第十航空队及美国派遣来华的A-29轻型轰炸机一队调往埃及，这对第一次缅甸战役失败，失去西南国际通道的中国政府来说，无疑是雪上加霜，也更加深了史蒋之间的矛盾。双方已从战略战术上的不同与争论，发展到对个人品行的相互诋毁与人身的恶毒攻击。

蒋介石不仅第一次表示了对史迪威来华工作的不满，指出美国政府之所以援华物资不多、不及时，完全是史迪威不能及时向美国政府和军方报告与建议所造成的，并称史迪威"言行无常，似有精神病状态"。

史迪威则指责蒋介石是一个"顽固、无知、满脑子偏见和自负的暴君"。在此情况下，蒋介石第一次萌发出"撤换史迪威"的念头，并命令在美国的宋子文，与美国政府"重新协商参谋长的职权"，同时希望美国方面"最好能主动召回史迪威"。

史蒋之间的矛盾，经中美双方的种种斡旋，特别是罗斯福总统行政助理居里亲自到重庆调解，以及美国对华援助的增加、中美和中英不平等条约的废除等多种因素的制约，暂时得到缓和。

这以后，史迪威倾其主要精力，在印度和中国云南训练中国军队，并提出了整编军队、清除无能高官、澄清指挥系统等种种建议。与此同时，史迪威还超出意识形态的差异，坚持国共两党共同抗日的方针，主张给予国共双方军队以平行援助，同时建议将国民党封锁陕甘宁边区的数十万嫡系部队调往抗日前线。

史迪威还冲破重重阻力，向延安派出了以包瑞德上校为组长的、代号叫"迪克西使团"的美军驻延安观察组，从而开了美国政府、军方与中国共产党合作的先河。

史迪威的这些举措，从根本上否定了国民党的传统政策，更与国民党所坚持的"溶共反共"政策水火不容，从而孕育着双方矛盾的进一步激化。

1944年，国民党正面战场出现豫湘桂大溃败的局面，美国政府要求蒋介石赋予史迪威以指挥中国军队全权的时候，这种矛盾得到总爆发，双方为此反复磋商、争论甚至摊牌，最终美国政府在蒋介石不撤换史迪威，中美两国即无法合作的要挟下，不得不做出认真的考虑。

罗斯福派副总统华莱士到中国调查战区情况，并了解蒋、史矛盾。华莱士得出了这样的结论：史迪威必须离开中国。

于是，罗斯福派赫尔利作为自己的特使，于1944年9月来华调查。赫尔利也完全支持蒋介石的立场，主张立即撤换史迪威。罗斯福接受了赫尔利的意见，决定召回史迪威，由魏德迈继任中国战区统帅部的参谋长，同时也免除了高思的大使职务，由赫尔利接任。至此，美国的对华政策决定性地倒向蒋介石一边。

从维护美国本身及其与国民政府的关系出发，罗斯福1944年10月19日致电蒋介石，同意召回史迪威。史蒋矛盾最终以蒋介石的胜利而宣告结束。

史迪威来华与史迪威的被召回，不仅是中美外交关系史上的一个重大事件，而且也是第二次世界大战中的一个重大事件。毫无疑问，史迪威将军作为一名正直、坦率、公正的美国军人，在华期间"曾对中国之抗战事业与中美两国人民真正友谊的建立，有过很大的功绩"，被誉为"中国人民的真正朋友"。

立下赫赫战功的史迪威将军突然被免职，引起了美国舆论界的纷纷议论，如白修德、斯诺、史沫特莱、费正清等纷纷撰文，形成了轰动一时的"史迪威事件"。

著名记者白修德在他撰写的《探索历史》一书中写道：

"蒋介石最感惊恐的不是日本人在1944年的胜利（按：指日本军队大举进攻华南，接连攻占了柳州、桂林、衡阳、长沙等重要城市并一度占领了贵州的独山，威胁了陪都重庆），也不是史迪威那种发号施令的脾气，而是史迪威要同北方的中国革命者延安毛泽东进行接触。"

美国著名记者、朱德总司令的朋友史沫特莱女士和史迪威也是朋友，彼此有通信联系，她说史迪威在写给她的信中，曾一再提及他对朱德的钦佩，而且长时间以来，一直如此。

史迪威接到罗斯福总统的召回令后，于1944年10月21日下午，离开重庆飞昆明，转道缅甸、印度回国。

两个月后，史迪威出任美国陆军地面部队司令。

同时，由印度雷多（又译为利多、列多）经缅北密支那至云南的中印公路初步通车，被命名为"史迪威公路"。

"我要援助中共"

史迪威来自战场的信心坚定了他对华政策的政治见解，那就是他一再主张的美国援华军用物资除了供应蒋介石部队外，也应分配一部分给英勇善战、领导有方但缺少新式武器的八路军。

在史迪威看来，中美既然是同盟国，有共同的敌人，那么凡是抗日的军队均应获得美援，所以他主张应该将援华军火分配一部分给有战绩的八路军和新四军。他的这一主张曾多次正式向美国政府提出过。

在美国驻华大使高思的赞同下，1944年美方向延安派遣了美军观察组。其中的观察员包括职业外交官谢伟思、戴维思以及军官包瑞德等人，他们都以公正的立场向美国政府反映了倾向史迪威主张的意见。

史迪威不信仰马克思主义，他只是为了美国和中国的共同利益，希望早日打败日本，所以他对蒋介石的腐败无能、抗战不力十分厌恶，对中国政府中与蒋介石同流合污的人物，也不愿交际来往。相反，对那些坚决抗日、为人正派的人士表示尊敬，认为这些人代表着新中国的新生力量，他对他们寄予厚望。史迪威可以说是真正体现了美国人典型的直率性格。

中国战区参谋长史迪威

在这些令他尊敬的人物中，他非常崇敬孙中山夫人宋庆龄，当时她在重庆主持着一个国际性的民间组织"保卫中国同盟"。这个组织的任务就是将国际友人资助陕北的物资和捐款设法转送去延安。

史迪威不是"保卫中国同盟"的成员，但他称赞并支持这项事业。

据当年在重庆担任宋庆龄秘书的廖梦醒在《我认识的宋庆龄同志》一文中记述：

"'保卫中国同盟'从香港转移到重庆后，其任务依然是给边区军民募集捐款和医疗器材。国内外不少人仰慕孙夫人而慷慨解囊，当时胡宗南部队封锁陕甘宁边区，边区缺医少药。

有一次，国外捐来了一架大型 X 光机。那时能飞到延安去的，只有美国军用飞机，可是这部 X 光机体积很大，搬不进舱门。我请示周恩来同志，他叫我去跟宋庆龄同志商量。宋庆龄让我去找史迪威将军的副官杨孟东（现居美国，曾多次来华，被聘为宋庆龄基金会理事），我找到他把情况说明后，他立即报告史迪威将军。将军马上答应帮忙。他还怕夜长梦多，下令立即改造一架军用飞机的舱门，把 X 光机装进去飞往延安。"

当年在"保卫中国同盟"工作的国际友人爱泼斯坦在他撰写的《我所了解的宋庆龄》一文中说：

"在重庆，宋庆龄为'保盟'争取到史迪威将军的友好合作，他对八路军、新四军进行的抗日斗争深为敬佩，他让从印度来的美国军用飞机运送给解放区的救济物资。

1944 年以后这些飞机飞往延安时，他从自己管理的军用仓库拨出一些医药和其他物资送到解放区，并派出美国军医梅尔文·卡斯伯格到延安巡诊。卡斯伯格回来后，对那里的伤员得到的八路军军医的照顾表示钦佩，对国民党封锁医药物资表示愤慨。"

美国政府在召回史迪威返美的命令中还规定，史迪威在接到这个秘密的调令后，在重庆停留的时间限为 48 小时。这是一个不通情理的规定，但作为军人，史迪威只得服从。在百忙之中，他还是处理了他心中的几件大事，其中包括亲赴宋庆龄的寓所告别，并给朱德总司令写了一封信。信中写道：

致第 18 集团军总指挥朱德将军：

由于我被解除了在中国战区的职务，我谨向您，共产党武装部队首脑，为我们今后不能在对日作战中同您合作深表遗憾。

您在对我们共同敌人的作战中发展了卓越的部队，我曾期望与您联合作战，但现在此事已成泡影。

祝您战斗顺利并取得胜利。

我谨向您致意。

你真挚的 J. W. 史迪威

1944 年 10 月 20 日

史迪威离开重庆前，退还了蒋介石赶着给他送来的青天白日勋章。

史迪威返美后，仍任军职。1945年6月，史迪威出任第十军军长，参加冲绳战役。8月在琉球群岛接受了10多万日军的投降。

1945年9月3日，在东京湾美国密苏里军舰上，日本在投降书上签字，史迪威作为美国代表团中的高级军官参加了日本的投降仪式。

1946年10月12日，他患肝癌逝世，享年63岁。

1946年10月14日的重庆《新华日报》刊登了史迪威将军逝世的新闻，并在要闻版显要地位刊登了朱德给史迪威夫人的唁电：

尊敬的史迪威夫人：

谨为史迪威将军的去世致哀！史迪威将军的去世，不但使美国丧失了一个伟大的名将，并且使中国人民丧失了一个伟大的朋友，中国人民将永远记着他对中国抗日战争的贡献，和他为建立美国公正对华政策的奋斗，并相信他的遗愿终将实现。

对你及你的家庭谨致悼唁。

朱德

1946年10月14日

周恩来在史迪威去世时发去的唁电中说：

"在中国人民心目中，他是最优秀的战士！中国人民永远把史迪威将军的名字铭记心中。"

同日，《新华日报》还发表了"短评"，题为《史迪威将军与中国》：

"史迪威将军与中国抗战的这段历史，是值得中国人民温习的，它有力地证明了中美两国人民的友谊应该建立在怎样一个基础上，才有前途和发展。"

12月21日，《新华日报》在要闻版刊登了史迪威夫人威尼佛莱德致朱德将军的电谢：

"史迪威了解你的志愿，是要中国人民过正常的幸福生活，他对你的斗争非常钦佩。"

2011年12月8日是太平洋战争爆发70周年纪念日。在贵阳召开的"太平洋战争与中美关系"研讨会上，一位两鬓斑白的美国人格外引人注意，他就是美国名将史迪威的外孙约翰·伊斯特布鲁克上校，而他的主旨发言便是"史迪威将军"。

他说道：

"从'卢沟桥事变'到1939年，史迪威一直专注于观察中日两军的行动，也是那段时间，他对中国军人的特征和潜质表示极其尊重。中国军人能够苦中作乐并在恶劣的环境中保持积极状态，他们充分信任他们的长官并愿意为之赴汤蹈火。

不屈不挠的意志，任劳任怨的忠诚，坚守目标的信念，中国士兵无欲无求却总是给予。我的外祖父曾说，中国人民的精神都在中国士兵身上得以体现，我们要向中国士兵致敬。

他在战争中的唯一愿望是击败日本回到家中，他不追求赞扬和奖赏，是一个诚实和谦虚的人。他对中国人民充满敬意，在20世纪30年代早期，当史迪威还驻扎在美国时，他就将中国的潜力告诉同事，他并不在意中国那时的样子，而是关注中国将来的发展。他说过，在正确的指引下，四万万中国人民会以他们的工作能力占据主导地位，那时我们也会受益。"

史迪威的领导风格独特，有着很浓的人情味，举两个显著的例子：一是向在战争中牺牲、因疾病丧生或是出意外而离世的军官家属发放慰问金；二是为残疾士兵建立复员兵营，在那里，士兵可以在复员之前学习一些经商之道。

这两个项目在当时的中国军队中开了先河。

"老头"的"飞虎队"

老上尉

和史迪威相比，陈纳德的名气要大得多，也更富有传奇色彩。他的大半生都与中国结下了不解之缘。

原名克莱尔·李·谢诺尔特的陈纳德，1891年9月3日出生在美国得克萨斯州的一个小农场主家庭。中学毕业后入克里佛航空学校攻读，

陈纳德

并取得优异成绩。第一次世界大战爆发时，陈纳德进入印第安纳州本杰明·哈里逊堡的军官学校受训。3个月后，成为预备役中尉转入陆军通信兵航空处。

1918年秋，陈纳德到长岛米契尔机场担任第46战斗机队的副官，他利用工作之余学习飞行，终于掌握了飞行技术，并且在1920年得到飞行员职位，从而与蓝天结下了不解之缘。

1923年，陈纳德被调到夏威夷珍珠港担任第19驱逐机中队中队长。1930年，陈纳德被保送到弗吉尼亚州兰利空军战术学校学习。毕业后在亚拉巴马州马克斯韦尔基地的航空兵战术学校，任战斗机的战术教官。

20世纪30年代，世界空军界流行意大利军事理论家杜黑的"轰炸至上"的空战理论，战斗机受到漠视。这一理论的依据是，在第一次世界大战中，轰炸机起到了重大作用，而处在原始状态的战斗机的作用几乎可以忽略不计。陈纳德对这一套理论持怀疑态度。他坚信，现代空战是不能没有战斗机的，在未来的战争中，战斗机将会超过轰炸机，成为更重要的角色。

1935年，他编著出版了《防御性追击的作用》一书，阐述了自己的观点。此书出版后，其战术理论在美国陆军航空兵中产生了一定的影响，但却未引起军界上层的注意。

陈纳德的飞行技术精湛，在航空理论上颇有建树。但他的仕途坎坷，他的战友都荣升了校级军官，可是已经44岁的他，肩上还扛着三条杠杠的上尉肩章。这对于一个好胜心很强的人来讲，其情绪的低落是可以想象的。

当时他的身体也不好，于是他的上司顺水推舟，于1937年4月就以上尉军衔让他退役了。

正在这时，他的好友霍勃鲁克从中国来信，问他是否愿意去中国任职。情绪极端低落的陈纳德从中看到了希望，便一口答应了。

4 月初，他从旧金山启程来中国。

等最后一个日本人离开中国时，我会高高兴兴地离开的

1937 年 5 月 29 日，陈纳德踏上了中国的土地。6 月 3 日，蒋介石、宋美龄接见了他。宋美龄曾在美国乔治亚州读书，陈纳德与她一见如故。

此时，宋美龄任中国航空委员会的秘书长，实际上领导着中国空军。宋要陈纳德担任她的专业顾问，并给他两架 T-13 式教练机，以便于他视察中国空军的现状。

蒋介石夫妇与陈纳德

通过考察，陈纳德得知国民政府名义上有 500 架飞机，但实际上只有 91 架能起飞战斗。按他的标准，这基本上不能算作是一支军队。

当陈纳德即将完成对中国空军的考察时，抗日战争爆发了。

战争正是检验他的空战理论的机会，尽管这支空军如此之弱小，他还是决心在蓝天上实现自己的抱负。

他马上给蒋介石去电，表示愿在任何能施展自己才能的岗位上服务。蒋回电接受了陈纳德志愿服务的请求，让他"即赴南昌主持该地战斗机队的最后作战训练"。

根据蒋介石的要求，陈纳德又招募了部分美国飞行员。这些飞行员和他一样，基本上都是些从空军退役，而且郁郁不得志的中青年军人。他们从美国西海岸登船，途经日本，一个多月后才到达中国。很快，陈纳德将这些技术精湛的"兵油子"、"民间"飞行员组成了第 14 志愿战斗机中队。

1937 年 8 月 13 日，淞沪会战开始。第二天，陈纳德便派飞机参战，并在当日的空战中取得了胜利。

经过几个月的空战，到 1937 年 10 月，中国空军的飞机只剩下 10 多

架，许多中国飞行员阵亡。陈纳德又设法雇佣了 4 个法国人、3 个美国人、1 个荷兰人和 1 个德国人，加上 6 个幸存的中国轰炸机飞行员，组成了一个"国际中队"，成功地袭击了几个敌占区目标。

但是在几天后的一个下午，日军飞机袭击了机场，使"国际中队"的飞机全部被炸毁。

按照陈纳德与中国航空委员会所订的 3 个月合同，他的顾问任期到 10 月就满了。但在这之后，蒋介石、宋美龄仍然邀请他留在中国参加抗战，考虑再三，陈纳德决定留下。但蒋介石和宋美龄没有和他谈延长合同的事，只是每月发给他一笔很高的薪金。

当时，美国政府对日本的侵华战争持"中立"的态度，日本人知道有美国顾问在华帮助中国，曾要求美国下令让所有在华的美国空军志愿人员离开中国。美国国务院将此情况转告陈纳德时，陈纳德回答道："等到最后一个日本人离开中国时，我会高高兴兴地离开中国的。"

1937 年 12 月，南京失陷，陈纳德随中国军队撤退到汉口。这时的中国空军几乎损失殆尽，只得靠苏联援华的飞机来保卫这座城市。

作为一名职业飞行员，并对空中格杀极为痴迷的陈纳德非常郁闷，他眼睁睁地看着苏联援华空军志愿队在天上作战，实在是手痒难耐。他只是作为蒋介石和宋美龄的顾问旁观，但这阻止不了他对中苏空军指手画脚。

1938 年 4 月 29 日，是日本的"长天节"，也就是日本天皇的生日。陈纳德断定，这一天日军飞机一定会来空袭武汉。他的判断和中国、苏联的空军指挥官不谋而合。陈纳德给他们出主意：为了引诱日机来犯，中国和苏联的飞机应该在 28 日佯装撤离汉口，飞往南昌；飞机起飞后先在武汉上空盘旋，让人们（包括日本间谍）看到他们撤离，夜里再悄悄地溜回机场。

29 日清晨，日机从芜湖机场起飞，轰炸机在战斗机的掩护下飞临武汉上空。陈纳德事先得到情报，日军飞机只有从芜湖到汉口一个来回的汽油，于是派了 20 架战斗机在城南拖住日军战斗机，使他们消耗大量汽油；再安排 40 架苏联飞机埋伏在高空。日机折回芜湖时，苏联空军志愿队和中国空军的飞机突然杀出，并把日军的轰炸机群和战斗机群分隔成两部分。日军战斗机因缺油不敢去保护轰炸机，中苏空军的飞机便分头攻击轰炸机和战斗机，将 39 架日机击落了 36 架，只有 3 架落荒而逃。

这一仗引起了轰动，武汉的老百姓还为此举行了大规模的庆祝集会和游行。

1938 年 8 月，应宋美龄的要求，陈纳德去昆明筹办航空学校，训练中国飞行员。

昆明航校的条件极其简陋，但这并没有让陈纳德对学员的训练有丝毫的马虎，几乎所有受训的飞行员都从未接受过如此严格甚至是残酷的训练，陈纳德对他们的要求几乎苛刻到了不近人情的地步。例如在降落和复飞的练习中，只要飞机不是轻三点着陆，他就会让飞行员不停地重复这个过程，以致不少人飞得呕吐。在如此严格的训练中，不少人中途就被淘汰了。

1940 年后，苏联空军援华人员陆续撤走，中国空军在数量上再次处于绝对劣势，特别是飞机更为缺乏。这时的中国空军飞机和日本飞机数量之比是 1∶53，日本完全控制了中国的制空权。

这一年，中国的抗战也到了极为艰难的阶段。5 月 20 日，蒋介石紧急召见陈纳德，要他回美国设法搞到尽可能多的作战物资。

作为一名退役的 50 岁的上尉军官，陈纳德在美国军政界的分量微乎其微。但在返回美国后，他四处宣传中国人民的抗战，争取各方援助。

终于，罗斯福总统的两名助手被陈纳德的游说打动，在罗斯福面前汇报了陈纳德关于建立援华空军的计划。慎重思考之后，罗斯福决定对中国进行军事援助，以便把日本拖在中国。

同时，将陈纳德的军衔破格晋升为上校。

几经周折，陈纳德最终得到了 100 架 P-40 型战斗机。1941 年 4 月 14 日，罗斯福总统又签署命令，准许预备役军官和退出陆军、海军航空部队的军人参加援华的美国空军志愿队。

1941 年 7 月中旬，第一批援华的 68 架战斗机、110 名飞行员、150 名机械师和其他一些后勤人员随陈纳德一起到达中国。

空战痴迷者

1941 年 8 月 1 日，蒋介石发布命令，正式成立中国空军美国志愿大

队，任命"陈纳德上校为该大队指挥员"。陈纳德立即着手对志愿队成员进行专门训练。当时的条件十分简陋，有几个人最终因为受不了中国的艰苦生活条件和陈纳德的严酷训练辞职回国了。

1941年11月，陈纳德将美国志愿大队编为3个中队。第1队为"亚当与夏娃队"，该队飞机的机身上画着裸体的亚当围着苹果树追夏娃的图案；第2队为"熊猫队"，该队飞机的机身上并没有画熊猫图案，而是画有很夸张的飞行员自己的漫画像；第3队为"地狱天使队"，该队的机身上画的是姿态各异的裸体天使的图案。

这种异国的风情不仅让中国飞行员大开了眼界，也张扬着美国"扬基（小伙子）"们乐观向上的精神风貌。

1941年12月7日，这天正是珍珠港事件爆发前的日子，陈纳德率第1中队和第2中队到达了昆明机场。

12月20日，一批日本军机向云南方向飞来，昆明机场所有的飞机都升空迎战，并且首战告捷。日军入侵飞机10架，被击落6架，3架受损。而志愿队无一架飞机损失。

志愿队的初战胜利，给饱受日机轰炸之苦的昆明人民以极大的鼓舞。当天晚上，昆明各界为美志愿队举行庆功会。报纸头版头条报道了战斗经过，称美国志愿队的飞机是"飞虎"。

从此，"飞虎队"成为了美国空军志愿队的代称。

"飞虎队"的飞行员们

"飞虎队"的图标

12月23日，陈纳德派第3中队转场仰光，协同英军作战。在两个多月的空战中，美英战机对日作战31次，共击落日机217架。

1942 年 2 月 3 日，宋美龄致电陈纳德，要他出任美国驻华空军指挥官，军衔升为准将。由此，陈纳德从一个刚到中国时鲜为人知的退役上尉，一跃成为世界各国的新闻人物。

就在这个时候，突然冒出陈纳德带领一小批"兵油子"在中国和亚洲战场上取得辉煌胜利的消息，不啻是一剂兴奋剂，而且立即引起美国的轰动，媒体连篇累牍地做了报道。昔日默默无闻的陈纳德顷刻之间成为美国家喻户晓的英雄，获得"飞虎将军"的美称。

1942 年 5 月，日军进占缅甸，继而进犯云南。为阻止日军跨越怒江，陈纳德指挥志愿队连续出击，袭击保山、腾冲、龙陵一带的日军运输队，企图强渡怒江的一个大队（相当于一个营）日军在志愿队的轰炸下几乎全军覆没。

6 月，陈纳德率司令部及 2 个中队前往桂林。12 日，志愿队在桂林上空一举击落日机 8 架，自己仅损失 1 架。桂林人民为之欢欣鼓舞，社会各界集资 2 万元买了慰劳品前往基地犒劳美国飞行员。

1942 年 7 月 3 日，在美国已经向日本正式宣战大半年后，陈纳德根据美国陆军部和蒋介石的命令，解散了原来属于"民间自愿性质"的美国航空志愿队，而以志愿队队员和所属飞机为主，与派驻在中国的第 16 战斗机中队合并组建正式隶属于美国陆军第 10 航空队的第 23 大队，成了一支名正言顺的作战部队。

从珍珠港事件爆发到志愿队解散的 7 个多月，志愿队在中国、缅甸、印度的作战中，以空中损失 12 架和地面被摧毁 61 架飞机的代价，取得了击落 150 架敌机和摧毁 297 架敌机的辉煌战绩。美国航空志愿队也牺牲了 26 名飞行员。

改组后，陈纳德出任美国驻华航空特遣队司令。他原来的准将军衔是由蒋介石授予的中国军队军衔。此时，罗斯福总统签署命令，正式授予他美国陆军航空兵准将军衔。

当日军得知美国航空志愿队解散的消息后，立即将原在南洋的第 3 飞行师团调往中国，企图一举歼灭新组建的美国空军。

7 月份，日空军凭借数量上的优势，对美空军基地发起进攻，面对数倍于己的敌军，陈纳德仍采取原来志愿队的空中游击战术，以奇袭和机动的作战方式打击日军。到 7 月底，共击毁日军战斗机 2 架，轰炸机 12 架，自己损失战斗机 5 架，轰炸机 1 架。特遣队初试锋芒，粉碎了日军一举歼灭在华美国空军的企图，也表明该队有能力与数倍于己的日本空军周旋。

1943 年 3 月 10 日，美国陆军航空队将驻华特遣队改编为美国陆军第 14 航空队，晋升陈纳德为少将司令。陈纳德上任后，强烈要求罗斯福总统加强驻华空军力量，夺回中国战场的制空权，并伺机攻击日本本土。

但是在作战计划和指挥权等问题上，陈纳德与盟军中国战区参谋长史迪威将军也不时发生冲突。

正是因为蒋介石早就对史迪威不满，因此陈纳德得到了蒋的支持。为了让陈纳德能与史迪威抗衡，蒋介石于 7 月 12 日致电罗斯福，要求将陈纳德提升为盟国中国战区空军参谋长。罗斯福采取了折中的办法，同意让陈纳德担任中国空军（而不是中国战区空军）参谋长。

指挥权限的扩大使陈纳德开始启动计划中的攻势作战。从 7 月下旬起，美日双方为争夺制空权在华中展开了激烈的空战。陈纳德指挥美空军，依靠"精密的情报通信网"，仅在 7 月下旬的 8 天空战中，就击落日机 62 架，自己仅损失 3 架。

美空军掌握了制空权后，即对长江和北部湾的日本舰队进行了猛烈轰炸，并接连袭击了汉口、香港和广州的日军机场、码头，给日军以沉重打击。1943 年 11 月 25 日，陈纳德指挥美空军远征日军在台湾的机场，击落日战斗机 15 架，并把机场上的 42 架日机全部摧毁。这次作战的规模和战果，远远超过了 1938 年苏联航空志愿队对台北松山机场的袭击。

1944 年秋，蒋介石与史迪威的矛盾激化。10 月 18 日，罗斯福决定调回史迪威将军，改派魏德迈来华接替他出任盟军中国战区参

陈纳德（前排中）与他的飞行员们

谋长。

史迪威离华后，马歇尔等人就开始考虑改组在亚洲的航空队，拟将所有驻缅甸和印度的空军调往中国，由驻华的空军司令部统一指挥第 10 和第 14 航空队。陈纳德坚决反对这一改组计划，然而他没有得到华盛顿的支持，也没有得到蒋介石的支持。

陈纳德于 1945 年 8 月 1 日离开中国，他在中国生活了八年二个月零八天，与八年抗战结下不解之缘。

忘年之恋

有颇多争议，也颇具传奇色彩的陈纳德夫人陈香梅，在 20 世纪 80 年代后的很长一段时间内，都是媒体津津乐道的话题。

1945 年，19 岁的陈香梅从岭南大学毕业时，因才学出众，被中央通信社昆明分社聘用。在上了 6 个月的夜班后，陈香梅终于被派出去跑外勤。陈香梅奉派去采访驻防昆明的美国空军，成了中央通信社第一位战地女记者。

上司交给她的第一项任务是写一篇第 14 航空队司令官陈纳德将军的人物专访。她一个 19 岁的初出茅庐的女记者和一个 54 岁的威震长空的美国少将就这样见面了。

那天，陈香梅走进美军基地一间标有"会议室"的大房间，她的心不由得狂跳。毕竟这是第一次采访一位著名人物，采访的成败与自己今后在通信社的前途紧密相关。正在紧张的时候，会议室尽头的一扇门轻轻打开了。

记者席中有人轻轻地说了一声："老头来了！""老头"是记者和第 14 航空队的官兵送给陈纳德的雅号。个子不高的陈香梅透过前排记者的肩膀，看见一个满头黑发的美国将军阔步走进来，他那刻满皱纹的脸上有一双炯炯有神的眼睛，那件已经不新的皮夹克上嵌着两颗银光闪闪的将星。

陈香梅带着微微的震颤凝视着这位闻名遐迩的"飞虎将军"，她的第一印象是：这个人具有过人的意志、力量和勇气，气场强大，兼有高超的智慧。但一直到招待会结束，她还想不出来一个能向采访对象提出的

合适的问题。

就在她随着男记者们准备离开时，看见陈纳德正微笑地朝她走来。她紧张地站住了。

陈纳德先和她打招呼，然后告诉她，陈应荣最近从美国写信给他，询问陈静宜的近况，并提到不久将会见到他的另一个女儿。

陈香梅一下子惊呆了，她做梦也没有想到，和一位威震长空的美国将军竟然会是以这样一种方式开始接触，而且将军一开口竟然提到了她的父亲和姐姐。这种聊家常的方式让陈香梅绷得紧紧的心一下子平静下来了。而且还因为他认识自己的家人，瞬间就和他拉近了距离。

原来，陈香梅和姐姐陈静宜的遭遇以及中国战场急剧恶化的局势，使远在大洋彼岸的父亲陈应荣决定把她们接到美国去。他致电陈纳德，请他帮忙。而这些情况陈香梅事先根本就毫无所知。接到老友的请求后，陈纳德委托秘书，很快就为陈香梅和她的 4 个姐妹办好了去美国的签证。

在随后的数次采访中，陈香梅对陈纳德有了除崇拜以外的说不出来的感觉。对这个比自己大 30 多岁的男人，似乎有了一种心理上的强烈依赖。

不久后，大姐陈静宜到了美国。当陈香梅和几个妹妹拿到盖有签证的护照和飞往印度的机票时，都非常高兴，她们明白，这意味着可以离开动荡的战争环境，去在美国当外交官的父亲身边生活。

然而，陈香梅的心中却是另一种难以言状的滋味，她去向陈纳德致谢并道别。

这位"飞虎将军"不但空战是行家，观察人也入木三分，他似乎看出了陈香梅的心里矛盾，便说道："如果你不想去美国，我可以请秘书去取消你的签证。不过，你一定要仔细考虑一下。"

陈香梅自己明白，她其实愿意留在中国。她不愿生活在父亲身边，19 岁的她希望自己做主。她喜爱记者的工作。她更愿意留在陈纳德的身边，将他的工作、生活和其他一切告诉中国人民。

但她是否像姐姐陈静宜所猜测的那样爱上了他？她自己也说不清。不过，多年以后，她在谈起这段往事时承认，陈纳德是使她留下来的一个主要原因。

陈纳德对陈香梅的这个选择非常高兴，他也愿意她留在他的身边。当时在昆明有不少年轻的美国妇女，陈纳德与她们其中的几个相处得不错，但他感到与这些人在一起和与陈香梅在一起有完全不同的感受。他更乐意与这位中国女记者打交道，接受她的采访。

陈香梅留在昆明后，巫家坝的第 14 航空队司令部就成了她去得最多的地方。有时她自己也觉得，去那儿不仅仅是为了采访新闻。陈纳德一旦离开昆明飞赴前线，陈香梅就会感到若有所失，在第 14 航空队司令部里采访起来也无精打采。而当陈香梅暂离昆明前往滇缅前线采访战地新闻时，陈纳德也会感到他的司令部冷冷清清的，缺少生气。

在采访和被采访的过程中，女记者和司令官的共同语言越来越多，心灵上的距离越来越近。第 14 航空队的官兵们渐渐地发现，他们的司令官与这位中国女记者在一起的时候，脸上没有了平时冷峻的神色，嘴角常常挂着一丝难得的笑容。

褒贬不一

从 1942 年 7 月到抗战胜利，陈纳德率领美第 14 航空队总共摧毁了 2608 架敌机，击沉和击伤敌大量商船和 44 艘军舰，己方损失 496 架飞机。

1945 年 7 月 6 日，陈纳德提出辞呈，魏德迈等立即批准并任命了斯通将军接替陈纳德指挥第 14 航空队。

1945 年 8 月 1 日，陈纳德带着失意离开中国回国。陈纳德在中国 8 年，为打败日本侵略者立下了汗马功劳。蒋介石和宋美龄设宴为他送行，并授予他中国的最高荣誉——青天白日大蓝绶带。

陈纳德回国几天后，日本投降了。他对自己不能最后参与受降仪式十分遗憾。他说："8 年来我唯一的愿望就是打败日本，我很希望亲眼看看日本人正式宣称他们失败时的样子。"

1945 年 12 月，陈纳德重返中国。1946 年 10 月成立了民航空运队，为行政院善后救济总署运送救济物资。

1947 年，56 岁的陈纳德与 21 岁的陈香梅结成伉俪。

1948 年后，蒋介石军队在内战中节节失利，陈纳德的民航空运队又帮助蒋介石空运军队、给养。

1949 年，陈纳德的回忆录《一个斗士的自述》在纽约出版。1950 年 6 月，空运队改组为控股公司，陈纳德任公司董事长。1958 年 7 月 15 日，艾森豪威尔总统要求国会晋升陈纳德为中将。18 日，美国国会通过了这个法案。

1958 年 7 月 27 日，陈纳德逝世。终年 67 岁。美国国防部以最隆重的军礼将其安葬于华盛顿阿灵顿军人公墓。

他的墓碑正面是英文墓志铭，镌刻着他所获得的各种奖章；背面是用中文写的"陈纳德将军之墓"，这是阿灵顿公墓中唯一的中国文字。

在那些不顾历史事实、黑白颠倒的日子里，曾给予中国的抗日战争巨大帮助的陈纳德被定为反动的"飞贼"。20 世纪 50 年代时，一些国内的大报曾刊登了《陈纳德空运队屠杀中国人民的证据》和《美军曾恣意凌辱劫掠我同胞 昆明市民愤怒控诉 并揭发空中强盗陈纳德罪行》等文章。绝口不提"飞虎队"的抗战功绩，只称他参与内战，并诬其贩毒。

笔者小时候还看过一本小人书，好像是叫《飞贼陈纳德》。里面的美国兵几乎就是青面獠牙的魔鬼。

让人哭笑不得的是，当时飞虎队第三大队"地狱天使队"的飞机上画的那些裸体美女，也成了这些被诬蔑为"空中流氓"的美国飞行员的罪证。

这些说法一直持续到 20 世纪 80 年代。

中美民间大使

抗战结束后，陈香梅被调往上海中央通信社工作。而陈纳德将军回到美国后又重返中国，在上海成立了中美合作的民航空运公司。

从相知、相爱到相依，他们终于在 1947 年举行婚礼。是年，陈纳德 56 岁，陈香梅 21 岁。当年一本杂志的封面上，陈香梅与陈纳德凭窗而立，相拥热吻，场面颇似好莱坞电影中的浪漫场景。图片下面的说明是："'飞虎将军'陈纳德与女记者陈香梅蜜月中之热情场面。"

婚礼是在这一年 12 月 21 日举行的，第二天中美各大报刊都报道了这件事，并刊登了陈纳德亲吻东方美人陈香梅的照片。这绝对是当年圣诞节期间最具轰动性的大新闻。

陈纳德常对人说："我数十年来如今才尝到真正的快乐！"

1949 年，陈香梅随陈纳德的民航公司撤离大陆，迁居台湾。她专事写作，并协助将军撰写回忆录《一个斗士的自述》。

此间十年，她在短篇、长篇小说和散文创作上收获颇丰。陈香梅虽然以自己是陈纳德将军的夫人为荣，却不愿只是依附于陈纳德的名声，而要开创属于自己的一片天空。

陈纳德与陈香梅婚礼照

陈纳德与陈香梅婚后生活照

1958 年陈纳德将军不幸病逝，陈香梅带着两个年幼的孩子，于 1960 年移居美国华盛顿。在这里，她从头开始，孤身奋斗。

除了陈纳德夫人的头衔外，作为黄种女人，她不被美国人接受。

60 年代的美国，对少数民族的歧视非常严重。但陈香梅坚信，一个人只要自强、自信，一定会成功。"我

陈纳德与陈香梅婚后生活照

在乔治亚大学找了份工作，做一个小部门的主管。副手是一个白人，男性，当时只有一个停车位。学校没有给我，而给了我的副手。当时美国正值总统大选，民主党、共和党都在争取少数民族的支持，两个党派都来邀我入党。"陈香梅说，"谁能够把车位给我拿回来，我就加入哪个党。最后，共和党首先帮我抢到了车位，所以我就加入了共和党。"

从这次颇具戏剧色彩的"车位之争"开始，陈香梅走入美国政界和商界。

她在乔治亚大学师从特别教授学习演讲。然后就以个人经历和中国问题为题，在全美巡回演讲，她的英文版的《一千个春天》在纽约出版后成了畅销书，一年之内印刷了20次。

30多年中，从肯尼迪到克林顿，先后有8位美国总统都对她委以了重任。

1963年，她受肯尼迪总统委任到白宫工作，成为第一位进入白宫的华裔。1964年，她在华府参加支持高华德参议员竞选总统的委员会，开始进入华人参政的主流社会。1967年，她被尼克松委任为全美妇女支持尼克松竞选总统委员会主席，并兼任亚洲事务顾问。尼克松获胜后，她于1968年被任为共和党行政委员和财务副主席。

1970年，她担任飞虎航空公司副总裁，成为美国航空公司第一位女副总裁；并加入美国大银行，成为第一位亚裔董事。1972年，她被选为全美70位最有影响的人物之一。1978年，她为里根竞选总统铺路。1980年，她出任白宫出口委员会副主席，并两度被选为美国共和党少数民族全国主席，是共和党亚裔委员会的主席。

中国内地改革开放后，1993年她被授予"南京市荣誉市民"称号。2000年受聘出任江西大宇学院名誉院长、顾问。2003年，出任上海工商外国语学院名誉校长。2004年10月，出任海南大学名誉校长。2009年11月，陈香梅应邀担任以推动全球文化交流为使命的上海沃动科技有限公司的高级顾问。

2009年12月2日上午，美国国际合作委员会主席、南京市荣誉市民陈香梅应邀受聘出任南京抗战纪念馆名誉馆长。2011年6月10日，被浙江大学聘为名誉校董。

她是中国海外交流协会顾问、中华全国妇联名誉顾问、中国国家旅游局特别顾问、陈香梅教育基金会董事长。她还是北京师范大学等院校的客座教授。

陈香梅这一生，最大的财富就是她的众多的朋友，别看她80多岁了，可是她就喜欢干年轻人干的事情。喜欢唱歌、跳舞，跳Disco。只要条件允许，每天晚上上床睡觉之前，都要跳绳。

结婚时，陈纳德将军 56 岁，陈香梅 21 岁。他们共度了 10 年的幸福生活。"和一个比自己年龄大很多的男人结婚，你就不得不放弃很多年轻人喜欢的活动，"陈香梅说，"和陈纳德相爱的 10 年，是我们都深爱对方的 10 年。我再也不会结婚，可是我有自己的感情生活，因为生活有很多乐趣。"

尽管和陈纳德将军高调的爱情为人所熟知，但陈香梅依然毫不避讳"我的男朋友"之类的字眼，她会骄傲地向别人介绍自己的男朋友："他是工程师，参与设计过很多机场。"

陈香梅是美国人，但陈香梅更是一个中国人。每当陈香梅在天安门前看到国旗升起的时候，都会激动地流泪，陈香梅为自己是中国人而感到骄傲。

她曾经说过："只要中国人能扬眉吐气，我于愿已足。"

有人问过陈香梅，做梦的时候是说中国话还是说美国话？她巧妙地答道："梦见中国人时讲中国话，梦见美国人时就讲美国话。"

1981 年元旦前后，她作为美国总统里根的特使访问北京，这成了她政坛生涯中最难忘的一次经历。那天到北京时已近除夕，下了点小雪。她是在这块土地上出生的，却已久违了 30 多年，目睹祖国的变化，内心非常激动。作为贵宾，她被安排在北京钓鱼台国宾馆下榻。

陈香梅回忆到，当时在北京人民大会堂举行的欢迎宴会上，邓小平让陈香梅坐在第一贵宾的位置上，让参议员史蒂文斯坐在次席。她清楚地记得，当时邓小平说："陈香梅坐第一，参议员史蒂文斯先生坐第二，因为参议员在美国有 100 来个，而陈香梅嘛，不要说美国，就是全世界也只有一个。"

邓小平的这句话让陈香梅非常感动，让她备感自己在发展中美关系上责任重大。

而在台湾与内地的关系上，陈香梅也发挥了举足轻重的作用。是她首先向蒋经国提议让台湾退役老兵回内地探亲的，仅仅几个月之后，就得到了蒋经国的同意。海峡两岸的民间往来自此开始。

当被问到如何看待两岸关系的将来时，她总会用非常肯定的语气说："我始终坚定不移地相信，台湾一定会回归。"在祖国改革开放之后，她又开始充当介绍台商到大陆投资的"媒人"角色。

陈香梅著有《往事知多少》、《留云借月》、《一千个春天》、《陈香梅的散文与诗》、《迷》、《追逸曲》、《春秋岁月》、《春水东流》等中英文著作40余部。

原设置在台北"二二八"纪念公园的飞虎队陈纳德将军铜像，后来被移到新生公园。2006年8月，又移至花莲空军基地四零一联队队史馆，与相关文物、资料以纪念馆的形式永久保存，陈香梅女士由美返台为之揭幕。

白骨铺就的生命通道

史迪威公路

"欢迎你来，把血肉脱尽！"

这句话取自诗人穆旦（原名查良铮，1918—1977）的名诗《森林之魅——祭胡康河上的白骨》。

抗战中，诗人曾作为中国远征军的译员，随军入缅甸作战。

从1942年1月到3月，为了增援在缅甸被日军围困的英国军队，避免中国西南通道被掐断，中国远征军首次入缅作战。出境之初，远征军打过令盟军刮目相看的胜仗，也遭遇过一连串的失利。结果，10万大军仓皇退入被称为鬼门关的"野人山"，半数活生生的血肉之躯，化为再也走不出热带雨林的冤魂。

于是才有了诗人穆旦笔下，人和森林惊心动魄的对话。

曾任远征军代总指挥的杜聿明回忆："一个发高热的人一旦昏迷不醒，加上蚂蟥吸血，成群的蚂蚁嗜咬，大雨冲洗，数小时内人就变为一副白骨。官兵死亡累累，前后相继，沿途尸骨遍野……"

《森林之魅》描述的意象凄壮，令人震撼：

"在阴暗的树下，在急流的水边。

逝去的六月和七月，在无人的山间。

你们的身体还挣扎着想要回返，

而无名的野花已在头上开满。

……"

失利后的中国远征军残余大部退入印度，后改编为中国驻印军。中国西南的陆路生命线被切断，也因此才有了驼峰航线的悲壮故事。

然而"驼峰航线"是空运航线，不但运输物资有限，成本也很高。在这种情况下，时任中国战区参谋长的史迪威别无选择，只能谋划从印度经过缅甸北部修建一条到达中国的公路，重新建立起陆上运输线。

为了这条生命线能够修通，重组的中国远征军能西出云南，中国驻印军能从印度进入缅北，由此出现了战争史上罕见的路修到何处仗就打到何处的情况。

早在1941年，日军开始威胁滇缅公路（从云南经缅甸仰光出海）的时候，美国陆军就曾派遣一位工程师约翰·奥斯兰实地考察研究修建从印度经缅北到达中国的公路的可能性。

如今，史迪威将军必须解决当初令奥斯兰非常头疼的问题：穿越曾令数万中国远征军丧命的原始丛林。

1943年春，史迪威先后派出两个美国工兵团和中国工兵团第10团、第12团作为基干的中美工兵部队，在美国供应处的惠来少将及阿鲁斯密准将的指挥下，开始修筑雷多及野人山区的中印公路。由史迪威所指挥的中国驻印军新1军和新6军也参与了修筑中印公路，一面向前攻击日军，一面修路开道，1944年春挺进到了缅甸境内。

施工的过程异常艰苦。一般来说，是先由中国工兵在丛林中开路，美军紧跟其后，探索出一段道路后，由机械至少开拓出30米宽的路基，然后再由工兵们将道路延长10~15英里。另外还有专门的部队负责修建桥梁。

根据后来的统计，整个修路过程中，工兵们共搬运了1350万立方米的土方、138万立方米的沙子，修建了700座桥梁，包括战争中修建的最长的浮桥（1180英尺）。

这条当时被称为雷多的公路修建，耗资1.4891亿美元，有2000余名中美工兵牺牲在这条公路上。公路修成后升任少将的刘易斯·皮克说："这是美军自战争以来所尝试的最为艰苦的一项工程。"

1945年1月27日，中国驻印军和远征军会师于畹町附近的芒友，至此中印公路完全打通，数以千计的载重汽车，装载着大批物资，通过这条长达1300公里的中印公路进入内地。

中印缅公路打通时，一位随军记者随同开往昆明的车队采访。临行前，他去看望新1军军长孙立人将军，问有什么东西需要带回。孙立人回答，看看昆明市场上有没有卖冥钞的。记者有些诧然，孙立人苦笑：

"并不是我迷信，只是我实在不知道如何表达我对为了这场胜利而战死在外国荒山密林中的那些忠魂的哀思……"

此后不久，蒋介石为了纪念史迪威将军的贡献，建议将这条中国接受抗战物资补给的唯一国际陆上通道命名为"史迪威公路"。

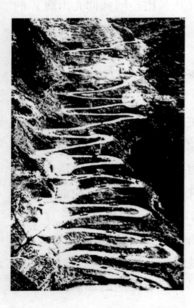

史迪威公路

但是蒋介石的这个命名也给历史留下一桩"悬案"："史迪威公路"到底包括哪些路段？

现在历史学界比较公认的是从印度雷多到中国昆明，但自从有专家提出被公认为有代表性的"史迪威公路"缩影的"24道拐"在贵州境内之后，从昆明到重庆的路段到底属不属于"史迪威公路"就再度引起了争议。

专家指出，如果一定说滇黔公路甚至川黔公路都不是"史迪威公路"，那么就说明美国人对"24道拐"位置的解释是错误的。

然而，不管是何种观点，这条用中国和美国的军人以及大批普通老百姓的鲜血和生命铺就的公路，已经深深地镂刻在了那段惨烈的历史中。

悲壮的"铝谷"

2005年8月16日的昆明阳光明媚，在郊野公园的"驼峰飞行"纪念碑前，70位脸上布满沧桑的美国老人领着亲属晚辈，蹒跚地来到这里，缅怀60年前的"驼峰飞行"。

这些老人，是参加过当年"驼峰飞行"和"飞虎队"空战的美国"二战"援华壮举的英雄。

"在天气晴朗时，我们可以根据战友坠机碎片的反光飞行，我们给这条撒落着战友飞机残骸的山谷取了个金属般冰冷的名字——'铝谷'。"

这是昆明"驼峰飞行"纪念碑脚下的纪念橱窗中的一段文字，落款的是一位当年飞越驼峰的美国飞行员。

"我希望我们很好地完成了自己的任务，只希望你们也能好好地工作。"

当被记者问及60年后再次回到中国，想对中国的年轻人说些什么时，当年的驼峰飞行员韦尔·戈登突然哽咽起来。

驼峰航线是"二战"时期中国和盟国联络的一条主要空中通道，西起印度阿萨姆邦，向东横跨喜马拉雅山脉进入中国抵达昆明。飞机在空中要飞越当时被视为空中禁区的喜马拉雅山区，海拔7000公尺上下，飞机下方群山耸立。飞机穿行其间，航线曲折，酷似骆驼的驼峰。"驼峰飞行"由此得名。

该航线全长500英里，在持续3年零1个月的援华空运中，共运送物资近100万吨。中美双方共损失飞机580多架，牺牲飞行员1500多人。

"驼峰飞行"纪念碑上写着：

"驼峰飞行"是第二次世界大战中持续时间最长的大规模空中运输，也是航空史上仅见的、在极其艰险的自然环境中进行的战时空运。

在驼峰航线上飞行的飞机

时年83岁的沃尔特·施塔赫尔是美国陆军航空队第14航空队的一名

投弹手，1944 年来到中国，多次执行了轰炸印度支那（今越南）日军的飞行任务。在战争结束前夕，施塔赫尔因为飞机失事而负伤，被中国人组织的搜救队营救。

"我们的飞机坠毁在中国境内的一座山坡上，我成功跳伞，只伤到了这里，在昆明一家医院里躺了 65 天，"施塔赫尔指了指自己的额头，"和我同一架飞机的福格中尉的降落伞却挂在了飞机下面，没能逃生。"

"陈香梅女士 20 年前亲自为我挂上了由中国政府颁发的中国战争纪念勋章。"施塔赫尔老人颇为自豪，并从怀里掏出带有"飞虎徽记"的第 14 航空队协会会员证，上面有一句话：

"终生为第 14 航空队协会会员。"

第八章　未竟使命
——在延安的美军观察组

迪克西使团

天上飞来了美国人

中国共产党的早期，曾被共产国际引导着走了很多弯路。因为那位所谓的军事专家李德的瞎指挥，还让红军险些陷入万劫不复之地。抗日战争开始后，苏联也只是援助了国民政府的正面战场。这让中共很不满意，并开始认真思考寻找其他盟友。

平心而论，抗战时期中国共产党和美国的接触合作，是中国共产党外交工作的真正开始。从20世纪30年代中期到太平洋战争爆发，中国共产党对美战略经历了"联合"、"反对"、"疑虑"、"再联合"的演变过程。

太平洋战争爆发后，伴随着苏联全力抗德及共产国际的解散，中国共产党开始把战略重心放在对美国的外交工作上，由此也产生了中国共产党的第一支正式的外交队伍。

新中国成立后，这些曾在延安同美国人打过交道的军人，在周恩来领导下组建了外交部，并成为首批外交骨干。在后来的板门店谈判、日内瓦谈判和万隆会议等重大外交场合都发挥了重要作用，也为20世纪70年代中美关系缓和提供了重要的"历史注脚"。

这个让从山沟里走出来的中共军人们得以历练的机会，就是与美军"迪克西使团"的接触。

这个使团是在史迪威将军的一再坚持下，得以成行的。

1944 年 7 月 22 日，一架灰色的美军 C47 运输机从重庆起飞，向北方飞去。两架美国陆军第 14 航空队战斗机随即起飞，为这架运输机护航，它们的目的地是美国人眼中的神秘之地延安。

运输机上的乘客是美军延安观察组的第一批 9 名成员，他们代表美国军方和政府，肩负着进驻延安、开辟与中国共产党直接联系通道的使命。这 9 名观察组成员大多 30 岁左右，接受进驻延安的使命，他们都兴奋不已。

在延安简陋的机场上，一群穿着灰色军服的人们正对着南方的天空翘首张望，他们中有中共中央副主席周恩来和第 18 集团军总司令朱德。中午时分，这架美军运输机终于出现在人们的视线中。

随后，运输机在这条群山之间的黄土跑道上顺利降落、滑行。但为了给后面那两架护航的战斗机让出跑道，运输机在跑道尽头转弯时，左起落架陷进了一个土坑里。

尽管机组成员和乘客都没有受伤，但美军观察组初次降落延安时发生的这个意外，似乎已经预示了什么。

观察组的职业军人和职业外交官们很快稳定住自己的情绪，在组长包瑞德上校的带领下走出飞机，与周恩来等中共中央领导人见面。

美国政府为什么会在 1944 年跨越意识形态的巨大鸿沟，把这些"中国通"们派到延安来呢？

这还要从 3 年多以前说起。当时，日本陆军在中国战场上的优势已不复存在，中日交战双方进入了相持阶段。日本海军为打破战争僵局，彻底扫清南进路途上的障碍，在 1941 年 12 月 7 日偷袭了美国太平洋舰队基地珍珠港。

为了更有效地协同作战，美国政府不仅加强了对中国国民政府的军事援助，也对不断开辟敌后战场、捷报频传的共产党武装产生了越来越浓厚的兴趣，希望与共产党领导人直接接触。

重庆红岩村是第 18 集团军驻重庆办事处，是中共设在陪都的一扇窗口。40 年代初，经常到访这里的不仅有大后方的军政要员和各界代表，许多国际友人也都是这里的座上客。常驻重庆的周恩来以他的学识和人格魅力，冲破了国民党的政治封锁，为中国共产党的外交开拓了极大的空间。

经常到访红岩村的客人中，有两位年轻的美国大使馆外交官谢伟思和戴维斯。戴维斯和谢伟思都出生在中国四川，是美国传教士的后代。在中国成长的经历，不仅让他们能说一口流利的中国话，而且也使他们对中国社会有了深刻的了解。

1944年1月，戴维斯和谢伟思通过不同渠道，同时向美国国务院递交了内容相似的正式报告，建议向延安派遣常驻的军事和外交人员。

但戴维斯和谢伟思的这两份报告却经历了截然不同的命运。谢伟思的报告被美国国务院一位头头批上"荒谬、可笑"等字眼后退回。

戴维斯的报告则被直接呈递给罗斯福总统的顾问霍普金斯，霍普金斯知道美国政府已经准备同中国共产党直接接触，于是他立即将戴维斯的报告上交给罗斯福。由于戴维斯的报告有效地启动了美军观察组的准备工作，戴维斯被一些美国史学家称为"美军观察组之父"。

说到美军驻延安观察组，还有一位重量级人物是一定要提到的，他就是美军中缅印战区总司令、中国战区参谋长约瑟夫·史迪威将军。是他竭力促成了这个可以说是划时代的美军观察组的延安之行。

得到美国政府派遣延安观察组的明确指令后，驻华美军和美国大使馆就开始了与国民政府的协调，但蒋介石方面对美国派遣使团前往延安的建议采取了阻挠与拖延的对策。一时间，美军观察组似乎还没有启程就已经搁浅了。

1944年5月，罗斯福接见了著名记者埃德加·斯诺，这是美国总统短期内第二次在白宫接见这位毛泽东的私人朋友。这次谈话使罗斯福更加坚定了与中国共产党接触的决心。

此时，同盟国军队已经准备在法国的诺曼底大举登陆，开辟第二次世界大战的欧洲第二战场。世界局势已经完全向着正义的一方倾斜。

6月份，美国副总统华莱士来华访问，他是美国建国以来访问中国的最高在职官员。21日，华莱士在重庆与蒋介石进行了第一次正式会谈，向延安派遣美国使团是会谈的主要议题之一。在美国的压力下，有求于美国的蒋介石不得不退让了，于是华莱士提出，希望这个使团尽早成行。

经过重庆、延安和美军三方面协调，这个使团被正式定名为"美军中缅印战区驻延安观察组"，简称"美军延安观察组"，代号"迪克西使团"。

迪克西的本意是指美国南北战争时的南方各州。

观察组的通行证拿到了，接下来的工作就是组建这个小组了。史迪威将军提出，组长的人选必须是一个中国共产党能够接受和尊重的，最好是能说流利中国话的美国军官。

于是，52岁的包瑞德上校成了最佳人选，并得到了最终批准。

包瑞德来自以大峡谷闻名的美国科罗拉多州，大学毕业后投笔从戎来到中国。担任美军观察组组长之前，包瑞德曾在美国大使馆和美军多支部队任职，对外交和军事都不外行。他性格幽默随和，待人宽厚。在以后的日子中，他得到了几乎所有观察组年轻成员的敬重。

观察组成员名单上的另一个重要人物是约翰·谢伟思，当年35岁，是美国驻华使馆的二等秘书。

抗战爆发后，谢伟思在中国大后方各地进行了多次深入考察，并向美国政府递交了很多有影响的报告，由此受到了史迪威将军的器重。在美军观察组组建时，史迪威将军和美国驻华大使克拉伦斯·高思一致认为，由谢伟思担任观察组的政治顾问再合适不过，因为他不仅能成为一个敏锐的政治观察家，也将是一个忠实客观的记录人。

整个美军观察组由18个人组成，他们来自美国外交系统和海陆空三军，并代表了军医、情报等部门和许多技术兵种。

这10多位年轻的美国人都是第一次去延安。延安在普通美国人眼中是神秘的，一方面，埃德加·斯诺等进步美国记者对毛泽东和中国共产党的深度报道已经影响了一代美国人；另一方面，国民政府多年的反共宣传使有些人误以为共产党领导的边区在经济和政治上都是非常落后的。因此他们又把进驻延安看做是一次探险。

7月4日是美国国庆日，在重庆的一个庆祝活动上，观察组的海军上尉希契和陆军上尉科林见到了宋庆龄。对于这位中华民国的"国母"，美军官兵都充满了敬意。得知眼前的这两个美国年轻人是即将出发去延安的观察组成员，宋庆龄向他们表示了由衷的祝贺，并告诫他们说，不要听信任何关于延安的传言，要用一颗不抱成见的心去观察和思考。

自从接到美军延安观察组即将成行的正式通知后，中共中央就开始了积极的准备。6月29日，毛泽东主持召开了中国共产党六届七中全会主席团会议，专门讨论了美国军事使团来延安和即将开始的国共谈判的问题。会议还决定在延安设立外事组，担任组长的是杨尚昆。

从这之后，到美军观察组抵达延安的一个月里，毛泽东多次过问了接待美军观察组的准备情况，并亲自到延安机场视察安全保卫工作。

7月21日，也就是美军延安观察组启程的前一天，组长包瑞德上校从美军中缅印战区司令部拿到了一纸正式的指令，指令详细地列出了观察组在延安的任务，主要是收集共产党军队已获取的日军情报和共产党根据地的政治和军事各方面的综合情况，并协调营救被日军击落的美军飞行员。

破冰之旅

7月22日上午，载着美军观察组第一批9名成员的C47运输机终于从重庆起飞。曾经的种种障碍，就像机翼下的重重山脉，被一座座甩在了身后。机上的9名观察组成员，作为美国政府的使者，正飞向一片陌生而又充满传奇色彩的土地。

这次延安之行比尼克松总统1972年的破冰之旅早了近30年。

7月22日这天，在那个令大家虚惊一场的事故之后，中共中央在机场上为美军观察组举行了热烈的欢迎仪式，然后延安军民敲锣打鼓地把美国客人们迎进了延安城。

为了修复跑道，以便观察组第二批成员能尽快到达延安，当天下午，一支部队开进了机场，开始平整跑道。熟悉机场建设的美军观察组成员们也前来助阵。随后赶到的叶剑英将军在问候了观察组成员后，撸起袖子也加入了工作。

这一举动让观察组的成员们倍感惊讶，因为，在国民党军队中，不用说叶剑英这样的高级将领，即使是普通的营长或连长，也不可能与士兵们一起劳动。将军的举动感染了在场的美军军官们，他们也兴致勃勃地加入进来。

听到新来的美国人正在帮助修机场，很少能见到外国人的延安人扶老携幼，都到机场来看热闹，最后，连毛泽东也兴致勃勃地赶来了。

4天后，毛泽东在他的窑洞中为观察组成员举行了正式的晚宴，第18集团军总司令朱德也参加了宴请。面对这群远道而来的美国年轻人，毛泽东幽默地说："你们知道你们自己有多重要吗？你们的副总统都要亲自来中国说服委员长为你们放行呢。"毛泽东的幽默打消了美国客人一时的拘谨，他们争着向毛泽东和朱德敬酒。

谢伟思是观察组成员里中文说得最好的，他甚至能听懂毛泽东那浓重的湖南湘潭口音。毛泽东发现，与观察组其他成员相比，作为美国驻华使馆二秘的谢伟思，显然是负有政治使命的。

因此，他在席间问谢伟思道："美国是否有可能在延安设立一个领事馆？"谢伟思想了一下回答道，这有一些实际困难，首先是在这一地区的美国人太少了，不符合建立领事馆的基本要求。

毛泽东还对谢伟思说，如果对日战争一结束，观察组就撤离延安，那将会是国民党打内战的最危险的时刻。

这句话体现了毛泽东的眼光。事实也正如他所预计的那样，观察组撤离延安后仅仅一年，内战就不可避免地爆发了。

观察组成员全都是第一次到延安。他们最初的住处在延安城南关的交际处，这是延安通常用来接待外国客人的地方。年轻的美国客人们对窑洞充满了新鲜感，但更令他们感到新奇的是延安那种崭新的人与人的关系。

包瑞德后来回忆说，我们的共产党联络员首先告诉我们的是这样一件事，当我们想要什么东西时，不要用生活在远东的外国人通常用的口气喊"伙计"，而要用一种合适的音调叫"招待员"。

包瑞德写道：尽管来延安之前，我从来没有想到"伙计"一词有什么不好，但此时我觉得，共产党的看法是正确的，"伙计"这个词是待人不平等的称呼。

陕甘宁边区的民主状况比美军观察组的期望要高得多。当时边区政府的主席是中国共产党元老林伯渠，副主席由民主人士李鼎铭担任，由于1944年的大部分时间林伯渠都在重庆与国民党进行谈判，民主人士李鼎铭就担任了边区的代主席。边区各级政府都实行"三三制"，即共产党、左派代表和中间派各占政府领导成员的1/3。

包瑞德回忆说，他在国统区亲眼看到捆成一串的老百姓被抓去当兵，但在共产党领导的边区，他从来没有看到过这种现象。在边区，参加第18集团军是很光荣的一件事。

由于运送第一批观察组成员的飞机受到损坏，美军第14航空队成员一周后才调出另一架运输机运送第二批9名成员，他们中有观察组中唯一的海军军官希契。和第一批成员一样，他们在机场上也受到了热烈的欢迎。

美军观察组人员到齐了，各个成员按照他们预定的职责，迅速进入了角色，刚刚开始的时候，小伙子们的工作经常要熬到后半夜。但包瑞德上校治军严格，他要求，不管前一天晚上大家忙到多晚，第二天必须六点半起床出操。因此，在充满朝气的延安，这十多个美国人也受到了感染，保持了积极的工作状态。

许多年后，美军延安观察组成员科林出版了他在延安拍摄的大量珍贵照片，谢伟思在这本书的扉页上写下了这样的话：

"我们这些美国人在延安见证了正在孕育的新中国，我们认识到，美国人和中国人可以也必须一起工作。"

美军观察组最迫切的任务是要与毛泽东直接接触，从而了解中国共产党在一些重大国内国际问题上的态度，并把中国共产党的态度发给华盛顿的最高决策层。承担这项使命的是观察组的政治顾问谢伟思。

北方的伊甸园

枣园夜话

在美军驻延安观察组的眼中，真实、正直、祥和的延安不啻坐落在黄土高原上的一片净土，与圣经中的伊甸园颇有几分神似。

延安枣园，因为枣树多而得名。1943—1946 年，毛泽东和妻子女儿就住在这几间带小院儿的窑洞里。他与谢伟思的多次谈话也都是在这里进行的。

　　毛泽东与谢伟思的第一次正式谈话是 8 月 23 日，也就是在美军观察组抵达延安整整一个月之后。美国的史学家们认为，毛泽东是在进行了深入细致的思考，并同中共中央其他领导人交换了意见后，才召见谢伟思的。因为毛泽东明白，尽管谢伟思本人级别较低，但作为驻延安的美国最高外交官，他代表的是美国政府。

　　这一次谈话时间长达 6 个小时，毛泽东一直主导着谈话。他对谢伟思详细分析了中共对当前国内和世界形势的看法。他说，中国共产党希望知道，美国政府在战后是愿意支持一个独裁的国民党政府，还是一个民主的联合政府，但毫无疑问，一个民主与和平发展的中国才符合美国的利益。至于中共对美国的态度，他说，美国是战后最有能力参与中国经济建设的国家，我们欢迎美国战后到中国投资。

　　作为中共的最高领导，毛泽东此时的想法仍然是在抗战胜利之后，中共能以参政者的身份成为联合政府的一员。这也是 1945 年他前往重庆与蒋介石谈判的初衷。当时的他，还没有认真考虑那场根本无法避免的大规模惨烈内战的可能性和必要性。

　　历史总是不以人们的意志为转移的。它有时使人沮丧，但更多的是让人惊讶。当我们回过头去看的时候，往往会觉得在历史面前，任何人都显得幼稚。

　　毛泽东与谢伟思的多次谈话内容，都由谢伟思写成客观的报告，经美国大使馆发回华盛顿。这些报告被国务院的官员们争相传阅。

　　美军观察组的科林上尉和另外两位成员隶属于美国战略情报局，这个机构是美国中央情报局的前身，在"二战"中负责对轴心国的情报战。

　　美军总部将这几位情报局的年轻特工直接纳入延安观察组，是希望能够更有效地获得第 18 集团军和新编第四军已经掌握的日军情报。但是，在观察组出发前，重庆的美国将军们不无担忧，中共会不会对他们的到来心存戒备？会不会限制他们的行动自由？会不会不愿意和他们分享自己得到的情报？

　　但实际上，延安对盟军完全敞开了胸怀，全面合作的态度令他们非常满意。美军观察组到延安后的两个月中，第 18 集团军总部就向他们提供了 120 多条关于日军的重要情报。

与此同时，观察组在延安还发现了一个直接获取日军情报的重要渠道。

人性化的延安

今天，在延安宝塔山的半山腰上，树立着一座黑色的石碑，它是为了纪念 70 年前这里的一所特殊学校而树立的，这所特殊的学校名叫"日本工农学校"。

在这座石碑的后面，至今还保留着一排学校的校舍。尽管当时的经济条件还不尽如人意，但日本工农学校的校舍盖得宽敞结实，是延安比较好的房子。

70 年前，这所学校也引起了美军观察组的极大兴趣，因为这里的"学生"都是日军战俘，但他们都穿着第 18 集团军的军装，被主人们称为"日本人民解放联盟的盟员"或"日本工校的学生"，当时有 150 余人。

包瑞德记得，在重庆郊区关押着仅仅 25 个日军战俘，从数量上看，就可以比较出国共军队不同的作战方略。在很多战场上，国军是不愿意俘房日军官兵的。当然，像孙立人将军那样"坑俘"的事也不是经常发生的。

然而，更让美军观察组成员惊讶的是这些日本学员的精神状态。在太平洋战争中的日军官兵都是毫无理性的杀人机器，即使被俘也顽固不化，不是自残就是自杀。但这里的日本人却对日本军国主义深恶痛绝。不管他们心里的真实想法是什么，至少他们口头上都要求参加第 18 集团军，与侵华日军作战。

这些特殊的学员毕业后，会被分配到前线的第 18 集团军各部队去工作。平时他们会帮助鉴别缴获的日军装备上的日文标识，从而获得日军作战序列的情报；在进攻日军的据点时，他们会在前沿喊话，瓦解日军的军心。

第 18 集团军总部允许美军观察组的所有成员随时与这里的 150 个日

本学员自由接触，以便他们了解美军需要的、更深层次的日军情报，这使科林上尉等特工人员受益匪浅。

第18集团军成功改造日军战俘的奇迹经观察组发回美国后，战略情报局的将军们异常惊喜，他们专门制定了一个对日情报战计划，准备将这些坚定的日本反战人士培训成间谍，送到中国东北、朝鲜和日本本土。

然而，由于"二战"的胜利比预想的快得多，这一计划最终没能实行。

刚到延安不久，美军观察组就建起了气象观测台，定时放探空气球，为来往延安的飞机提供气象资料，并把数据发送到重庆驻华美军总部。

1944年，陈纳德将军统帅的美国陆军第14航空队已经基本上取得了在中国内地的制空权，"飞虎队"的重型轰炸机还经常从大后方起飞，越洋轰炸日本本土。这样一来，中国东部的气象情报对"飞虎队"来说就显得愈加重要了。

从此，驻华美军有了范围更大也更可靠的气象情报。当时美军在中国大陆建立了10个同样规模的气象站，延安气象站的代号为10WX。据后来美军总部评价，延安气象站提供数据的可靠性，在中国10个气象站中名列第一。

观察组另一项使命也是与美军航空队有关的，那就是协调第18集团军和新编第四军及其游击队营救在敌占区跳伞的美军飞行员。

得到观察组营救遇险飞行员的请求，中共中央军委立即向第18集团军和新编第四军下令：对跳伞的盟军飞行员必须全力营救。

当时，经过七年的作战，第18集团军和新编第四军已经在敌占区开辟了广阔的根据地，在华北和华东，日军及傀儡部队仅仅占据着铁路沿线的大城市，而更为广阔的山区和平原都被控制在共产党部队的手中。

为此，晋察冀边区司令员聂荣臻将军自信地告诉包瑞德，只要美军飞行员跳伞落在铁路线10公里以外的地区，他们就安全了。

美军观察组进驻延安后不久，一架受伤的美军B-29轰炸机迫降在苏北新四军根据地附近，新四军的张爱萍部立即派出部队赶赴出事地点营救，与此同时，附近的日伪军也闻讯而来，企图俘获这些飞行员。经过激烈战斗，新编第四军在牺牲3名战士的情况下，救出了五位美军飞行员。

这之后，不断有在敌占区跳伞的美军飞行员经第 18 集团军或新四军营救脱离险境。据不完全统计，抗战期间，解放区军民共营救了 120 多名美军机组人员和其他军事人员。

窑洞里的友谊

1944 年，边区大生产的成果已经显现出来了，陕北的军民已经解决了温饱问题。包瑞德在他的回忆录中写道，他发现第 18 集团军士兵穿的是胶底布鞋，而大多数国民党部队士兵穿的却是草鞋。

然而，对比来中国之前的待遇或是在美军基地的水准，美军观察组在延安的生活环境仍然是相当清苦的。他们刚到延安时，吃饭主要依靠从重庆空运到延安的面包和军用罐头，接待组的工作人员于是尽了最大努力为他们改善伙食。

包瑞德在回忆录中说，有一次朱德总司令来观察组驻地看望他们，并留下来一起吃饭，朱德边吃边评论说："这饭半中半西，能适应你们的胃口吗?"包瑞德回答说，我们都很喜欢这里的伙食。

延安的生活虽然俭朴，但永远充满了一种积极向上的朝气。王家坪是抗战后期第 18 集团军总部所在地，这里离美军延安观察组的驻地不远，观察组的成员们经常到这里来办事。离军委大礼堂几十步远是当年延安著名的军委桃林公园，以桃树多而得名。当年，这 14 亩地的小公园也是共产党领袖们周末消闲娱乐的唯一场所。

每周六晚上，这里都有一场俭朴的舞会。在观察组驻延安的近两年时间里，跳舞成为这些美国人的主要娱乐之一。通常为舞会伴奏的是一只破旧的留声机，后来延安组建了一支小乐队，但只有小提琴、手风琴等最简陋的乐器。这个舞会最让美国客人难忘的，是毛泽东、朱德等领导人的参与。

每当毛泽东在舞会上看到观察组的美军军官，他就会走到圈外，和他们聊上几句。

谢伟思在给国务院的备忘录中提到了一次毛泽东与他在舞场边的谈话，谢伟思说，第 18 集团军与老百姓亲密的联系给观察组成员留下了深刻印象。这次谈话进行了大约 20 分钟。直到一位女军人上前请毛泽东跳舞为止。

对于延安的普通老百姓来说，美军观察组带给了他们无尽的新奇感，他们的白皮肤、笔挺的军装、好吃的巧克力、神奇的吉普车都成为当地人长时间议论的话题。

在延安市政协工作的折正千，是延安时代变迁的见证人。60 年前，他曾是搭乘过美军观察组吉普车的为数不多的孩子之一。

美军观察组数月间卓有成效的工作，让史迪威将军非常满意，为表彰观察组特别是包瑞德的工作成绩，驻华美军总部决定授予他个人一枚荣誉军团勋章。10 月 25 日，一位美军准将特意从重庆赶到延安向包瑞德授勋。

更让包瑞德受宠若惊的是，毛泽东等中共领袖们竟然都前来参加授勋仪式了，并对他表示由衷的祝贺。在戴上勋章之后，一位年轻的女军人走上台来，为包瑞德献上了鲜花，她是朱德的夫人康克清。

随后，延安还举行了庆祝大会，叶剑英代表中共中央和第 18 集团军总部发言，对美军观察组的成绩给予了高度评价。

当美军观察组正在延安顺利地完成着自己的使命时，然而在重庆，驻华美军最高司令长官史迪威与蒋介石的矛盾，却已经到了不可调和的程度。

第九章 乘兴而来
——赫尔利败于中国计谋

"斧子终于砍下来了"

未能成行的史迪威

早在 1941 年中国远征军第一次出征缅甸时，史迪威就对国民党政府的独裁、腐败和消极抗日非常不满。于是，在 1944 年他向美国政府提出了两项建议：

第一，由史迪威指挥所有中国军队，其中包括中国共产党的部队；

第二，将援华军用物资平等地分配给第 18 集团军和新编第四军。

这两项建议得到了美军参谋长联席会议主席马歇尔的支持，却遭到了蒋介石的激烈反对。

9 月，在加拿大魁北克与丘吉尔会晤的罗斯福向蒋介石发出了一份措辞强硬的电报，敦促他立即授予史迪威将军指挥所有中国军队的全权。

罗斯福的这封信有点像最后通牒，让蒋介石大发脾气，他随即取消了与赫尔利的晚餐和几天内与美国使节有关的所有活动。

但冷静下来后，蒋介石认为，这是一个与美国政府摊牌的大好时机，他一直想把桀骜不驯的史迪威排挤出中国，但苦于找不到借口和时机。这会儿蒋介石认为，机会来了。

几天后，蒋介石在和罗斯福的特使赫尔利谈话时吓唬他说，如果任命史迪威指挥所有中国军队，中国军队可能会叛变！那个史迪威缺乏政治头脑，连现有的工作都干不好，更不用说指挥全中国的军队了。因此，现在国民政府正式要求美国政府将史迪威召回。

赫尔利一时被搞懵了，他实在弄不明白古老神秘的中国的这些谋略，更不懂这个中国政客的脑袋里在想些什么。但他也不得不顺从这个他从来也没有摸透的委员长的意志。

而史迪威却完全没有料到即将到来的危机，他随即还向华盛顿提出了一项新的建议，即他本人想亲自去一趟延安，与中国共产党领导人洽谈军事合作。

消息通过美军观察组转递给中共中央后，毛泽东、朱德立即对史迪威表示了真诚的欢迎与期待，他们与这位同情中国人民的美国将军神交已久了。

然而，史迪威已经没有去延安的机会了。10月18日，史迪威突然接到华盛顿的正式命令，要求他48小时内离开中国。史迪威无奈地叹道："斧子终于砍下来了。"

在重庆的最后两天里，他还抽出宝贵的时间，去向他尊敬的宋庆龄告别。

临行前，史迪威给朱德写了一封信，信中说，非常遗憾今后不能与您和您卓越的部队共同战斗了。

11月的陕北已是非常寒冷了。此时，一支第18集团军的精锐部队——359旅正誓师南下，准备冲破国民党军队的封锁，去华中和李先念的部队会合，开辟新的根据地。

看到这支部队即将出征，扛着他们缴获的日军"三八式"步枪上阵杀敌，包瑞德不禁感慨万分。他后来在回忆录中写道，共产党正在把战斗力最强的部队派到抗日前线，可惜史迪威已经离开中国，不能用美国运来的武器装备这支优秀的部队了。

史迪威曾经积极倡导和推动向延安派驻美军观察组，现在他奉召回国，那么美军观察组的命运将会怎样呢？包瑞德和其他成员都忧心忡忡。

突然到来的特使

现在坐落在延安市中心的延安中学是一所国家级示范学校，在这所学校的校址上完好地保存着一排坚固的房子，虽然今天看起来它们与周围现代化的校舍相比是那样的不协调。但60年前，它们作为延安最好的住宅之一，曾接待了一群最特殊的客人——美军驻延安观察组。

美军观察组进驻延安后的几个月里，每个星期都会有一次美军航班往返于重庆和延安，为观察组运送后勤装备和物资。这就意味着延安有了一条通往外界的更便捷的渠道。

1944年11月7日，一架来自重庆的美军航班飞临延安，美军观察组组长包瑞德事先得知，飞机上有从重庆来的美国官员，便通知了周恩来，于是，周恩来与包瑞德一起出现在了接飞机的人群中。

飞机停稳后，机舱里走出一位高大的美国将军来。看到这个人以后，包瑞德大吃一惊！他告诉周恩来，这个人是罗斯福总统的特使赫尔利。

政治上极其敏感的周恩来立即对包瑞德说，你先在这儿陪他，我马上去请毛主席。

包瑞德形容说，过了一段比预想要短得多的时间，毛泽东、朱德与周恩来一起带着一个连的士兵赶到了机场。双方见面后，这连士兵作为仪仗队，参与机场上为赫尔利举行的正式欢迎仪式。

早在这一年的6月18日，罗斯福就派美国副总统华莱士以协调国际关系为名访问了中国。华莱士对蒋介石的防共重于抗日的方针很不满意。在会谈中，美国真诚地希望中国不要发生内战，共同抗日，以减少美国对日反攻的困难。华莱士施加压力授意蒋介石与中共谈判，实行改革，从而加强对日作战。

为进一步了解中共的情况，在华莱士的坚持下，蒋介石才勉强同意美国军事观察组访问解放区，也同意了中外记者西北参观团前往延安。

不久，美军赴延安观察团团长包瑞德上校率团奔赴延安。毛泽东主席亲自接见，给包瑞德上校留下了深刻的印象。他向罗斯福总统发电汇报说："八路军给予美国陆军的衷心合作和实际协助的程度几乎是尽善尽美的！"

包瑞德的助手谢伟思更向美国当局描绘出延安一片欣欣向荣的图画：

"综合在延安6星期之观察，认为共产党有如下积极特征：青春，有活力，智慧充沛，训练精良，信仰坚定，特别有自信，坚忍，实际，能自我检讨，态度科学，有适应力，有制度，有条理，有诚笃与团队之精神，态度民主，廉洁。"

在这个背景下，赫尔利于 1944 年 9 月初作为罗斯福的特使来到中国，随后便对蒋介石排挤史迪威起了推波助澜的作用。与此同时，赫尔利也在积极地与中国共产党建立联系。9 月 10 日，赫尔利接到了八路军总司令朱德正式邀请他访问延安的电报。他也恰巧接到罗斯福总统的指示电报，要他促成一个"使这两个敌对集团更接近于达成协议与合作的结果"。

10 月，他选派自己的亲信麦克·纳里准将借着给包瑞德授勋的机会赴延安，向中共中央转达了希望接触谈判的口信。紧接着，他又于 10 月 17 日、22 日、23 日 3 天在重庆会晤了中国共产党的代表董必武和林伯渠。

11 月 7 日，美国大选结果公布，罗斯福总统顺利连任。这一天，赫尔利终于抛掉了最后一丝顾虑，在没有事先通知延安的情况下登机飞向北方。

由于此行非常仓促，到达延安后，赫尔利才发觉没有带御寒的冬衣，观察组成员约翰·科林上尉把自己的棉风衣借给了赫尔利。

赫尔利来到延安无疑是个大事件。而赫尔利本人也异常兴奋。在这块对他来说极为陌生的黄土地上，他一点儿都不拘束。他和毛泽东一起上了作为毛泽东专车的那辆由宋庆龄赠送的救护车。

当车子过延河的时候，恰巧碰见一位老农民在赶驴车，而那头驴不知为什么犯了犟，就是不肯走。老农民急了，便用棍子打驴。看到这个情景，赫尔利把头伸出车外，用英语大声对那位农民说："打它的左面啊！伙计！"

农民看着这个军装笔挺，上面挂满了勋章和勋表的洋人，吓呆了！而赫尔利却高兴得像个孩子般大笑。

毛泽东也笑了起来，说自己小时候在家乡赶过骡子，赫尔利则大声笑道："我是个牛仔啊！"

尽管赫尔利的到来非常意外，但对中共中央来说，不啻是个惊喜！所以非常重视。在赫尔利抵达延安的第二天，双方就开始了关于在中国建立联合政府的谈判，这是历史上毛泽东亲自参与的为数不多的几次谈判。

一天之后，双方达成了关于成立联合政府的《五点建议》。

这《五点建议》不仅承认了中国共产党及其武装力量在战后的合法性，还将共产党与国民党放在了平等的地位上，建议在拥护孙中山三民主义的基础上，将现有的国民党政府改组成为包括所有抗日党派的联合政府，而目前，全国所有的抗日军队将公平地分配到来自国外的军用物资。

达成《五点建议》后，谈判双方的情绪都非常好，赫尔利提议，他与毛泽东在这些条款上签字，并预留出给蒋介石签字的地方，于是毛泽东和赫尔利就在窑洞外的西北秋阳下，郑重地在协议书上签上了他们的姓名。

11月9日中午，赫尔利飞离延安。为了促使蒋介石对这份共识的认同，经赫尔利建议，周恩来同机飞赴重庆，已经在延安工作了4个月的包瑞德也一同飞回。

赫尔利回到重庆后信心十足，他认为以他美国总统特使的身份完全可以说服蒋介石接受《五点建议》，从而为中国的联合政府奠定一个原则基础，自己可以成为中国现代史上大书一笔的人物了。

然而他错了。由于《五点建议》并没有提及国民党和蒋介石在未来政府中的主导地位，遭到蒋介石的全盘否定。

一周后，国民政府外交部长宋子文正式向赫尔利递交了一份《反对草案》，草案提出，中国共产党要全力支持国民政府进行的卫国战争，并在战后将全部军队交给国民政府控制，归"全国军事委员会"指挥。

蒋介石当然是反对成立联合政府的，他要求把协议内的"联合政府"一词一律改为"中央政府"，同时又于1944年11月22日提出了国民政府的三点反建议。其只想用象征性的政治代表权，诱使共产党把军队交出来，而对成立民主联合政府问题则只字不提。

11月17日，赫尔利被美国政府正式任命为驻华大使，包瑞德惊讶地发现，自从这一天起，他突然变得袒护国民政府了。

果然，赫尔利来了一个一百八十度的大转弯。他丝毫不顾忌自己已经在《五点建议》上签字，转而全力支持国民党的《反对草案》。

在取得赫尔利的支持后，国民政府将《反对草案》正式递交给了周恩来。周恩来看后非常生气！他表示，自己继续留在重庆已经没有意义了。于是他马上告知美军总部，要尽早乘飞机回延安。

12 月 4 日，赫尔利在重庆又正式会见了周恩来，新任美军中国战区司令官魏德迈中将和包瑞德也参加了会谈，这三位美军将校竭尽全力劝说周恩来接受国民党的《反对草案》，然而他们的劝说没有任何结果。

于是，赫尔利命令包瑞德回延安后，再去努力劝说毛泽东就范。

回到延安后，遵照赫尔利的命令，包瑞德开始了对毛泽东和周恩来的游说。

毛泽东也非常生气，他严肃地对包瑞德说：

"你们美国人在《五点建议》中提出了国共联合的问题，现在却又要求我们接受蒋介石的三点反建议，企图捆住我们的手脚，美国人是否把我们共产党人当作傻瓜了？要知道，延安不是一只篮子，要靠别人发善心给予施舍。如果不可能实行联合，我们共产党人就要采取行动，另行建立一个中国政府。两个中国政府的正式存在，显然会打破所有想要统一中国的意图和希望。"

毛泽东随后又指出："不管同国民党人政治斗争的结果如何，共产党人和美国人也许仍旧能够通过军事合作，来挽救日益紧张的关系。共产党人愿意在联合军事行动中进行合作，而且愿意与美军并肩战斗，甚至接受美军的节制 。我们也准备公布已经签署的协议，让大家都来看看这份遭到蒋介石拒绝的合理文件。"

尽管这一次级别不对等的谈判非常不愉快，但毛泽东仍礼貌地把包瑞德送到门外，包瑞德清楚地记得，毛泽东向他告别时亲切地说：

"上校，您是真正在为中国的和平而奔忙，难道不是吗？"

这句问候的话语令包瑞德深为感动，并牢记了一生，但他明白，毛泽东和周恩来是不可能接受这份极不公平的协议的，包瑞德只好无奈地飞回重庆。

随后周恩来又发电报给赫尔利指出：中共本已接受了赫尔利提出的方案，现在却又提出一个完全不同的方案，赫尔利又显然对此表示赞成。在国民党的新建议里，找不到进行谈判的共同基础，这就破坏了进一步谈判的可能。

国民党提出的三点新建议是要共产党向国民党投降，共产党人是不可能接受的。周恩来表示，只有在平等的基础上接纳中国共产党，并且真正组成联合政府，我们的权利才有保障。

面对如此严峻的局面，毛泽东和周恩来深入研究了当时的国内外形势，决定采取灵活的态度。

1945 年 1 月 24 日，周恩来从延安飞抵重庆，在机场接受记者的采访时说，他此次返回重庆是为商讨召开各党派会议，作为召开国事会议的预备会议。为此，"毛泽东主席和我都准备在必要时前往华盛顿，与罗斯福总统面谈"。

此话让重庆的新闻界大为惊讶，也让蒋介石颇感意外。他根本没有料到毛泽东会有这样的想法。

于是，国共谈判代表宋子文、周恩来又坐到谈判桌旁，双方邀请赫尔利在新的一轮会谈中进行仲裁。

会后，赫尔利与蒋介石、宋子文商讨后，又提出了在坚持原来的三点反建议之外加了三点新建议：

1. 政府在行政院之下附设一个类似战时内阁的机构，邀请中国共产党及其他党派参加；

2. 蒋介石委派中国军官二人（其中一人为中共将领）、美国军官一人，负责商议改编中共军队的办法，呈交蒋介石核准；

3. 蒋介石委派一个美国军官充任中共军队之直接司令长官，该军官直接对蒋介石负责，并照政府法令行事。

周恩来看出蒋介石的阴谋是企图控制八路军和新四军，于是便义正词严地提出："中国共产党参加政府的先决条件是：废除一党专政，承认一切党派合法，取缔特务活动，真正开放自由，释放政治犯，撤销对边区的封锁，承认解放区，组织真正的民主联合政府，否则就不参加国民党政府。"

为了做出让步姿态，蒋介石接着宣布，愿意召开一次会议，以"采取步骤，起草章程，还政于民，废止国民党一党统治"。

对此，周恩来指出国民党的方案太笼统，必须拿出明确方案。

赫尔利又同蒋介石商量，于 1945 年 2 月 3 日提出了一项明确建议：

1. 国民政府邀请国民党及其他政党代表及某些无党派人士，召开协商会议。

2. 协商会议将考虑：

（A）采取步骤，结束一党统治下的训政时期，建立立宪政体；

（B）将来遵循的共同纲领；

（C）统一军队；

（D）非国民党成员参加国民政府的方式。

如果会议得出一致结论，这一建议即提交国民政府公布。

周恩来不为所动，主张必须讨论成立联合政府的问题。

赫尔利偏袒蒋介石，顽固坚持无条件支持蒋介石的立场，力图说服中国共产党接受国民党方面的反建议，诱使中共交出武装，他反复宣称：

"美国确定不移的立场是，在中国事实上能够有统一的军事部队或统一的政府以前，一切武装党派、武装军阀和中国共产党的武装部队，都必须没有例外地服从国民政府的管辖。"

在赫尔利支持下，蒋介石更是得寸进尺，拒绝讨论成立联合政府问题。2月13日他公然声称：

"召开各党派会议，等于分赃会议；组织联合政府，无异推翻政府。"

赫尔利和蒋介石的顽固态度，使国共谈判完全陷于中断状态，周恩来不得不于1945年2月16日再次返回延安，国共谈判又陷入僵局。

无望的企盼

密信

1944年初冬的一个深夜，美军观察组驻地的大门突然被敲开了，来人是已经定居延安的美国人马海德。

马海德1936年随埃德加·斯诺访问陕北，之后他留了下来，一直在边区行医。美军观察组进驻延安后，这些年轻的美国军官们很快就和作为观察组翻译的马海德熟悉起来，甚至把他看做观察组的一员。这次马海德深夜到访是来找他的北卡罗来纳州老乡希契的。

他俩一同走出观察组的院门后，马海德才告诉希契："一位老朋友现在想见你，只管随我走吧，等一会儿你就明白了。"

令希契惊讶的是，马海德一直把他领到了毛泽东的窑洞前，中共中央的几位主要领导人已经在那里等他了。

毛泽东开门见山地告诉希契，希望他能回一趟美国，把朱德总司令的一封信递交给美国海军上将欧内斯特·金。

许多年后，希契的儿子从美国国家档案馆找到了这封朱德给金上将的信。朱德在信中表达了八路军、新四军将士和解放区人民对美国海军在太平洋战争中取得一系列胜利的由衷祝贺，并对希契和其他美军观察组成员的成绩给予了赞扬。

信中还表示，不管美军将在中国采取任何战略行动，第18集团军、新编第四军和解放区人民都将尽最大努力进行配合。

信中还说，有关双方合作的可能性和具体方针将由希契上尉当面口头告诉美方。但这些可能性和具体方针又是什么呢？60年后，其中的详细内容仍然是个谜。

自从赫尔利的态度发生改变后，中共领导人已经意识到，由于赫尔利坚定地站在蒋介石的一边，史迪威将军倡导的那种坦诚、务实、团结的态度在美国驻华高层中间已经荡然无存。

为了能够使曾经显现的与美国合作的前景不至于付之东流，中共中央决定绕开赫尔利，与华盛顿直接接触。他们希望在美军观察组中选择一位可靠的信使，最后，他们认为，希契是最合适的人选。

这件事几乎是从来没有被披露过的。中共会绕开赫尔利、蒋介石的国民政府直接致信给美国政府，在我们还不能正视历史的那些年代里，是不可想象的。当年中共做出这样的决断，应该说也是在孤立无援的情况下的一种无奈之举。

西蒙·希契上尉是美军观察组中唯一的一位海军军官，他是观察组于8月初第二批抵达延安的9名成员之一。半年来，他的热情和正直已经给中共领导人留下了良好的印象。毛泽东相信希契能成为一个可靠的信使，但同时也希望他能做一个相对秘密的使者，否则赫尔利必然会阻挠他的使命。

希契欣然受命。第二天他就找了一个理由请假回重庆，得到了包瑞德上校的批准。在重庆，希契考虑到如果真的直接回华盛顿把信交给美国政府，将会难以处理和驻重庆的美军领导的关系。于是决定，还是要将此事通报给史迪威的继任者，驻华美军司令魏德迈中将。没有想到魏德迈对朱德的信非常重视，并答应安排希契回美国向参谋长联席会议汇报。

希契非常高兴，并希望再回一趟延安，向毛泽东和朱德告个别。

于是，希契乘美军飞机又飞回了延安。毛泽东和朱德得知希契将正式回美国递送他们的信件，便专程赶到机场为他送行，希契也特意穿上了他的海军礼服，他觉得，在与中共领袖告别的时刻，这是最合适的着装。在延安机场告别的这个情景令希契终生难忘。

在希契离开延安后不久，圣诞节来临了，对于留在延安的美军观察组成员来说，这是他们在延安度过的第一个圣诞节。

那一天，美军观察组驻地的圣诞夜非常热闹。从当时圣诞晚宴的签到表上，我们可以找到毛泽东、周恩来、朱德和当时在延安的几乎全部第18集团军高级将领的签名。

12月27日，圣诞节刚过两天，包瑞德又一次，也是最后一次从重庆飞到延安，而这最后一次延安之行，用后来他自己的话说，却让他吃尽了苦头。

在1945年即将来临的时候，在欧洲战场，苏军已横扫东欧、迫近德国；而美英盟军刚刚粉碎了德军在阿登地区的战略反扑，从此，面对两面夹击的盟军，德国已没有还手之力了。

在太平洋战场上，美军已攻占了马里亚那群岛和莱特岛，为B-29轰炸机提供了轰炸东京的基地。

在中国战区，在印度完成了美式整训的中国驻印军势如破竹，与从云南出发的远征军遥相呼应，即将打通中断两年多的滇缅公路。

艰苦抗战了7年多的中国人民已经看到反法西斯战争胜利的曙光了。

中共与美国直接结盟的期待，也在1945年初更加强烈了。

未能降落的美军空降师

驻华美军司令魏德迈的参谋长麦克·卢尔少将在重庆告诉包瑞德，由于德国即将被击败，欧洲战场上的一个美军空降师将有可能被派遣到中国来，以中国为前进基地，发起对日本列岛的攻击。麦克·卢尔让包瑞德向中共领导人询问，当这个空降师在山东沿海第 18 集团军的控制区建立滩头阵地后，在正常的美军补给线开始运转之前，第 18 集团军能否照料该师的供应。

包瑞德还被告知，他需要向共产党领导人说明，这次会谈纯属探索性质，因为美军空降师是否会来中国还没有最后决定。

包瑞德于是在延安向中国共产党领导人说明，一个美军空降师可能在山东空降，希望得到第 18 集团军的配合。

这个消息让毛泽东等中共领袖兴奋不已，他们猜测，是不是希契上尉回美国的使命已经有了积极的结果。不管这两件事有没有直接的关系，他们给了包瑞德十分肯定的答复："没有问题，如果美军空降山东，第 18 集团军将接应美军，并提供最初几天的给养。"

回到重庆，包瑞德把会谈结果向美军总部做了汇报。接着，包瑞德听到了一系列好消息，先是他将被调任美军驻中国作战指挥部的参谋长，不久，他又得知魏德迈将军已提名他晋升准将，这是包瑞德作为职业军人期盼多年的。

照常理来说，经魏德迈提名晋升后，一套常规程序走下来，包瑞德很快就可以佩戴起那颗将星了。

不料事情却没有按常规去发展，1945 年 1 月初，潜伏在延安的国民党特工向重庆报告说，包瑞德向共产党平白地提供了一个美军师。听到这个消息，蒋介石大惊失色，他当然不希望看到第 18 集团军与美军的直接军事合作，于是蒋介石要求赫尔利对此做出解释。

而此时，美军已基本放弃了登陆中国的计划，如果没有节外生枝，华盛顿和延安可能会对此事永远保持沉默，但此事一经国民党当局捅出来，事情就不那么好办了。

美国驻华的军政领导人都不愿意出面承担责任，于是，包瑞德成了

众矢之的，成了替罪羊。用他自己的话来说，是"大祸临头"了。赫尔利电告美国陆军部暂缓授予包瑞德准将军衔，结果，包瑞德直到退伍也仍是一名上校。

实际上，包瑞德去延安协调美军在中国沿海空降并非希契努力的结果。

希契于12月底才到达华盛顿。1945年1月6日，希契来到五角大楼，向参谋长联席会议郑重地递交了朱德的信，并汇报了中共的军事实力等问题。

面对眼前一片片闪烁的将星，年轻的希契把他在延安看到的一切做了如实的汇报。在25分钟的汇报即将结束时，希契大胆地说出了这样的话：

"我并没有将我自己对共产党人的好恶掺杂在汇报里，但我想说明，我坚信他们是当代中国一支不可忽视的力量。我们应当加强与他们的合作，因为无论我们花多少钱来帮助蒋介石政权，最终赢得中国的仍然一定会是共产党人。"

大有远见的希契的这番话并没有在五角大楼引起太大的反响，也许美军的大员们注定要在朝鲜战争以后才能品味到这番话的分量。

希契要求尽快回到延安的岗位上，美国海军最初也制定了送希契回中国的详细计划，他们准备派一艘潜艇把希契送到山东半岛秘密登陆，回到共产党控制的解放区。然而不久后，希契忽然接到命令，要他立即去菲律宾报到，去做一些阅读地方新闻之类的琐碎工作。

不久后希契便退伍从商。包瑞德几乎与希契同时离开美军观察组，被安排到美军中国战区参谋部工作。

正在美军观察组的成员们为失去了包瑞德和希契这样曾经朝夕相处的伙伴而伤感时，一个不幸的消息传到延安，美军观察组最年轻的成员惠特赛牺牲在了太行山区。

这一系列的不测，让中共彻底失望了。

第十章　无解难题
——扑朔迷离的边境

棘手的问题

由于政治和意识形态上的分歧，抗战前的中苏关系十分微妙，时好时坏。

1937 年七七事变发生后，苏联旗帜鲜明地支持中国抗战。7 月 13 日《真理报》发表了声援中国的文章。14 日，苏联外长李维诺夫接见中国大使蒋廷黻，表示愿意援华，国民政府开始加强对苏关系。

8 月 21 日，中苏两国代表在南京签订《互不侵犯条约》，这无疑是苏联对中国的重大道义支持。

签约后，蒋介石派军委会参谋次长杨杰、中央执行委员张冲，以"实业考察团"名义赴莫斯科谈判苏联对华军事援助问题；1938 年 2 月，又派孙科为特使赴苏，请求苏联援华。

斯大林明确表态，"苏联愿始终相助"。2 月 7 日，中苏签订《军事航空协定》。3 月，苏联向中国提供第一笔长期贷款，用于购买苏联的武器装备。7 月，苏联又第二次提供信用贷款。以上两笔贷款各为 5000 万美元。1939 年 6 月 13 日，苏联对外贸易部长米高扬与孙科再次达成协议，签订了 1.5 亿美元贷款条约。一年后，苏联另外再提供 5000 万美元。以上贷款，中国则以农矿产品作价偿还。

1939 年 6 月 16 日，中苏又签订了《通商条约》，发展两国的商务关系。

苏联不仅从道义上、物资上支援中国抗战，还先后派遣军事顾问和志愿人员直接帮助中国人民抗战。

据统计，1937 年底至 1939 年夏，苏联派遣来华的军事顾问和专家达

3365 人。截至 1939 年底，苏联派出志愿空军飞行员计 5 个大队 2000 人和 1000 余架飞机。苏联志愿空军参加过保卫武汉、重庆、成都、兰州的空战，有 200 多位飞行员牺牲。

1939 年 9 月 1 日德军入侵波兰，第二次世界大战就此爆发。苏联对华军援开始逐渐减少。随后，苏联因"东方战线"问题被国联开除。投票时，中国代表投了弃权票。苏联外长为此诘问中国代表，中国向苏联作了解释，并保证"如国联此后有制裁苏联之行动，中国必尽力打消之，使不成立"。

此后，中苏双方依旧友好往来。

1940 年 5 月，国民政府改派邵力子为驻苏大使，加强对苏工作。截至 1941 年，苏联援华军火与贷款数，是英美两国之和的 4.5 倍。

毛泽东曾经说过："抗日战争以来，没有一个帝国主义国家的政府真正援助我们，只有苏联是用了大量空军和物资援助了我们。"

连一贯亲美的宋美龄也公开承认："中国抗战 3 年来得自苏联之物资援助，实较自英美方面获得之总和多至数倍之多。"

但此后，中苏关系便出现了危机。

1941 年 4 月，苏联为避免同时与德国、日本的两面作战，保障其远东地区的安全，与日本签订了《日苏中立条约》。

《日苏中立条约》中还附有一项《疆界宣言》，规定双方互相承认外蒙古和伪满洲国。

这显然严重侵害了中国主权。

4 月 15 日，国民政府外交部长王宠惠奉命发表声明指出：苏日宣言"对中国绝对无效，中国决不能承认"。

《中央日报》记者为此前往苏联驻华大使馆，要求采访潘友新大使，潘友新却托病不出。4 月 15 日，中国驻苏大使邵力子拜访苏联外交部长莫洛托夫，莫洛托夫表示："该条约专为苏联保持和平，与中国无关，谈判时也没有提及中国，不影响中国抗战。"

19 日，潘友新大使也向蒋介石说明："《日苏中立条约》中，没有涉及任何中国问题，苏联对中国的政策与态度始终一贯，毫无改变。"王宠惠外长向参政会留渝委员报告外交情况时，也证实了苏联援华的"西北运输现亦照常维持"，没有中断。

于是，中国当局决定不恶化同苏联的关系，将两国关系维持在现有水平上，继续争取苏联对中国的援助。

5月5日，根据中国的建议，苏联恢复了中断多时的连接重庆的阿拉木图至莫斯科段的航空运输线。5月8日，孔祥熙与苏联大使潘友新就有关中苏物资交换问题进行了谈判。外电对此评论道：

"此项谈判，紧接日苏中立协定之成立而进行，尤有意味，盖可使一般人相信，日苏中立协定并不影响苏联之援助中国。"

但不论中苏之间的关系是蜜月还是冷漠，甚至是反目，新疆问题始终是一个绕不开的敏感节点。从太平洋战争爆发到1944年底以前，中苏之间的矛盾主要围绕所谓"新疆问题"展开。

抗战爆发以后，苏联对中国的军事援助都是通过新疆进行的。当时新疆处于军阀盛世才的控制之下，通过对盛世才的援助，苏联获得了当地石油、农产品和其他矿产资源的控制权。正如苏联外交官阿·列道夫斯基所回忆的：

"在伟大的卫国战争年代，苏联大量的食品绝大多数来自新疆。"

为保持这种局面，苏联在新疆一直驻有军事机构。但是，1942年7月7日，一向标榜"亲苏、联共、反帝"的盛世才，眼看苏军在对德作战中形势不利，突然向蒋介石表示归顺，并于9月17日逮捕了在新疆协助工作的100多名中共干部。

闻得此讯，蒋介石立即派军队进入新疆支持盛世才，并派宋美龄等人去迪化，称中央已派兵进驻西安、玉门，牵制在哈密的苏军，另将委派外交特派员赴新疆，将外交权收归中央，要求盛世才"肃清"在新疆的中共人员并通知苏军退出新疆。

7月16日，蒋介石召见苏联大使潘友新，通告苏方：今后凡有涉及新疆与苏方关系的事务，概由中国中央政府负责。10月24日，邵力子与苏联外交部长莫洛托夫会谈，莫洛托夫表示：

"在我国自斯大林与我以及所有参加政治生活之每一人，无不主张中苏两国之亲善……中苏两国在历史上、政治上之关系，须为良好。"

同年12月11日，苏联大使潘友新向蒋介石递交了斯大林的信函。斯

大林在信中指出，苏中两国人民的友谊，在过去的艰苦环境中处处都有表现，他相信这种友谊在今后定能继续巩固发展，在战后能奠定两国人民合作的基础，树立全世界永久和平。他相信新疆问题不致影响两国之间的友好合作关系。

蒋介石探明苏联态度后，便想乘机取得对新疆的控制权。为此，他于1943年4月迫使苏军撤出哈密，同年6月派军队进驻哈密。而盛世才则秘密杀害了中共在新疆的领导干部陈潭秋、毛泽民、林基路等人。

蒋介石在日记中写道：

"盛世才转向是国民政府自成立以来最大之成功。"

国民党的反苏、反共行径，遭到中共的严厉批驳，引起盟国的普遍关注。苏联政府通过驻华大使馆向蒋介石表示对国共关系的严重关切，苏联报刊也在几年来第一次发表了抨击国民党的文章。

1944年3月，新疆哈萨克族中的少数分裂主义分子胁迫部分居民逃往外蒙古，中国方面派兵追赶，遭到外蒙古军队和飞机的袭击，中苏关系再度紧张。

苏方宣称这是因为中国军队已进入外蒙古境内，而中国方面却予以否认，并说明苏联飞机已越境袭击了承化和赤台。蒋介石向美国通报了这件事，一再说这不是一件地方性的偶发事件，希望罗斯福予以注意。

8月11日，反复无常的盛世才又在新疆逮捕国民党员200余人，并致电蒋介石要求将他们召回或撤换，同时还给斯大林打电报表示要"悔过自新"。

蒋介石闻讯立即下令撤销了新疆边防督办公署，调盛世才为国民政府农林部长，任命吴忠信为新疆省主席，同时指示吴忠信和驻苏大使馆参事刘泽荣向苏方表示友好。

然而，中苏关系并未因此而改善。同年11月12日，在苏联的支持下，伊犁成立了"东土耳其斯坦人民共和国临时政府"，与国民政府脱离了关系。

"临时政府"主席伊力汗吐拉否认新疆是中国的一个省，称"东土耳其斯坦"是其祖国。他的错误说法遭到了临时政府内的阿合买提江·卡斯米、阿布杜克里木·阿巴索夫等人的批评和反对。

阿合买提江指出，新疆是中国的一个组成部分，中国是新疆人民的祖国。阿巴索夫也向新疆人民和广大知识分子宣传中国共产党，赞颂中共的主张，认为新疆人民的斗争是中共领导的人民事业的一部分，要求坚决维护祖国的统一和各民族的团结。他们的观点得到大多数人的赞同，他们也逐渐成为临时政府的领导核心。

苏联驻新疆的主要外交官也认为伊犁政府宣布独立并不妥当，可是也有人表面不置可否，内心却另有主张。

伊犁"临时政府"的成立使蒋介石左右为难。国民政府外交部向他建议："关于新疆问题，我们应针对苏方策略筹划应付方针。"

外交部分析道："新省少数民族，因我过去民族政策之错误，故易受苏方之诱惑发生叛变。一旦事变发生，颇难收拾。为谋确保新省之安全须先安定少数民族，放弃过去一贯之高压政策，赋予自治政策，由我督导，增强省防。但必须避免刺激苏联，与苏联协商经济合作须以经济互助为前提，若借助于英美又易启苏联之猜忌，莫若顺水推舟，迎合苏联之意。这样做，一方面可达成我新省之建设，另一方面又可暂时稳定苏联对新疆之态度。"

但蒋介石意识到此事牵涉对苏外交的全局，指示不可盲动。吴忠信秉其旨意，一方面宣抚地方，一方面大讲敦睦外交，并请派青海国民党军队进入新疆，权充后盾。

但是，"新疆问题"并未得到缓解，它与外蒙古和唐努乌梁海一样，成为中苏关系中的重大难题。

被"保护"的外蒙古

外蒙古原系中国领土，辛亥革命爆发后，沙俄乘机唆使外蒙古封建领主脱离中国宣告独立。1912 年到 1913 年间，沙俄政府擅自同外蒙古签订了一系列条约，将外蒙古完全置于俄国的"保护"之下。沙俄政府又以"承认中华民国"为诱饵，对袁世凯政府进行讹诈。

1913 年 11 月，袁世凯政府与沙俄签订了《中俄声明》，追认了"俄蒙协议"，"承认外蒙古的自治权"。虽然声明中载明"俄国承认中国在外蒙古的宗主权"，外蒙古是"中国领土的一部分"，却又规定中国政府不能在外蒙古设治、驻军和移民，实际上承认了沙俄对外蒙古的控制。

十月革命爆发后，北洋政府派军队开进外蒙古，失去靠山的外蒙古傀儡被迫宣布"情愿取消自治，所定有关条约概无效力"。

但沙俄政府在策动外蒙古"独立"的同时，还强占了外蒙古西北部的唐努乌梁海地区。该地区位于叶尼塞河上游，面积 17 万平方公里，相当于一个湖北省的面积，人口 7 万人，历来属于中国，19 世纪初沙俄就把这一地区称为"移民之天国"，极欲侵占。

1914 年沙俄宣布该地为其保护地。1918 年在唐努乌梁海建立了苏维埃政权，并于 1921 年宣布独立。同年，苏俄宣布放弃对唐努乌梁海的保护制度。1926 年，该地又宣布成立图瓦人民共和国，实行新宪法。

然而，中国政府从未承认过该地独立。

上述危机一直制约着中苏关系，并成为日后中苏交涉中的难点。蒋介石放心不下，在开罗会议期间曾对罗斯福声称，唐努乌梁海在被沙俄划进版图以前，一直是中国外蒙古的一个部分。他说，这个问题将来必须同外蒙古问题一起与苏联谈判解决。

但罗斯福虽然对此表示关切，却不肯作出任何承诺。实际上，这时罗斯福已打算以牺牲中国的利益，来换取苏联在远东参加对日作战。

1945 年 2 月，在没有邀请中国代表出席的情况下，为促使苏联尽快参加对日作战，美、英在雅尔塔与苏联签订了《雅尔塔协定》。该协定损害了中国的领土主权和利益，其中涉及：维持外蒙古现状、苏联租借旅顺军港、大连港国际化、中苏铁路和南满铁路由中苏合营。

直到 6 月，新任美国总统杜鲁门才将《雅尔塔协定》的内容透露给中国政府。蒋介石十分生气，表示：

"美、英、苏三国在雅尔塔签订的密约，中华民国没有参加，在法律上不受其约束。"

为寻求公道，6 月 27 日国民政府行政院长宋子文率领中国代表团前往苏联谈判。在这之前，苏联新任驻华大使彼得罗夫曾拜见过蒋介石，向他提出以《雅尔塔协定》的各项内容作为中苏交涉的"五项先决条件"，所不同的是将外蒙古维持现状改为独立。蒋介石提出"租借"旅大不妥，应改为共同使用，同时坚持中国有使用旅顺军港的权利以便战后接收东北。但是，彼得罗夫却以《雅尔塔协定》为本，寸步不让。

6月30日，中苏会谈正式开始，双方就一系列问题进行了艰难的磋商。宋子文拒绝承认外蒙古的独立，宣称苏联在东北的势力必须限制在共同管理和使用大连、旅顺两个港口与中东、南满两条铁路之内。但斯大林坚决反对，他要求中方正式承认外蒙古独立，由苏联单独管理和控制上述港口和铁路，并进而提出允许苏联在旅大周围建立特别军事区的新建议。

后来，中苏双方都作了让步，尤以中方让步为多。

7月21日，宋子文以回国请示为借口离开苏联回重庆，其真实的动机之一，是害怕在一个使中国倒退30年的协定上签字而断送了自己的政治前程。

殷鉴在前，当年李鸿章作为大清的谈判代表背上那么多黑锅，几十年都被骂成卖国贼，宋子文怎么敢拿这么大的主意？

斯大林亦因参加波茨坦会议离开苏联，谈判中断。

德国投降后，美国对苏政策趋于强硬，国务卿贝尔纳斯认为，原子弹可以使日本"在俄国参战以前投降，这样就可使中国免遭其难"。因此，他于1945年8月5日，即美国向日本广岛投掷第一颗原子弹的前一天，指示驻苏大使哈里曼转告苏方，中国已完全满足了《雅尔塔协定》中所提条件，中苏之间不得达成有损于美国的协议，特别反对将大连港包括在军事区内，因为这是违背"门户开放"政策的。

斯大林于8月6日要求立即恢复谈判，同时准备作出某些让步。于是，刚接任外交部长的王世杰，又与宋子文一道赴莫斯科谈判。

8月8日中苏双方重开谈判。就在这一天，苏联对日正式宣战，次日，苏军越过中苏边界，进入东北。8月10日，蒙古对日宣战，苏蒙联军亦进入中国境内。

与此同时，中共中央发出了举行大反攻的命令，并派部队向热河和东北进军。新疆三区政府的军队也已向迪化进军。

面对这种局面，蒋介石担心如不及时与苏方签约，不仅东北、内蒙古会在苏军的支持下被中共军队所占领，就是新疆也恐难保全。因此他指令宋子文、王世杰，在苏联保证不援助中共、尊重中国东北主权的完整、不干涉新疆的内政和规定苏军自东北撤退期限的前提下，可以作出重大让步。

这样，在以后的谈判中，苏方就重申不支持中国共产党，并保证将东北行政权转交国民政府，而中方在大连问题及中长铁路局局长人选问题上，则基本同意苏联的要求。

8月14日，正当世界反法西斯战争胜利的消息传开之时，中苏双方在莫斯科签订了《中苏友好同盟条约》及两项换文。同时签订的还有《关于中国长春铁路之协定》《关于大连之协定》《关于旅顺口之协定》《关于中苏此次共同对日作战苏联军队进入东三省后苏军总司令与中国行政当局关系之协定》，此外，还有两个附属议定书及关于苏军从东北撤军的记录。

代表双方政府在条约、协定及议定书上签字的是中国外交部长王世杰和苏联外交部长莫洛托夫。同年8月24日，《中苏友好同盟条约》和有关协定及议定书等，经中苏双方交换批准而正式生效。

在换文中，"苏联政府同意予中国以道义上与军需品及其他物资之援助，此项援助当完全供给中国中央政府即国民政府"。苏联承认中国对东北及新疆的主权，不干涉中国内政。

《关于中国长春铁路之协定》规定："中东铁路及南满铁路由满洲里至绥芬河及由哈尔滨至大连、旅顺之干线，合并成为一条铁路，定名为中国长春铁路，应归中华民国及苏维埃社会主义共和国联盟共同所有，并共同经营。"30年后该路无偿移转中方。

《关于大连之协定》规定：大连辟为自由港，对各国贸易及航运一律开放，行政权属于中国。"港口主任由中国长春铁路局局长在苏籍人员中遴选"，所有港口工事及设备一半无偿租与苏方，租期30年。大连平时不受旅顺驻军之军事监督，战时受其军事统制。苏联经长春铁路进出该港之货物"均免除关税"。

《关于旅顺口之协定》规定，旅顺为仅由中苏两国军舰和商船使用的港口，由中苏军事委员会管理（中方2人、苏方3人，并由苏方出任委员长），海军基地的防护"由中国政府委托苏联政府办理之，民事行政属归中国政府负责，但人选及任免须经苏方同意，苏方有驻军权，30 年期满后一切产权归中方"。

这样一来，在其后的三年国内战争期间，大连因受上述条约的限制，国共双方都没有把它作为争夺的地区。大连因而在这 3 年中实际上成了真空地带。

对外蒙古的独立，"中国政府声明，于日本战败后，如外蒙古之公民投票证实此项愿望，中国政府当承认外蒙古之独立，即以其现在之边界为边界"。

这样一来，苏联便通过这些条约及协定，从中国勒索了大量的权益。

西方学者对此评论道：

"由于签订了这些条约，俄国在整个满洲将享有军事上的优势，并且通过对铁路的控制，也就能控制了这个地区的全部经济生活"，"苏联得到了实质上是帝俄从 1898—1904 年间享受过的同样的法定权利"。

而在外蒙古问题上，苏联给中国服了"一剂难以下咽的苦药"。

美蒋方面则对条约和协定持肯定的态度。宋子文认为斯大林已接受了他为之辩护的基本原则，称双方达成的文件令人满意。

8 月 16 日，蒋介石通知美国特使赫尔利，说自己"总的来说是满意的"，理由是："《中苏条约》指明，苏联方面有意：一、帮助促成中国军队的统一；二、支持中国创造一个统一、民主政府的努力；三、支持中国国民政府。"

中国共产党对《中苏条约》表示了谅解和支持，与此同时，要求党内坚持自力更生，以排除条约的不利影响。毛泽东说：

"《中苏条约》为远东和平之保障物，并非对我国之民主运动不利；苏联与国民政府签约，实则除国民政府而外，自无可为对象者。我们完全同意《中苏条约》，并希望它的彻底实现，因为它有利于两国人民与世界和平，尤其是远东和平。"

12 月 18 日，周恩来就接收东北问题发表谈话时指出："东北是中国的东北，国民政府代表中国去接收东北主权，这是应当的，但如何建设东北，却是内政问题，不能混为一谈。"

美国与蒋介石政府之间的默契与配合，使苏联不得不竭力设法把中国东北变成自己在远东的战略防波堤。而苏联人在东北问题上不断提高要价，又不可避免地使中美两国政府对苏联的意图充满疑虑。但美国从幕后走到台前，在对苏问题上公开支持蒋介石，反过来又愈益加重苏联的反感和警觉。

　　最后，苏联为阻止美国人把他们的手伸到中国东北地区来，违背它所作过的只承认中国国民政府和一切道义上的与军事上的援助只提供给国民政府的承诺，也是可想而知的。

第十一章 "国母"访美
——"宋美龄旋风"

一 顾倾人国

首次出访

宋美龄虽未在民国外交界正式任职，却在抗战时期变幻无常的国际风云中和中国的外交舞台上，以其独特的政治身份、融合东方古典和西方优雅的气度，以及与生俱来的聪颖和魅力，倾倒全美，震动世界，成为民国外交史上深具影响力的人物之一。

1940年宋美龄缝制寒衣慰问远征军将士

在21世纪初，当她平静地为自己的生命画上句号的时候，连她的政治对手也对她的逝世表示深切的哀悼。宋美龄在抗战期间曾多次出国访问，而首次以"第一夫人"的身份随同蒋介石出访，是1942年2月4日至21日访问印度。

当时的印度在世界反法西斯战争中占有重要的战略地位，中印交通是缅甸失守后海外通往中国的唯一通道。中国全面抗战爆发后，印度国大党和印度人民热情支持中国抗战。

然而，当时的英印关系却十分紧张，印度国大党明确表示：如果印度不能获得独立，就不参加此次战争。英国殖民当局则对国大党的独立采取镇压态度。日本趁机而入，表示愿意以实力支持印度摆脱英国的殖民统治，吸引鲍斯等印度人阴谋成立亲日的"自由印度政府"，印度局势极有恶化的可能。

在这样的形势下，宋美龄陪同蒋介石访问印度，其目的有三：

一是与英当局商议开辟中印交通线，使印度成为援华军火的中转基地和生产基地，实现中印缅联合防御合作等，劝说印度国大党暂时搁置独立主张，暂时维持现状，支持世界反法西斯战争，以避免日本有隙可乘。

二是利用反法西斯战争的有利形势，劝说英国放弃在印度殖民统治。

三是调解英印关系，提高中国在处理亚洲事务中的国际地位等。

在印度，宋美龄陪同蒋介石不仅与英国驻印度总督进行了会谈，也分别会晤了圣雄甘地，国大党领袖尼赫鲁，未来的巴基斯坦之父、穆斯林联盟主席真纳，以及妇女界领袖都奈夫人等。

在访问印度圣地尼克坦的国际大学时，宋美龄应邀以英文发表演说，她对不久前逝世的印度文学巨匠泰戈尔表示了崇高敬意，并热情赞扬中印两国人民的友好关系。

2月15日，全印学生会举行"中国日"活动，请宋美龄将一面题有"敬赠英勇的中国学生"的锦旗转送中国学生团体。全印妇女协会也举行茶会欢迎宋美龄，宋美龄还向都奈夫人赠送了中国丝绸绣品。

2月21日，蒋介石夫妇启程回国前，宋美龄代表蒋介石亲自用英文广播了《告印度人民书》，称中印两国人民命运相同，号召印度人民参加世界反法西斯战争。同时，敦促英方"不待印度人民有任何之要求，而能从速赋予印度国民以政治上的实权，俾更能发挥精神与物质的无限之伟力"。

尽管蒋介石夫妇此行未能完全达到目的，但这是近代中国政府首次参与地区国际外交，对于推动中印关系的发展起到了积极的作用。

"价值相当于20个师"的夫人

宋美龄在民国外交中最具影响力的历史性事件，是1942年11月26日至1943年7月4日应罗斯福总统之邀访问美国，受到美国朝野的热情接待和欢迎。那几个月，美国媒体和民众都为之倾倒！

宋美龄赴美之议始于美国总统特使威尔基 1942 年 9、10 月间对重庆的访问。蒋介石夫妇热情招待这位热情奔放而又快言快语的特使。威尔基建议蒋夫人访问美国，说以她的才气、智慧、说服力和魅力，必将能使美国人民更加了解中国，她将是一个"完美的大使"，对争取中国抗战所需要的外援将起到巨大作用，美国人民就需要"这样的访客"。

1943 年宋美龄访美受到隆重接待

宋美龄虽以治病疗养为由以私人身份出访，实际上是蒋介石的特使，其使命是协助外交部长宋子文办理中美外交，向美国人民广泛宣传中国抗战，争取美国朝野对中国的同情。

宋美龄受到了罗斯福总统夫妇以及美国民众的、完全出乎她自己预料的盛情接待。

她飞抵纽约后，先进医院作治疗。罗斯福夫人亲自到医院探望，并正式设宴款待。出院后，罗斯福总统夫妇竟然邀请她到设在戴维营的总统别墅小住了两个星期，这在美国历史上还是首次。

宋美龄在战时展示的坚毅个性、女性风范与罗斯福夫人有许多相似之处，因而受到她的欣赏。她不仅给宋美龄介绍华府的各位名流，还为她举办了白宫记者招待会，出席招待会的世界各国记者多达 170 余人。

美国《时代》杂志多次登载她的玉照及专访，一时间，美国出现了万人争睹其风采的盛况。

美国国会两院都邀请她前去演讲，她是美国历史上继荷兰女王之后应邀在国会演讲的第二位女性。

1942 年 2 月 18 日，宋美龄在美国国会发表演讲，美国朝野好评如潮。

《华盛顿邮报》在当时的报道中说："蒋夫人身穿黑色的富有魅力的

中国旗袍，身材苗条，举止端庄，说一口地道的英语，声音柔美，她使国会觉得是在听'世界上的一位伟人在讲话'。"

《生活》杂志的记者也报道说："国会议员们被她的'优雅风度、妩媚和智慧迷住了……大家惊愕万分，神魂颠倒'。"

宋美龄还赴美国各地发表演讲，如纽约市政厅、麦迪逊广场、芝加哥运动场、旧金山市政厅、好莱坞等地，所到之处广受欢迎。

在好莱坞，她在露天广场向 3 万名听众发表演讲，会见了 200 多位支持中国抗战的影剧界人士，不少为中国人所熟知、名声如雷贯耳的大牌明星，如秀兰·邓波儿、凯瑟琳·赫本、亨利·方达、丽泰·海华丝、英格丽·褒曼、劳勃·泰勒、贾利·古柏等，都争着上前与这位魅力无穷的中国女人寒暄，并踊跃捐款支持中国抗战。

宋美龄与罗斯福总统夫人一见如故

宋美龄以其非凡的个人魅力、面带微笑的开朗性格以及流利地道的英语征服了许多美国人的心，一时间，美国出现了"宋美龄旋风"！

访美时宋美龄演讲盛况

宋美龄访美时，美国洛杉矶市长致欢迎词

宋美龄的出访，对于增进美国人民对于中国抗战的了解，促进美国人民对于中国抗战慷慨捐款，推动美国政府加强援华起了不可替代的作用。蒋介石曾对记者称赞说："她的价值相当于 20 个师。"

罗斯福总统事后说："我对于蒋先生的认识全部是通过他的夫人。"

目中无人的丘吉尔

太平洋战争爆发后，中英结为战时盟国，共同抗击日本法西斯侵略。但由于英国的远东战略与中国的抗日外交宗旨差距较大，双方围绕着中国的四强地位、印度的独立、中国香港的回归、缅甸战役的重开、战后东三省地位、中英战争贷款等一系列重大问题分歧尖锐，交涉层出不穷，其数量之繁多，争执之激烈，在同盟国之间是十分突出的。

宋美龄访美取得巨大成功，在同盟国间传为美谈。英国政府为了与美国实行平行的对华政策，以确保其在同盟国间的地位，也由英国女王出面，邀请宋美龄访问英国。英国外相艾登向中国驻英大使保证，一定用最庄重堂皇的仪式来接待宋美龄。

然而，由于中英间存在的种种问题，特别是丘吉尔在演说中鼓吹"先欧后亚"的盟国战略，称用不着使用对付德国的全部军队去"挽救"中国，并称战后的亚洲秩序将由英、美、苏三大国商讨和决定，故意将中国排除在外。

这引起了蒋介石的强烈不满，认为这是对中国的"有意轻蔑"。

因而，宋美龄不仅没有接受访英邀请，也谢绝了在华盛顿与丘吉尔会面。

丘吉尔在其回忆录中曾经称赞宋美龄"是一个非常特殊亦极有魅力的人"，但他低估了这个"非常特殊的女人"的个性。

宋美龄曾就此事对资深外交家、前任外长顾维钧解释说："丘吉尔目中无人，一定要我去华盛顿见他，我谢绝了。因为在国际关系和个人关系中，礼仪和尊严至关

丘吉尔对中国的傲慢让
宋美龄气愤不已

重要，必不可少。我因为没有外交部长之类的正式职务，所以完全有条件表现得坚决些。"

然而，老资格的外交家顾维钧却很为此事惋惜，认为"英王邀请她做国事访问，肯定是一种表示深切友谊的姿态，这是给中国的荣誉，英国是很少给别的国家的。夫人错过了一次难得的机会"。

宋美龄拒绝在华盛顿会见丘吉尔和访问英国，让英国很没有面子。随后，中国外交部长宋子文访问伦敦时，英国外相和外交部常务次官都没有到车站去迎接。这可以看做是外交上的对等，更是一种报复。

"她是我永远的女王"

宋美龄的一生与中国外交结缘，和中国空军的建设也有着千丝万缕的联系。1935年1月，国民政府成立航空建设委员会，蒋介石自兼委员长，宋美龄自告奋勇担任秘书长，实际上领导着空军的筹建工作。

她曾撰文《航空与统一》，称"一切促进中国统一的新发明，或许要推飞机的功绩最为伟大"。她常说国民党空军是"我的空军"，也有人投其所好地称她为"中国空军之母"。

当时，中国空军的教育和训练均在意大利人控制之下，技术既落后，管理亦混乱，宋美龄决意改变这种状况。她聘请美国航空队飞行员霍勃鲁克为空军顾问，又通过他引进了美国著名飞行员陈纳德。

陈纳德提出的战斗机理论曾经严重挑战航空界传统的"轰炸机至上论"，他组建的"秋千三人组"飞行特技队曾震撼了国际航空界。苏联空军曾以高薪聘请他赴苏服务却被他拒绝了。

然而，他锋芒毕露的性格和爱与上峰较劲的脾气使其军旅生涯处处不畅，年仅47岁，上峰即以耳聋为由让其退役。

正当陈纳德心灰意冷之时，霍勃鲁克转寄来了宋美龄的信，邀请他到中国担任3个月的空军顾问，并对中国空军的战斗力作出客观而全面的评估，他还可以驾驶中国所有的飞机，陈纳德一口答应了。

1937年6月上旬，陈纳德来到上海见他的"老板"宋美龄。两人一见如故。宋美龄不仅能说一口流利的英语，而且还带有与他一样深重的南方口音，这更增加了陈纳德对她的尊敬和亲切感。当天晚上，他在日记中写道：

"她是我永远的女王。"

即使在 10 多年后，陈纳德回忆起与宋美龄的首次见面，仍承认自己沉浸在激动之中。这次会见，使陈纳德与中国国民党高层人物之间建立了密切的联系。

陈纳德参加了中国空军的整顿和建设，并参加了中国持续 8 年的抗日战争。其间，宋美龄始终承担着支持、协调、帮助陈纳德的职责，成为中美之间进行联络的桥梁。如陈纳德回忆所说，每当他遇到克服不了的困难，他都会向蒋介石、宋美龄提出辞职，前后不下百余次，但每次都会在蒋氏夫妇的帮助下，顺利地解决困难，直至抗战胜利结束。

成也美龄，败也美龄

香烟事件

美国学者巴巴拉·塔奇曼在 20 世纪 70 年代所著的《史迪威与美国对华经验》一书，用比较大的篇幅和笔墨描述了宋美龄 1942 年 11 月至 1943 年 7 月期间的访美活动，特别提到了在此期间一件看起来很小，却在当时引起轩然大波，并直接导致罗斯福政府对宋美龄、对蒋介石政权态度发生根本性转变的事件。

这就是鲜为人知的"香烟事件"。

宋美龄刚到美国的时候，的确是受到了美国全国上下的一致欢迎和热情接待，正如威尔基预计的那样，全美上下都对蒋夫人"洗耳恭听"。

宋美龄访美时罗斯福总统曾亲自迎接

这个时候的罗斯福总统，也对宋美龄和蒋介石政权充满了好感和敬佩，他认为中国"在经过了五年半的抵抗之后使我们确信，重庆政府完全值得成为美国的盟友"。

从以上的这些文字可以看出，除了史迪威等少数对蒋介石政权知根知底的美国人以外，当时的美国政府和绝大多数美国民众，都对领导中国的蒋介石政权充满了好感，因为他们还根本不了解蒋介石政权的本来面目。

宋美龄的到访，恰好给了美国人近距离接触中国、了解中国的好机会，因此他们的兴奋与激动溢于言表是不难理解的。

但是，随着宋美龄在美国的时间越来越长，美国人对她、对蒋介石政权的态度开始逐渐发生了转变。

由于宋美龄患有一种周期性的皮肤病，因此她到美国后不久，就提出要去纽约的一家医院治病，陪同她的有董显光以及孔家大公子孔令侃和孔二小姐孔令俊。罗斯福总统的私人顾问哈里·霍普金斯亲自将宋美龄送到了纽约的哈克尼斯公馆。

在此期间，宋美龄就多次向霍普金斯表示"史迪威是一个傲慢无知、对中国政府充满敌意"的人，并将中国远征军第一次入缅作战失利的责任全部推到史迪威身上，这让霍普金斯很不高兴。

宋美龄1月初带着随从人员和孔家的两个外甥搬到白宫居住。她从国内带来了很多丝绸被单，每天都要更换。如果睡午觉的话，那一天就要换两次。她总是喜欢在房间里用餐而不去餐厅。尽管每个房间都安装有电铃和电话，但是宋美龄却总是喜欢用拍手和大声叫唤的方式来呼叫白宫服务人员，这让他们觉得没有受到应有的尊重，非常恼火。

宋美龄住在纽约华道夫饭店时，联邦特工人员只能在她外出以后去清扫电梯及走廊，还要征得她的随从同意之后，才能打扫她的房间。但是后来，宋美龄经常随意改变行程安排，甚至干脆就取消外出行程留在酒店里，这给联邦特工人员的工作带来了极大不便。

特工人员的头头曾经希望宋美龄固定她的行程安排不要随意更改，她就立刻要求把这个人调走。孔家的子女虽然没有宋美龄那么大的架子和特权，但其傲慢和高高在上的态度也同样令美方人员感到厌恶。

随着与宋美龄交往的逐渐深入，罗斯福及其夫人对宋美龄的看法也开始转变了，罗斯福的夫人埃莉诺曾经认为宋美龄是一个性格温柔、甜蜜，易于亲近的人，但是随着更多的接触和了解，她逐渐觉得宋美龄是个"外表看似柔弱，内心坚硬如铁、冷酷自私的女人"。

一天晚上，罗斯福夫妇邀请宋美龄共进晚餐，在席间谈到了美国约翰·刘易斯领导的矿工大罢工事件，罗斯福笑着问宋美龄："如果中国政府在战争时期遇到这样的事情，该如何解决？"

宋美龄没有说话，只是面无表情地用手指划过脖子做了一个"杀"的手势。罗斯福尴尬地笑了笑，问桌子那边的夫人："你看见她的手势了吗？"

在罗斯福为宋美龄举行的有170多名记者参加的记者招待会上，她问罗斯福何时才能尽快把援助物资运到中国，罗斯福回答："我们将以上帝允许的最快速度将物资送到中国。"宋美龄对此番回答不但不领情，反而针锋相对地说："上帝帮助那些自助的人。"

大家看到罗斯福的脸刹那间变得通红，但究竟是因为恼怒还是窘态，无人知晓。

1943年2月底的一天，宋美龄对白宫接待处的负责人说：希望美国财政部和纽约海关免征一批英国特制香烟的关税，因为那批香烟是她订的。美国人照办了，但由于德国潜艇的威胁，运送这批香烟的轮船比预定时间晚到了几天。

这批香烟还未卸下船的时候，宋美龄的随从人员就不断打电话催促白宫方面，要求将香烟立即送到宋美龄的住处。白宫接待处被这一整天没有间断过的催促电话搞得不胜其烦，只得命令财政部派专人"把香烟立即卸下用飞机送到华盛顿"。

这件事情被媒体报道出来以后，立即引起轩然大波。在前不久还对宋美龄大加赞扬的《华盛顿邮报》在一篇文章中不无讥讽地说：

"这个国家的人民还在饿着肚子抗击敌人的时候，他们的第一夫人却在万里之外的美国享用着飞机运来的免税香烟。""蒋夫人的行为没有表现出她想引导她的国家走向民主前程的意愿。""总统此时，……只想让她尽快离开美国。"

同蒋介石与史迪威的"西瓜事件"一样，英国"香烟事件""是一件具有重大意义的区区小事"。通过这件事，罗斯福和美国政府、美国媒体看清楚了宋美龄的本质，也越来越意识到"她丈夫领导的是一个腐败无能、贪婪自私、危机四伏的政权"。

这也使得白宫开始更加倾向于接受那些在华工作过的美国官员和记者的看法："国民党是一个腐败、无能、没有代表性、到处是漏洞的执政党"，"重庆政府各方面的情况严重恶化，正在导致某种最终垮台的局面"。

摩根索也对他的手下人员说："总统希望蒋夫人立即离开美国，除了他个人对'香烟事件'的愤怒以外，还担心蒋夫人日益不体面的私下举止会进一步影响到她在公众中的形象，进而有损于总统的对华政策。"

其实，"香烟事件"只是一件很小的事情。但是管中窥豹，一叶知秋，正是这样一件小事，让宋美龄和蒋介石政权的腐败、穷奢极欲、将个人利益凌驾于国家民族之上的嘴脸在美国人面前做了一次生动表演，也让美国人对宋美龄和蒋介石政权的态度发生了一百八十度的重大转变。

宋美龄参与民国外交的终结是1948年底奉蒋介石委派再次赴美访问，要求美国派遣麦克阿瑟将军赴华指挥国民党军队作战，批准给予中国30亿美元的援助等。

其时，国内解放战争正酣，辽沈、平津、淮海三大战役将蒋介石的精锐部队几乎消灭殆尽，美国已与国民党政权这艘即将沉没的大船逐渐拉开了距离。

这次华盛顿没有给宋美龄铺红地毯，没有邀请她在白宫过夜，也没有邀请她到国会演讲。等了一个星期，刚刚当选的杜鲁门总统夫妇才在白宫约见宋美龄，而且只允许她以半个小时的时间陈述请求，并明确表示"美国不能无限期支持一个无法支持的中国"。

宋美龄虽然魅力依旧，然而风光却不再降临她的头上。宋美龄此行一无所获，愤而离开华盛顿，住入孔祥熙私宅暂避。

她强烈反对美国政府发表的《白皮书》，认为蒋介石的失败全要怪美国给予的援助太少。

当宋美龄这次前往美国寻求援助的时候，美国人横眉冷对，让她处处吃闭门羹。因为美国人明白，这个政权就是一摊糊不上墙的烂泥，是多少美金和援助都救不活的。

"蓝鲸行动"

让我们再来叙述一则流传甚广，但却没有被各国的正式历史文件所证实过的事件。

这说起来的确有些耸人听闻，但不妨把它作为一段野史阅读。

据史迪威的助手、美国退役将军多恩所述，开罗会议期间，罗斯福对中国战区的状况十分不满，他给史迪威下令：如果不能与蒋介石合作，又无法排除他对我们的牵制，那就干脆把他干掉，然后再物色一个能够听从调遣的人取代蒋的位置。他限定史迪威3个月内干净、利索、不留痕迹地除掉蒋介石，过了3个月指令自动取消。

史迪威回到昆明后，就和亲信多恩准将密议此事。他告诉多恩要不留痕迹地除掉蒋介石，并把罗斯福的这项指令称为"蓝鲸行动"。因为该行动事关重大，所以要万无一失。史迪威和多恩想了包括投毒在内的多种办法，但是直到1944年初，获悉蒋介石拟应邀访问印度，并视察中国驻印度军队的消息后，他们才感到这是一个千载难逢的好机会。

按照预定计划，"蓝鲸行动"将先由美军军官在专机上做手脚，当蒋介石的专机飞越喜马拉雅山脉时，飞机发动机会突然发生故障，机上所有的人不得不弃机跳伞，而且为保证计划万无一失，机舱内所有乘客的降落伞都将失效。

于是，便出现了这样虚构的惊险一幕：

1944年3月的一天，蒋介石的专机正飞越喜马拉雅山脉的上空，目的地是印度。突然，飞机发动机出现故障，飞机即将坠毁。机组人员立即发出跳伞指令，工作人员先给蒋介石挂上了降落伞包，再给其他随从和机组人员也挂好了伞包，众人纷纷跳机逃生。然而，跳下飞机的蒋介石及其随从的伞包却没有打开，他们直向荒芜冰冷的雪山急坠下去。

第二天，世界各大媒体都发布了蒋介石遭遇空难的消息，日本国内一片欢腾，而盟军各国得知消息后非常惊愕。

　　这一幕差点成了事实。多恩回忆道，如果不是蒋介石临时改变了出访的时间，这件事将成为当时轰动世界的新闻，也将是一个历史之谜。而且，如果这个计划成功，美国总统罗斯福将是世界各国首脑中最早知道该消息的人，因为其手下将会在第一时间向他报告："'蓝鲸行动'成功！"

第十二章　大国地位
——泰姬陵和金字塔下的交锋

无奈的游说

美好的初衷

印度幅员辽阔，资源丰富，第二次世界大战时人口 3.5 亿人，是世界上仅次于中国的第二人口大国，也是盟国在亚洲的一个重要根据地。

1942 年 2 月，蒋介石对印度的出访，是国民政府在抗日战争期间的一次重要的外交活动，也是蒋介石以中国最高领导人身份第一次出国访问。

太平洋战争爆发后，日本在东南亚耀武扬威，战场形势十分严峻。当时中国唯一的国际补给线滇缅之间的公路，以及唯一的出海口仰光都受到极大威胁。

在此严峻的局面下，中国政府希望开辟中印之间的陆路交通和空中航线，作为与国际联络的第二生命线。但当时印度本身的局势却很不安定，印英当局与国民大会党（国大党）的矛盾十分尖锐。

欧战爆发后，印度总督即于 1939 年 9 月 4 日宣布印度进入战时状态。国大党谴责法西斯的侵略，但拒绝无条件支持英国作战。国大党当时的主张是：战时印度国家的首脑仍然是总督，中央立法机关仍然保持根据原有法律建立的那种形式，但政府对立法机关负责，而不对英国议会和政府负责。

国大党同时表示，只有英国答应战后让印度独立，才会支持英国作战。

国大党的要求遭到了英国政府拒绝。1940 年 10 月，圣雄甘地宣布开始公民不服从运动。国大党也提出了一个口号："用金钱或人力支持英国作战是最愚笨的事，而唯一有效的反战方式，乃是非暴力。"

为此，印英当局逮捕了近 3 万名国大党人。太平洋战争爆发前夕，鉴于印度内部的骚动与美国的压力，又将这些人释放，但双方的矛盾并没有缓和。

印度国内民族矛盾与宗教矛盾交织在一起。国大党代表了占全国人口一半的印度教人，伊斯兰教联盟代表了占人口四分之一的伊斯兰教徒，各土邦王公也统治着约四分之一的人口，这三部分人互不信赖。

日本则利用印度民众反英情绪，提出"亚洲是亚洲人的亚洲"的口号进行蛊惑宣传，以"亚洲的领导者"、"解放者"自居，要求"驱英、美出亚洲"。

在这种情况下，一旦日本进攻印度，而印度民众又不积极支持战争，印英当局势难抵御日军，这可能对盟国反法西斯战争带来灾难性的后果。

太平洋战争爆发后，中国通过与美、英、苏一起领衔签署《联合国家宣言》并成立了中国战区，在表面上提高了国际地位。当美英军队在日军凌厉攻势面前节节败退时，中国军队于 1941 年 12 月下旬至 1942 年 1 月中旬进行了第三次长沙作战，把进攻的日军打得落花流水，取得了盟国方面自"珍珠港事件"以来的第一次大胜利。

此时的蒋介石在政治和军事上的感觉都很好。作为"亚洲最大国的领袖"，他自以为应当，也可能对稳定印度局势发挥作用。

他希望通过访问印度，劝说印英当局和国大党双方作出让步：印英当局改变其殖民政策，允许印度取得自治领地位，并保证其战后独立；国大党暂缓要求完全独立，全力支持反法西斯战争，从而实行战时合作。

蒋介石相信，他可以对公平合理地处理印度问题"作出有价值的贡献"。

此外，他还打算与印英当局讨论战时合作问题。1942 年 1 月下旬，蒋介石向印度驻华大使卡尔表示他有意访问印度。卡尔在 1 月 24 日给外交部的电报中说："我强烈要求立即友好地赞同这项建议，对此蒋介石已下定决心，他以高昂的热情提出此议，其用意是以令人注目的方式表明他全心全意进行合作的愿望。"

27 日，外交部复电卡尔，表示"热情欢迎"蒋的建议，并肯定蒋与印度"行政和军事当局的接触对盟军在远东地区的协调作战极具价值"。但关于蒋要求会见甘地和尼赫鲁的建议，外交部认为要到印度后与总督讨论才能确定。

虽然英国政府口上说"热情欢迎"蒋介石访印，但实际上从一开始便对蒋介石与国大党领导人的接触采取防范措施。

2月3日，丘吉尔亲自致电蒋介石说："你这次只能作为印度总督的客人进行访问，住在政府大院或总督在德里或加尔各答的私人宅邸里。"

关于蒋会见国大党领导人的问题，丘吉尔说："此事宜在你和印度总督对整个形势进行讨论之后由他作出安排，否则，就可能会在印度和整个大英帝国造成最为严重的影响。不管怎样，如果你会见印度国大党领导人，你就应该会见8000万穆斯林的代表人物真纳先生、4000万平民的代表和统治8000万人口的印度诸王公的代表。国大党虽然在几年前的省级选举中获得了成功，但它并不能代表印度各个民族。"

2月4日，蒋介石、宋美龄由国防最高委员会秘书长王宠惠、国民党中央政法学校教育长张道藩、中宣部副部长董显光、英国驻华大使卡尔、英国驻华军事代表团团长丹尼斯等人陪同离开重庆。

蒋介石一行途经缅甸腊戌，5日飞抵加尔各答。并在加尔各答访问了两天。这里是印度的重要海港，太平洋战争爆发后，更成为盟国在东方的主要海运及空运中心。这里还是中国航空公司航线的终点，许多美国援华物资都是由此地经萨地亚转运中国的。

蒋介石会晤了加尔各答所在的孟加拉省省长赫伯特爵士，请求其"对于中国物资经加尔各答运华者，予以全力的帮助"。蒋介石还参观了这里的兵工厂和铸钢厂。

蒋介石一行9日抵达印度首都新德里，21日离印回国。在这十几天中，蒋介石同英、印各界人士进行了广泛的接触，其中包括英国驻印度的高级官员、国大党领袖、土邦王公贵族、印度教和伊斯兰教领袖。

蒋介石在与印度总督林里斯哥、英军司令哈特莱的多次会谈中了解了印度的防卫情况，讨论了中印军事合作问题。蒋介石提出，印度需要保卫的海岸线太长，印度没有足够兵力，因此，应集中兵力保卫东北和西北的重要战略据点，以维持中国与苏联的交通，只要中印、印苏交通保持畅通无阻，"即使损失一些城市或据点，也是不必介意的"；他还说，为防止日本切断滇缅公路，美国将供给中国运输机，开辟从萨地亚到云南省的航线，以运输美国援华租借物资，他希望印度对此予以合作。

印英方面同意美国援华物资在孟买或卡查克卸货，然后用火车或飞机运往萨地亚，在萨地亚除原有机场外再建两个较大的机场以供美国运输机使用。

但蒋介石在促进印英当局与国大党改善关系方面却没有取得什么成果。蒋介石在与林里斯哥的会谈中说：英国政府应该"立刻宣布印度实行自治领之日期，使印度人愿意作战而不为敌人所利用"。

但印英当局的方针是早已定了的。林里斯哥反诘说："印度没有一党或一派可以圆满执行政权的，我以为最好的办法，乃将政权逐渐地、部分地交还，否则一定会引起印度内部的自相残杀。"

他直截了当地表示反对蒋介石介入印度争端，说道："如果在民众心目中留有印象，以为阁下此来有如审判官地位，将判断是非曲直，并且是袒护国民大会党的，那将使我十分感觉困难。"

鉴于当时蒋介石迫切希望加强中印军事合作，并有求于印度，他进一步威胁说："这种印象绝不利于联合作战之努力。"林里斯哥要求蒋介石不偏不倚，既会见国大党领导人，也会见其他各党派领袖。

蒋介石数次会见国大党主席阿柴德和当时任执行委员的尼赫鲁，他建议国大党：

1. 用间接的方法（即政治手段）而不是直接的方法（即暴力手段）达到争取独立的目的。

2. 经过若干阶段达此目的，即先取得自治领地位，然后独立。

3. 放弃不合作政策，利用世界大战的机会，加速达到民族独立的目的。

蒋介石说，如果国大党放弃不合作主义，暂时停止对印英政府的攻击，积极合作，积极参加民主阵线作战，定能赢得盟国同情，则战后在和平会议上，"各国自必出力帮助，这是争取民族独立的最好的方法，也是最好的机会。如果国大党抱残守缺，坚持不合作主义，不积极参战，则不但不能增加同盟国对印度的同情，且将失去过去已有的同情，实是印度革命的损失"。

阿柴德和尼赫鲁同意使用政治手段来争取印度独立，但对蒋介石的主要劝告却听不进去。他们说，印度的问题"归根结底就是一句话，还是立刻将主权交还印度国民的问题。如果这方面能够寻求到解决的办法，我们可以考虑，否则不行"。

至于不合作主义，他们认为这是国大党唯一的武器，是不能放弃的。

倔强的"不合作主义"

甘地是国大党的精神领袖，不合作运动的创始人，蒋介石自然指望通过他来影响国大党，但与甘地的会见却费了一番周折。

蒋介石本拟到甘地住处孟买附近的瓦尔达拜访甘地，印英当局和英国政府都竭力反对，丘吉尔还在 12 日专门致电蒋介石说："此间内阁同僚均以为阁下提议访问甘地先生之举，可能会影响我们集中全印度力量以对抗日本的努力，此举或会无意中加重当地派系间的政见分歧。"

考虑到与英国的关系，蒋介石本想取消这一计划，但对此，甘地、尼赫鲁都表示十分失望和惋惜，蒋介石于是再次强烈要求英国政府同意他去见甘地。18 日，蒋终于在加尔各答同甘地见面，并作了长时间的谈话。

甘地一开始就介绍他的非暴力不合作主义，并称这是"第一号的武器。它不是消极抵抗，不是弱者的武器，而是只有强者才能用的。36 年的经验证明，这种方法是百分之百的正确"。

1942 年蒋介石夫妇访问印度时与
甘地（右二）合影

蒋介石夫妇与甘地和印度民众合影

蒋介石说："不合作运动用于印度，我并无异议……然而在印度之外，就为另一个问题了。"

甘地认为蒋介石误解了他的意思，解释说："抵抗侵略是中印两国应有的共同目标，印度的同情完全寄托在中国方面。国大党将采取'不捣乱政策'，不作节外生枝增添灾害的举动，也不阻挠军队开入中国。但是，现在印度的人力物力不论事实上还是法律上都在英国政府手中，所以不能指望国大党对于战争能有什么积极和有效的贡献。"

他要求蒋向英国政府施加压力，使印度获得自由，以此来使国大党相信其主张。对此，蒋介石实在是无能为力，所以说服甘地的希望又落空了。

在日本发动太平洋战争后的两个多月里，马来西亚、新加坡等英国殖民地接连沦于敌手，缅甸也岌岌可危，英国在亚太战场上处于被动挨打的地位。

这时，英国急切地盼望得到国大党的合作，以加强印度的防卫。

3月下旬，英国政府派掌玺大臣克利普斯访问印度，与有关各派进行协商。克利普斯带来了一个解决印度问题的方案，其主要内容为：

1. 第二次世界大战结束后，英国政府立即采取措施建立印度联邦，并给予自治领地位。

2. 战争结束后成立省和土邦的代表机构来制定新宪法。

3. 不愿加入印度联邦的那些省和土邦，可以保持与英国政府的旧有关系，或成立单独的自治领。

4. 战时对印度统治不作任何变更，印度各政党应帮助政府作战，全部国际责任由英国政府承担。

国大党断然拒绝了这一方案，主张英国从印度撤退，恢复印度自由，建立全印的国民政府，然后以独立自主的国家地位抵抗日本。

也就是说，到底是先让印度独立，再参战；还是印度先参战，并以参战为前提，胜利后再让印度独立，这就是问题的症结所在。

6月14日，甘地致函蒋介石说，国大党要求英国退出印度，不是"以任何方式削弱对日本的抵抗，也不是妨碍中国的抵抗，国大党正是为了防止印度重蹈马来西亚、新加坡、缅甸陷落的覆辙才要求这样做的。

国大党保证将不采取任何草率的行动。将以不妨碍中国或不鼓励日本侵略中、印为准则。并定以非武力为主……避免与英国当局发生冲突"。

25 日，英国驻华大使薛穆会见蒋介石，对印度问题表明了强硬态度。

蒋介石越来越感到问题的严重性，26 日复函甘地，强调"目前日本侵略，乃最为迫切之祸患，亚洲各国应当团结一致，首谋应付此一大患。希望国大党不要操切从事"。

与此同时，蒋介石于 6 月 22 日致电在华盛顿的宋子文时，要他向罗斯福转达甘地信的内容，并建议美国重视此事，使印度问题"公平合理解决"。

7 月 5 日，宋子文电告蒋，罗斯福总统的意见是要蒋再劝告甘地"勿走极端，以免为敌利用，危害中印数万万人民"。

翌日，蒋指示驻印专员沈士华密告尼赫鲁并转甘地，"此时国民大会应极端忍耐，以便盟国对印增进充分同情，俾得促进印度问题之早日解决"。

但印度的严重事态仍在继续发展。7 月 6 日至 14 日，国大党执委会在瓦尔达举行会议，通过了由甘地起草的《英国政权退出印度》的决议。决议将交由 8 月 8 日的国大党全国委员会通过，然后付诸实施。

蒋介石深感事态严重，于 24 日给罗斯福发了一份长电，促请他劝导英国，使英国能为"本身荣誉与真正利益计，用非常之勇气与忍耐，非常之远见与英断，从速消弭局势恶化之原因"。而若用军警压力相强制，只能扩大骚乱与不安。

可是罗斯福却要了个滑头，他把蒋的电报转告了丘吉尔，并问丘吉尔对这份电报作何感想。

可以想象，丘吉尔断然拒绝了美中两国干预印度事态，称"此刻来自联合国家其他成员的建议会损害在印度现有的唯一政府的权威，导致印度出现真正的危机"。

8 月 8 日，罗斯福复电蒋介石，认为美中两国现在暂不采取行动较为明智。

与此同时，印英当局已经作出决定，准备一俟国大党全国委员会会议通过执委会决议，立即逮捕甘地和国大党领导人并宣布国大党执委会、全国委员会和各省委员会为非法。

8月8日，国大党全国委员会以绝对多数票通过了《英国政权退出印度》的决议，甘地发出了开展不服从运动的指令。当晚，孟买公交系统职工首先罢工。

9日凌晨，甘地和国大党执委遭到逮捕。10日，蒋介石致电罗斯福，紧急呼吁后者"出而支持正义，以缓和印度之局势，而使之归于安定"。

12日，蒋介石接见薛穆，表示他没有料到印英当局会这么快就逮捕了甘地等国大党领袖。他强调，从盟国共同利益出发，现在仍应寻求事态的和平解决，办法是由美国出面调停。他还说，让印度人感觉到联合国家中至少有一个成员同情他们是非常重要的，中国人不应采取伤害印度人民感情的政策。

罗斯福接到蒋介石10日电报后，又像上次那样，把电报转告了丘吉尔，并问询他的意见。12日，罗斯福回电蒋介石称，美中两国的最好立场是：不公开呼吁或表态，但如果争端双方都发出求助呼吁，可以就友好调停的适宜性和可行性进行磋商。这不啻是拒绝蒋介石的建议，因为英国政府历来是不愿让第三者插手它的殖民地事务的。

8月26日，丘吉尔给蒋介石发出一份措词强硬的电报。他强调印度民族与宗教问题的复杂性，并无中生有地指责国大党准备与日本妥协，借助日本军队镇压穆斯林和非印度族各邦及种族，以建立起印度族的统治。

他要求蒋介石遵守盟国之间互不干涉内部事务的原则，如同英国对中国的国共矛盾不加干涉一样。他斩钉截铁地表示："只要他当首相或政府成员，英国政府绝不会接受蒋介石所建议的调停。"

至此，蒋介石调停英、印关系的努力宣告失败。

开罗会议

魅力外交家

参加开罗会议，是抗战期间树立中国大国地位的一次非常重要的外事活动。

开罗会议是第二次世界大战期间，1943 年 11 月 22—26 日，中国、美国、英国三国政府首脑在开罗举行的国际会议。参加会议的有美国总统罗斯福、英国首相温斯顿·丘吉尔和中国国民政府主席、行政院长和军事委员会委员长蒋介石。

三国举行这次会议的目的在于：加强反法西斯同盟国之间在军事和政治上的协调行动，讨论制定联合对日作战计划和解决远东问题。会议签署了《中美英三国开罗宣言》，简称《开罗宣言》。

开罗会议"三巨头"

《开罗宣言》确立了使日本无条件投降的原则，并以明确的条文和国际公约的形式确定将日本强占中国的领土归还中国，会议提高了中国的大国地位，写下了中国外交史上浓重的一笔。

抗日战争使全世界都看到了中华民族的觉醒与壮大，中国是在亚洲和太平洋地区抗击日本法西斯的主力。也正因如此，美英为了与中国一起打败日本，才邀请蒋介石参加开罗会议的。

尤其是罗斯福为了拉拢蒋介石继续抗日，以减轻美军在太平洋上的压力，除了答应给中国巨大的援助外，还公开宣称蒋介石是"四强首脑之一"。对此，地位已经明显下降了的英国首相丘吉尔也没有公开反对。

1943 年 11 月 9 日，罗斯福致电蒋介石，告知自己 3 天内去北非，请蒋和英国首相丘吉尔与他在开罗会晤，希望蒋 11 月 22 日抵达开罗。

蒋接到电报后，认为这是一个废除不平等条约、恢复中国国家利益的好机会，于是要求手下官员拟订会议方案。

其中涉及中国的政治方案包括：战争后将东北、台湾及其澎湖列岛交还给中国，并无偿接收南满铁路与中东铁路。

蒋介石指定最高国防委员会参事室、秘书厅拟订会谈方案。在最高国防委员会秘书长王宠惠的主持下，参事室拟订的方案有以下几项：

1. 旅顺、大连两地，一切公有财产及建设，一并无偿交还中国。

2. 南满铁路与中东铁路无偿交还中国。

3. 台湾及澎湖列岛两处一切公有财产及建设，一并无偿交还中国。

没有参加会议的斯大林同意了《开罗宣言》，说明苏联也承认了中国的大国地位。至此，中国终于跻身于世界四大强国之列。

1945 年 4 月在旧金山召开的联合国制宪会议上，中国与美、英、苏一起以四大发起国的身份轮流主持会议，并最终成为联合国创始会员国和五大常任理事国之一。

开罗会议和《开罗宣言》为中国战后收回被日本侵占的领土提供了依据。据此，中国不但名正言顺地收回了被日本占领的大陆领土，而且收回了日本在 1895 年甲午中日战争中从中国窃取长达 50 年之久的台湾和澎湖列岛，从而恢复了中国的领土主权。

宋美龄专程参与三巨头会谈

开罗会议和《开罗宣言》为结束战争和战后处置日本提供了依据。《宣言》明确指出要"使朝鲜自由独立"，"将坚持进行为获得日本无条件投降所必要的、重大的长期作战"。

这就是向世界宣布，结束战争的唯一条件是日本无条件投降。

据此，1945 年 7 月 26 日发表的由美国起草，经英国同意，邀请中国参加的《波茨坦公告》中，明确规定"《开罗宣言》之条件必将实施"，要求日本政府"立即宣布所有武装部队无条件投降"。

开罗会议主张，盟军应该从印度经缅甸向中国方向进攻，将日军逐出缅甸，恢复与中国的陆上交通。蒋介石也希望在缅北发动战役，以促使美英增加对中国的军事援助，巩固其实力地位。

但是，丘吉尔的内心是不愿意美国在东南亚和远东的地位得到加强的，更不愿意美中军队参与解放英国前殖民地缅甸的作战，因而予以反对。

经过艰苦的磋商，最终三方还是作出了在滇缅路对日作战的决定。

关于远东战后安排。三方对于剥夺日本自 1914 年第一次世界大战爆发以来在太平洋地区夺取或占领的所有岛屿，并将日本侵占的中国领土归还中国等问题达成一致意见，但在战后如何处置原为欧洲国家的日本属地或势力范围的某些殖民地附属国问题上，未达成一致意见。

罗斯福主张给这些国家以形式上的独立权，以便日后美国扩大自由贸易市场；丘吉尔则拒绝讨论任何有关远东英国殖民地的前途问题，拒绝交还中国的香港与九龙。

宋美龄是参加开罗会议的唯一一位夫人，会后发表的那张各国最高首脑的著名合影中，宋美龄赫然位列其间：左起第一位是蒋介石，第二位是着黑色西装的罗斯福，他正侧面向蒋介石，好像在与蒋说话；第三位是着白色西装、白色皮鞋的丘吉尔，最后是宋美龄，她穿着黑缎旗袍，外罩白色短外套，正与丘吉尔谈笑风生。宋美龄的声名也随之传遍整个世界。

宋美龄在开罗会议上精力充沛，施展其与生俱来的魅力，周旋于各国政要之间，

开罗会议上，罗斯福、丘吉尔与蒋介石夫妇合影

维护了中国的大国地位与蒋介石的领袖尊严。

虽然中国代表团的主要随员都会说英语，但宋美龄担心他们"无法转述委员长思想的全部意义"，常常亲自翻译蒋介石的声明和与对方的谈话。

难以挽回的失误

开罗会议让中国跻身大国行列，但在这次会议上，就如何在战争的

后几年协调配合，仍然有着重大分歧。

尤其是英国，对在亚洲参战的时间和方式以及规模等问题，始终态度不明朗，甚至推脱。

在与丘吉尔的会谈中，蒋介石曾问丘吉尔："首相阁下，贵国海军究竟何时能够在印度洋上集中，并如何取得制海权？我认为这对缅甸作战至关重要，我希望有所了解。"

丘吉尔搪塞道："委员长阁下，海军作战的详细计划仍需研究，以后我们两个人单独会晤时我会告诉您。"

24日晚间，丘吉尔和蒋介石及夫人宋美龄举行了私人会晤。

在等候蒋介石和宋美龄下楼时，丘吉尔看到了一位身材高大、风尘满面且有刚毅神色的美国将军。他便问英国驻重庆代表卡尔顿·杜立德将军："这位将军是谁？"

杜立德回答道："这是陈纳德将军，飞虎队的组织人，也是美国第14航空队司令。"

丘吉尔又向陈纳德看了一眼，摇摇头，很庆幸地说："感谢上帝！他是站在我们这边的。"

片刻后，蒋介石夫妇进了客厅。丘吉尔迎上前寒暄，谁知话一出口，却成了这样："蒋夫人，您认为我是一个老奸巨猾的人吗？"

没有人会想到，一位国家元首会用如此不客气而尖锐的口气来对一位第一夫人致这种欢迎词。

很明显，丘吉尔还在记仇。当宋美龄此前在美国进行游说活动时，丘吉尔曾经想和她见面。但是，宋美龄对这件事非常小心谨慎，一再巧妙地拒绝他的邀请。当丘吉尔在华盛顿时，宋美龄就去了纽约。当丘吉尔到纽约去时，宋美龄就去芝加哥。丘吉尔知道，她一直在躲着他，因而觉得非常没有面子。

听英国首相在外交场合说出了如此不得体的话，宋美龄微笑着从容答道："首相阁下，是什么缘故会使您想到，我认为您是一个老奸巨猾的人呢？"

这句反问，使一向思维敏捷的丘吉尔反应不过来了，无法用外交辞令来回答。他所能做的，只有伸出手来握手，并哈哈大笑地不了了之，然后才开始讨论中英之间的情势。

丘吉尔带领蒋介石夫妇进入他的地图室，他手指地图，不厌其烦地将盟军在各战区的战况向蒋介石一一介绍。直到最后，丘吉尔也没有向蒋介石明确英国海军次年在缅甸南部进攻的具体时间和地点。

蒋介石对于英国人狡猾的态度十分恼怒，他在 11 月 30 日的日记中写道：

"开罗会议之经验，英国决不肯牺牲丝毫之利益以济他人……英国之自私与贻害，诚不愧为帝国主义之楷模矣！"

最后罗斯福出面调解，与丘吉尔在私下就缅北作战问题达成了一项谅解，并将这次行动的代号定为"海盗"。随后，罗斯福将"海盗"计划告诉了蒋介石。计划内容包括：美国答应把驼峰的空中运输能力从每月3000 吨提高到 10000 吨，必要时派一至两个师参加缅北作战；英国海军在孟加拉湾登陆，配合中国远征军在缅北的陆上作战，美国提供登陆支援；中国远征军从印度经野人山，从滇南经龙陵、腾冲进攻缅甸。

"海盗"计划没有正式签字，罗斯福便以个人名义向蒋介石保证，一定迫使英国执行"海盗"计划，几个月内盟军将在孟加拉湾登陆，蒋介石遂同意出兵缅甸。

尽管有了这个计划，但如何把它变为行动，英国人又在玩花招了。

11 月 26 日，在三国首脑会谈后接着举行的美英两国参谋长联席会议上，就如何实施"海盗"计划作了激烈的交锋。

英国参谋长布鲁克再次鼓吹夺取爱琴海上的罗德岛是第二次世界大战胜利的关键。

美国陆军参谋长马歇尔则持不同意见，他说："我们希望在东地中海的军事行动不至于妨碍'海盗'行动的实施。"

英国陆军参谋长布鲁克立即表示：

蒋介石在马歇尔来华期间与
马歇尔握手寒暄

"如果我们要夺取罗德岛和罗马，又要进行'海盗'行动，那么实施在法国北部登陆的'霸王'计划的日期就不得不推迟。"

马歇尔态度坚决地说："如果必要的话，'霸王'计划可以推迟，但是'海盗'计划必须如期执行，因为缅甸战役对于整个太平洋战区的军事行动至关重要，而且总统已向中国人作了保证，它还涉及我们与中国人的政治关系。"

布鲁克又说："我们认为，必须集中一切资源对付德国，只有这样才可以迅速结束战争，因此我们希望推迟'海盗'计划。"

马歇尔对英国人的出尔反尔相当不悦，他强调说："我们已经在地中海战区作出让步，希望你们不要再提出新的要求。我们决不同意推迟'海盗'计划，这个问题只能由总统和首相作出决定。"

其实，布鲁克并不是自作主张，他的态度是取决于他的首相的。

主权的尊严

《开罗宣言》向全世界宣告了反法西斯同盟国团结合作、彻底打败日本的决心和途径，是确定日本侵略罪行及战后处置日本问题的重要国际文件之一。

但是，宣言只规定了剥夺日本占领的太平洋岛屿的统治权，却不谈如何操作；关于朝鲜独立日期的规定也含糊不清；对中国香港的地位亦未作出明确规定。

"台湾属于中国"这一事实，通过《开罗宣言》在国际社会再次得到重申，尽管世界各国对华态度不一，但对这个问题从来没有提出过异议。

其中，政治问题主要是于23日晚和25日下午蒋介石和美国总统罗斯福的两次长谈中讨论的。因为美、英事先已进行过商议，无需再议。中美双方领导人就八个方面的问题进行了讨论，并达成若干共识。

关于中国的领土主权问题，中美双方同意：日本用武力从中国夺去的东北各省、台湾和澎湖列岛，战后必须归还中国。这也就为《开罗宣言》中关于台湾回归中国的原则打下了基础。

中美首脑晤谈后，美国总统特别助理霍普金斯受罗斯福委托，根据美、英、中三国会谈和美中会晤精神，起草《开罗宣言》。关于日本归还台湾给中国的问题，霍氏拟订的供罗斯福审阅的草案初稿明确表示：

"被日本人背信弃义所窃取的中国之领土，例如满洲和台湾，应理所当然地归还中国。"

25 日，美方正式打印的草案文稿中将上述文字中的"日本人"改为"日本"。

霍氏起草的《开罗宣言》草稿先送给中国代表王宠惠及蒋介石过目，然后在 11 月 26 日交中、英、美三方官员（中方是王宠惠、美方是霍普金斯和驻苏大使哈里曼、英方代表是外交大臣艾登和外交副大臣贾德干）讨论。

众所周知，日本自明治维新以后，极力从事对外侵略扩张，觊觎别国领土，多次把战争矛头指向邻国特别是中国。1894 年，日本发动甲午战争，迫使清政府签订了丧权辱国的《马关条约》。日本在《马关条约》第二条中强迫中国将辽东半岛、台湾、澎湖列岛等割让给日本。第四条勒令清政府对日"赔偿军费"2 亿两白银。由于清政府库银不够，日本要求分期 8 年偿还。

这是人类历史上最苛刻、最不人道、最丧心病狂的敲诈勒索。

《马关条约》签订以后，清政府变成了日本帝国主义可随时予取予夺、备受战争威胁的对象。

日本并不以此为满足，接着在 1931 年和 1937 年连续对中国发动九一八事变和七七卢沟桥事变，必欲灭亡中国而后快。接着又把战争矛头指向几乎整个亚太地区，同纳粹德国一道挑起使人类惨不堪言的第二次世界大战。日本帝国主义正如纽伦堡和东京国际审判法庭所宣判的那样，犯下了反和平罪、战争罪和反人类罪的滔天罪行。

《开罗宣言》宣告：

"我三大盟国决心以不松弛之压力，从海陆空诸方面加诸敌人"，"将坚持进行为获得日本无条件投降所必要之重大的长期作战"。"此次进行战争之目的，在于制止及惩罚日本侵略"。"三国之宗旨，在剥夺日本自 1914 年第一次世界大战开始以后在太平洋上所夺得或占领之一切岛屿，在使日本所窃取于中国之领土，例如满洲、台湾、澎湖列岛等，归还中华民国。"

失去的机遇

永远的遗憾

论证台湾是中国不可分割的一部分，离不开对《开罗宣言》的引用。纪念反法西斯战争胜利，也离不开对开罗会议的肯定。

对中国人来讲，1943年11月美国、中国和英国领袖在开罗举行的会议具有划时代的意义，因为那是中国领导人第一次以平等的身份同西方大国领导人坐在一起谋划世界格局。

这次会议不仅为中国收复日本占据的领土提供了法律依据，也奠定了战后中国的大国地位。

可惜的是，由于经济实力不足，政治力量分散，我们这个大国并没有得到应该得到的一切。开罗会议在给中国人洗刷百年耻辱的同时，也给中国人留下了百年憾事。

根据罗斯福总统的判断和构想，日本是个让人放心不下的国家，必须在战后对其加以内外监视。怎么监视呢？在内部，要实施占领；在外部，要扶持一个强大的邻国。

由谁来占领日本呢？当然是美国和中国。扶持哪个强大的邻国来遏制日本呢？当然还是中国。

开罗的三巨头会议，原本设想有四巨头参加，但蒋介石不愿意和斯大林在一起开会。因为他知道，自己没有实力和斯大林在外蒙古独立和苏联在东北利益问题上讨价还价。于是就有了开罗的三巨头讨论亚洲的战后安排，和德黑兰的三巨头讨论欧洲的战后安排这样一个无奈的史实。

会前，国民政府军事委员会参事室草拟了相关文件，将中国的要求定为"日本应将东北、台湾及澎湖列岛、琉球群岛归还中国"。

注意，这其中明确规定有琉球群岛！

开罗会议进行到第二天，也就是1943年11月23日，罗斯福和蒋介石单独谈了战后中国的作用和权益问题，谈话从晚宴一直持续到深夜 12 点，由宋美龄做的翻译。

从这次谈话的记录和随后发生的一系列事件中，我们可以清楚地看到中国军民的浴血奋战和蒙受的巨大牺牲换来了什么，中国的衰弱和分裂又让我们失去了什么。

会谈中，罗斯福认为：战后的中国应该同美国、苏联和英国一样，是四大强国之一，平等地参加四强机构，平等地参与制定该机构的一切决定。蒋介石"欣然"接受了。

中国代表团第二天就向美国代表团递交照会，要求成立四国委员会，负责战后新国际机构的组织事宜。至于后来的安理会为什么有了五个常任理事国，那就是戴高乐的本事了。

对于中国最关心的收回日据领土问题，罗斯福认为，日本人通过武力夺取的中国东北、台湾和澎湖列岛必须归还中国，1904 年日俄战争前俄国占据的辽东半岛和旅顺大连两个港口也应在归还之列。

但在一周后举行的德黑兰三巨头会议上，斯大林发话了，俄罗斯需要远东的不冻港。1945 年 7 月的波茨坦会议上，收回沙俄在中国东北夺取的利益又成了苏联参加对日作战的交换条件。

于是，苏联红军直到 1955 年才在赫鲁晓夫的提议下撤离辽东半岛。

对于日本在 1872 年以后单方面吞并的琉球群岛，罗斯福一再追问中国是否想一并收回。

蒋介石回复，愿意和美国共同对其实施占领，然后交由国际托管。但后来，共同占领成了一句空话。联合国在 1947 年又把琉球群岛交给了美国托管，美国在 1970 年进而将琉球群岛的行政管理权移交给日本。

对于共同占领日本，是中国战后更大的一个遗憾。

蒋介石"谦虚"地对罗斯福说，中国实力不够，占领应以美国为主，中国为辅。可惜，由于战后中国局势的发展，连"辅助占领"都成了梦想。

开罗会议过后才 1 年多，日本就投降了。根据麦克阿瑟将军的计算，占领日本需要 20 万人。美方希望中国出兵 5 万，并点名要能征善战的孙立人将军统领的新 1 军。

新1军的确是最有资格占领日本的军队，在缅甸的血战中，这支中国军队取得了毙伤日军11万人的辉煌战果。可是，蒋介石舍不得新1军，说"新1军是国军命脉，必须慎重使用"，慎重来慎重去，"命脉"里的血都撒在内战的战场上。

取代新1军接受占领日本任务的，是在越南接受日本投降的第67师。这支拥有14500名精锐将士的部队将负责占领日本的爱知县。

但是，当1946年6月这支军队做好了出征准备，先遣队已经在名古屋准备好了营房的时候，内战爆发了。第67师被紧急调往苏北，说是完成了任务就回师占领日本，但万余士兵一去不复返。

没能占领的"占领军"

第二次世界大战后，随着日本的战败投降，美、英、苏等主要战胜国都分别派兵以不同方式登上了日本的领土。苏联占领了日本的北方四岛，英国也以英联邦的名义派印度、新西兰、澳大利亚等国的军队协助美国占领日本。

而唯独作为世界反法西斯的主要参加国和抗日战争中牺牲最大的国家——中国，却没有派出一兵一卒踏上日本的领土。

这到底是什么原因？我们来认真剖析一下。

1945年7月26日，美、中、英三国联合发表的《波茨坦公告》是反法西斯盟国处理战败国日本的纲领性文件。

文件的第7条规定："日本领土经盟国之指定，必须占领。"

文件的第12条则规定："上述目的达到并依据日本人民自由表示之意志，成立一倾向和平及负责之政府后，同盟国占领军队当即撤退。"

也就是说，到日本能够成立一个让世界不再感受到威胁的政府之前，同盟国将会各自派出本国军队一直留驻日本，对日本本土实施占领。那么，作为主要参战国的中国来说，派出军队参加对日本的占领就是理所当然的了。

对此，中国政府在战后也的确曾经作出了驻日的安排，即将原来的荣誉第2师整编为第67师，以精通日语的儒将戴坚为师长，准备赴日。

荣誉第2师曾参加过印缅战争，又执行过赴越南的受降任务，积累不少与盟军交往的经验。全师装备精良，官兵的整体素质较好，士兵的识字率很高，在接到驻日命令后，开始为此进行调整。

调整后的全师官兵平均身高达到 1.7 米以上，士兵的文化程度均达到小学毕业以上，并开展了包括学习日语在内的相关业务培训。对连职以上的军官，除了进行执行占领日本任务的训练外，还要求进行一般国际社交和集会的习俗、礼仪等训练。

同时，为与美军合作执行任务，全师官兵一律使用美式装备，其编制也是采用美式的编制。所以在 1946 年 5 月初，国防部派员前往该师检查出国前的准备工作时，获得了"该师确实是一支理想的出国部队"的良好印象。

国民党当局于 1946 年 5 月 27 日，命戴坚与盟国对日管制委员会中国代表团团长朱世明等一行 21 人飞赴日本，与盟军占领当局商洽关于驻扎地点等具体事宜。

按照美军指派，第 67 师将划归美第 8 军管辖，驻地为日本的名古屋一带。8 月，第 67 师自越南海防（该师自 1945 年 9 月开赴海防接受日军投降后一直驻扎在那里）乘轮船经中国香港转往上海，在此集结待命准备赴日。

但就在整装待发之际，第 67 师却突然被临时投入到内战战场，继而遭解放军第三野战军的全歼。于是，驻日一事便不了了之，再无下文了。

那么，真的是因为第 67 师被歼灭，导致无兵可派，从而放弃了对日本的占领吗？

答案当然是否定的，导致这一最终结果的原因错综复杂，远非这么简单。

第 67 师被歼只是一个表面原因，因为，当时国民党掌控着一国之全部资源，即使在战后初期面临着方方面面的困难，再抽出一部分兵员，另组一支部队赴日，也是轻而易举之事。之所以放弃驻日，背后另有一番隐情。

首先，从中国自身的角度来看，蒋介石政府秉承了其一贯的"安内攘外"政策。终其在大陆统治的整个时期，始终未有改变。蒋本人及其主要幕僚张群、戴季陶在对日问题上观点一致，始终对日采取妥协纵容，因此导致九一八事变的爆发。

在蒋看来，共产党才是他的最大威胁，是需要首先清除的对象。只是后来日本侵略者得寸进尺，步步紧逼，蒋在西安事变遭禁锢的窘境下，才迫不得已接受中国共产党抗日民族统一战线的主张，一致对外。但蒋在八年抗战中依然未放弃反共政策，"皖南事变"就是一个力证。

"安内攘外"的宗旨导致蒋只把注意力集中于国内的政权之争。

早在 1943 年 11 月 23 日晚，美国总统罗斯福与蒋介石在开罗举行会谈时，就已经口头试探过中国政府的战后对日占领问题。罗斯福向蒋介石提议战后由中国来主导对日的占领问题，但遭到了蒋介石的婉拒。

蒋答复说，中国此时还没有担当这个重任的准备，并请由美国来主导，不过，在必要时中国可以扮演辅助的角色。

又说，此事需看将来形势的发展再定。这番话，反映出蒋介石既不愿意参与主导对日占领，又不愿意得罪美国。因为当时的对日作战尚需仰仗于美国，因此他并未把话说绝。但由此透露出一个信息：蒋介石对此事始终持一种消极的态度。

战后，一直被蒋介石视为心腹大患的中国共产党，不但没有在抗日战争中被消灭、削弱，反而日益壮大起来。截止到 1945 年 9 月，中共已拥有 127 万正规军和 268 万民兵，党员 120 多万，解放区共 19 个，人口达一亿二千万人。面对这样的局势，集中力量来对付共产党成了蒋介石的首要任务。

其次，再从外部的环境来看，当日本战败的时候，国际形势已经发生了很大变化。诚然，罗斯福曾经讲过上述那番话，但事出有因，因为当时他曾设想用中国来作为进攻日本的基地。

1943 年 2 月，罗斯福即宣布：

"无意花费漫长的时间，在辽阔的太平洋上逐岛缓慢地攻击"，"如果从南方进军，每个月只能攻占一个岛屿，50 年左右才能打到日本本土"。"中国大陆作为强大美国空军的陆地基地比海基更有效"。

也就是说，美国还需要中国的大力支持，才能以最小的代价击败日本。

这说明当时美国把对日作战的难度估计得过高，过于悲观了。

既然离不开中国的协助，那么就有必要对中国作出一些善意的回报。但随着罗斯福在 1945 年 4 月突然辞世，副总统杜鲁门仓促上任，美国的政策制定者已经易人。此时的美国对外政策当然会出现一些与其前任有所不同的地方。

　　但如果将日后中国未能主导对日占领的原因归结于罗斯福的去世，并为此而深感惋惜的话，那就未免太书生气了。

　　作为一国元首，首先考虑的是其本国的国家利益，即使是在众人眼中对华颇为友好的罗斯福总统，在争取苏联参战的《雅尔塔协定》上，也与苏联达成了维持外蒙古现状、大连商港国际化、保障苏联优越权等出卖中国利益的交易。

　　事实上，太平洋战场的形势比原先的估计要顺利得多，中国的作用也就相对降低了许多。而且，当时罗斯福对蒋介石的所谓"主导对日占领事务"，也仅仅是一种口头允诺，并非书面形式的条约、协定。或者干脆说，就是一种客套。

　　在国际关系中，条约、协定尚且充满变数，这种口头承诺显然不必去当真了。

　　更重要的是，战后美苏利益冲突日益加深。在联合抗击德国、日本的合作道路上，出于共同利益的需要，美苏尚能并肩作战，发扬"国际主义精神"。一旦共同的敌人消失，美苏之间的矛盾就难以再掩盖下去。

　　首先，表现在对德国的占领问题上，由于攻占德国时，苏联及美、英、法各自占领了柏林市及整个德国的不同地区。出于意识形态的相互对立及利益之争，造成日后的德国的分裂局面，这个问题一直困扰着欧洲。

　　因此，继任总统杜鲁门说：

　　"我们希望把日本置于代表盟国的美国指挥官的控制之下"，"我决定，对日本的占领不能重蹈德国的覆辙。我不打算分割管制或划分占领区，我不想给俄国人以任何机会，再让他们像在德国和奥地利那样去行动"。

　　也就是说，美国已经下决心单独占领日本，此时，即使中国有心去主导对日事务，也已不再有可能性了。

　　1945 年 8 月 13 日，杜鲁门任命麦克阿瑟为盟军最高统帅，全权处理对日占领事务。8 月 30 日到 9 月 6 日，46 万美军以"盟军"名义陆续进驻并单独占领了日本。至此，大局已定。

这些因素导致蒋介石对派兵驻日一事越发消极。很明显，中国充其量只是在美国统领下的一个协助美国去进行军事占领的小角色，势必受制于人，和英联邦的新西兰、印度、澳大利亚一样，没有实际的利益可得。

蒋介石对此心知肚明，因此，在美国最初提出让中国派出 10 个陆军师及一定数量空军（总计在 10 万人左右）的要求时，蒋虽立即应允，但将数量减少至 3 个陆军师。

继而，美方又提议中国应至少派遣 5 万人，蒋又以中国抗战损失过大，后勤供给困难为由，继续与美国讨价还价，最终双方达成只派驻 1 个师的协议。这样一来，驻军数量就由最初美方设想的 10 万人减少到了 1 万人。

美方的考虑是：在不影响其独占日本的前提下，让中国尽可能多派军队，以此减轻美军的负担。第二次世界大战结束后，留驻在日本的数十万美军归心似箭，然而，他们回国与家人团聚的愿望却迟迟得不到满足。于是，军心开始浮动，1946 年 1 月，驻太平洋美军举行了大规模集会，要求尽快回国。

美国总统杜鲁门不得不安抚稳定军心。如果蒋介石派出较多数量的军队来替代美军驻防，显然会大大减轻美国政府所面临的这种来自军方的压力和焦虑。

而蒋介石的考虑则是：自抗战结束以来，国内形势愈加严峻，国、共两军的比例已由 18.88∶1 降为 4.5∶1，国民党军队人员数量上的优势在不断降低。既然要继续"剿共"，按蒋介石以往的经验，没有绝对数量上的优势是很难实现他的既定目标的。

面对此种形势，委实让蒋介石不愿再多派军队去参加这么一个仅具有象征意义的占领行动。

于是，当第 67 师遭歼灭之后，蒋介石便以内战吃紧、无力派兵为由，来博得美方的理解与同情。后来的事实也表明，国民党在内战中的接连失败，导致美国对蒋介石日渐失去信心，不再指望国民党政府在驻日问题，以及充当美国亚洲代理人的问题上能有什么作为。

这样，双方就渐渐达成了一种默契，彼此心照不宣。1946 年 11 月 5

日，国民党政府正式向美国提出终止执行派遣驻日占领军计划，至此，中国派兵驻日一事终成泡影。

此外，还有一个更深层次的原因，即"文化"的因素。众所周知，中国在数千年的历史长河中，只有在元代曾经发起过大规模对外侵略战争，而那还是在这个草原民族入主中原之前。除此之外，一直安于固土守疆，缺乏开拓意识。这种民族"痼疾"也是导致近代以来，中国落后挨打的一个重要原因。

抗战结束后不久，蒋介石在广播演说中宣告"吾人应以宽大为怀，勿以战胜者自居"。也就是说，让日本人自己去决定日本的未来，中国政府无意去进行干预。只是在美国的再三要求下，蒋介石才不得不象征性地准备派出一个师参与其中，实际上仅仅是出于给美国人一个面子而已。

由此，我们可以看出：一个统一的、自强的中国才是在世界民族之林立于不败之地的根本。贫弱的国家没有外交，"利己原则"是国际关系中的不变法则，靠谁都不如靠自己，这个世界相信的是"实力"。一个分裂的国家只能勾起他国的"窥窃"之欲，给自身带来灾患。

中国军队没能踏上日本领土，一雪民族之耻，固然遗憾，但更重要的是：以此为鉴，走好今后的路，才是回顾这件往事的意义所在。

第十三章 受降之争
——屈辱的战胜国

鬼子该向谁投降

一边倒的受降谋划

1945 年 7 月 26 日，美、英、中三国发表了《波茨坦公告》，敦促日本立即无条件投降。8 月 6 日和 9 日，美国接连在日本广岛、长崎投下了原子弹。8 日，苏联对日宣战，次日，苏军出兵中国东北。10 日，日本政府发出求降照会，15 日，日本天皇发布诏书，宣布无条件投降。

经过 8 年的浴血奋战，中国终于和盟国一起，取得了抗日战争的伟大而惨烈的胜利！

日本鬼子终于投降了！从战争中走出来的中国首先面临的重大问题，就是受降。

日本天皇宣布无条件投降

该由谁来接受日军的投降？日伪侵占的地区该由谁去接收？这对国共双方来说，都是一个原则问题，也是一个关系到战后中国命运和前途的大事。

当时驻在中国的有上百万日军，还有数十万伪军。

抗日战争结束前，重庆国民政府实际所能管辖的只是西南和西北的大部分地区以及其他一些省份的零星地区，国民政府大部队远离华东、华北和东北，加上本不发达的交通运输线遭到破坏，要去敌占区接收是非常困难的。

与此相反，中国共产党建立了大片敌后抗日根据地，发展了强大的抗日武装，日伪所占领的城市和地区有的与中共抗日根据地犬牙交错，有的简直就是处于抗日根据地的包围之中。也就是说，中共领导的抗日武装所处的地位，对于敌伪受降是极为有利的。但由于国共两党一直都存在着尖锐的矛盾，受降权的问题于是就成为了一个极为敏感的问题。

1945 年 7 月 31 日，蒋介石在与驻华美军司令魏德迈的商讨中，要求大批美军尽快在中国沿海登陆，夺取并占领港口和航空设施，以便运送给养和调动部队。美军还应该进一步控制这些地区和设施，直至国民政府的军队到达。同时立即着手制订运送国民党军队的计划。

蒋介石对魏德迈强调，美军应避免与国民政府敌对的势力合作。

魏德迈在当日给马歇尔的报告中转达了蒋的上述要求，并称，由于中国缺少海上和地面的交通手段，必须准备通过大规模空运来运送国民政府军队。为此，除了使用原有的驼峰空运的运输机外，还需要从太平洋战区调集飞机来中国。

次日，魏德迈在给陆军部的报告中又说，沿海适宜美军占领的地点是上海、大沽、广州和青岛。

他接着指出，国民政府应该用自己的军事力量尽快去占领那些至关重要的地区。但是，如果没有美国的军事援助，由于中共军队所处的地理位置有利，国民政府将会在争夺这些关键地区的竞争中暂时失利。

他于是建议驻华美军向国民政府军队提供一切可能的后勤支持和行政管理方面的指导，并把现有的供应设施转交给中央政府。他还要求陆军部就日本投降后驻华美军的使命和责任作出新的指示。

8 月 10 日，美国参谋长联席会议对魏德迈发出指示，其中强调，驻华日军应向蒋介石及其代表投降，驻华美军将支持"国民政府军队重新占领现今为日军所占的中国战区的一切地方"。魏德迈应"支持中国中央政府将其军队迅速运往中国的关键地区"，美军将把他们在中国解放的地区转交给中国国民政府委派的机构和部队。

8 月 11 日，魏德迈再次与蒋介石会商。蒋要求美国派出 5 个师：两个师在大沽登陆，其中之一进驻平津地区；两个师在上海登陆，其中之一进驻南京；一个师在广州登陆。

他特别希望美军能确保从大沽到北平、上海到南京的铁路安全。蒋介石还打算在南京、北平和广州建立3个司令部，每个司令部都由美国军官出任参谋长。

魏德迈一方面与蒋介石策划调兵遣将，抢先占领战略要地；另一方面企图监视和限制中国共产党。

1945年7月30日，魏德迈给毛泽东写了一封信，信中说道，最近朱德和彭德怀将军发表致蒋介石的通电，对一周以来国民党军队制造军事摩擦、进攻陕甘宁边区提出抗议，他对形势表示关切，并已向蒋介石提出了下列建议：

1. 向密切接触的国共双方部队每个师各派7名美军人员（其中2名军官），随带电台等通信设施，这些人员将及时向他报告所在部队驻防位置。

2. 国共双方的这些部队指挥官，每天都要向美方代表提出报告，并使美方代表有机会去观察各部队的驻防地点、调动和部署情况。

3. 他把从美国代表那里得到的情况反馈给蒋介石，并要驻延安美军观察组组长耶顿（巴雷特的后任）把美方代表得到的关于中共军队的情况及时向他报告。

4. 他将及时把有关情况向美国政府报告。

魏德迈称，通过上述途径，可以得到客观的、不带党派偏见的关于中国军事力量的报告，避免国共军队的冲突。

8月2日，耶顿会见了八路军参谋长叶剑英，递交了这封信。耶顿说，他的首要使命是获取有关敌人在解放区活动的一切情报，由于缺少这一方面的准确完整的情报，盟军的计划和战略受到影响，他希望观察组能与中共代表一星期举行几次会议，以便及时地供给情报。

叶剑英指出，赫尔利、魏德迈都曾表示过不向中国共产党提供物资援助，我们向美方供给军事情报自然会受到总的政治形势的影响。他还说，过去一年中，美国的观察员和记者到前方去的不少，他们发了许多报告，但这些报告却遭到华盛顿官员的批评，有的报告人甚至受到了

"惩罚"，如谢伟思。

为此，耶顿作了辩解。又说，他首先希望在解放区建立无线电网，以改善与各地的联系，分网可由中方人员管理，分网向总网报告，总网由美方人员管理。

魏德迈的信和耶顿的谈话，都是为了控制中共军队。在美军观察组来延安的初期，中共与观察组关系颇为融洽，虽然美国没有提供物资援助，中共却单方面地向观察组提供了诚挚的合作，尽可能为其活动提供各种便利。

但过了不久，赫尔利、魏德迈扶蒋的立场暴露，中国共产党随即作出反应，停止对美军提供单方面合作。在美国与中共确定军事合作关系以前，不许观察组派人到前方去，并拒绝了美方在各军分区建立通信网的要求。

此后，美军观察组从解放区获得的情报就大大减少了，魏德迈为此感到不满。现在，他又试图借制止国共冲突之名，向中共各部队派遣美军观察员。耶顿也要在各解放区建立电台网。如果真是这样，那么中共的一举一动魏德迈都能了如指掌了。

这种单方面享有利益的如意算盘，中国共产党当然是不能接受的。

"把我们的孩子送回来!"

蒋介石忙着与美国策划垄断受降权，中共方面也在竭力争取受降权。双方都在紧锣密鼓地做着准备。

8月10日24时至11日18时，朱德总司令发布了关于受降和对日军展开反攻等七道命令，要求各解放区的抗日武装向其附近日伪军送出通牒，限定时间向人民军队缴械投降。

次日，蒋介石也发出了一道命令：中共军队"原地驻防待命"，不得向敌伪"擅自行动"，同时命令日伪军"负责维持地方治安"，抵抗人民军队受降。中共自然予以拒绝。

13日，八路军朱德总司令、彭德怀副总司令致电蒋介石予以批驳；新华社并播发了毛泽东亲自撰写的评论《蒋介石在挑动内战》。

赫尔利、魏德迈都在密切注视着上述事态发展。8月11日、12日，赫尔利接连致电国务卿贝尔纳斯称，朱德的声明是对国民政府的公开违抗，是与《波茨坦公告》相冲突的。他要求，应当在日军投降的条件中规定，日军只能向国民政府投降，对于企图武装任何与国民政府相对抗的力量的日军应予以惩罚。

12日，魏德迈致电参谋长联席会议主席马歇尔说，从远东的整个局势出发，应将受降在华日军的工作，放在整个受降工作的首位。原因之一是中共军队可能突然挑起内战。中共已向日军发出投降通牒，中共的目的首先是要取得日军的武器装备壮大自己；其次，中共则是要占领参谋长联席会议认为至关重要的那些关键地区和战略要地。

魏德迈还再次提出驻华日军必须只向国民政府投降，并要求将派遣5个师到中国沿海登陆，作为"第一优先"的行动。如果实在派不出5个师，那么他认为"绝对必须至少应该立即派两个师到上海地区，一个师到大沽地区，一个师到广州地区"。

8月15日，美国总统杜鲁门发出受降日本的第一号总命令，其中说，中国境内（东北除外，包括台湾）的一切日本陆、海、空军都必须向蒋介石的国民政府投降。命令只字不提中共武装的受降权。

中共为此非常愤怒，自然不能接受这种一边倒的命令。

同日，朱德总司令向美、英、苏三国驻华大使送出了给三国政府的声明。声明表示：中国解放区、中国沦陷区一切抗日的人民武装力量，在延安总部指挥下，有权根据《波茨坦公告》条款及同盟国规定之受降办法，接受日伪军的投降。蒋介石不能代表中国解放区、沦陷区广大人民和人民武装力量。

魏德迈向参谋长联席会议转达了朱德的这份声明。

8月24日，参谋长联席会议把国务院拟的答复电告魏德迈。这个答复称，盟国关于受降日本的安排是经美、英、苏三国批准的，这个安排规定，"蒋介石委员长作为中国战区的盟军统帅，将根据《波茨坦公告》的条件接受在华日军的投降"。

这样，美国政府无视中国的现实，拒绝中共受降要求的立场，就更加显现无疑了。

蒋介石和魏德迈要求派5个师的美军来华，但参谋长联席会议却派不出这么多部队。美国军队在太平洋、大西洋各个战场的战线都很长，能向中国投入的兵力是有限的，参谋长联席会议没有完全接受魏德迈的建议。

马歇尔8月14日回电说，将中国的受降置于比日本、朝鲜更优先的地位这个建议不能接受，美国能派往中国并在中国留驻一段时间的军队，顶多只是两个师。参谋长联席会议仍然认为，"占领日本本土是最重要的军事行动，也是太平洋战区司令使用其所能得到的人力物力时的首要责任"。

这就是说，美军在中国登陆的部队数量和时间还得等待太平洋战区的统一调配。随后，由海军陆战队第三军团司令骆基中将率领两个海军陆战师来华，在天津建立了司令部。所属各部分别于9月30日、10月1日、10月10日在塘沽、秦皇岛、青岛登陆。

美国政府派军队来华的做法，在美国政界中引起了强烈反对。国务院中国处处长范宣德9月20日致副国务卿艾奇逊的备忘录中，引用了几则《纽约时报》关于此事的报道和魏德迈的有关声明，如魏德迈说，"美国军队来华的目的是为了维持秩序和有助于中国中央政府控制日本占领的地区"。

范宣德接着分析说，如果美军的目的是维持秩序，那么美军就要准备镇压骚乱，这种骚乱可能是民事性质的，也可能是由非国民政府的军队和中共军队引起的。由美军来对付民事骚乱就不是一件好差事，如果由美军用武力来防止非国民政府军队占领某一地区，问题就更加严重了。

总之，他反对由美国军队越俎代庖，替国民党军队"维持秩序"。他提议放弃派遣美国海军陆战队的计划。不少国会议员也反对派遣美军赴华。

派美军来中国的动议，在美国政坛高层掀起了轩然大波！反对者远远不只范宣德一个。

众议员德莱西1945年10月3日致函艾奇逊，对派美军到华北表示忧虑。

众议员曼斯·菲尔德则认为，"在华北使用美军则是极不明智的"，美军应尽早撤离，至迟不要超过11月底；他还在国会讲坛上公开抨击政府的这一政策。

众议员卡尔·欣代表他的选民抗议派美军去中国，因为他们不可避免会卷入帮助蒋介石保持政权的中国内战。

众议员埃利斯·帕特森 11 月 14 日致函总统说："以任何方式使用美国军队和美国武器进行干涉或者支持一派是无论如何不可宽恕的，我们的海军陆战队必须尽快地从这一地区撤出。"

但是，派遣美军来华是美国政府实行扶蒋的既定方针的一个步骤，那些反对意见当然不会被采纳。

派遣美军来华也是违反美国老百姓的意愿的。在第二次世界大战期间，美军离乡背井，远涉重洋，在异国他乡服役，这是美国人民可以理解的。现在战争结束了，却要把部队派往中国，这是悖乎天理、逆乎人情的举动。

欧战结束以后，美国在海外的部队就陆陆续续被调回国内，并开始复员，到 10 月中旬已复员 200 万人。唯独在中国，美国却在增兵，这就显得更加不可思议。在议会里和报刊上是一片"把我们的孩子送回来"的呼声。

美国许多个人和民众团体，尤其是在海外服役士兵的亲人，纷纷写信、打电报给总统、国务院和国会中本州的议员，要求尽快撤回海外美军。曼斯·菲尔德在 4 月的一个月中，就收到了数万封在亚洲服役的士兵的来信，他们普遍感到不满。

美国第 7 舰队的巴尔贝将军也承认，在中国服役的士兵中的不满情绪正在迅速滋长，他们的共同感觉是，"战争既已结束，就该回家去了"。

魏德迈也收到了成千上万军人的父母、妻子、恋人的来信，要求让他们在中国服役的亲人回国，但是美国决策者对所有这些呼声却置若罔闻。到 1945 年底，驻华美军的人数竟然增加到了 11.3 万人。

紧锣密鼓大运兵

中共当然知道美军这一行动的严重性，并密切注视着美军在华北沿海登陆的动向。但当时重庆谈判正在进行，中共确定了"和平、民主、团结"的方针，因此对美军登陆采取了极谨慎的态度。

1945 年 9 月下旬美国宣布了在华北登陆的计划后，中共中央采取了接纳的积极立场，并于 9 月 29 日指示有关各地，对于在天津及沿海各地登陆的美军："应取欢迎友好态度，避免与美军冲突，但照常执行职务。美军如有反我行动，向我开枪、开炮或拘捕我之人员、占我地区时，则系干涉中国内政的行为，宜速将具体情形（时间、地点、人数、番号等）电告，并加公布，以便采取对策。"

但由于美军的根本目的是帮国民党抢占地盘，因此与中共的冲突是难以避免的。

冲突主要发生在烟台、秦皇岛—山海关地区。在烟台，中共成功地婉拒了美军登陆；在秦皇岛—山海关地区，美军和国民党政府军队却以优势兵力夺得了这一战略要地。

美国战时通过的《租借法案》规定，向盟国提供的租借物资是供战时打击共同敌人、巩固美国国防用的。从原则上来说，随着战争的结束，对盟国的租借援助即应停止。8 月 23 日，美国对各国的租借物资运输一概停止，唯有中国例外。

参谋长联席会议 8 月 10 日给魏德迈的指示称："你在日本投降后的行动依据是，军事援助暂时将继续下去，目的是支持中国中央政府为收复现今日军所占的中国战区一切地方所必需的军事行动。"

9 月 5 日，参谋长联席会议在向总统提交的《日本无条件投降后军事租借援助政策》报告中又提出，对中国的租借援助将照上述 8 月 10 日指示办理。当日，杜鲁门批准了这一报告。

9 月 18 日，参谋长联席会议又指示魏德迈和太平洋战区司令尼米兹，"美国的政策，是援助中国政府尽快地在被解放地区，尤其是在满洲，驻扎必要的中国军队"，催促其向东北运兵。

身处中国的魏德迈，比参谋长联席会议更深切地感到尽快运送国民党军队的紧迫性。他在 8 月 15 日致马歇尔的电报中说，据报告，"在青岛地区以及别处中央政府及中共军队之间的军事冲突正在发展，中共'图谋'占领所有东北的关键城镇，运兵每迟延一天都会使广泛的国内冲突的可能性增加一分，并危及保障中国关键地区安全的这一首要任务的实现"。

魏德迈要求，中印战场的飞机不要调往别处，因为除非使用所有现有的飞机实行空运，国民政府军队将不能及时到达那些关键地区，他还要求海军向南京和平津机场紧急空运航空汽油。

根据参谋长联席会议的指示，魏德迈把第14航空队、第10航空队的全部运输机和空运司令部所属的大部分运输机都统一组织起来，进行这次不仅是美国，也是中国历史上最大规模的空运行动。

一时间，中国各个后方机场呈现出一派异常繁忙的景象。大型的美军C—46、C—47型运输机频繁起降，全副美式装备的中国军人一队队走进飞机的机舱，飞往各个内地和沿海城市。

内地的各个城市对日本投降，对中国人自己的军队回到久受日寇蹂躏的城市，表现出了极度的欣喜。据当时的媒体报道，当国民政府军进入曾被日军血洗的首都南京时，市民自发地夹道欢迎、燃放烟花爆竹。南京一些主要街道上的鞭炮屑竟然达到三寸厚！

王牌的新6军由湖南芷江被空运到南京，第94军由柳州、靖远被运到上海，再由上海运到北平，第74军由九江运到南京和上海，第93军由武汉运到了北平。

据中国战区美国空军司令斯特拉·特迈耶将军9月25日宣称，在日本投降后的一个多月中，美国已用飞机运送了国民政府军队14万人。

尽管美军的飞机日夜不息地运送部队，但毕竟数量有限。魏德迈早在8月15日就要求马歇尔调遣西太平洋舰队的军舰运送国民政府军队，他要求第93特遣舰队至少派遣50艘步兵登陆艇投入运输。

9月10日，宋子文在美国会见了代理国务卿艾奇逊，转达了蒋介石紧急请求美国派船把国民政府军队从广州运到大连的呼吁。宋子文解释说，如果这些军队能在本月到达大连，则国民政府在苏军撤走前即可占领阵地，否则，苏军撤走时中共军队就会开进这些地区。宋子文希望艾奇逊迅即向杜鲁门转告这一要求。

9月12日，宋子文又致函总统杜鲁门，请求美国政府紧急供给8艘载重1500～3000吨的内河船只和22艘载重2000～4000吨的沿海航行船只。13日他又致函杜鲁门，重申向东北紧急运兵的必要性，并说蒋介石希望美国至少帮助把现在华南的12万军队运去东北。

宋子文抱怨说，美国海军把向中国东北运兵只放在第四优先的地位，这就是说，在 12 月以前没有运输船只可以提供。宋子文要求总统鉴于满洲事态的"严重政治意义"，下令提前运输国民政府军队，在本月先把两三万人从上海运到大连作为先遣队，其余部队随后尽快运去。

国民政府一而再，再而三的紧急呼吁终于引起了美方的重视。

9 月 14 日，美军参谋长联席会议向总统报告说，可以告诉宋子文，不久即可有一些船只运送国民政府军队，但必须等到魏德迈提出详细建议和尼米兹司令提出西太平洋地区的占领计划后，方能确定舰只的数量和运输的时间。

9 月 17 日，魏德迈向马歇尔报告了他和蒋介石商定的海运中国军队的计划。从 10 月中旬起，第 7 舰队开始大规模地将国民政府军队从华南运到华北、东北。

据美国方面的材料，第 7 舰队从 1945 年 10 月中旬到 1946 年 5 月中旬，运送国民政府军队情况如下表：

部队番号	人数	起迄地点	起迄时间
第 70 军	16725	福州—基隆	1945. 10. 14 ~ 10. 24
第 13 军	29000	九龙—秦皇岛	1945. 10. 24 ~ 11. 1
第 32 军	26908	海防—秦皇岛	1945. 10. 30 ~ 11. 13
第 8 军	23745	九龙—青岛	1945. 11. 8 ~ 11. 16
第 62 军	20166	海防—大沽	1945. 11. 15 ~ 12. 6
不详	5700	海防—葫芦岛	1945. 12. 8 ~ 12. 22
第 6 军	34352	上海—秦皇岛	1946. 1. 7 ~ 4. 16
第 1 军	35141	九龙—秦皇岛	1946. 2. 11 ~ 4. 5
第 71 军	27347	上海—秦皇岛	1946. 3. 7 ~ 4. 4
第 60 军	16449	海防—葫芦岛	1946. 4. 1 ~ 5. 1
第 93 军	16443	九龙—葫芦岛	1946. 4. 28 ~ 5. 13

以上 11 项共海运国民党军队 25 万余人，加上空运部队，当在 40 万人左右。

美国海军陆战队所能占据的地方有限，运送国民政府军队又需要时间，为了防止中共军队受降，美国和国民政府采取的第三种办法，是

"以日伪军作为卫戍部队"，抵抗八路军和新四军的受降。

8月23日，何应钦在南京命令侵华日军总司令冈村宁次："中国境内之非法武装组织，擅自向日军追求收缴武器，在蒋委员长或何总司令指定之国军接收前，应负责作有效之防卫。"公然要求日军对抗中共武装。

正因为如此，解除日军武装和遣返日军的工作进展十分缓慢。据美国军方11月18日的统计，在日本投降后三个月中，从太平洋各地遣返的日本人共40万多人，其中军人17.6万人，而从中国遣返的只6881人，其中军人仅397人。而当时在中国（不包括东北）还有近百万日本军人。

11月13日，周恩来在与魏德迈的谈话中问道："为什么解除日军武装和遣返日军的工作进展如此迟缓？"魏德迈说："这是照国民政府的意愿行事的。"

魏德迈说了实话，但他只道出了一半真相，其实这也是他自己的主张。

早在8月13日，当马歇尔要魏德迈就遣返日军的方式和时间提出建议时，魏德迈表示，由于国民政府军队及时进驻日军撤出地区的能力极为有限，由于这种进驻可能受到中共军队的阻挠，因此他建议，在"国民政府军队能够占领日军撤出的地区之前，不要让日军集中到那些遣返他们的港口。

可见，迟迟不解除日军武装是魏德迈和蒋介石共同商定的安排。魏德迈在12月2日给陆军参谋长艾森豪威尔的报告中说，当时有1万日军，在协助美国海军陆战队和国民党军队守卫着塘沽至秦皇岛铁路沿线的战略要地，青岛至济南的铁路也由日军防卫。

解决伪军的办法更简单。除了伪满和伪蒙军在日本投降时被苏军缴械或逃散外，其余伪军基本上均被国民党收编，他们摇身一变就成了"整编国军"，出现在进攻中国共产党军队的内战前线。

目睹了华北受降日军状况的美国著名记者白修德辛辣地写道：

"美国海军陆战队、国民党、以前的伪军以及日军形成了一个非常罕见、极端奇怪的联盟，共同守卫这些铁路，以防共产党游击队的进攻。"

香港受降的"授权"交涉

"绝不放弃大英帝国一寸领土"

第二次世界大战接近尾声的时候，各参战国战后的利益分配问题都凸显了出来。打了几年异常艰苦的战争，难道这不是追求的最终目的吗？

于是，中英两国在谈判时，曾就九龙租借地问题进行了一场严重的交涉。英国在拒绝中国要求时，曾经侈谈战后远东的重建与香港的安排的关系之类，其实，英国根本就无意放弃香港。

1944 年 10 月底，丘吉尔对他的内阁成员明确表示：

"向俄国提供在远东的战争目标是绝对必要的，其中包括旅顺、大连。道理很简单，俄国提出的任何牺牲中国利益的战争赔偿要求，都将有利于我们解决香港问题。"

言下之意非常明白，苏联能在中国占个地盘，英国为什么不能？更何况香港还是英国已经占领了半个世纪的地方呢。

1945 年 4 月，美国驻华大使赫尔利从美国返回中国时途经伦敦，他遵罗斯福之嘱会见丘吉尔，与之讨论战后香港的归属问题。

丘吉尔直截了当地表示，他将为香港斗争到底。他说："除非踩过我的尸体，否则休想把香港从大英帝国的版图中除掉！大英帝国将不要求什么，也不放弃什么，我们决不会放弃大英帝国旗帜下的一寸领土。"

英国非但不愿把香港或香港的其中一部分交还中国，甚至连中国在香港受降日军也坚决不允许，国民政府面临着一场严重的斗争。

英国政府认为，英国代表在香港接受投降具有重要意义。他们担心的是，香港不在东南亚战区司令蒙巴顿的管辖范围之内，而在中国战区之内。因此日本投降时，香港很可能为中、美军队所接收。

不知他们有没有想过，在亚洲战场上，你们英国到底有什么值得大书特书、值得炫耀的战功？你们付出过什么代价？你们有什么资格和曾经为你们付出那么大牺牲的中国讨价还价？

与此相反，英国内阁的殖民地部设想了扩充英军服务团的兵力，利用它在日本投降后迅速在香港建立英国行政机构的计划。但驻华大使薛穆和驻华武官卡顿·戴维亚尔及驻华英军司令海斯均觉不妥。因为他们认为："我们现今在中国的军事地位如此困难和微妙，如要使任何这类计划有成功可能，则必须事先与中美最高层领导讲清楚。"

1945年7月23日，英国内阁的外交部、殖民地部、陆军部与香港计划小组四方代表的会商意见大体也是这样。与会者认为，既然香港在中国战区之内，必须事先征得蒋介石的同意，方能让一个英国的民政小组附属于参加接收香港的中国军队。

而在向蒋提出之前，有必要先征得美国的同意。自然，英国政府完全意识到，"向蒋介石提出香港的民政问题，可能把香港未来的整个问题提到显著地位"，因此迟迟疑疑，犹豫不决。

战争形势的发展非常迅速，日军的兵败如山倒出乎很多人的意料。8月10日，日本表示接受盟国《波茨坦公告》，准备无条件投降。

在同一天下午的内阁会议上，英军参谋总长汇报说，参谋总部已经拟订了在日军投降时向香港派遣舰队，受降日军，并在香港建立军政府的计划。这个计划分三个阶段：

1. 英国太平洋舰队的一支小部队尽早到达香港实施占领。

2. 此后数日内，运送婆罗洲的一旅澳大利亚军队抵达香港。

3. 在马六甲海峡通航后，从东南亚战区派遣一支部队及空军战术分队抵香港，取代澳大利亚军队。

新任首相艾德礼感到事关重大，准备亲自致电杜鲁门商量。但国防大臣伊斯梅则认为，由首相亲自出面，会使美国人感到"我们不合时宜地把注意力集中在原封不动地保持我们的殖民帝国方面，如果美国人不给我们面子，再下一步就不好谈了，没有退路了"。因此建议，最好是低姿态一点，改由英国参谋总部向美国参谋长联席会议提出这个问题。

翻云覆雨的美国

让他们喜出望外的是，美国参谋长联席会议8月14日竟然回答说："占领香港是应该由中英两国政府安排的事。"

既然这样，英国也就胆大妄为了。在此同时，8 月 11 日外交部致电薛穆，命他通过英军服务团团长赖濂仕立即设法与被日本人囚禁在港岛的前香港辅政司詹逊取得联系，授权他在被日本释放后"立即恢复英国的主权与行政"，直到英国海军到达，并建立军政府为止。

13 日，外交部再次电令薛穆，"通过任何可能的方式"，把外交部指示传达给詹逊。并称，香港计划小组负责人麦道高将作为香港首席文官率领文职人员尽快飞往香港。万一中美军队比英国军队早到香港，那么赖濂仕和英军服务团应同这些部队一起进香港。14 日，外交部要求薛穆通知中国政府，英国正在安排派遣必要的军队前往，并重新占领香港，恢复那里的行政。

在战后，解决诸多遗留历史问题的同时解决香港问题，是一个多么好的时机。让人遗憾的是，当时的国民政府并没有抓住这一难得的时机。

蒋介石显然估计到了在香港受降问题上会有麻烦，特地于 8 月 14 日下午召见薛穆，声明"中国政府承认英国在香港的权利"。这实际上是给英国吃定心丸，表示中国近期内不会提起香港问题。

8 月 15 日，裕仁发表"终战诏书"，日本无条件投降。

16 日，驻香港日军司令官将此消息告知詹逊。詹逊虽然尚未接到英国政府命令，但他自告奋勇，立即成立临时民政机构，当上了事实上的"代理港督"。

23 日，他又通过重庆的秘密渠道接到殖民地部的如下命令："立即成立英国的行政管理机构，没有政府批准，不得将权力交给任何人。"

8 月 15 日这一天，有一个中国可以利用的绝好机会，就是杜鲁门总统向驻日盟军最高统帅麦克阿瑟下达了关于接受日军投降的第一号总命令，命令说："在中国境内（东北地区除外）和北纬 16 度以北的法属印度支那的日军由中国战区统帅蒋介石受降。"

不言而喻，香港在中国受降地区之内。中国完全可以根据这个命令，堂而皇之地提出香港的受降问题。

可是英国不理会杜鲁门的一号命令。16 日，英国驻华大使向国民政府提出一项照会，其中说，英国政府正在安排派遣必要的英国军队去重新占领香港，并恢复香港行政。

同日，国民政府复照英方指出，香港不在东南亚战区范围内，英国的要求与杜鲁门关于受降的命令不符。照会说：

"中国政府尊重英国一切合法利益，并准备给予充分的必要的保护。但是一项接受日本投降的协调一致的计划，对于在亚洲重新恢复和平和秩序是至关重要的。兹建议英国政府按照联合国家的总规定对受降日军作出安排。"

国民政府外交部次长吴国桢表示，这"仅仅是受降安排问题，旨在避免与杜鲁门对麦克阿瑟的指令发生任何矛盾。中国对香港没有领土要求。香港问题最终将通过外交渠道予以解决"。

19日，薛穆又交给吴国桢一份备忘录，英国在其中辩解说，"一号命令"规定中国将接受在中国境内的日军的投降。英国政府认为这不能解释为包括香港。又说："英国政府当初被迫弃守香港，如今英军接受日军投降，事关英国的荣誉。"

这里所说的"荣誉"二字，怎么想都有些滑稽的味道。

备忘录里还表示欢迎中国代表参加受降仪式。注意，这里说的，仅仅是"参加"，而不是其他的什么概念。

中国政府每接到英方照会，便立即将其副本送给美国大使赫尔利，并向驻华美军司令魏德迈通报情况。这无疑是希望美国支持中国的立场。

收到英国19日备忘录后，蒋介石亲自致电向杜鲁门求援。他在21日电报中写道："英国政府应当遵守一号命令而不能任意曲解。现在对受降命令的任何一个改动都可能造成不良先例，从而在香港以外地区引起更加严重的后果。"

他同时表示将邀请美、英代表参加受降仪式，"受降以后我将授权英国人将其部队登陆以重新占领香港岛"。

我们得再次注意：蒋介石在这里所说的，是由中国主持受降仪式，"邀请英美代表参加"；而不是英国人所说的什么"欢迎中国参加"。这是两个完全不同的概念！

蒋介石尽管表示了可以允许英国部队重新占领香港，但这必须是在"我授权之后"！这和英国人自己去受降，有着本质的区别。

国民政府在请求美国支持，英国也在向美国施加压力。

8月18日，艾德礼致电杜鲁门说："我们不能接受任何把第一号总命令解释为意味着香港包括在'中国境内'的说法，香港是英国领土。"并称英国军方已通知美参谋长联席会议，一支英国舰队已在赴香港途中。他要求杜鲁门改变对麦克阿瑟的命令，保证香港日军向英军投降。

20日，外交大臣贝文在下院宣称，英国方面已为在香港受降采取了措施，但此事"可能还有困难"，中英两国军队正展开一场竞赛，看谁先到香港。

接到艾德礼的电报后，杜鲁门立即与国务卿贝尔纳斯以及参谋长们进行商议，结果，美国在英国压力之下不惜修改"一号命令"，同意"在受降问题上明确把香港划出中国战区"。

但杜鲁门在21日给蒋介石的电报中，却没有说得那么明白。他没有说香港是否包括在中国战区受降范围之内，而只是说美国"不反对由一位英国军官在香港受降"，并要求蒋介石"能毫无障碍地授权与英国进行军事合作，以便能向麦克阿瑟将军发出相应指示，安排香港向一位英国司令官投降"。

杜鲁门尽可能降低并模糊他改变态度的意义，说这"主要是具体操作性质的军事事务问题。在任何方面都不代表美国对于香港未来地位的观点。希望（蒋介石）以合作与谅解的精神看待此事"。

英国得寸进尺

杜鲁门修改"一号命令"，美国拒绝支持中国，国民政府处于孤立无援的地位，再一次被美英两国"玩"了！弱国外交再一次受了屈辱。

蒋介石无可奈何，于23日复电杜鲁门，表示"同意授权一位英国司令官去接受香港日军投降"，并将派中、美军官各一人出席受降仪式。蒋介石这里所说的授权一位英国司令官云云，无非是作出实质性让步时，一种无可奈何的保全面子的说法。杜鲁门自然明白，他立即回电，感谢蒋介石"体谅人的行动缓解了困难的局面"。

24日，美国方面宣布，麦克阿瑟已经向日本大本营发出命令，香港日军向英国军官投降。同日，蒋介石对香港受降问题作公开表态。他在中常委、国防最高委员会的联席会议上的讲话中明确宣布：

"中国决不借招降的机会，忽视国际合作和盟邦主权。关于香港的地位，以前是以中英两国条约为根据，今后亦当以中英两国友好的关系协商而变更。"

从而明确表示，他无意在此时提出新界问题，他仅仅是要行使，哪怕是名义上行使作为中国战区统帅在香港受降的权力。

见到中国方面的态度软化了，英国政府立马得寸进尺。

27日，薛穆奉命口头告诉蒋介石，英国不接受他的建议，"英国必须重新恢复香港的原状"，并已指派海军少将夏悫主持受降。

蒋介石反驳说，他不反对英国恢复香港原状的愿望，他从一开始就保证中国政府无意派军队去占领香港，但作为中国战区统帅，受降香港日军属于他的职责范围。

既然中国不能主持受降仪式，就只有退而求其次了。

蒋介石接着表示，既然英国政府已指派了夏悫少将，他从即日起就授权给夏悫。他还说："如其不接受此委托而擅自受降，则破坏联合国协定之责任在英国，余决不能放弃应有之职权，且必反抗强权之行为。"

不能主持受降，你英国总要由我这个中国战区统帅授权才行吧？我这个统帅连这点面子都没有吗？

蒋介石在召见英国驻华武官卡顿·戴维亚尔时说，作为战区统帅，"他当然有权决定在他辖区任何地方接受敌军投降的方法和方式"，他不理解为什么英国拒绝由他授权后再去受降。

卡顿·戴维亚尔随即向国防部长伊斯梅报告说，在过去两年中他多次见过蒋，有时是非常紧急的时刻，但是"从未见他像今天这样激动！如果我们坚持现在的态度，我们将严重损害将来的对华关系"。他还说，魏德迈也不赞成英国坚持现在的态度，这与美国观点不符，因为杜鲁门总统已经同意由蒋授权后再受降。

英国外交部异想天开，于28日下午2时致电薛穆，表示希望蒋介石不要公开提出授权受降的要求，希望他"单方面地放弃这种权利以利于英军司令"。

10分钟后，外交部又追加一电，称蒋介石现在的态度与他8月24日关于香港的声明不一致，并挖空心思地提出一项新建议：由夏悫代表英国政府、蒋介石授权另一名英国军官作为代表联合受降。

次日一早，薛穆求见吴国桢，要求安排拜会蒋介石，被后者一口回绝。吴国桢说，委员长绝不会同意你们的新建议。薛穆立即电告外交部说："鉴于蒋介石的态度，如继续讨论此事，除了徒增双方的敌意，不会有任何结果。"

30日下午，蒋介石终于接见了英国大使和武官。他对英国"践踏他作为中国战区统帅的权力表示愤慨"。薛穆在当天给外交部的报告中说，他与武官共同认为，"最好的办法是接受授权"。

他进而警告说：

"除非此事得到解决，这个争端将可能损害我们与中国人的关系，而且正是在对我们的利益至关重要的时刻。为了重建我们在上海等地的利益，我们应当得到中国合情合理的合作。如果因为香港问题而使蒋介石留下极为恼怒的感情，那么不但在现在这个紧要关头，而且在以后相当长的时期内我们都会遇到障碍和恶意。"

薛穆的这一警告显然起了作用，蒋介石的坚持，美国的态度，以及薛穆和戴维亚尔的警告结合在一起，促使英国政府不得不从战后与中国的长远关系出发来考虑问题。

外交部遂于31日下午致电薛穆，表示同意夏悫同时代表英国政府和中国战区统帅蒋介石受降，并欢迎中美两国各派一名军官出席受降仪式。

就这样，英国十分勉强地接受了委托受降的方式。蒋介石总算保住了一点面子，可以自我安慰了，他说："这是公义必获胜利之又一明证。"

但不言而喻，在受降权之争中，赢家仍然是英国。

8月30日，夏悫率领的英国舰队在香港登陆，恢复了对香港的占领。

9月16日，夏悫以英国政府和中国战区统帅蒋介石的代表的双重身份，在香港督宪府接受了日军投降。

夏悫在香港成立军政府，英国对香港的殖民统治正式恢复。

一直到20世纪末的那个午夜，当五星红旗在香港冉冉升起的时候，被50多年前的屈辱压抑的中国人，才满含热泪长长地出了一口气。

第十四章 无果调停
——新纪元的孕育

五星上将特使

"我离不开两样东西——轮椅和马歇尔"

1945 年 9 月 3 日,在东京湾的美军密苏里号战列舰上,美、英、中、苏四国的代表目睹了曾经那么凶残的日本人在投降书上签字的沮丧之态!全世界饱受战争摧残的人们,也见证了这个伟大的历史时刻。

在东京湾的美军密苏里号战列舰上,日本签署投降书。

人类的一个新纪元终于开始了!

中国也在谋划战后诸多棘手问题的解决。当然,这离不开美国的参与。

本来，战后美国参与中国军事调停这个话题似乎与本书的主旨关系不大。但如果不涉及这个话题，叙述抗战期间外交活动的这本书的完整性，必然就会有所欠缺。所以，将它作为本书的最后一个部分应该是适当的。

而且，这又是一段多么值得回味的历史啊！

1945年12月20日，美国总统特使、美国参谋长联席会议主席马歇尔乘专机抵达上海。这位五星上将在第二次世界大战中，曾协助罗斯福总统建立了国际反法西斯统一战线，也是盟军的核心人物。

罗斯福有过这样一句名言："我离不开两样东西——轮椅与马歇尔。"

马歇尔曾在1914年和1924年两度来到中国，此次则是奉杜鲁门总统之命，来华调处国共两党冲突。

美国驻中国战区司令官魏德迈等到机场去迎接马歇尔。

此时的魏德迈已经被国共调停折腾得精疲力尽，所以，当马歇尔下榻中国饭店后，魏德迈开口便诉苦：

"国民党和共产党决不会合到一起来。将军，您肩负着一项不可能完成的使命来到了中国！"

马歇尔是满怀信心而来的，想不到听到的却是如此丧气的话，心中顿时火起！他用近乎咆哮的声音对魏德迈喊道：

"中将，这是一定行得通的，我一定要去做！而且，你一定要帮助我去完成这项使命！"

马歇尔抵达南京的第二天，蒋介石就在黄埔路中央军校官邸会晤了他。

蒋介石顾虑的是，史迪威是马歇尔的老下级和爱将，抗战中史迪威提出要武装中共就是得到马歇尔撑腰的。蒋介石曾串通美国驻华大使赫尔利逼走了史迪威，他怕马歇尔这次来中国会跟他算旧账。

但会谈并没有出现蒋介石所担心的局面，马歇尔似乎有所保留。但接下来发生的事，就不那么让委员长大人高兴了。

见过蒋介石后，马歇尔22日就飞往尚是陪都的重庆。当他的专机降落在九龙坡机场时，舱门打开，没有想到出现在舷梯旁的竟然是周恩来、叶剑英等共产党领导人。隔了片刻，宋子文等国民政府高官才急匆匆地赶到。

马歇尔对周恩来的出现，是没有思想准备的。还在飞越太平洋的时候，他就与助手们商量：到中国后怎么才能争取到中国共产党接受他的调解人地位？要是中共不认可，他作为总统特使就无法开展工作。

他问美国驻华大使馆临时代办罗伯逊："是你让大使馆通知中共来接我的吗？"罗伯逊摇摇头。这就更让马歇尔意外了，但他心里却又暗暗地欣喜。因为他觉得，周恩来等人到机场来迎接，就表明了中共对他的地位的接受及对其赴华使命的重视。

原来，11月27日华盛顿宣布赫尔利辞去驻华大使职务及马歇尔将军作为总统特使赴中国之后，杜鲁门总统发布了对华政策声明，决定不参加中国内战，愿意中国和平统一。中共立即决定恢复中断了的和平谈判。

马歇尔抵达上海时，中共外事组的王炳南即从驻重庆美军总部得到了马歇尔将军将于22日飞抵重庆的准确消息，于是周恩来根据中央指示前往机场迎接。喜出望外的马歇尔遂邀请周恩来与董必武、叶剑英于次日下午到他的住处会晤。

毛泽东自重庆谈判回到延安后，就病得很厉害，有时躺在床上，手脚痉挛，冷汗淋漓，只要一认真思考问题，或长时间阅读材料，头就剧烈疼痛。

但听说马歇尔将军来华调处国共关系，毛泽东拖着病体出院了。他需要亲自掌握中共在和谈中的具体方针与进程。在这样的背景下，12月27日，中断一个多月的国共谈判恢复了。

1946年1月2日，马歇尔综合国共双方的观点，向蒋介石与毛泽东提出了一份停止冲突与恢复交通的备忘。其中包括：在北平设立军事调处执行部，执行已经取得协议的政策，监视停战，公正地做调查。

执行部由国、共和美方三人委员会组成。中共方是周恩来，国民政府方面是张治中，美方则是马歇尔。这可算是马歇尔最早提出的关于成立"军事调处执行部"的方案了。

军调部三名最高成员。自左至右为张治中、马歇尔、周恩来。

积极调解国共关系

1946 年新年伊始，来到中国履行军事调解使命的马歇尔，与中共方面的关系曾显得颇为融洽。

这一点，在时任重庆美国新闻处工作人员的著名汉学家费正清的回忆中，可以找到佐证：

"1946 年 1 月，谈判似乎可以取得一定的成果，此时，重庆的中共代表举行了一次宴会，他们为美国新闻处安排了两桌。周恩来坐在其中一桌，八路军总参谋长叶剑英坐在另一桌。

酒过三巡，我们都感到有些情不自禁，周恩来晃着身子唱起歌来，我们随后也跟着唱了起来，叶剑英拿着筷子，在桌边和杯子上敲起了节拍。几次祝酒干杯之后，他们唱起了延安的歌曲，我们也唱起情绪激昂的曲子，大多都是南北战争时期的歌，因为现在的音乐有些过于甜蜜、过于轻柔，或者说过于伤感了。

周夫人（她喜欢用自己的姓名，邓颖超）穿着长裤，显得非常简朴，非常迷人。"

据美国出版的《马歇尔传》所述：

"刚到中国的马歇尔曾受到国共双方的信任，特别是中共方面的人士与这位当年极力支持过史迪威的人关系颇为融洽。更为重要的是，马歇尔得到了中共希望与美国交往的信息：

马歇尔应双方请求，动手起草了一个全面改组中国军队的计划，其禁例和各种规定类似我们（美国）的民主体系下的军队，有的是针对中国各地军阀的威胁和地方官员的不稳状态的。"

经过同国民党的几次会谈后，他们同意马歇尔拿这个计划去同周恩来讨论。

周恩来在和马歇尔会谈时，代表中共表明了对时局的态度，他说，中国不能再有内战。我们主张由政治协商会议草拟宪法，然后由改组了的政府筹备国民大会，通过宪法。

据《马歇尔传》记载，周恩来还说："美国有许多地方是值得我们学习的。一是华盛顿时代的民族独立精神；二是林肯的民有、民治、民享和罗斯福的四大自由（言论自由、宗教自由、摆脱贫困的自由、反对侵略的自由）的精神；三是美国的农业改革和国家的工业化。"

中国共产党人所表现出的诚意和谦逊的态度，使马歇尔备感欣慰和鼓舞。

周恩来还对马歇尔说："有这么一个小故事，说了您或许有兴趣。最近传言毛主席要访问苏联。毛主席听说后大笑，半开玩笑地说如果他真有机会出国的话，他想去的倒是美国，认为在那里可以学到很多东西。"

马歇尔把这句话完全当真了，甚至把这番话照转给杜鲁门。多年以后他还说，中共比国民党更跟他合作。

毛泽东当年想访问美国这个说法多少有点离奇，更是鲜为人知。所以，马歇尔的回忆是否准确有待考证，但至少为我们认识当时局势的演变过程提供了新的角度。

马歇尔甚至在 1945 年 12 月 26 日那天对蒋介石说："最重要的是得弄准确，苏联政府到底跟中国共产党有没有关系，是不是在给他们出主意。"

《马歇尔传》又写道：

"周飞回延安请示回来报告，说毛泽东准备在过渡阶段根据宪法同国民党合作。他又说他的党虽是社会主义的，但认识到目前尚不能实行社会主义，此刻应该实行美国模式的政治体系。他坚持认为这就是说'要把美国的政治体系、科学和工业化介绍过来，要把自由个体经济规划下的土地改革介绍过来，只有如此才能促进中国的繁荣和和平'。据周说，毛深信马歇尔是公正的，愿意同美国的方案合作。"

代表国民党参加谈判的张治中将军，在其回忆录中写到马歇尔有一次曾出人意料地提出了一份有利于共产党的草案：

"会议从2月14日开始到2月25日，前后正式会议和会外协商多次，最后签订了《关于军队整编及统编中共部队为国军之基本方案》。

现在，我可以公开一件秘密。在商谈开始之前，马歇尔向蒋提出一个草案。这个草案马歇尔事先没有给周恩来看过，因为周对这一草案所提的内容始终没有提到。其中至关重要的是三点，其原文如下：

'中国陆军应编成野战部队及后勤部队。野战部队由师组成之各军，再加不超过总兵力百分之二十之直属部队。各军军长经由军事委员会报告于最高统帅。至各条款所定复员时期结束之时，作战部队应有20个军，包括60个师，每师人数不超过14000人。60个师中20个师应由共产党领导。

'中国空军应编于一个司令官之下，经过军事委员会报告于最高统帅。空军将接受来自共产党领导部队之官兵，使其受飞行、机械及行政之训练，其比率至少占实力百分之三十。

'中国海军应编于一个司令官之下，经过军事委员会报告于最高统帅。中国海军将接受来自共产党领导部队之官兵，其比率至少占总实力百分之三十。'

这等于说，改编之后，准予中共陆军和国民党陆军成一与二之比。而海军、空军是中共当时所没有的，中共也从未提过这种要求，现在突然取得了百分之三十的兵力，当然是为国民党方面所料想不到的。"

当然，这一方案是绝对不会被国民政府方面所接受的。后来，关于陆军的国共双方比例改为了1∶5，海空军就不再提了。再到后来，这个方案当然成为了一纸空文。

但在当初采取这种欲缓解双方对峙，以及给了中共极大的，甚至是出乎意料之外的优惠措施的马歇尔，是获得了中共的高度理解与信任的。

在停战协定签订之后的一段时间里，尽管偶有冲突，但军事协调部的工作还是在进行中。

前景仿佛一片乐观，和平似乎伸手可及。

感到卸下了一副重担的马歇尔于 1946 年 3 月回国休假。他的归来，被《时代》视为英雄的凯旋。于是，在 1946 年 3 月 25 日出版的《时代》上，马歇尔成了封面人物。在相关的报道中写道：

"一位大家熟悉的高个子，轻快地走下从中国来的飞机舷梯，满脸风尘仆仆，也洋溢着耀眼的光彩。到这一时刻，美国特使马歇尔前往重庆再返回华盛顿，恰好差不多是 3 个月。

走向等候着的妻子，他像孩子一样咧开嘴笑，亲切地吻了两下妻子，再依次与前来欢迎的人们一一握手。然后，他匆匆离去，坐上一辆黑色的加长帕卡德轿车，向白宫汇报第二次世界大战结束以来，一个美国人所从事的最有意义的使命。

他目睹了拥有四亿五千万人口、备受战争折磨的国家，如今仍处在内战的边沿。他离开时，留下的虽不是和平，但已停战，仍存有希望。他在这一拯救工作中所付出的努力，中国人的确是热诚地感谢他。美国和世界应该感谢马歇尔所从事的相当重要的服务。这是美国的民主力量、原则、威信，在战后的一项重大事件中，第一次被用来作为建设和完善的模式。"

然而，《时代》的报道也意识到已达成的停战协定，基础是脆弱的。"危机在前"、"挑战在前"，这是《时代》谈及停战前景时使用的小标题。显而易见，卢斯的《时代》仍是站在支持蒋介石的立场上看待马歇尔的使命与中国前景的关系的。

对美国一直充满自信、自傲的卢斯，无疑更为看重美国介入中国事务、影响中国发展的直接推动作用。《时代》又写道：

"3 个月来，马歇尔发挥着一个强有力的友人的作用。在抵达华盛顿之后，在上午举行的记者招待会上，他介绍自己完成的使命——其中有一个词谈到他个人的作用：

'中国人民正努力寻求全世界值得感激的合作，这一努力几乎是史无前例的。他们的领导人推动每天的进展以达成协议……他们在成功地……结束敌意……并且已决定进行整编军队的事宜，进而重建一支国家军队。他们已同意获得中国政治、经济发展的基本原则，即几个世纪以来西方的民主……'

说到此，马歇尔停顿了，紧张地皱皱眉头，非常慎重地继续说道：'如果我们一定要获得和平，如果这个世界需要和平，就有充分理由说明为什么在中国目前的努力必须成功。在很大程度上，它有赖于其他国家的行动。如果中国被忽略，或者，如果一个计划是扼杀她目前的渴望，她的努力就将失败……'

'我非常了解美国人民对中国的主要兴趣，但我不敢肯定他们是否了解中国，或者说了解他们的政治领袖们，是否了解中国致力于团结和经济稳定的成功，以及对于美国所具有的必不可少的重要性……接下来的几个月，对中国人民……包括对世界未来的和平都极为重要。'"

近在咫尺的和平

预示统一的三环

1946 年 1 月 10 日，中国政治协商会议开幕。

这次政治协商会议，指的是 1946 年中国国民党、中国共产党以及各民主党派（民盟、青年党等）为抗战后的和平建国大业在重庆召开的一次会议。为了与 1949 年后召开的中国人民政治协商会议相区别，将此次政治协商会议称为"旧政协"，而将 1949 年后的政协称为"新政协"或"人民政协"。

位于北平协和医院的军事调处
执行部的办公地址

随后，在 1 月 14 日，北平军事调处执行部在北京饭店正式宣布成立。军调部办公地设在协和医院。

"北平军事调处执行部"从成立至关闭，共经历了 1 年零 29 天。它试图以美国做中间调解人，在国共两方面调处冲突，以使抗战胜利后的中国消除内战。但是内战的战火很快就宣告了这个历史性机构的结束，而马歇尔则是这个机构中的一个至为关键的人物。

在马歇尔、周恩来、张治中为最高领导的军事调处执行部之下，中共委派了叶剑英，国民党方面委派了"情报专家"郑介民中将，美方则委派了罗伯逊作为执行委员。

他们身着将军服，佩戴蓝底黄色的三环肩章。三环是军调部的标志，军调部执行主任美国人白鲁德准将对记者介绍，三环构思来自奥运会的五环标志，表示三方一起来实现中国的统一与和平。

军调部成立后，国共双方都在北平亮相，各自举行了一次鸡尾酒会。叶剑英特别嘱咐军调部中共方面的行政处长荣高棠："务必将国民党在北平的党政军主官和社会各界名流、新闻界人士，不管属于哪个派别，都请到。"

1946 年，邓小平会见军调部成员

1946 年军调部的中共方面成员在颐和园

六国饭店

李克农是军调部中共代表团的秘书长，他从延安带来了 20 多位工作人员，还带了专用电台来到军调部中共代表团驻地翠明庄。

耿飚任中共方面的副参谋长兼交通处长，他用飞机将中共代表团中将军衔的参谋长罗瑞卿从承德接到北平。国民党方面的参谋长则是国民党陆军总司令部中将副参谋长蔡文治，代表团驻地在六国饭店。

1月22日，马歇尔给蒋介石送去了一份《中华民国临时政府宪章》草案，这是由他亲自主持起草的。其主要内容为：

规定在立宪政府成立之前，成立联合政府；国府委员由14人组成，双方票数相同，总统有决定性的投票权；在立宪政府成立之前，非经国务委员会同意，政府不得发布影响各县各行政区纯地方性事务的法令……

这个草案把蒋介石又惹气了！他看了后忿忿然地说：

"马歇尔制定的这个提案，连共产党不敢提出的他都提了。这实在是岂有此理！太过分了嘛！"

这天，这个根本没有学会中国"出门看天色，进门看脸色"的马歇尔与蒋介石一见面，就开门见山地问政协会议的进展。蒋介石哼哼唧唧地敷衍了他一番，而他反而还挺高兴。事后，他向杜鲁门总统报告了22日"劝导"蒋介石成功的谈话内容：

"我已经告诉委员长，按照我的意见，有两个因素使他绝对必要与共产党人尽早就建立一个统一的政府和军队达成一项协议……"

在马歇尔的斡旋下，国共双方都做了让步，还就大多数问题达成了协议。

这样一来，马歇尔成了重庆的红人。政协会议之后马歇尔觉得较好的气氛形成了，可以着手解决军队整编的问题了。

他对于整编中国军队的整体设想，与前任特使赫尔利有所不同。赫尔利只是要帮助蒋介石整编掉中共的部队，即"吃掉"中共部队。马歇尔的整编军队构想是，大幅度削减包括国民党军队在内的中国军队数量；整个中国军队要按照西方国家建军原则整编，军队是国家军队，不是党派军队，不干涉国内政治事务等。

在上述思想主导下，马歇尔向蒋介石提出了我们刚才提到的那个整编中国军队的秘密草案。蒋介石看了这个草案，差点没气得背过气去！

他当然不会同意中共部队加入海军、空军，但出于当时对美国援助的依赖，不得不对陆军的比例先作默认。

停战令下达了，政协会议召开了，整军协议也签订了，马歇尔很高兴。

　　他约张治中、周恩来外出巡视，检查停战令执行的情况。这一年，马歇尔66岁，张治中56岁，周恩来48岁。

　　从2月底到3月初，马歇尔一行足迹遍及西南、华北、华东、中原、西北及华中各个战区。

军调期间周恩来与马歇尔在一起

　　3月4日马歇尔抵达延安。

　　当马歇尔、张治中、周恩来走出机舱时，延安机场聚集的万人欢迎队伍顿时沸腾起来，人们挥舞彩旗高呼着欢迎的口号。此情此景，不仅让马歇尔高兴，甚至还十分感动。毛泽东走上前，紧紧地握着马歇尔的手说："欢迎马歇尔将军来延安！"

　　马歇尔读过有关毛泽东的很多资料，略为知晓毛泽东的简历，他经历过秋收起义、井冈山、长征、延安。他一直将毛泽东当做传奇英雄，对毛泽东有着深刻的印象。

　　他突然想到了蒋介石，认为那是一个倨傲、固执、自私的人，他对蒋介石没有什么好印象，认为他缺乏合作精神。正因为如此，在他任美国国务卿时，总是不那么心甘情愿地给蒋介石提供援助，以致有人批评他说：

　　"将军，是您帮助共产党打败了蒋介石。"

　　当天晚上，毛泽东为马歇尔等举行欢迎宴会，毛泽东致欢迎词说："我代表中共中央委员会，向军事三人小组的马歇尔将军、张治中部长、周恩来同志，向军事调处执行部的全体同仁致敬！祝杜鲁门总统、马歇尔将军及美国人民健康！现在我提议为和平使者马歇尔将军，为中国和平、民主、团结、统一事业的伟大成就，干杯！"

　　接着，中央大礼堂又举办了欢迎歌咏晚会。在晚会上朱德总司令发表了热情洋溢的讲话。他说，在不到3个月的时间里，马歇尔将军帮助中国人民实现了停战，起草了军队整编的计划，从而迈出了走向和平民主的第一步。

后来，马歇尔对延安之行十分满意，特别是对毛泽东称他为"和平使者"尤为感奋。他在致答谢词时说："我这次有机会到延安，会见和认识中共的各位领袖，深感荣幸。对你们的诚恳和友谊招待，特表衷心的感谢！"

回到南京后，马歇尔给杜鲁门写了一份报告，说：

"我跟毛泽东作了一次长谈，我坦率得不能再坦率了。他没有表现任何不满，向我担保尽其所能合作。"

在报告中，马歇尔还称在东北的"共产党势力比乌合之众强不了多少（马歇尔所指的应该是当时东北抗日联军的部队。该部队经过十几年的单独苦战，已经受到了极大的损失。笔者按）"，"从延安大本营跟东北当地领导联系简直就办不到"。

其实，当时延安跟东北局和在东北的几十万大军天天都有长电来往。马歇尔在延安时，毛就已经向苏联驻延安观察组的阿洛夫详细复述了跟马歇尔谈话的全部内容，请阿洛夫电告斯大林。

也正是因为这个缘故，1946 年春天，当林彪的部队在东北进展不顺利时，马歇尔给蒋介石施加了决定性的压力，迫使蒋介石停止在东北追击中共。

马歇尔威胁说，如果蒋介石继续追击，美国就不再帮他运军队去东北了。

5 月 31 日，马歇尔甚至写信给蒋，称这事关系到他本人的荣誉：

"目前政府军在东北继续推进的情况下，我不得不重申，事情已经到了这样一个关头，即我本人的立场是否正直成了严重问题。因此，我再次向您要求，立即下令政府军停止推进、打击，或追赶'中共'。"

措辞如此强硬严厉，蒋介石不得不屈服，答应停火 15 天。

得到停战令的消息后，毛泽东两次发电东北追改部署：

"蒋已允马停战 10 天谈判，请东北局坚守哈尔滨……至要至要。""保持松花江以北地区于我手中，尤其保持哈市。"

不少史学家都认为，蒋介石停止向松花江以北推进，对他来说是大

大的失算。蒋介石只要穷追猛打，至少能阻止中共在靠近苏联边境的地区建立强大巩固的北满根据地，还能切断中共与苏联的铁路运输线，使苏联重型武器不可能运进来装备中共。

对蒋介石来说，更为要命的是，在他答应停火 15 天之后，马歇尔又施加压力，要蒋把停火期延长到 4 个月。

蒋介石如果要重开战火，就意味着跟马歇尔发生直接冲突，这让蒋介石异常烦躁。

就在蒋介石被马歇尔逼得焦头烂额时，他又接到杜鲁门总统的严厉警告，这实在是雪上加霜。7 月中旬，两名反蒋知识分子闻一多、李公朴在昆明被枪杀。美国民意测验显示，只有百分之十三的人赞成继续援蒋，百分之五十的人要求"不介入"。

8 月 10 日，杜鲁门写信给蒋介石，声色俱厉地提到这两桩暗杀，说美国人民对这样的事"深恶痛绝"，威胁说如果和谈没有进展，他只好"重新考虑"美国对蒋政权的态度。

气急败坏的蒋介石把未经他允许，就动手杀李、闻二人的军统老板叫来，骂了他一个七荤八素！

在这样的压力下，蒋介石在东北的停火不得不继续下去。其中的原因在于，整个内战中，美国给了他 30 亿美元的援助，其中 16 亿美元拨款中的约八亿五千万是用于武器援助的。

结果，这个停火间接地帮助林彪部队在东北建立了根据地。毛泽东曾经把这块背靠苏联，两臂有朝鲜、外蒙古作依托的地盘比作舒适的"沙发"。

此外，停火的这 4 个月使中共有了充裕的时间整编在东北原有的 20 万部队，整顿训练新兵和老兵。

从此，东北强弱易位，两年多以后，中共迅速打响辽沈战役，国民党覆灭的号角由此吹响。

当然，这些都是后话了。

当马歇尔从延安返回到南京后，他相信自己要创造奇迹了。他十分兴奋地给杜鲁门总统写信，要求急速回国筹措贷款，以"奖励国共两党之和解"。

"怎么会是这样？"

马歇尔春风满面地回到华盛顿，杜鲁门对他赞不绝口。马歇尔为解决给中国的贷款问题，到处奔走游说，5 亿美元的贷款终于被杜鲁门总统批准了。

不料，4 月 1 日蒋介石在重庆国民参政会上作了蓄谋已久的政治报告，宣布推翻政协会议《五项决议》，撕毁刚刚签字的《东北停战协议》。

与这个报告相配合，国民党军队在东北大举进攻。马歇尔从报上看到东北国共两军爆发激战与蒋介石 4 月 1 日的政治报告，极其震惊。他感到，自己正着手进行的援华计划被战火烧毁了！

4 月中旬，马歇尔偕夫人凯瑟琳急匆匆飞返中国。他先到北平，急于了解苏联军队撤退和东北国共两军交战的局势，尔后会见了军调部国共双方代表。4 月 18 日，马歇尔从北平飞往重庆。刚下飞机他就得到消息，中共部队刚刚占领了长春城，而国民政府精锐的新 1 军却未能攻下四平。

蒋介石马上会见了马歇尔，他欲擒故纵地说："东北的国军有被歼灭的危险，我想撤出一部分部队，甚至考虑完全撤出东北。"马歇尔大为惊愕，一头雾水。但他又对苏联在东北的意图怀有戒心，怕国民党在东北一旦撤军，会让苏联乘虚而入，进而完全控制东北，就连忙给蒋介石打气。

当晚马歇尔起草了一份建议草案，对美国第 7 舰队正在帮助国民党运送两个军去东北的行动，给予了充分肯定。

次日傍晚，马歇尔与蒋介石再次见面。蒋介石向马歇尔要求，除了前两个军之外，美国可否再帮助增运两个军去东北。马歇尔知道帮蒋介石运兵过多，会导致内战加剧，当即拒绝了这一要求。

接着马歇尔安排与周恩来见面。经过几番商谈，周恩来接受了国民党提出的在谈判之前让出长春的要求。但必须采取四条措施：

1. 将双方紧密接触的部队分割开来；
2. 禁止双方调动军队；
3. 解决交通问题；
4. 派遣军调部执行小组到双方紧密接触的地点和主要铁路沿线。

当时东北绝大部分地区都已在中共控制之下，让出一个长春市不会影响中共在东北建立根据地。在马歇尔调处下，双方终于约定，蒋介石、毛泽东都给各自部队下达了命令：6月7日正午休战。与此同时，重新开始谈判。

国民党顽固派CC派对马歇尔来华促进和平统一的做法很恼怒。从5月底至6月初，他们通过报纸攻击马歇尔戴了"红帽子"，某报的一幅漫画画的竟然是马歇尔打着绑腿、穿着八路军的军装。

有人还编造说凯瑟琳为此和他吵翻，一怒之下离开南京跑到上海等。美国报刊纷纷转载，称"马歇尔夫妇在华吵翻，夫人因气罹病住院"。直到马歇尔的好友艾森豪威尔将军写信向他表示问候，马歇尔本人才知此事。

杜鲁门总统也让助手打听：老两口为什么吵？夫人的病重不重？杜鲁门知道事情真相后，觉得马歇尔在中国待的时间太长了。他不想让将军的声誉受到损害，打算对其另作重用。于是，杜鲁门让艾森豪威尔飞赴南京，询问马歇尔是否有兴趣成为下一任国务卿。要是接受，可否于7月间回国。

但马歇尔太要强了，他虽然表示愿意担任国务卿这一职务，但要在中国再逗留几个月，"以便看到总统交付的使命获得成功"。当时三方商定，国共两党的对话通过书面进行。中共方面的函件，由周恩来签名，由马歇尔亲自面交蒋介石，或者当面口头传达。

战端重启

从1946年4月底开始，蒋介石在中原地区发动全面内战的迹象越来越明显，并计划于5月5日至9日，一举歼灭中共中原军区的李先念部。

在重庆的中共代表周恩来获知国民党的阴谋计划后，5月1日晚9时半，与国民党代表徐永昌会谈了两个小时，同时致电马歇尔，敦促他们立即同往宣化店视察，以便有效地制止这一流血阴谋。

经周恩来一再敦促，马歇尔的代表、北平军调部执行处处长白鲁德及国民党军令部部长徐永昌会同周恩来，于5月5日飞抵汉口，准备6日上午赴宣化店视察。

5月4日，李先念、郑位三接到中共中央的电报，得知周恩来、白鲁德与国民政府代表将到宣化店调查中原部队受围攻情况并解决相关问题，于是准备了充分的材料，揭露国民党的阴谋，并提出要求合法转移。在未转移前，请求国民党军隔离并供给粮食。

8日上午11时左右，周恩来一行抵达宣化店。早已等候在宣化店街头的李先念、郑位三、陈少敏、任质斌、王震等人急忙上前迎接，然后，直接去中原军区司令部附近的"湖北会馆"。

刚安排好住处，周恩来就听取了李先念等中原军区领导的汇报。

8日下午，在会馆的上屋正厅举行了三方代表出席的军事调处会议。会议厅里摆着一张长条桌，上方中间坐着李先念、周恩来、王震，两边是工作人员；下方与李先念相对的是王天鸣，与周恩来相对的是白鲁德。

李先念作为中原军区司令员率先发言。他历数了国民党军进犯中原部队、抢占村镇、杀害军民的种种罪行，警告国民党军不要玩火自焚。

国民党代表王天鸣则言不由衷地保证决无准备"围歼"中原部队之事。

周恩来站起身来，手里挥动着中原军区出版的《七七日报》及前线的报告，向中外记者和所有在场的人员严正指出：中原战争如果爆发，必将宣告和谈结束，成为全国内战的起点。现在，全国需要和平，内战应无条件停止！千百万人生命所系，如何能拖？如何能忍？

晚间，中原军区在河东岸大礼堂为三方代表及随行人员举行了文艺晚会。李先念代表中原军区致词。

李先念的讲话简明透彻，引起了强烈反响。他说："你们和谈是假，备战是真。如果挑起内战，就会应了中国那句老话，玩火者必自焚！"

当时随团来宣化店采访的中外记者中，有一位名叫李敦白的美国记者利用其特殊身份，从美方代表白鲁德那里弄到了国民党方面的准确情报。会前，李敦白将国民党决意歼灭中原部队的机密转告了李先念。因此，李先念的讲话有的放矢，针对性极强。

李敦白是个极富传奇色彩的美国人，他后来不仅加入了中国籍，还加入了中国共产党。他的故事很复杂，这里按下不表。

根据周恩来、李先念的提议，第三十二小组（亦称光山小组）留下

继续执行军事调处任务，常驻光山、宣化店一带监督停战。这个小组的代表为中共方面的任士舜中校，国民党方面的陈谦上校，美方的哈斯克上校。

军事停战三人小组周恩来、徐永昌和白鲁德于5月10日返回汉口后，在杨森花园签订了制止中原内战的《汉口协议》。这就使国民党当局不得不放弃原定5月5日至9日"围歼"中原部队的计划。但是，中原地区已无和平可能，中原部队武装突围已不可避免。

内战爆发时，国民党总兵力约430万人，其中正规军陆军约200万人，特种兵、海空军及后勤机关、军事院校156万人，非正规军74万人。

解放军总兵力127万人，其中野战军61万人，地方部队及后方机关共66万人。解放军与国民党军队对比，数量处于1：3.4的劣势。

中原地区国共军队之比是多少呢？胡绳主编的《中国共产党的七十年》一书说："国民党军队22万人进攻中原解放区。中原军区下辖河南、江汉、鄂东三军区和第一、第二野战纵队，组成了6万余人的中原解放军。"

中原军区部队由新四军第5师、八路军河南军区部队、八路军359旅南下支队、八路军冀鲁豫军区第8团共四支部队合编而成。

抗日战争结束时，新四军第5师"解放了人口1300余万人，建立了38个县的抗日民主政权（活动地区计有60多个县，2000万人口），建立了拥有七个军分区的鄂豫皖湘赣军区，主力军和地方武装发展到5万余人，民兵达30余万人，抗击了15万日军和8万多伪军"。河南军区部队1945年10月与新四军第5师部队会师时，共有兵力1.5万余人，八路军359旅南下支队4000人，冀鲁豫军区第8团2700余人。

这个比例不高于全国国共两党总兵力之比。

黯然神伤

马歇尔在南京经常规劝乃至斥责蒋介石，蒋介石为了躲他，就以避暑为名上了庐山。为完成肩负的调处使命，马歇尔这位67岁的老人在短短几个月里曾九上庐山找蒋。但他一次次尝到蒋介石出尔反尔的苦头，终于得出结论："蒋介石的确在拖延谈判的掩护下，遵循明确的武力政策。"

毛泽东和中共中央则在1946年10月4日正式决定退出谈判，"对马不再挽留"。

马歇尔先见董必武、王炳南，得知中共不会让步后，接着又见到了不久前回到南京的蒋介石。他指责蒋介石说话不算数，蒋介石却对他大谈共产党问题，谈话不欢而散。马歇尔极度无奈，10月5日他致电杜鲁门总统，要求将他"立刻召回"。

1946年11月16日，中共代表周恩来在南京举行中外记者招待会，宣布中共代表团将在日内返回延安。

国共和谈从此关上了大门。11月19日，周恩来等乘飞机返回延安。

12月1日，马歇尔与蒋介石进行了最后一次长谈，企图劝蒋派代表去延安，启动新的谈判程序。而此时，蒋介石对延安的进攻已经基本就绪，所以婉拒了马歇尔的要求。

1947年2月21日，叶剑英率最后一批中共代表团人员乘美国提供的运输机飞回延安。北平"军调部"终于结束了它的历史使命。

接下来的几个月非常重要。中国局势急转直下，严峻的现实击碎了马歇尔的乐观与期待，更击碎了卢斯以及很多美国人的自信与自傲，短暂的停战已经不可挽回地结束了。

按照一般说法，内战爆发是以1946年6月26日中共鄂豫皖根据地的中原部队成功突围为标志的。马歇尔在进行军事调处的同时，美方继续按照抗战期间的协议向国民党军队提供军援，并以飞机帮助运输国民党军队至各战略要地，这些做法激怒了中共，也彻底终结了中共与美国的交往。

马歇尔陷入了尴尬的两难困境。一方面，他不再被中共视为可以信任的朋友了；另一方面，他又觉得自己被蒋介石给耍了，因而非常恼火。

《马歇尔传》写道：

共产党责怪马歇尔。9月14日的延安广播攻击他没有反对"加剧的中国内战"，并宣称他的调解已失败。广播还声称马歇尔的威望已降至最低点，甚至他的公正性也成了问题。

10月1日，他对司徒雷登说，他认为国民党是在利用他作为掩护，以继续进攻共产党。那一天，马歇尔致函蒋介石说，除非找到协议的基础以终止战争，否则他将向总统提议将他召回，美国终止其调停的努力。

1947年1月8日，马歇尔启程回国，铩羽而归。这一天，距1946年1月10日国、共签订停战协议一周年只差两天。

一年的时光，在人们的期盼、乐观、失望、悲观、激昂、兴奋诸多情绪的变换交替中，就这样结束了。

马歇尔从中国黯然退场，正是美国多年来对华政策彻底失败的标志。随着马歇尔使命的失败，随着中共取得胜利，并于1949年建立中华人民共和国，美国自1900年义和团运动以来，在政治、外交、传教、教育、文化、军事诸多领域苦心孤诣经营的一切，它曾经具有的对中国的重要影响，都化作了一片云烟，尽然散去。

马歇尔个人的政治生涯，却没有因离开中国而结束。相反，就在离开中国的第二天，他被杜鲁门任命为新的国务卿。新年之际出版的《时代》，也把马歇尔评选为1946年年度人物，一年之内，他两度成为封面人物。

在中国失败而归的马歇尔，却在欧洲获得了巨大成功。1953年，他因在西欧实施著名的"马歇尔计划"，成功地使战后西欧经济得到复兴，而获得诺贝尔和平奖。

一位评奖委员说，这是诺贝尔和平奖第一次被授予一位职业军人，这样做，不是奖励他的军事功绩，而是奖励他为和平事业所做的工作。

马歇尔在获奖后的演讲中说：

"对于把诺贝尔和平奖授予一位军人，有相当多的议论。这些议论显然很能影响其他人，但对我则恐怕就没有什么影响……经常摆在我面前的，是写得清清楚楚的战争费用的分类账目，支撑它的则是墓碑。

这一切激励着我去寻找某种途径或方法，以避免另一场战争灾难。"

太平洋战争结束后，欲与苏联在中国争夺影响力的美国，这一次败在了苏联手下。几年后，中国与美国的紧张关系，因1950年朝鲜战争的爆发而愈演愈烈，一直到20世纪60年代初期中苏交恶之后才开始发生微妙变化。

1969年，中国与苏联因珍宝岛领土之争而发生军事摩擦，中苏关系一度剑拔弩张，中国与俄国以及苏联之间存在过的诸多历史纠葛，也于此时重新成为舆论的焦点。正是在这一背景下，与美国恢复往来的可能与努力，终于浮出水面。

1972 年，尼克松总统历史性地访问中国。在北京机场，他走下舷梯，远远地将手伸向伫立一旁欢迎他的周恩来总理。

此时，距 1946 年马歇尔的离去，已经过去了 26 年。史书中当年被合上的一页，在全世界的注目下，被重新翻开。

胡适和司徒雷登

学者外交家

叙述抗日战争期间的外交风云，当然绕不过在此期间担任过驻美大使的胡适博士。全面抗战开始后，国民政府面临内外交困的局面。为了改变不利的对外形象，蒋介石决定邀请在欧美享有盛誉的胡适博士出国游说，为国家争取外援。

胡适在美国学习、生活、工作了近 25 年时间，几乎占了他成年以后的一半时间。1910 年 9 月，胡适赴美求学，先在康奈尔大学农科和文学院学习，后入哥伦比亚大学研究院。1917 年 6 月 14 日离开美国经加拿大温哥华乘船返国。

胡适

归国后的胡适震惊于国内政局的黑暗，曾发誓"20 年不谈政治"，"20 年不入政界"。但是，国家的危亡使他不能自已，不仅一再"谈"了政治，而且一度"干"了政治，在抗战时期出任了国民政府驻美国大使。

胡适积极主张发展中美关系，以此来牵制对中国具有威胁的日本和苏联。日本发动全面侵华战争后，胡适暂时放弃了自己的学术研究，受命赴美欧做外交和宣传工作。

当时美国朝野上下还弥漫着孤立主义的气氛，为推动美国支持中国抗战，胡适到处宣传演讲，上下活动，致使日本方面感到，在对美外交上无法与这个享誉中外的学者匹敌。

1937 年 9 月，胡适作为国民政府的特使赴欧美游说演讲，宣传中国抗战。临行前，胡适在日记中写下了这样的文字：

"我独自走到外边，坐在星光下，听空中我们的飞机往来，心里真有点舍不得离开这个有许多朋友的首都。"

1938 年 7 月，正在法国访问的胡适突然接到蒋介石的电报，要他出任驻美国大使。蒋介石的初衷是想利用胡适在美国的影响，促使美国改变中立态度。胡适却不同意，他宁愿同祖国死在一起，也不愿意在国破家亡之际去国远走。

蒋介石劝说道："先生是读书人，留下全无用场。你有留美经历，在那里一定有作为。"

经过一番踌躇，在蒋的一再催促下，胡适决定就任，出任这个每月薪水只有 190 元的大使。履新之初，曾有名人雅士、达官显贵联名镌刻题赠"持节宣威"四个魏体金色大字牌匾赠予胡适，此物至今仍悬挂于皖南绩溪县上庄村胡适故居的堂前。

在胡适看来，出任驻美大使实在是不得已而为之，是在"国家最危急的时期，为国家做点战时工作"。在赠给后来与其在美国一起工作的陈光甫的一张照片上，胡适留下了此时心情的写照："偶有几根白发，心情微近中年。做了过河卒子，只能拼命向前。"

在给力劝他不要步入仕途的结发之妻江冬秀的信中，胡适又写道：

"现在国家到这地步，调兵调到我，拉夫拉到我，我没有法子逃。所以不得不去做一年半年的大使。我声明做到战事完结为止。战事一了，我就仍旧教我的书去"，"我只能郑重向你再发一愿：至迟到战争完结时，我一定回到我的学术生活中去"。

1938 年 9 月 17 日，国民政府正式宣布：任命胡适为"驻美国大使"。

10 月 1 日，国民政府外交部对胡适在美的工作提出了详细的方针任务，其要点包括：促请美总统实行其隔离侵略者之政策，对日采取远距离封锁；促成美国修正中立法，区别侵略国与被侵略国；努力敦促美国政府于最短期间促成对华现金或信用之借款；相机对美国扩大其（指对美商出口日本货物）劝告范围，使煤、油、钢铁亦不售给日本等。

10月5日，胡适到任。27日，向罗斯福总统呈递了"国书"。

抗战初期，国民政府孤立无援，在反复权衡后，决定以中美关系为突破口，寻找外援与抗日伙伴。胡适本是学人，做大使实在是"业余"，难免力不从心。因此，国民政府又先后委派陈光甫、张彭春等人赴美辅佐。

胡适到任之时，美国总统罗斯福也正在苦苦寻找援助中国的办法。罗斯福明白：随着日本扩张的愈演愈烈，美日在太平洋的冲突不可避免。而在未来的战争中，中国无疑是美国潜在的盟友。因此，援助中国也就是援助美国自己。

虽然罗斯福已下定援助中国的决心，但美国国会中存在着严重的孤立主义倾向，不愿为"他国的利益卷入战争"。美国商界也力图与日本保持经贸关系，不愿得罪日本。为了避免"中立法案"的限制和不必要的纠缠，罗斯福密嘱财政部长亨利·摩根索研究可行的援华方案。

1939年9月，摩根索在巴黎向中国驻法大使顾维钧表示：关于美国对华提供贷款一事，目前尚不能作任何承诺。不过摩根索同时表示，如果国民政府派两年前与美国政府签订"白银协定"时有过愉快合作经历的金融家陈光甫赴美，可能找到粮食信用贷款的途径。

顾维钧迅速将此消息转达重庆，国民政府遂决定派陈光甫与徐新六两人同飞美国。无奈徐新六自港飞渝时，他的座机被日本飞机击落而殉职。陈光甫只得独自赴美。

中国台湾著名民国史专家吴相湘先生曾为此写道："这时正值广州、武汉战局紧张，我国孤立无援之时，而国内最负众望的两位学术界、银行界领袖'临危受命'飞渡大西洋前往美国，这在当时是非常重要，而且是再无其他选择的两颗重要'棋子'。"

当时的国民政府行政院院长孔祥熙并没

顾维钧

有制定具体的求援方案，甚至连求援数目也未明确，只是不切实际地要求陈争取 3 亿～4 亿美元的贷款。与孔祥熙等人的盲目乐观不同，陈光甫认为政治借款的可能性很小。

为此，在赴美之前，他对国内可做贷款抵押的各种产品进行了详细的研究，并在美财政部驻华参赞尼克尔森的建议下，选定了以桐油作为抵押品。桐油是美国的军需物资，反对援华抗日的孤立主义分子无由反对，更重要的是桐油属中国当时最大的出口品，因而可能争取到较多的贷款。

10 月 25 日，也就是国民政府的临时驻地武汉失陷的当晚，摩根索专门邀请陈光甫与胡适大使到家中做客，宣布贷款一事。

胡适后来致函摩根索，再三强调这是值得纪念的一个夜晚，称"正当中国局势危急的时候，这一笔钱，真是有救命与维持体力的作用，也是心脏衰弱时一针强心剂。而由此'桐油计划'确立，英国之购料借款与币制借款亦相继获得成功。中国的国际信用大加改善。关系之重大，不言而喻"。

为了避免招惹美国国内的"孤立主义分子"，经陈光甫策划，在中国国内组织了复兴商业公司，负责收购桐油。同时，在纽约注册设立世界贸易公司，以陈光甫任董事长，由世界贸易公司与美国进出口银行订立贷款合同，由中国银行纽约经理处担保。陈光甫还特意聘请由美国金融复兴公司董事长琼斯推荐的人选担任法律顾问。

后来又聘请刚从美国财政部任上下来的劳海继任总经理，由该公司负责在美销售桐油与购买货物。这样，贷款从表面上看完全成为了美国公司与美国政府银行间的业务关系，摩根索对此十分满意，针对日本的反对，他振振有词地宣布"这是商业，不是外交"。

陈光甫等人在谈判中所表现出的主动与灵活，大大增强了摩根索援华的积极性。桐油贷款款项基本上全部用于了抗日战备，许多美国外交史学家都把该贷款视为罗斯福当局转变东亚政策，并实施遏制日本的开始。

"桐油贷款"成功之后，经过胡适与陈光甫的努力，又促成了滇锡、钨砂和金属矿砂等几笔贷款。英国政府亦在美国政府的带动下，于同月宣布给中国信用贷款 50 万英镑，以购买在滇缅公路上进行运输的卡车。

1939 年底和 1940 年初，胡适两次会见罗斯福总统争取贷款。1940 年 1 月 14 日，胡、陈两人又一起会晤琼斯。胡适保证了中国政府抗战到底的决心，陈光甫则将桐油运美与在美购物的各种详细资料送交琼斯。

与琼斯在国会为中国辩护的同时，陈光甫则以世界贸易公司董事长的身份游说美国汽车业巨头，向他们保证如果中国再获贷款将继续购买美国汽车。在这些商人的影响与协助下，美国国会修改了每个国家从进出口银行借款累计不得超过 3000 万美元的限制，改为不论是否有过借款历史，规定每一国家以每次借款 2000 万美元为限。在胡、陈两人的不懈努力下，美方最终同意再次贷款给中国。

1940 年 2 月，美国国会通过了进出口银行的增资方案，其主要目的是为了援助苏芬战争中的芬兰。但是由于陈光甫与胡适两人的积极努力与默契配合，又额外为中国争取到了 2000 万美元的贷款额度。

陈光甫后来曾在日记中倾诉在美交涉的苦衷：

"余在此接洽事宜，几如赌徒场中掷注。日日揣度对方人士之心理，恭候其喜怒闲忙之情境，窥伺良久，揣度机会已到，乃拟就彼方所中听之言词，迅速进言，藉以维持好感。自（1938 年）9 月以来，无日不研究如何投其所好，不敢有所疏忽。盖自知所掷之注，与国运有关，而彼方系富家阔少，不关痛痒，帮忙与否，常随其情绪为转移也。"

书生"侯大使"

在美国，胡适有很多下层朋友，诸如司厨、车夫、打工仔……这些人对胡适名字中的"胡"字发音不准，常称胡大使为"侯大使"。

珍珠港事件前夕，北平图书馆有数百部古善本书运往华盛顿，委托美国国会图书馆保存。国会图书馆馆长亚温斯特意敦请胡适光临开箱。

不料"侯大使"是个书迷，他一进书库，便如入宝山，情不自禁地席地而坐，旁若无人地看起书来。那些陪同前来的官员和图书馆馆长，原与"善本"无缘，被冷落在书库走廊，踱着方步，焦急地等待"侯大使"出来。

"侯大使"不知不觉中在书库"侯"了两个小时。当他提着上衣从书库里笑嘻嘻地走出来，口里不停地大谈"善本"的价值时，亚温斯馆长竟急不可耐地高叫起来："'侯大使'，你'候'得我们好苦啊！"

胡适晚年的得意门生、口述史大家唐德刚先生曾经评价在抗日战争中任驻美大使的胡适是"摸鱼捉虾，误了庄稼"。原因是"当时的胡大使理应多为当局争取些国际援助才是，而他却到处搞什么空洞的民主演说，最后，连大使也当不成了"。

书生本色的胡适毕竟不长于行政，因而使馆工作班子组织欠佳，效率不高，纪律松弛；此外，他疏于应酬接待，因而对许多赴美的"国府"要员多有招待不周之处，引起一些不满，给反对者留下口实。

陈光甫这样描述了胡适的处境：

"美国国务院内暮气沉沉，只以保全个人地位为目标，其他概非所计，欲求其出力援华，殆如登天之难，能不从中阻挠已属万幸矣。因此又忆及美国务院之远东司长贺伯克，此君老气横秋，以一动不如一静为妙策，彼对（胡）适之讲话有如老师教训学生，可见做大使之痛苦也。"

驻美大使本是"肥差"，让个书生这么做下去，自然有人眼红。在孔祥熙的唆使下，重庆掀起了几次"倒胡"风潮。此后，蒋介石又派宋子文赴美洽办两国间的重要事项。宋氏到美之后，根本不把胡适放在眼里，许多重要机密也不告诉他，让胡适不免耿耿于怀。胡适大使任期的后两年颇不得意。太平洋战争爆发后，胡适认为，促美国参战的任务已经完成，因而决意辞职。

1942年3月至5月，胡适在全美及加拿大旅行一万六千英里，演说百余次。回到华盛顿时，已是精疲力竭，决定求去。8月15日，终于得到免职电报。当晚即致电重庆当局："蒙中枢重念衰病，解脱职务，十分感激。"

但罗斯福对胡适还是信任和欣赏的。珍珠港事件发生后，美国决定对日宣战，罗斯福总统在对外声明以前，首先将这一决定告诉了胡适。

美国各界对于这位他们喜爱的书生大使的离任也是恋恋不舍。《纽约时报》对这消息表示"震惊"，说"除非国内另有高职等待他，否则此项免职是一项错误"。

但对胡适而言，这却是一个大大的解脱。

9月8日，胡适奉命卸去了大使任，随后离开华盛顿闲居纽约。离任后的胡适继续在美国各地讲学，先后有包括哥伦比亚大学、耶鲁大学和普林斯顿大学在内的 26 所大学给胡适颁发了荣誉博士学位。据说当时还有其他一些大学欲给胡适颁发荣誉博士学位，因胡适的时间与精力不济而婉拒前往。

这一时期，胡适在全美各地的演讲次数之多，听众人数之广，在中国人中可以说是空前的，这是胡适在美国最风光的时期。胡适与美国朝野上下，上自总统议长，下至平民百姓，都有广泛的接触，成为美国各界知名度甚高的文化大使。由于活动频繁，以致积劳成疾，心脏病复发。

1946 年，胡适重返学术界，回到他朝思暮想的北大重执教鞭。

别了，司徒雷登

对于绝大多数中国人而言，"司徒雷登"这个名字是从毛泽东的《别了，司徒雷登》这篇文章中知道的。

虽然这篇在特定时代背景下写就的 3600 多字文章中，真正涉及司徒雷登的只不过几百字，但司徒雷登却因此被定格为"美国侵略政策彻底失败的象征"，而成了中国历史上一个持久不衰的"名人"。

其实与司徒雷登在华的漫漫 50 年历程相比，"大使"经历不过是其中短短两年。从传教士到教育家到外交家，司徒雷登一生的大部分时间，都见证乃至经历了中国近代波谲云诡的历史。

这一点，倒是和文人大使胡适的经历有着异曲同工之妙。

18 岁那年一场偶然相遇，使得傅泾波这个清末贵族改变了以后的全部人生方向。而他也获得了司徒雷登始终不渝的信任，自此有了长达 44 年的追随。司徒雷登在晚年，也用"田园诗式的友情"来形容他与傅泾波这种超越种族、亦师亦友、情同父子的关系。

傅履仁是傅泾波的幼子，16 岁那年与母亲一起到美国，与一年前先期陪同司徒雷登到达美国的父亲傅泾波团聚。后来的傅履仁是美国陆军第一位华裔将军，任美国陆军法律总监 33 年之久。退役后，傅履仁还曾担任美国麦道飞机公司驻中国的总裁。他的妻子宗毓珍，是著名华裔主持人宗毓华的姐姐。

其后，傅履仁还正式成为由杰出美籍华人（如贝聿铭、马友友等）

组成的百人会的第四任会长。在他眼中，父亲对待"'爷爷'司徒雷登"的方式，体现的正是中国最古典的一种君子风范。

傅履仁回忆道：

父亲第一次遇见司徒雷登先生是在1918年。那一年秋季，父亲陪同祖父去天津参加全国基督教青年会联合会，当时身为南京金陵神学院教授的司徒先生受邀发表演说。这一次初聚，成了父亲人生的一次里程碑。司徒先生后来在回忆录里还特地提到这一段："虽说他（注：指傅泾波）听不懂我的南方话，但在他的想象中，我的人格似乎放射着一种光芒。"

1919年，司徒雷登到北京就任燕京大学校长，父亲与司徒先生再次相遇。不久，父亲从北大转到燕京大学，开始边读书边为司徒雷登做事。父亲得了一场肺病，司徒先生的母亲、司徒及其夫人都时常探望他。父亲曾说，在他眼里，司徒雷登仿佛"基督化身"，他对司徒先生的爱甚至超过对他的亲生父亲。

初到北京的司徒雷登急需建立与北京文化教育界的联系。父亲利用他的优势在这方面提供了一些帮助。有一次，父亲在司徒先生盔甲厂（燕京大学迁往燕园前的旧址）的住宅内安排了一次晚宴，出席晚宴的12位客人都是像蔡元培、蒋梦麟、周贻春这样享有盛誉的名流，这让司徒先生看到了父亲在这一方面的关系和能力。

那时一心想把燕京大学创办成一流大学的司徒先生，希望父亲能做他的助手。父亲最终答应了，但提出了三个条件：一、除差旅费外，不接受任何酬劳；二、不参与燕大的任何校内事务；三、只对司徒雷登校长一人负责。从中看出，父亲之所以答应司徒先生，纯粹出于私人友情。

父亲在燕大上了两年学后因病休学，他特殊的家庭和社会背景，以及他与司徒先生非同一般的师生关系，使他经常遭燕大教师非议，这使父亲十分苦恼。为了避嫌，身体康复后，父亲又回北大读书。

1922年，父亲受司徒先生洗礼，正式成为一名基督徒；两年后，父亲的婚礼，也是司徒先生做的主婚人。他俩的关系已远远超过一般的师生关系，特别是当司徒雷登的母亲和妻子相继去世、唯一的儿子又回美国后，父亲成了他唯一的亲人。除了我之外，我们家还有3个姐姐，大姐叫爱琳，也是司徒太太的英文名字。

司徒雷登有一个很地道的中文名字，但从血统上讲，他是一个纯粹的美国人。他的父亲是美国基督教南长老会派到中国的第一批传教士，28岁来到中国直到1913年在杭州病故，老司徒先生在中国生活了46年。司徒雷登的父母及童年夭折的一个弟弟如今都安葬在杭州。

司徒雷登1876年出生于杭州，11岁被送回美国上学，借住在亲戚家。受父母影响，司徒雷登及其两个弟弟在美国读完大学后，都先后来到中国当了传教士。司徒先生在28岁那年，带着新婚妻子重又回中国传教。

傅履仁还回忆道：

几年前我回国时，有一次与当时的上海市长徐匡迪一起吃饭，他偶然提起说，小时候曾听过一位叫司徒的外国人传教，那人中文非常好，给他留下深刻的印象。他并不知道这个"司徒"就是毛泽东写的那个"司徒"，我后来告诉了徐市长司徒与我们家的故事。

……

二十世纪二三十年代，父亲陪着司徒雷登拜访过很多人，如段祺瑞、孙传芳、韩复榘以及宋哲元、冯玉祥等。他不仅使这些官僚或军阀为燕大捐了款，也与之建立了比较好的关系。

那时中国的政局复杂多变，到了后来，他们也多少介入到政治生活中。蒋介石在南京就职不久，曾几次请父亲去执行秘密使命，其中包括说服少帅张学良摆脱日本人控制，承认国民党南京政权。父亲后来还数次受命去美国，拜访了包括时任美国总统胡佛在内的很多政界要人。

1926年，燕京大学迁入新址——燕园。美国一对夫妇在湖边（注：此湖后来被钱穆命名为"未名湖"）捐赠了一处住宅，指定为校长居住，但司徒先生并未把它当作自己的私宅，接待来宾、重要会议或者燕大青年教师的婚礼，都常在这里举行。

著名的女作家冰心与吴文藻也是在这里举行的婚礼，证婚人就是司徒先生。冰心与司徒先生的关系很好，这幢房子在很长一段时间里没有名字，直到1931年才由冰心取名为"临湖轩"，后由胡适撰写了匾额。

七七事变后，北大、清华等许多大学已陆续南迁，但司徒雷登先生权衡再三，决定让燕大继续留在北京。为了保护学校免遭日寇骚扰，司徒雷登由原来的教务长重新担任校长，并让学校悬挂美国国旗。但"珍珠港事件"后，美国宣布对日作战当天，日本宪兵便将学校包围，在日占区坚持了4年之久的燕京大学被迫关闭。

事发当天司徒先生不在学校，他应天津校友会的邀请在一天前到达天津。1941年12月9日一早，正当他准备回校时，两个日本宪兵找到他在天津的下榻处将他逮捕，押送回北京。

最初，司徒雷登与近200名美国海军陆战队员、记者和传教士，被关在美国领事馆。但4周后，绝大多数人被释放，只有司徒先生与协和医院院长亨利·霍顿博士及财务主管鲍恩博士仍被继续关押。

司徒先生与协和医院的另外两位美国人一直被日本关押了近4年之久。他后来告诉我，为了打发时间，他把自己能想起的汉语成语写出来翻译成英语，我现在还保存着那些已经发黄的纸。另一个打发时间的方式是猜字谜——这三位被关押的美国人当年也成了轰动一时的新闻人物，他们获释后，《时代》周刊用这样一个标题描写他们的经历："1500个夜晚的字谜游戏。"

其实就在司徒先生被日本宪兵队逮捕后不久，作为他的助手，父亲也被软禁在家里不许出门，还要时常被日本宪兵队叫去接受讯问。1945年7月4日，已濒于溃败的日本方面终于允许父亲探望司徒先生，父亲也是被囚禁了3年多的司徒先生见到的第一个"外人"，此后，父亲一直探望司徒先生，直到1945年8月17日，被监禁了3年零8个月又10天的司徒先生重获自由。

9月16日，父亲陪同司徒雷登去重庆参加抗战胜利大会，在那里，他们见到了毛泽东。毛泽东告诉司徒先生，延安有许多他当年的学生。司徒先生笑着说，他知道。几天后，毛泽东和周恩来请父亲与司徒先生一起吃饭。

司徒先生后来说，他当时没有想到，在不到一年的时间里，他将在马歇尔将军主持的国共和平谈判会议上经常同共产党代表团团长周先生打交道。

也是在这一次由美国返回中国时，父亲劝司徒先生在南京停留时拜访一下他的老朋友蒋介石，司徒先生接受了这个建议，结果也改变了他后来的人生道路。在蒋氏夫妇的介绍下，司徒雷登见到了作为美国总统私人代表、负责调停国共两党纠纷的马歇尔。他对中国的深入了解以及与各派政治人物的熟悉程度给马歇尔留下了深刻印象。

半个月后，经马歇尔推荐，美国政府决定任命司徒雷登为驻华大使，接替已于 1945 年 11 月离职的赫尔利。

那时司徒雷登已近 70 岁，对于大使任命，他提出了两点要求：

一、希望两年内完成大使任务后仍回燕京大学。

二、出任大使必须要有傅泾波做助手。

这些请求得到了马歇尔的特批，于是傅泾波以"私人顾问"的身份跟随司徒先生到了南京，而他的夫人和子女继续留在北京生活。

美国大使让一个中国公民担任他的秘书，这在当时也是非常特殊的。

很显然，美国政府希望能利用司徒雷登对中国的了解以及与各政党之间良好的人际关系，达到他们所期望的国共调停。中共代表周恩来、邓颖超和叶剑英也发表讲话，欢迎对司徒雷登的任命。当时的国内舆论对此也持乐观态度。

的确，27 年的燕京大学校长身份，使司徒先生无论在哪一派政治势力中，都有一群身居要职、对他怀有敬意的燕大毕业生。但是，单凭一个司徒雷登，已不可能扭转当时的大局了。

1949 年 4 月 23 日，解放军攻占南京。当时有一个很奇怪的现象：包括苏联在内的许多国家的使馆人员都撤到了广州，而一直被视为支持国民党打内战的美国大使却一直坚持留在南京未走。

此前，中华民国"代总统"李宗仁派人请傅泾波去，让他劝司徒雷登赶快撤到广州去。但傅泾波与司徒雷登的想法是一致的，一旦撤到广州，便彻底失去了与共产党接触的机会。于是，虽然使馆大部分人员都已撤往广州，但傅泾波与司徒先生还有几个年轻助手都一起留在了南京。

南京解放后，被派到那里主管外事局工作的是黄华。黄华原名叫王汝梅，是比较早加入共产党的燕京毕业生。傅泾波代表司徒先生，于 1949 年 5 月 7 日在黄华的办公室与他见了面。后来，黄华又以私人身份到美国大使官邸拜访了司徒雷登。

后来黄华先生将这一段历史写进自己的回忆录《司徒雷登离华真相》。这一历史时期的中国官方档案也已经解密，实际上黄华的所有举动完全是经过中共高层领导同意的。

傅履仁回忆道：

我在北京与黄华还见过面，第一次是我参加"大西洋理事会代表团"，他知道我是谁，他说"我认识你爸爸"。黄华回忆，司徒先生后来又两次派父亲与他密谈。父亲告诉黄华，在司徒雷登安排下，美国舰队已于5月21日撤离青岛，以后解放军打到哪里，美国军舰就从哪里撤走。

那时候司徒雷登希望能够到北平，与周恩来等中共高层当面会谈。中共方面答复同意他以"燕京大学校长"身份北上，并可安排与中共领导人会面。

父亲当时极力建议司徒先生"先斩后奏"，先到北京与中共领导人见面、打破僵局造成既成事实。但司徒雷登还是决定暂缓北上，等候国务卿艾奇逊的意见再做决定。

7月2日，艾奇逊来电，要求司徒雷登须于7月25日以前直接赶回华盛顿，中途不要停留，暂时不要去北平。直到7月20日，司徒还致电国务卿，要求允许他到北平与毛泽东、周恩来会面。

但几天后，他再次接到敦促他回国的电报。1949年8月2日，父亲与司徒先生一起，乘坐使馆一架小飞机离开南京。

作为一个大国驻在另一个大国的大使，司徒雷登有他自己的苦衷。他必须对自己的国家负责，司徒先生后来经常说：

"I am not a policymaker（我不是政策制定者）。"

不仅是共产党人把他当成"美帝"的代言人，蒋介石也发表公开声明说不欢迎他去台湾。

像他这样一个对中国有很深感情的人，在离开中国的最后一刻，内心一定是极为矛盾和痛苦的。

别了，司徒雷登……

第十五章 世纪曙光
——应运而生的联合国

极为残酷惨烈的第二次世界大战进行到接近胜利的时候，几乎所有的同盟国成员都意识到了这样一个问题，就是这个世界需要一个超越国界、超越意识形态的国际组织。这个组织应该是一个公平的仲裁者，是一个能化解国际性矛盾的调解者，是一个能为弱小国家提供话语权的讲坛。

人类再也经受不起这样大规模的相互残杀了，再也不能经受这种人为的巨大灾难了！

这种共识，使联合国应运而生。

其实，此前的 1943 年 10 月，美、英、苏、中四大国签署的宣言就确定了即将成立的国际组织的基本原则。

从 1944 年 2 月起，美、英、苏三国政府开始就新国际组织的权力和作用等方面的问题进行磋商，并取得一致意见，到 4 月下旬美国已经拟就了一份该组织宪章的草案。

5 月 30 日，美国国务卿赫尔与英国大使哈利法克斯和苏联大使葛罗米柯进行会商，希望尽早召开会议，商讨成立国际组织的问题。赫尔还用他 1943 年 10 月说服莫洛托夫的同样的论据，建议邀请中国政府代表参加会议。

同日，赫尔也为此事约见了中国驻美大使魏道明。鉴于以往的经验，赫尔估计苏联很可能仍然会拒绝与中国代表坐到一张会议桌旁。次日，他向英、苏、中三国驻美使节建议，如果苏联不同意举行四大国会议，则仍可采用开罗会议和德黑兰会议的模式，即美、英、苏三国和美、英、中三国分别举行会议。

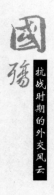

同日，罗斯福在接见魏道明时表示，美国"绝不忘却中国，会议必须要四国参加"，表明了美国坚决支持中国参与筹备未来国际组织的立场。

英、中、苏三国政府先后表示接受美国的建议。蒋介石于6月21日即致电罗斯福说："中国向来主张早日成立此种机构，如其可能，并望在战时结束以前成立。阁下现时采取领导行动，俾此意见得以实现，余等极为欣慰。阁下与赫尔国务卿深切注意，中国必须参加此次会议，余更为欣慰。"对美国的感激之情溢于言表。

接着，四国政府又就会议日期及开法进行了磋商。最后决定，会议分作两个阶段：第一阶段，8月21日至9月28日，美、英、苏三国会议；第二阶段，9月29日至10月7日，中、美、英三国会议。

中国政府对会议十分重视，会前进行了充分的准备。国防最高委员会于7月24日就代表团应采取的基本态度和重要问题的立场拟订了一份文件。8月中旬收到美英的方案后，又于8月16日对原文件进行了修改。

国民政府确定的基本立场有两条：

其一，在会议中追随美国。7月24日文件称，中国代表不拟先提方案，而可在美方草案的基础上，依照中国立场，提出建议补充或修改。

8月16日文件则把这一条改作，美国草案未提各项，如一时不易获得一致同意，中方可"相机决定提出与否，……不必坚持"。两个文件都强调美、英、苏三国意见不一时，"重视美方意见"。

其二，"美、英、苏在世界和平机构中所参与之事项，我国应以平等地位同样参与"。中国政府知道，对于美、英、苏三国达成一致的意见，中国"将无周旋余地"，为此中方于8月21日将国防最高委员会所拟文件，编成草案，送交美、英代表，其要点为：区域组织应隶属世界和平机构之下，不强调区域组织；保障会员国的领土完整与政治独立；用和平方法解决国际争议；世界和平机构以理事会为重心，中、美、英、苏四国为常任理事；大会或理事会议案，分别情况以三分之二或半数票通过即可；设置国际警察或国际空军；成立国际军事参谋团；各国军队，裁减至足以自卫程度；设立国际经济合作机构；设置国际法院，等等。

中国代表团由外交部次长顾维钧和胡世泽、魏道明等组成，以顾维钧为首席代表。

8月21日至9月28日，美、英、苏三国举行第一阶段会议。由于与会国都有创建一个国际组织以维持和平防止战争的共同愿望，也由于会前与会国交换了方案，了解了彼此的观点，因此会议的进行很顺利。

三国在下列重要问题上取得一致意见：

1. 新的国际组织的名称为"联合国"，其基本文件称作"宪章"。

2. 新的国际组织应具有四个基本部分：一个大会；一个安全理事会，其中大国享有常任席位，并由大会选举的一些小国代表参加；一个秘书处；一个国际法院。维护和平的主要权力在安理会。

3. 成立一个经济社会理事会，执行大会决议，并对大会负责。

4. 由安理会常任理事国的参谋长或其代表组成军事参谋团，在军事问题上协助安理会。

5. 大会重要决议由会员国三分之二多数票通过，一般决议以简单多数决定。

中国代表团的方针是全力促成会议的成功。在代表团技术顾问浦薛凤离开重庆时，蒋介石让其向代表团传达两条指示，第一条即是：我们应该促使会议取得成功，我们的所有建议都应服从于这个总方针。

遵照这一指示，中国代表团在第二阶段会议上没有对三大国已经达成一致的各项提出任何异议，而只是提出了七点补充建议。结果，中方建议中有三点为美、英接受，即：

1. 处理国际争议应注重正义与国际法原则。

2. 国际公法之发展与修改，应由大会提供研究并建议。

3. 经济社会委员会应促进教育及其他文化合作事业。

关于创始会员国的问题，苏联提出了新建议，即：苏联的三个（乌克兰、白俄罗斯和立陶宛）或至少其中两个加盟共和国应作为发起国。因为这三个共和国是首批遭受纳粹德国进攻的，在战争中牺牲最大，凭着它们的牺牲和对战争作出的贡献应该享有这种地位。

罗斯福和丘吉尔欣赏苏联政府的合作态度，这一问题也得到了解决。在雅尔塔会议上，三国还一致同意，1945年4月25日在美国旧金山召开联合国制宪会议。

中国赴旧金山会议代表团的组成颇费了一番周折。

雅尔塔会议之后，国共两党立即就代表团组成问题进行交涉。鉴于美国驻华大使赫尔利在国共之间进行了约4个月的调停，且赫尔利即将回国述职，周恩来2月18日从延安致电赫尔利，说明中国目前没有民主的联合政府，现在的国民政府完全是国民党独裁统治，既不能代表解放区九千万人民，也不能代表国民党统治区域广大人民的公意，因此出席旧金山会议的中国代表团中国民党的代表只应占代表团人数三分之一，中共代表和民主同盟代表应占三分之二。

但赫尔利拒绝了这一要求。他在2月20日的回电中说，应邀参加会议的是中国国民政府，因此代表团的组成是该由国民政府来作决定的事。

不仅如此，他进而认为，会议如承认国民党以外的中国武装政党（即共产党），则将破坏中国统一的可能性。

其间各国都在为参加旧金山会议进行准备，美、英均宣布其代表团将包括各重要政党代表，罗斯福总统更声明美国代表团中共和、民主两党人员将各占一半。美国的这种参会模式，无疑为中共关于参加代表团的要求提供了有力的依据。

3月7日，周恩来致电国民政府外长王世杰说："如欲使中国代表团真能代表全国人民的公意，则代表团的人选必须包括中国国民党、中国共产党、中国民主同盟三方面的代表，绝不应单独由国民党政府人员代表出席……中国现状既如此不统一，贵党方面如欲一手垄断此代表团职务，不但不公平，不合理，而且表示了分裂的立场。"

周恩来建议，中共方面由周恩来、董必武、秦邦宪3人参加代表团。

虽然罗斯福总统总的来说是支持赫尔利在中国执行的政策的，但他并不希望国共两党公开分裂。何况旧金山会议是为了成立一个维护世界和平的国际组织，出席这样会议的代表团自然更应是民族和解的代表团。

3月15日，罗斯福致电蒋介石，劝说他同意中共代表参加代表团。电文说："将共产党和其他政党或团体的代表纳入中国政府代表团，我估计并无不利之处。事实上，这一做法可能会有独特的好处。无疑，这将会在会上造成极好的印象。"

罗斯福还说，美国、加拿大及其他国家的代表团都有国内主要政党的代表。

罗斯福的电报对蒋介石最后决定同意一名共产党人参加代表团是个重要因素。3月26日，蒋介石复电罗斯福说，中国代表团由10人组成，4人为国民党代表，共产党及其他两个反对党各1人，无党派人士3人。

3月27日，国民政府公布了代表团组成名单：行政院院长宋子文为首席代表，顾维钧、王宠惠、董必武等为代表。此外，中共方面还派章汉夫、陈家康作为秘书参加了代表团。

1945年4月25日，旧金山会议开幕。最初参加会议的有46个国家的代表团，除4个发起国外，还有21个最早在《联合国家宣言》上签字的国家，以及后来签字和对轴心国宣战的21个国家。

会议期间又接纳了乌克兰、白俄罗斯、阿根廷和丹麦，使会议参加国达到50个。与会代表282人，顾问、专家、秘书及其他工作人员达1700多人，中国代表团代表、顾问及工作人员近百人。

会议由四大国首席代表轮流担任主席，以英、法、俄、中和西班牙五种语言为正式语言。

6月25日，全体大会一致通过了联合国宪章及国际法院规约。

26日，各国代表正式在联合国宪章的五种文本上签字。

中国代表团首先签字。签字的是接替宋子文任首席代表的顾维钧，中共代表董必武同其他中国代表也一起签了字。接着是苏联、英国、法国代表团签字，然后是其他国家代表团按英文字母顺序签字，东道主美国最后签字，仪式持续了8个小时。这一天后来被联合国定为"宪章日"。

1946年1月10日至2月14

联合国诞生

日，第一届联合国大会在伦敦举行，联合国正式成立，其组织系统开始运作。

旧金山制宪会议和联合国的成立是现代国际关系史上的重大事件。人类在经受了反法西斯战争血与火的洗礼后，迫切感到需要有一个权威的国际组织来防止新的世界战争的爆发，维护世界的持久和平，因而在成立联合国的过程中各国虽有各种各样的考虑，也暴露了种种意见分歧，但仍然表现了高度的统一意志，国际和平的大厦才得以构筑成功。

联合国的成立，毫无疑问是人类一个历史性的进步。诚然，由于战后国际关系中出现的种种复杂情况，联合国在某些时期、某些问题上为某个大国所控制所操纵，也曾做过一些错事，但从总体上说，联合国仍然为弱小民族伸张正义提供了一个讲坛，它对维持世界和平，促进不同社会制度、意识形态的各国之间的文化经济交往起了不可替代的作用。

作为联合国的创始会员国和安理会常任理事国，中国对联合国的创建作出了重要贡献。

联合国是反法西斯战争胜利的产物，中国对反法西斯战争所作的贡献也就是对创建联合国的贡献。

没有中国战场始终牵制日本陆军的大部分兵力，盟军在别的战场将受到更大的压力，战争的胜利至少要增加许多困难，至少要推迟到来。

从这个意义上说，中国安理会常任理事国的地位是在全民族的艰苦抗战中数千万人用生命和鲜血换来的。

后　记

弱国无外交。这是一个放之四海而皆准的道理。你穷，你弱，那么，你就没有话语权！

抗战期间，中国的对外交往是一个非常屈辱和艰难的过程。因为贫弱，要应对一场近乎灭顶之灾的战争，还不得不求助于外援。而外援又是在西方诸多国家自顾不暇的情况下勉强争得的。

当时的中国是日本人眼中的一盘大餐，自 1895 年的甲午战争后，这个岛国想将中国据为己有的念头就从来没有消减过。

纳粹德国之所以在战前没有和中国翻脸，纯粹是出于经济利益的考虑。

而当时的苏联既要应付来自西方纳粹的威胁，又要警惕东方的日本对自己领土的觊觎，他们希望中国能作为一道屏障替自己抵挡战火，因而对中国的态度始终暧昧，对中国的援助始终犹抱琵琶半遮面。

美国这个当时世界上最强大的国家，却抱着隔岸观火的心态，认为亚洲和自己的利益没有太直接的关系，战火离自己尚远。只是在日本那个疯子的斧头砍向自己时才如梦初醒，向中国伸出了援手。

老牌资本主义强国英国就更不用说了，在当时是极其自私狡诈，几乎与"仗义"二字无缘。

在这种局面下，艰难支撑战争的中国不得不施展浑身解数，向各个国家，甚至包括轴心国的纳粹德国示好，以求得援助。

可以想象，这是一种多么无奈，又是多么屈辱的对外交往历程。

在这个过程中，有着那么多令人难以忘怀的事件，活跃着那么多形形色色、性格和行为各异的在中国的外国人，那么多强忍屈辱奔走在列强之间的中国外交家，以及诸多能在一定程度上左右世界局势的西方政客，这些都在我们这本书中得到了展示。

笔者是学历史专业的，每每面对这些往事，都有一种想把它们再说出来，并和对它们不甚熟悉的朋友们分享的冲动和责任感。翻开70多年前的那一页页让人心惊肉跳又让人心酸的历史，对比我们国家今天的强大和生活的祥和富足，难道不让我们感慨万千吗？应该说，这就是编写这本书的初衷。

但笔者又自认是一个恬淡超脱之人，一向对钩心斗角之事避之唯恐不及！面对抗日战争期间波谲云诡、跌宕起伏的全方位外交斡旋，往往不知所措，甚至无从下手。要把握这样大的一个选题，笔者的能力显然是有局限的。因此，书中难免会有诸多遗漏和错误，不少分析也有失浅陋，还望读者见谅和包容。

在这里，要感谢诸多为我提供资料、启发我的思考的朋友们。

更要真诚地感谢团结出版社多年来为我提供发表自己作品平台的唐得阳总编、赵晓丽编辑等朋友们。

2013年仲春于武昌东湖补拙斋